Le Voyage de ma mère

DU MÊME AUTEUR

La Ferme d'en bas, Balland et Le Livre de poche.
La Dénonciation, Balland.
La Druzina, Balland et Le Livre de poche.
La Rumeur du soir, Balland et Le Livre de poche.
La Gitane de Formentera, Ramsay.
De l'autre côté de la rivière, Balland et Le Livre de poche.
Le Retour de Jean, La Table Ronde.
Le Pré aux corbeaux, Plon.
Nuremberg 46, Gallimard.
La Dame Blanche, Plon.
La Vieille Dame et l'enfant, France-Loisirs.

JACQUES MAZEAU

Le Voyage de ma mère

PLON

A Auna, ce roman d'une renaissance, celle de ta grand-mère, écrit alors que tu te préparais à venir au monde.

ISBN 2.259-18558-4

CHAPITRE 1

Avril 1949. Léone a vingt-trois ans. Elle est enceinte. Affolement. Il lui faut affronter sa mère. Pas facile de lui avouer que le bébé n'aura pas de père. Julia, catholique, va faire ses neuvaines au Sacré-Cœur. Elle ne barguigne pas avec la morale. Léone ne dispose que d'un atout : elle est sa préférée.

L'entrevue est orageuse. Elles sont assises dans le salon. Julia occupe la chaise proche de la fenêtre, devant la machine à coudre qui lui permet de gagner trois sous en cousant pour les locataires de l'immeuble. Elle a choisi cette place parce qu'elle sera dos à la lumière tandis que sa fille l'aura de face. Elle est maligne, Julia. Elle connaît les trucs qui savent décontenancer l'interlocuteur. Même si c'est sa fille chérie. En la voyant entrer, elle a su qu'elle avait quelque chose d'important à lui dire. Elle se tait.

Léone bafouille, s'emmêle, s'empêtre. Bref, elle est enceinte.

Julia garde toujours le silence. Prise entre le désir de sermonner et celui de comprendre. Comment ne comprendrait-elle pas ? Cela fait une vingtaine d'années qu'Alfred, celui qu'elle a aimé, est mort. Et elle s'en est bien tirée toute seule pour élever ses trois gosses. Seulement, elle avait un peu plus de tripes que sa fille. Pas question d'aller chercher le réconfort d'une épaule pour continuer d'avancer. Et toujours au travail. En revanche, Léone... A voir la manière dont elle conduit sa vie, il y a peu de chances qu'elle l'imite. Une question la préoccupe.

— Tu n'as pas l'intention de le faire passer au moins ?

— Non.

— Ce serait plus simple, pourtant.

Léone hausse les épaules.

— Tu me fais rire ! Tu fais semblant de prendre ça à la légère, mais je sais ce que tu en penses. Quoi qu'il en soit, je n'en ai pas envie !

— Pourquoi ? C'est le fils de personne.

— C'est le mien.

— Et comment tu vas faire toute seule ? Tu gagnes à peine de quoi joindre les deux bouts. Tu mènes une vie de bâton de chaise et, en plus, tu es faite pour être mère comme moi bonne sœur !

— Au moins j'aurai une raison de vivre.

La réponse a jailli. Comme une vérité qui s'échappe, qui soulage. Une provocation pour sa mère. Une manière de lui dire qu'elle n'a pas su lui faire aimer la vie. Julia a compris. Elle sait que depuis la mort de son mari, elle a regardé la vie comme un chemin de croix qu'on doit suivre jusqu'au bout. Et sans doute cela a-t-il déteint sur ses enfants. Davantage peut-être sur Léone ? La plus sensible, la plus rieuse. Qui a toujours cherché ce père trop tôt disparu chez tous les hommes qu'elle a rencontrés.

— Dame ! dit Julia en se levant, suis ton destin. Je te souhaite simplement qu'il soit plus gai que le mien.

Léone sort de cet entretien avec un problème insoluble — elle sait qui est le père de l'enfant mais il a foutu le camp —, et avec un projet qui ne l'est pas moins, en trouver un autre.

Rencontrer un homme ne lui paraît pas difficile, mais un homme qu'elle aime, qui l'aime et qui accepte l'enfant, c'est une autre paire de manches. De ceux qu'elle a connus, à part lui, en existe-t-il un qu'elle ait aimé ? Non. Elle a été attirée, attendrie, émue, étonnée, mais amoureuse, décidément non. Ce qu'elle aimait avec eux c'était uniquement le plaisir qu'ils lui procuraient ou la conviction qu'elle en tirait d'être séduisante, intelligente, intéressante. Rien d'autre.

Cela lui pose un problème de n'avoir été amoureuse que du plaisir. Aurait-elle le cœur sec à ce point ? Serait-elle d'un tel égocentrisme que l'autre n'existerait jamais à ses yeux ?

La question est d'importance. D'autant plus que de la réponse dépendra l'interprétation de ce qu'elle est réellement. Mais elle est comme tout le monde, ou presque, ce jour-là. Elle enfouit sa tête dans le sable et préfère penser à autre chose. S'amuser, par exemple, en allant écouter son frère jouer de l'accordéon dans un café de Boulogne... et peut-être aller au-devant de l'amour ?

Espoir vain, elle le sait. On ne se débarrasse pas ainsi d'une vie logée au fond de soi. Il faut bien en tenir compte, surtout qu'elle sait se rappeler à elle. Une envie de vomir, une fringale mais surtout une angoisse qui l'étreint.

Non. Il vaut mieux qu'elle rentre chez elle, aux Halles, et qu'elle fasse le point. Qu'elle arrive à se situer dans ce magma. Qu'elle trouve sa place. Merde, elle en a bien une dans ce monde ! Son destin n'est pas d'être ballottée, le ventre habité, au gré d'un désir jamais assouvi !

D'abord y voir clair. Pourquoi en est-elle arrivée là ? C'est-à-dire nulle part. Comment tout cela s'est-il enchaîné ?

Elle naît le 27 novembre 1926 à Narcy, en Bourgogne. D'un père et d'une mère identifiés. Dans une famille de paysans plutôt aisés. Mais voilà, Alfred, le Papa adoré, est tué le mois suivant sa conception. De ce jour sa mère devient plus taciturne, exigeante, dure même. Pensez ! Seule pour élever trois enfants. Cependant, dès qu'elle paraît, Julia se montre curieusement faible avec sa fille chérie, dont elle passe tous les caprices.

Du coup, Léone en prend à son aise. En grandissant elle s'affirme comme une fille enjouée, intelligente, fantasque et éprise de liberté. Elle ne fait que ce qui l'intéresse, quand elle le veut, sans contrainte.

Tous les souvenirs d'enfance qui lui reviennent en mémoire témoignent de son fichu caractère.

A quatre ans, elle faisait sa première fugue et se cachait dans l'étable. Aussi loin qu'elle se souvienne, elle a toujours aimé l'odeur un peu écœurante de la paille des litières. Plus tard, elle étendait son rayon de fuite et se réfugiait dans un arbre, à la lisière de la forêt toute proche. Pour y apercevoir la ferme, en contrebas, et peut-être pour saisir le passage d'un renard ou d'un sanglier dont elle a entendu parler par son grand-père et son oncle, lors d'un retour de chasse.

A cette époque, elle rêvait d'horizons lointains. Elle s'inventait un royaume à perte de vue comme ceux des contes que lui chuchotait sa mère pour l'endormir. Le champ qui jouxtait la ferme, elle le parcourait avec ses bottes de sept lieues, la forêt comme le petit Poucet, et les allées de la vigne, en contrefort, comme celles d'un château de Cendrillon.

Elle se sauvait déjà parce que, disait sa tante, « elle ne peut pas rester en place », mais surtout parce qu'elle n'était jamais bien là où elle se trouvait. Comme un malaise persistant qui la faisait courir vers l'inconnu.

Et très vite, il avait fallu que son royaume prenne de l'ampleur. Une conquête qu'elle menait sur un train d'enfer, comme si elle était plus pressée de vivre que les autres, comme s'il fallait qu'elle arrive avant d'être partie.

Au seuil de l'adolescence, elle avait battu la campagne en tous sens, à pied, à vélo, sur le dos du cheval de la ferme, dans les tombereaux, les charrettes à foin et les voitures. Elle connaissait tout le monde, charriait les cancans de la commune. En riant.

Eh oui ! Aujourd'hui, pour la première fois qu'elle se retourne sur son passé, elle se rappelle avoir toujours ri. A tel point qu'on n'arrêtait pas de la réprimander : « Tu nous agaces à rire comme ça ! A croire que tu trouves la vie drôle ! » Non. Elle ne la trouvait pas drôle. Plutôt le contraire. Mais ce n'était pas une raison pour faire une gueule d'enterrement. Rire était ce qu'elle avait trouvé de mieux pour calmer son angoisse, oublier ce père aimé dont la photo trônait sur le manteau de la cheminée, à côté de sa médaille militaire, sous un globe de verre.

Il faudra qu'elle élucide le mystère de cet amour inassouvi. Pour ce père, toujours là, dans un coin de son crâne, comme une vigie sans voix. Pour oublier que la vie qu'elle menait entre veaux, vaches, cochons, couvées était triste à en mourir.

Elle ne pensait qu'à la ville, elle. N'importe quelle ville pourvu qu'il y ait plus de trois maisons et un café. Une ville où elle pourrait croiser d'autres individus que ces paysans aux allures un peu gauches, bourrus, buveurs et suants.

Parce que l'adolescence lui ayant éveillé le ventre, elle savait que les horizons dont elle pouvait rêver n'étaient plus les champs ni les arbres, mais les hommes.

En attendant, elle s'était créé un divertissement. Elle peignait. Quelle stupéfaction dans la famille la première fois qu'elle avait demandé une boîte de peinture et des pinceaux à sa mère. Et de la peinture à l'huile, par-dessus le marché. Ça lui ressemblait bien de peindre, tiens ! Comme si à la ferme on n'avait que ça à faire. Sa mère avait cédé. Au moins, en barbouillant, elle serait bien obligée de rester en place.

Léone est arrivée en bas de chez elle. Une rue animée des Halles. Ça grouille, ça gueule, ça siffle. Ça sent le fruit et le légume, la viande et le pavé mouillé. Elle hume, elle aime... Pourquoi monter s'enfermer entre quatre murs ? Pourquoi ne pas aller au café du coin boire une bière, regarder et écouter ces gens qui s'agitent, s'interpellent, trinquent en rigolant ?

C'était ça son rêve éveillé de fillette. Elle l'a réalisé. Elle s'assoit, et retourne là-bas dans cette campagne qui l'a faite, ou plutôt défaite.

Juin 1938. Julia fait les valises. Elle a décidé de quitter la ferme. Marre de trimer comme une bête, marre de s'engueuler avec ses parents pour des parcelles de champs, marre d'être seule avec trois gamins. Elle aussi a rêvé. D'un café dans une ville de province, sur la route de Dijon. Elle en a tellement rêvé qu'elle a pris la gérance du bistrot. A tout prendre, elle préférait encore astiquer le zinc que de traire les vaches.

Ce jour-là, ils sont partis tous les quatre par le train. Il n'y avait que les frères de Léone pour faire la tête et chialer à devoir quitter leurs grands-parents. Elle, elle riait, dansait sur place. Enfin, la ville, elle allait la connaître. Enfin, elle verrait d'autres visages, connaîtrait d'autres aventures. Pourrait se laver autrement que debout dans la cuvette derrière la porte de la chambre et s'habiller comme dans les magazines. Ce départ ? Probablement sa plus grande joie. Le premier signe sympathique du destin.

Elle se rappelle la façade de ce café. En lettres relief sur le rabat de la bergère, le nom : Le Grand Café du Balcon. Et puis, la terrasse très vaste, avec des claies et des pots de géraniums sur le trottoir. Enfin, la pompe à essence qu'on actionne à la main.

Un autre royaume, tellement plus animé, surprenant, plein de mystères. Quelle joie, quand elle rentrait de l'école, de se tenir derrière le bar et de jouer à la serveuse avec ces hommes qui passaient à heure fixe, racontaient les mêmes blagues ou se plaignaient de la dureté des temps.

Elle riait avec eux, entrant dans un jeu de séduction dont elle n'obtint la compréhension que plus tard.

Léone abandonne le cours de ses pensées. Une vague nausée lui rappelle que la vie s'est installée dans son ventre. *Il* ou *elle* naîtra en décembre. Comment l'appeler ? Si c'est un garçon, pas de difficulté, elle l'appellera Jacques. Mais si c'est une fille ? Peut-être Anna, le nom de sa grand-mère.

Enfin, elle verra. L'urgence n'est pas tant le prénom que le nom. Il faut un père à cet enfant. N'a-t-elle pas elle-même assez souffert de ne pas en avoir eu un ?

Son père Alfred était quelqu'un d'exceptionnel. On le lui a toujours dit, surtout sa mère. Ce qui le caractérisait, c'était sa bonté, sa droiture, et l'amour qu'il portait à sa femme et ses enfants. Il en imposait par sa posture hiératique, son regard doux et sa moustache soignée qui lui mangeait le bas du visage. Il avait fait la guerre de 14-18 en héros, ses médailles en témoignaient. Puis il était revenu, sans autre satisfaction que celle du devoir accompli. Pour reprendre le travail à la ferme de Varennes, un petit village où il avait toujours fréquenté Julia, devenue une belle femme solide.

Cela faisait longtemps qu'ils s'aimaient ces deux-là. Depuis les bancs de l'école qu'ils avaient usés ensemble. Depuis leurs jeux innocents durant les moissons, leurs chahuts pendant les messes, et leurs chuchotis au cours des veillées.

Cet amour ne devait connaître sa réalisation qu'après que la guerre eut décidé du sort d'Alfred. « Vous ne vous marierez qu'à son retour, ma fille ! avaient dit les parents. Pas la peine de faire une veuve ou un orphelin ! »

Alfred s'en était allé jouer au soldat comme à une partie de roulette russe. Une longue partie.

La paix revenue, les amoureux avaient reparlé mariage, les familles s'accordant pour constituer le trousseau. On leur avait donné un toit, la ferme d'en bas, un cheptel, quelques champs, une voiture à cheval, de quoi faire bouillir la marmite pendant quelques mois, et débrouillez-vous !

Bilan : six années de bonheur, trois enfants, et la mort d'Alfred. Dieu sait si cette mort, Léone l'a retournée dans sa tête. Il faut dire qu'elle n'a pas été banale.

Les beaux jours reviennent avec le printemps. C'est le moment de remettre en état les barbelés rouillés et distendus du champ de la Roncière, proche de la ferme. Alfred décide de faire ce travail avec Pierre, son beau-frère. A deux, ce sera plus facile pour remplacer les piquets fendus par l'humidité.

Ils partent tôt le matin pour échapper à la chaleur. Le soleil se lève du côté de Vieilmanay. Les arbres ont reverdi, les merles chantent à tue-tête. Les deux hommes marchent en silence. Parfois, ils s'arrêtent, boivent un coup et échangent une phrase. C'est qu'ils ne sont pas bavards, ces deux-là. D'abord, on ne parle pas beaucoup dans cette famille, en plus ils ne s'aiment pas. Sans qu'ils sachent pourquoi. Une sorte de jalousie de la part du beau-frère envers Alfred. « Trop fin et poli pour être honnête », pense-t-il. Mais il existe sans doute d'autres raisons. Jamais évoquées, sinon à demi-mot par la future veuve. De sombres histoires de champs hérités, mais mal partagés. C'est qu'ici on ne se trompe jamais sur la valeur de la terre. Ils savent tous la rouler dans leurs mains et apprécier son futur rendu.

Quoi qu'il en soit, vers dix heures, tandis qu'Alfred tient un piquet à deux mains, le beau-frère lève sa masse et l'abat sur sa tête. Ou plutôt non, la masse se démanche et retombe sur la tête d'Alfred.

Pour Julia, le choc est terrible. De l'avis de ceux qui l'ont connue, elle se transforme en l'espace de quelques jours. La tristesse s'installe, la dureté aussi. Et Léone est dans son ventre.

Cette dernière a cherché auprès des autres à savoir comment sa mère avait vécu ces temps de souffrance, comment elle l'avait attendue. Mais à part les quelques banalités du genre « elle a montré beaucoup de courage », « elle a repris le flambeau avec détermination », « elle n'a pas pleuré longtemps, c'est que le travail ne manquait pas », elle n'en a pas su davantage. En tout cas, pas de la principale intéressée qui s'est enfermée dans son mutisme, à partir de ce jour-là, pour n'en plus sortir.

Voilà, pense Léone, comment naît un mystère qu'on trimbale toute sa vie avec soi. Voilà comment on devient la victime d'un vague règlement de comptes. Voilà pourquoi, pendant des nuits entières, elle a prononcé le mot magique « Papa » sans qu'il n'ait d'autre destinataire qu'une photo pieusement exposée au chevet de sa mère.

Cela est arrivé voici vingt-trois ans, quasiment jour pour jour. Et elle, Léone, attablée à la terrasse du café, cherche un homme qui l'aimerait assez pour vivre avec elle et partager un enfant qui ne serait pas de lui.

Aucun de ceux qu'elle a rencontrés, qui lui ont dit l'aimer ne peut faire l'affaire. Trop jeunes, trop vieux, trop égoïstes, mariés, paresseux. Y compris le père qui s'est tiré. Non, ce « faux-père » appartient encore au futur. Elle veut, elle doit le revoir.

Mais Léone n'est pas idiote. Elle sait qu'en recherchant un père pour son enfant, elle recherche le sien. C'est comme une quête à deux dimensions. L'une renvoyant au passé, l'autre à l'avenir.

Aujourd'hui, Léone le sent, débute la période du repliement sur soi, durant laquelle elle vivra une alternance de joies et de désespoir. De certitudes et d'hésitations. D'écartèlement entre bien et mal. De culpabilisation.

Léone sait qu'elle va changer. Elle perdra son sourire, sa légèreté. On ne la reconnaîtra plus. Chacun de ses amis, des membres de sa famille, sa mère entendront les mêmes refrains incohérents, inconciliables. « J'ai fait une connerie en le gardant » quand ça ira mal, « Je le rendrai heureux envers et contre tout » lorsque ça ira mieux.

Commence l'époque où elle va parler à son ventre, aux hommes, à Dieu. Celle des bonnes résolutions, aussi. Non, plus jamais elle ne se laissera aimer par un homme qu'elle n'aimera pas. Désormais, elle sera une femme et une mère exemplaires. Plus question de plaisirs, mais d'une vie orientée vers le travail et l'éducation de son enfant.

Bien entendu, personne n'y croira. Surtout pas Julia qui n'approuvera ni ne réprouvera. Elle sait une chose, sa mère. On ne change pas sa nature profonde, ni le cours de son destin par le fait de la volonté. Il en faut beaucoup plus. Un coup de main d'origine divine, pas moins. Le « ma pauvre fille ! » qu'elle lui assène chaque fois qu'elles parlent ensemble résume bien son scepticisme.

Le serveur a posé la bière sur la table. Léone vide la moitié de son verre. Elle a soif d'oublier ce passé encombrant, de se créer des lendemains à la hauteur de son exigence de liberté qui lui a donné la force de vivre.

Elle a douze ou treize ans. Elle ne sait plus très bien. Qu'importe ! Les souvenirs finissent par n'avoir plus de date. Ils se confondent dans un temps immobile. En tout cas, elle a l'âge de parler à table, de se tenir derrière le bar auprès de sa mère, de boire une limonade avec des clients quand elle rentre de l'école.

Elle connaît ses premiers émois avec des camarades de classe et commence à découvrir le monde des adultes au travers des conversations qu'elle entend. C'est qu'ils causent les hommes, dès qu'ils lèvent le coude ! Là-bas, dans le bistrot, ils ne font pas attention à elle. Ce n'est qu'une gamine. Mais ils oublient que les enfants ont des oreilles. Et elle, elle en a de grandes. Elle veut tout entendre, tout comprendre. Les malheurs des uns, les bonheurs des autres, et ce qui se niche derrière ces sous-entendus, débités à voix basse.

Elle est heureuse à cette époque parce qu'elle découvre la vie, la vraie. Faite de ces mille riens qui résument le tout. Plusieurs souvenirs se bousculent.

Elle se tient debout face à un homme qui déjeune seul dans la salle de restaurant. Parfois, entre deux bouchées, il lève vers elle ses yeux fixes. Un dialogue silencieux s'instaure entre eux. Lentement, l'homme porte la nourriture à sa bouche. Il mastique au même rythme. Il est petit, tassé dans une veste trop grande. La main droite étendue à côté de l'assiette. L'œil bleu, vide. Il pleure. Elle tourne la tête, puis le regarde à nouveau. Un visage détendu, un front découvert et sa bouche de travers. Il est déçu. Elle décide de s'asseoir sur la banquette qui lui fait face. Le litre de vin à portée de sa main se vide. Enfin le fond de la bouteille, de sa détresse. Il plonge sa main dans sa poche. Tabac. Papier. Et puis ce citadin encore plein de terre roule, mouille, lèche, referme, écrase et porte à sa bouche cette horreur de cigarette. Ses mains énormes, calleuses, aux ongles noirs semblent enfouir l'allumette. Une aspiration, l'œil s'allume. Les larmes ont disparu, c'est l'heure du plaisir. Un nuage s'échappe du visage de l'homme. Elle se lève.

Léone ne sait pas pourquoi ce souvenir s'impose à son esprit. Mais il est là, insistant, comme s'il voulait lui dire quelque chose.

Elle ne veut pas quitter ce café du bonheur. De nouveau, elle a les yeux à la hauteur du zinc. Elle regarde et écoute. En particulier ce vieil homme, veuf, qui raconte sa guerre du Tonkin. Toujours avec les mêmes noms mystérieux, magiques pour la petite fille qu'elle est : Hanoï, Haïphong, Tuyen-Quan, Yuoc, Dong-Yen... Des noms qui résonnent à son oreille comme une promesse d'aventure. Une fois, elle ose interrompre son soliloque. Il la regarde d'un air étonné. Enfin quelqu'un qui s'intéresse à lui. Peu importe que ce soit une gamine. Elle fera l'affaire pour écouter son histoire préférée : « C'était horrible quand on a occupé le retranchement de Phu-sa. On y a trouvé, sans tête, affreusement mutilés, les cadavres de neuf turcos et de trois soldats d'infanterie de marine qui avaient crevé lors du premier assaut. Un turco, attaché à des pieux par des rotins, avait eu les mains et les pieds coupés. Les salauds avaient même versé sur les plaies du malheureux de quoi le faire brûler à petit feu. Putain on s'est vengés. On n'en a pas laissé un debout. » Et puis en guise de conclusion, la même sentence : « Nom de Dieu ! Mieux vaut jamais mettre les pieds là-bas ! A moins d'avoir rendez-vous avec la mort ! »

Léone commande une nouvelle bière. Elle se souvient des mots du vieux comme si c'était hier. A le voir avachi sur le bar, rongé par l'alcool, elle avait du mal à l'imaginer en soldat sanguinaire. Mais l'attrait de ces pays lointains commençait à faire son œuvre. Elle le sait aujourd'hui. Ça continue... l'Afrique, l'Indochine en particulier, dont elle lisait les définitions dans le Larousse illustré qui traînait sur une étagère au café.

Oui ! Epoque heureuse, loin de la ferme étouffante de son enfance, parmi des gens anonymes et gentils. Époque de jeux innocents avec ses camarades de classe, de disputes avec ses frères qui commencent à lorgner les filles et la méprisent. Époque enfin durant laquelle sa mère ressasse moins ses malheurs, parvient à rire avec certains clients et peut-être à se laisser aller avec d'autres.

Aujourd'hui que le premier acte de sa vie est raté, qu'elle prépare le second, et qu'elle a dans le ventre le fruit d'un moment d'illusion, elle veut se rappeler son premier amour. Retrouver cette émotion presque asphyxiante qui lui avait donné l'espoir que la vie valait le coup d'être vécue.

Elle est dans la grande classe, au premier rang, tirée à quatre épingles. Jamais Julia n'aurait toléré qu'elle parte à l'école dans une tenue négligée. Hors de question que les autres mères puissent penser qu'une gérante de bistrot se fichait de l'éducation de ses enfants.

Au premier rang donc, attentive, studieuse, préoccupée de ramener à la maison les bonnes appréciations de sa maîtresse. Comme une récompense obligatoire pour sa mère qui trime dur pour les élever décemment. Léone n'a qu'un seul défaut : elle est bavarde, très bavarde. Elle ne peut pas s'empêcher de parler. A ses voisins, à la maîtresse, puis toute seule quand plus personne ne l'écoute. Et pour finir, avec le mur lorsqu'elle est au coin.

Elle est assise à côté de Louis, le fils d'un grossiste en vins, fournisseur du café. Elle le connaît bien. Non seulement elle le voit tous les jours à l'école, mais aussi quand son père vient livrer. Il l'accompagne et porte quelques bouteilles, histoire d'apprendre le métier.

Maintenant que Léone voit cela de loin, elle sait qu'elle l'aimait. A l'époque, elle ne le formule pas comme cela. C'est juste une émotion, un désir de le revoir le lendemain, une déception quand il est absent, un besoin quand elle a envie de s'amuser ou de parler. Ils parlent beaucoup tous les deux. Surtout pendant les récréations ou en revenant de l'école. De bêtises, certes. Mais ils parlent vrai.

Ils sont bien ensemble. Ça doit se voir puisque les autres se moquent d'eux : « Ah ! les amoureux ! », leur chipent gomme ou crayon et les bousculent à la récré. Premières blessures dues à une jalousie imbécile, mais aussi premier bonheur. Tous les deux deviennent complices, détenteurs d'un trésor que les autres n'ont pas découvert. Ils savent qu'ils penseront à l'autre en se quittant, qu'ils feront des rêves indéchiffrables mais bouleversants, qu'ils rentreront à petits pas pour vivre une minute de plus ensemble. Époque aussi des messages à l'écriture encore maladroite où elle tente de dire ce qui la bouleverse sans trouver les mots.

Léone aimerait le revoir. Le plus bel hommage qu'elle puisse rendre à ce garçon. La plus belle manière de lui dire qu'il fut le premier à la rendre heureuse. Pour un peu, elle pleurerait, tellement cela lui paraît beau, pur, unique au regard de ce qu'elle vit aujourd'hui. Allons ! Il est temps de finir cette bière et de regagner ses pénates. Penser à ces quelques mois qui viennent, se préparer à être mère... et surtout trouver un père pour le petit. C'est son obsession. Pas question d'être fille-mère. Ça ne se fait pas ! Elle en a connu une ou deux, rejetées par leur famille, leurs amis, l'administration. On n'aime pas les filles qui se sont données à un homme sans se l'attacher. Surtout s'il y a un gosse à la clé. Elles sont en faute, en état de péché, des putes quoi !

L'idéal serait qu'elle se marie avant la naissance et puisse faire croire que l'époux est le père de l'enfant. Facile à dire ! Quel fou accepterait un tel marché ? Ils sont tous pareils, les hommes. Amoureux ou pas, ils veulent être les premiers, ceux par qui tout arrive. Ce qu'elle demande là, ce n'est plus de l'amour, mais de la dévotion !

Reste à se mettre en position d'être aimée. Souriante, désirable, intéressante. Facile à dire, là aussi ! Une vie dans les entrailles, ça fatigue, ça donne envie de vomir, ça peut même faire mal. Elle n'a pas eu besoin d'attendre d'en avoir un pour savoir ce que c'est. Elle voyait bien à la campagne comment étaient les Marceline ou les Clémence quand elles attendaient un bébé. A grimacer de douleur, à se tenir le ventre comme un fardeau, à s'asseoir dès qu'elles le pouvaient. En silence, parce qu'il y avait le travail quotidien et que les hommes n'auraient pas toléré qu'elles en fassent un plat. C'était pas un môme qui allait les priver de leur soupe, affamer la volaille ou faire péter les mamelles des vaches.

Oh, bien sûr, elle n'attend pas son enfant dans les mêmes conditions. Ce n'est pas le bagne. Mais il faut quand même aller travailler tous les jours. Chez l'avoué de la rue Réaumur où elle tape des lettres à la chaîne sans comprendre un traître mot de ce qu'elle écrit. Heureusement qu'elle est assise à côté de Marlène, devenue sa copine. Au moins elles peuvent papoter quand le « Corbeau », comme elles appellent le patron, est à bout d'imagination et ne sait plus comment signifier, notifier, faire opposition ou évoquer des *grosses dûment en forme exécutoire*. Oui, elle adore bavarder. Déjà, à la ferme, on l'appelait « la jacasse », plus tard au café « la pipelette ». Un sacré passé de moulin à paroles. Souvent pour ne rien dire, elle le sait, mais elle ne peut pas s'en empêcher. Il lui faut remplir le silence, se donner l'impression d'exister. Pour elle, le silence c'est la mort. Avec Marlène, elle s'en donne à cœur joie. Surtout qu'elles ont le même âge, les mêmes envies de s'amuser avec tout, de tout. Leur sujet favori, l'amour bien sûr. Les hommes, leurs travers, leurs manies et, quand l'humeur est au beau fixe, leurs qualités. Alors elles racontent, se racontent sans pudeur, toujours prêtes à relancer l'autre quand le récit s'enlise. Il leur faut du nouveau, de l'aventure. Léone n'est pas dupe. Les aventures en question ne sont souvent que des péripéties partagées par toutes les femmes, mais cela fait du bien. Au passage, on peut y glisser quelques rêves inaccessibles, quelques mensonges qui donnent l'impression d'être différente des autres, peut-être plus intéressante ?

Leur conversation de la veille lui revient. Elle avait l'humeur en berne en partant de chez elle. Des nausées, des douleurs toute la nuit. Elle s'était éveillée la tête dans le sac. Alors retrouver Marlène au café du coin et avaler un petit noir en sa compagnie avait fait plus d'effet qu'un Aspro. Elles étaient en avance et avaient pu s'asseoir.

Marlène avait commencé en racontant sa folle nuit avec Dédé, un livreur Beurre-Œufs-Fromages qui l'avait trimballée toute la nuit dans la capitale de crémeries en Familistères pour livrer ses marchandises. Une épopée entre la rue Traversière et la rue de la Butte-aux-Cailles. Avec en toile de fond, les zincs préférés du bonhomme, les putes qu'on ne voit pas quand on n'a pas la tête à ça, les hirondelles devenues des copains et enfin le final dans une impasse, vers Montsouris, où son Dédé lui avait fait voir quelques étoiles. Elle avait du talent, Marlène. Elle débitait ses histoires d'un ton si convaincu qu'il était impossible de démêler le vrai du faux.

Léone s'en fichait. Un courant d'air frais ayant chassé les nuages de sa tête, elle pouvait maintenant rafraîchir une histoire vieille de quelques semaines. Avec Raymond, un amant météore, mais qui avait laissé des traces.

Ce grossiste en fruits et légumes des Halles lui rappelait le Dédé de Marlène. Il la voyait passer tous les jours devant son magasin. Il l'avait repérée et avait fini par guetter ses allées et venues. Il voulait savoir si elle était en mains pour tenter sa chance. Et un jour il avait osé. Bêtement, comme souvent dans ces cas-là. Il avait fait semblant de sortir précipitamment de son magasin et l'avait bousculée. Elle n'avait rien remarqué et avait pris ses excuses pour argent comptant. Seulement, le bonhomme s'était accroché et l'avait raccompagnée jusqu'en bas de son immeuble. Il parlait si vite qu'en rentrant elle ne se souvenait plus ce qu'il lui avait raconté. Toutefois, comme elle le disait à Marlène, la graine était semée. Elle ne pouvait plus passer devant la boutique sans savoir qu'il y était, et à chaque fois elle se retrouvait avec des légumes plein les bras qu'il lui offrait comme autant de bouquets de fleurs. On pouvait y croire tellement il savait y faire. Toujours le regard amusé, la parole joyeuse et la démarche décontractée.

Au début, elle avait fait la mijaurée, puis elle avait faibli. Puis plus tard, quand elle revenait du boulot, il l'emmenait au café vider une bière, et le samedi soir il lui offrait un restaurant dans les Halles, chez des potes à lui. En tout bien tout honneur. Il avait fallu qu'il l'emmène sur les bords de la Marne pour qu'enfin ils couchent ensemble. Une sacrée partie de jambes en l'air suivie des inévitables angoisses sur les conséquences.

Marlène lui avait demandé si c'était lui le père. Non. Ce n'était pas lui, elle en était certaine. Heureusement, il fallait aller travailler et elles n'avaient pas eu le temps de s'en dire davantage.

Il va faire bientôt nuit. Ce n'est plus l'heure des divagations mais celle de se retrouver seule dans son deux pièces, face à elle-même. Seulement ce soir elle sait que ce ne sera pas facile. C'est l'heure des bilans et ils se fichent que vous ayez envie de dormir ou pas. Ils s'imposent.

En rentrant, elle met tout de suite la radio. Ce gros poste que lui a donné sa mère et qu'elle adore. Surtout le témoin vert qui s'allume progressivement le temps que les lampes chauffent. Il lui faut des mots et encore des mots, tuer ce silence qui l'opprime. Le sien. Une sorte de vide dans lequel se perdent les menus bruits de la vie. Parfois ce silence lui fait peur, lui donne l'impression d'être autre, étrangère à ses propres faits et gestes. Comme si elle existait par procuration. Elle n'aime pas parce qu'elle ne s'aime pas. Les visages familiers défilent sans accrocher son attention, ceux des amis, des amants. Rien. Cette nuit-là sera à l'image de beaucoup d'autres, neutre.

CHAPITRE 2

Les semaines passent. Elle voit son ventre s'arrondir, sa démarche se fait dandinante, et elle a tendance à se pencher en arrière. Il faut sortir des vêtements plus amples. On commence à faire des commentaires autour d'elle. On lui demande la date. Elle répond avec un sourire forcé. Trop d'angoisse dans la tripe, trop d'aigreurs pour qu'il en soit autrement. Il lui faut accepter que le vrai père se soit débiné, qu'elle n'en trouvera plus un autre avant l'accouchement. Accepter aussi d'être une mère au rabais. Bien sûr qu'elle l'aime, son môme. C'est si vrai qu'elle aurait pu faire appel aux aiguilles à tricoter malgré le qu'en dira-t-on. Oui, elle l'aime ! Mais elle se retrouvera devant lui comme une poule devant un couteau. Même si le constat fait mal, il sera une entrave, un empêcheur de rêver en rond, de s'amuser. Pour s'en convaincre, elle n'a qu'à se rappeler comment sa mère parlait de l'éducation des enfants. Surtout sans père à la maison. Un sacrifice ! Sans doute le mot que Léone a le plus entendu durant son enfance.

Ça elle n'en veut pas. Jamais elle n'acceptera d'entrer dans ce moule ! Ou il aura un père, ou... ou... Elle n'en sait rien. Quoiqu'il en soit, elle s'échappera, partira. Partir ! Ça y est ! Le mot magique est à nouveau prononcé. Il revient comme à chaque fois, s'installe, et résout tout.

Uniquement dans ces cas-là, elle est capable de raconter son avenir.

Ce soir de mai 1949, par exemple, alors qu'elle dîne avec Marlène à la terrasse d'un café des grands boulevards. Il fait chaud malgré l'heure tardive. Elles ont décidé de venir là parce qu'il y a du monde, de l'agitation, du bruit, de la vie quoi ! Elles se sont assises à une table proche du trottoir parce qu'elles savent que deux jeunes femmes attirent les regards et les compliments des gars qui traînent en bandes.

Elles ont bien dîné. C'est la fin du repas, le moment où le corps s'affaisse, où l'esprit se laisse aller, surtout après plusieurs bières. Marlène caresse le ventre de Léone.

— Cette fois-ci tu ne peux plus rien cacher ma chérie ! lance-t-elle en rigolant. C'est qu'il a l'air de bien profiter. Tu as de la chance.

Léone ne rit pas.

— Tu parles comme j'ai de la chance ! Un gamin dans le ventre, pas de père pour lui, un salaire de misère, ma mère qui fait la gueule...

Marlène n'est pas bégueule, mais elle se fâche.

— Tu exagères tout ! Il n'a rien demandé le gosse ! Tu n'avais qu'à le savoir avant, que le père foutrait le camp... C'est qui d'abord ? Tu peux me le dire !

Pour Léone, pas question de parler de lui. C'est un secret qu'elle n'a même pas voulu partager avec sa mère. Elle se taira pour ne pas reconnaître qu'elle s'est fait avoir. Qu'elle y a cru. Non, elle ne l'a pas fait par hasard cet enfant. Mais personne ne le saura.

— Ah ! répond-elle, ne monte pas sur tes grands chevaux, on dirait ma mère ! Ce qui me casse les pieds c'est que je ne vais pas pouvoir bouger pendant un bon bout de temps.

Marlène hausse les épaules.

— Si c'est pour aller là-bas à la campagne, dans ton bled...

— Mais non. Je ne parle pas de ça.

— De quoi alors ?

Léone ne sait pas, ne sait plus...

— Tu sais, j'ai toujours rêvé ficher le camp en Indochine, en Afrique ! Là où il fait chaud, au bord d'une mer, avec des gens d'une autre couleur. Qui ne parlent pas comme nous...

Marlène rigole.

— Il y a des jours où je me demande si tu as toute ta tête... A ce que j'entends à la radio, ils sont en guerre, n'ont rien à bouffer, mais toi, c'est là-bas que tu veux aller ! Heureusement que tu n'as pas l'idée d'y emmener le gamin. Ce serait le pompon. Partir ? Laisse ça aux hommes.

Léone finit sa bière en dévisageant sa copine. Elle est comme les autres. A croire qu'elles ont toutes la trouille dès qu'elles quittent leurs pénates pour aller canoter au bois de Boulogne.

— Laisser ça aux hommes ? Je ne vois pas pourquoi on n'en serait pas capables. Tiens, moi, j'ai envie de partir à la Pointe-Noire monter une librairie.

Elle a sorti ça, sans préméditation. A tel point qu'elle s'en étonne elle-même. La Pointe-Noire ! Elle sait où ça se trouve, mais pourquoi cette ville et pas une autre ? Et monter une librairie !

Soudain tout s'éclaire. Il n'y a aucun mystère là-dessous. C'est toujours ce vieux dictionnaire qu'elle a parcouru tant et tant au café du Balcon, comme un explorateur parcourt le monde.

— Tiens si je ne te connaissais pas, réplique Marlène, je croirais que tu es folle.

Léone ne dit rien. Eh non ! Tu ne me connais pas. Parce que c'est exactement ce que j'ai envie de faire. Foutre le camp. Faire un bras d'honneur à cette vie monotone, à ce ratage quotidien.

En attendant, elle trouve d'autres moyens pour s'échapper, vivre devant elle, penser à demain avant aujourd'hui. Par exemple, elle n'arrête pas d'importuner sa mère pour qu'elle lui lise l'avenir.

C'est un vieux truc qui l'a toujours épatée chez Julia. Sans savoir d'où elle tient ce pouvoir, elle est capable de vous raconter le futur comme si elle y était. Et ça ne date pas d'hier ! Déjà, à la ferme, ça lui prenait sans prévenir et à propos de n'importe qui. C'était la Louise qui n'allait pas tarder à dérailler, ou le Gustave qui allait passer. Elle savait avant tout le monde qui aurait un gamin, de quel sexe il serait, s'il y avait de la tromperie dans l'air... Un don, un vrai don. Si on avait de la chance elle sortait le pendule, et vas-y qu'elle en débitait ! Ça faisait peur aux gens mais ils ne pouvaient se retenir de la questionner. Toutefois, sa mère ne se laissait pas faire. Elle ne répondait qu'à ceux dont la tête lui revenait. Lire leur avenir, c'était leur faire un cadeau.

Plus tard, au café, elle avait continué. Mais cela se voyait moins parce qu'elle sortait ses prédictions sur le ton de quelqu'un qui parle pour parler. Alors les clients ne faisaient pas attention. Léone savait. Souvent, elle avait demandé à sa mère de lui dire d'où lui venait ce don, si quelqu'un lui avait appris. Mais elle n'obtenait qu'un silence buté. En fait, elle avait eu la réponse par son grand-père un jour qu'elle lui posait la question.

— Le colporteur ! avait-il lâché.

Sans un mot de plus. Ce n'était pas son genre.

Léone avait compris. Cela s'était déroulé sous ses yeux, ce qui fait qu'elle n'avait rien vu. Alphonse, un beau gars, passait tous les mois. A peu près à la même date. Et c'est vrai qu'il s'isolait un bon moment avec sa mère. Peut-être y avait-il eu quelque chose de plus entre eux, mais ça elle ne le saurait jamais.

Cet après-midi de mai, sa mère a accepté de délaisser sa couture et de lui faire le pendule. Elles sont assises à la table de la cuisine.

La fenêtre est grande ouverte. Il fait chaud. On entend des gamins qui crient en jouant dans la cour. Sa mère leur a servi deux verres d'eau avec un peu de sirop d'orgeat.

Elle lui prend la main gauche, la lui retourne et immobilise son pendule au-dessus. Léone la dévisage. Le même visage fermé qu'elle lui a toujours connu. Les mâchoires serrées, le regard dur, les lèvres pincées. Pour ne rien laisser passer d'elle-même.

Le pendule tourne. Sa mère secoue la tête.

— Je préfère me taire...

Léone se rebelle.

— Ah non ! Pas maintenant ! Tu as accepté, va jusqu'au bout !

Julia la regarde, avec ses yeux fixes qui expriment autant de reproches que de compassion.

— Tu vas encore faire n'importe quoi ! Je le sens. Pourquoi y a-t-il toujours du malheur autour de toi ?

C'est fini. Il n'y aura rien d'autre à lui tirer. Léone le sait. Elle n'insiste pas.

Quand elle revient chez elle, l'angoisse lui tord le ventre. Vraiment, sa mère a l'art de lui casser le moral. Elle est comme paralysée, incapable d'aligner une idée, un désir. Tout juste bonne à aller se coucher.

Elle se sent seule ce soir. De cette solitude qui fait peur et donne l'impression d'être une étrangère au monde. Elle aurait besoin d'une épaule sur laquelle reposer sa tête, d'une odeur, d'un regard. Elle pense à lui qu'elle a aimé plus que tout, qu'elle aime encore. Le père de l'enfant. Elle s'est donnée à lui, sans retenue. Elle avait confiance. Il était beau, souriant, optimiste. Sans défaut. Il ne buvait pas, ne courait pas les filles, travaillait d'arrache-pied. Pourtant il est parti.

Allongée sur le lit, la tête calée sur l'oreiller, les jambes relevées, elle essaie d'y voir clair, de comprendre.

Reprendre toute l'histoire. N'omettre aucun détail. Et trouver une explication. A tout prix. Pour le petit, qui s'agite dans son ventre.

Novembre 48... Elle s'en souvient bien, c'était le jour de son anniversaire. Après le dîner, ses frères et Louisette, l'une de leurs copines, l'avaient entraînée dans un dancing de Boulogne, proche des studios de cinéma. Un endroit à la mode où avec un peu de chance on pouvait rencontrer le gratin du spectacle. Louisette l'avait charriée.

— Tu verras ! Si ça se trouve tu vas plaire à Fresnay ou Gabin et tu n'auras plus de souci à te faire.

Son frère aîné qui venait d'acheter une Citroën 11 conduisait comme un fou. A ses côtés, le cadet chantonnait des airs à la mode en se trémoussant sur son siège. Elle et Louisette, assises à l'arrière, essayaient de se maquiller. Léone riait de bon cœur. Elle avait vingt-deux ans. On la disait belle et elle avait envie de s'amuser.

L'endroit était bondé, bruyant, enfumé. On dansait, parlait, riait sans retenue. Elle se rappelait avoir été saisie par l'ambiance, presque bouleversée. Elle se sentait libre comme jamais elle ne l'avait été. Aussitôt, son frère cadet, son préféré, l'avait entraînée sur la piste. Ça swinguait à tout va ! A la demande des danseurs, l'orchestre déchaîné doublait, triplait les séquences. Dans la bousculade, des couples se déliaient, d'autres se formaient. A un moment son frère l'avait lâchée. Elle avait fait un tour sur elle-même avant de se retrouver à nouveau saisie, emportée par un homme. Lui !

Difficile, un an plus tard, de se souvenir d'un instant. Celui où tout bascule, où le destin se décide presque à notre insu. Surtout sur un air de swing. Elle ferme les yeux. Tout est là, son visage, son sourire, ses yeux brillants, la sueur qui perle à son front. La musique aussi, qui résonne dans sa tête. Mais il y manque l'essentiel. L'émotion. Cette crispation du corps, cette sensation presque douloureuse d'irréel, d'absence de soi, de perdition. Elle a tout entendu là-dessus, mais ce qui lui paraît le plus juste, ce soir, c'est qu'on suffoque.

Elle n'avait repris son souffle que beaucoup plus tard quand il l'avait ramenée chez elle à l'heure du laitier. Le jour pointait son nez et Paris, comme elle, s'éveillait avec la gueule de bois. Tout était grisaille, tristesse. Les visages des ouvriers qui partaient au travail le dos déjà courbé, les éboueurs qui couraient derrière la benne, et les commerçants qui relevaient leurs rideaux de fer en bâillant.

Elle n'arrivait pas à quitter l'habitacle. Pas plus qu'elle ne parvenait à se tourner vers lui de crainte de lui sauter au cou, de l'embrasser, de s'offrir à lui. De lui dire qu'elle l'aimait. Elle le sait aujourd'hui, à cet instant les jeux étaient déjà faits.

Elle avait allumé une cigarette, histoire de prolonger le temps. La fumée lui brûlait la gorge, mais c'était bon et fort. Comme les images que sa tête en feu fabriquait. Le désir s'était logé dans son ventre et s'y agrippait avec une violence qu'elle n'imaginait pas. Au point de ne plus pouvoir respirer. Elle ne se tournait toujours pas vers lui. Silencieux, il regardait devant lui et fumait. A quoi bon parler ? Ils savaient.

Autour d'eux, ça s'agitait. De plus en plus de passants, de voitures, de bruits familiers, rassurants. Elle devait rentrer, mais avant il devait se passer quelque chose.

C'est lui qui s'était décidé. Il l'avait prise par l'épaule et attirée vers lui. Son baiser, doux et passionné, l'avait faite chavirer. Au point de ne plus penser à rien, ne plus savoir où l'on est, s'il fait jour ou nuit. C'était vraiment le premier baiser et depuis, le seul. L'amour lui avait donné rendez-vous à ce moment précis. Cet inconnu pouvait lui proposer de l'emmener au bout du monde, elle le précéderait.

Là, dans son lit, solitaire, habitée de lui, par lui, elle n'ose même pas prononcer son prénom. Trop dur ! Ces quelques lettres assemblées résument tout et surtout sa souffrance. En la quittant il l'a déchirée, gommée, vidée. Elle en pleure en pensant au petit qui grandit dans son ventre. Ce n'est pas de sa faute et pourtant il faudra qu'il fasse avec.

Elle reprend le fil de sa pensée.

Après ce baiser, elle était enfin sortie de la voiture et avait rejoint l'appartement de sa mère en titubant. Tout juste si elle avait enregistré ses derniers mots : « Demain à six heures au bar des Rosiers ». C'est en grimpant les escaliers qu'elle s'était souvenue qu'il s'agissait du bar en-dessous de chez elle. Elle avait ri. Il y avait tout dans ce rendez-vous. De l'humour, de la délicatesse et de la provocation. Juste en bas de chez elle ! Au vu et au su de gens qui la connaissaient et qui s'empresseraient d'aller tout rapporter. Cela aurait été inutile. Dès qu'elle était entrée, elle avait tout raconté à Julia, sans omettre un détail. Pour partager sa joie avec elle. La gourde ! Comment cela aurait-il été possible, alors que Julia vivait avec le souvenir d'Alfred en en voulant à la terre entière que le sort le lui ait arraché ? Sa fille n'allait tout de même pas aimer en toute impunité alors que cela lui avait été interdit !

— Un homme à ton âge !

Tel avait été le cri du cœur de sa mère. La réponse avait jailli, aussi idiote.

— Eh bien quoi ! Tu préférerais que ce soit une femme ?

Cela lui avait valu une gifle. Une de ces beignes de paysannes qui font mal parce que leurs mains sont dures comme la terre qu'elles travaillent. Léone n'avait pas bronché. Ses larmes avaient coulé sans qu'elle le veuille. Juste une réaction épidermique. Rien d'autre. N'empêche, elle n'avait pas cédé. Elle devait le revoir, elle le reverrait, et elle avait fini par gagner. Sa mère, et c'était l'une de ses qualités, reconnaissait l'obstination et la récompensait.

Le bar des Rosiers était un zinc de quartier. Le rendez-vous des petits blancs, des petits rouges et des petits noirs comme elle les appelait depuis le café du Balcon. A l'époque, elle avait pris l'habitude de désigner ainsi les clients selon leurs consommations. Un endroit chaleureux, ce bar. Un rendez-vous de famille où l'on causait des événements du voisinage. Elle le connaissait bien. C'était là qu'elle venait acheter la limonade Daumesnil en bouteille.

Il était venu la prendre à l'heure prévue. Pas bégueule, il lui avait offert un café au grand plaisir du patron qui aurait enfin une histoire croustillante à répéter. Cela avait duré le temps de quelques regards. Elle n'avait pratiquement pas parlé. Son cœur palpitait trop vite.

Léone s'allonge. Elle n'est pas bien. Ces putains de nausées mélangées à son chagrin deviennent insupportables. Une cigarette, vite ! Une Gauloise. C'est fort. Ça l'apaise. Elle a toujours aimé ce goût âcre que laisse la fumée dans la bouche. Depuis cette première cigarette que son frère cadet lui a appris à fumer en cachette, un jour qu'ils étaient partis en pique-nique sur les terrains vagues de la Chapelle. Un drôle d'endroit. Vague comme l'indiquait son nom. Une immensité de buttes de terre couvertes d'herbe rase. On y venait en famille. Les gosses jouaient, les chiens couraient. Ici et là, quelques amoureux se bécotaient dans les ravines, à l'abri des regards. Elle, elle s'ennuyait. Trop grande pour aller jouer avec les gamins, trop jeune pour écouter les conversations des adultes. Ils y venaient souvent avec des voisins de la Villa des Roses et dès la fin du repas, sa mère l'envoyait promener. Il paraît qu'ils avaient des choses sérieuses à se dire. Pour le peu qu'elle en avait saisi, des histoires au sujet des autres, toujours un peu louches. Bref, ce jour-là son frère l'avait entraînée derrière une butte et avait sorti de sa poche un paquet de cigarettes.

— Tu veux essayer ?

Et comment qu'elle voulait ! Elle avait aspiré une telle bouffée qu'elle avait toussé à en pleurer. Mais cela lui avait suffi pour prendre le pli.

Lui aussi fumait beaucoup et cela avait renforcé leur complicité. On s'offrait des paquets de cigarettes. Cela dit, ils n'auraient pas pu s'offrir grand-chose d'autre. Elle ne travaillait pas et lui gagnait misère.

Ce soir-là, alors qu'ils roulaient dans Paris, cela avait été sa première question. Quel était son travail ? Mécanicien ! Par un réflexe stupide, elle avait regardé ses mains. Elles étaient blanches. Cela lui avait paru étrange. Il lui avait répondu qu'il se les lavait. Évidemment !

Elle a toujours envie de pleurer. Cette soirée a été la plus belle de sa vie. Elle l'est encore. Elle se souvient.

Elle est dans la voiture. Elle écarquille les yeux. La capitale ne lui a jamais paru aussi somptueuse. Noël approche. Des devantures sont illuminées. Des guirlandes ici et là. Elle regarde dehors parce qu'elle a peur. Non de ce qui va arriver, elle sait, mais de ce qui va suivre. Elle l'aime déjà. Une crainte sournoise la travaille. L'aime-t-il, lui aussi ? Elle sait que c'est trop tôt pour se poser la question. Mais elle veut une certitude à laquelle se raccrocher. Elle se sent tellement fragile. Il l'emmène dans une rue perdue du côté de la Bastille où elle n'a jamais mis les pieds.

— C'est mon coin ! dit-il.

Son atelier se trouve à deux pas de la place. Il lui montre la devanture fermée. Ensuite il l'invite dans un café de la rue du faubourg Saint-Antoine. Ça grouille de monde. Des ouvriers qui mangent pour pas cher. C'est chaleureux, joyeux. Ils se connaissent tous, s'invectivent, plaisantent, pincent le cul de la serveuse qui rigole. Quand Léone et lui se rendent à leur table, il serre des mains. On le complimente sur le joli petit lot qu'il a gagné. Elle se détend, répond du tac au tac. Après ces années passées derrière un zinc au café du Balcon, elle sait comment les prendre, ces hommes. Ils parlent beaucoup de fesses mais, pour la plupart, ils sont sages.

Il l'invite à choisir ce qu'elle veut. Elle rit. C'est un menu unique. Elle s'en rappelle encore. Harengs à l'huile, sauté de veau, fromage et fruit. Avec un quart de vin. Elle le regarde tandis qu'ils attendent les plats. Elle le trouve beau. Brun, pas très grand, mais costaud avec des traits étonnamment fins. Et des yeux à la fois doux, rieurs et inquisiteurs qui fouillent en elle. Elle a l'impression d'être déjà nue. Ça devrait la gêner. Ça l'excite. Ils parlent de tout et de rien. Il n'arrête pas de lui poser des questions sans répondre aux siennes. Elle parle mais pense à autre chose. Elle se sent touchée qu'il n'ait pas essayé de l'embrasser depuis qu'ils sont ensemble. Soudain, il s'enflamme. Il lui parle de son métier. Elle écoute. La passion jaillit à chaque mot. Dans sa bouche, moteur, bielles, cardans deviennent de la poésie. Il aime les voitures. C'est beau une voiture ! D'ailleurs, il en parle comme d'une femme. Et puis il adore la vitesse. Il l'emmènera un dimanche avec une Citroën 15. Elle comprendra. Elle se fiche de la vitesse, mais elle est prête à tout pour lui, avec lui. Le dîner s'éternise. Un copain à lui vient leur offrir un digestif. Il est franc le gars. C'est pour faire plaisir mais aussi pour reluquer Léone. Il l'avoue en riant, sans honte ni vulgarité.

Il est déjà tard quand ils sortent. Elle prend le bras qu'il lui offre, sans se poser de questions. Ça fait vingt ans, mille ans qu'ils sont ensemble. Il lui propose d'aller danser. Le Balajo se trouve à deux pas. Elle ne connaît pas mais cela lui fait envie.

Léone pleure. C'est dur d'encaisser les souvenirs surtout quand ils déchirent les tripes. Il n'y a rien de plus sadique qu'un souvenir. Il se tient là, devant vous, dans sa nudité, sa vérité sans fard. Il s'installe et commence son travail de sape. A croire que le temps n'existe pas. La Gauloise n'arrange rien. La fumée pique les yeux, râcle la gorge. Et le petit qui lui fait mal au cœur.

Ah, cette soirée au dancing ! De celles qui ne se reproduisent pas. Tout est nouveau, tout est beau, tout est vrai. Les corps transpirent l'amour. Les leurs aussi. Eh oui ! C'est bon de frotter ses seins contre son torse, c'est bon de flatter son sexe durci. C'est elle qui l'embrasse. Il ne s'y attend pas. Pourtant, il ne se démonte pas.

Comment exprimer ce plaisir, cet oubli de tout qui vous enferme soudain dans une bulle imperméable au reste du monde ? Le souvenir est traître. Il ne joue pas le jeu. Fortiche pour rappeler ce qu'on a plus, mais zéro pour restituer les émotions.

Léone aimerait vibrer à nouveau, ressentir cet abandon, cette excitation qui l'avait prise. Il aurait pu l'entraîner n'importe où, la prendre debout sur l'instant, elle aurait dit oui !

Mais ce soir, il ne lui reste plus comme décor de dancing que quatre murs blanc sale, un lit aux draps chiffonnés, une lumière tamisée. Et une fatigue à déclarer forfait.

Ils ne restent pas longtemps dans cette étuve. Les désirs se sont accordés, aux corps de faire le reste. Il l'entraîne chez lui, à quelques rues de là. Un couloir sale et mal éclairé avec une minuterie bruyante.

— Dépêche-toi ! lance-t-il en lui prenant la main. J'habite au dernier étage et si on traîne ça s'éteint avant qu'on arrive.

Ils ont le pas lourd, font un charivari d'enfer dans la cage d'escalier. En arrivant sur le palier ils rient en tentant de reprendre leur souffle. Ils ont gagné. Il a même le temps de glisser la clé dans la serrure avant que ça s'éteigne. La porte refermée, il n'allume pas. La lumière de la ville qui passe par la fenêtre suffira. Une seule pièce où trône le lit. Ils s'allongent.

Cette fois-ci c'est trop ! Léone ne veut plus penser. Elle attrape le journal, se plonge dans la lecture. Une bouée, un refuge, un détour. Pas question de revivre cette nuit d'amour. La seule, la vraie, la première. Sa chair en a gardé l'empreinte. Pas question de se faire mal. Plutôt Vincent Auriol, les prix, la politique de décolonisation, l'Indochine, la Tunisie... N'importe quoi, plutôt que d'avoir mal. C'est vache le corps d'une femme. Plusieurs mois après, plusieurs années peut-être, il se souvient de celui qui l'a marqué. Les autres ne sont que des imitateurs, des singes.

Mais un journal, ce n'est pas un paravent. Il va bien falloir refaire l'amour avec lui, en cette nuit d'hiver, dans le noir...

C'était quand ? Un soir de décembre. Peut-être le 19 ? Il faisait froid dehors, dans sa chambre. Et pourtant, quand il l'avait attirée, elle était brûlante.

Elle tremble. Mais c'est seulement l'émotion, le désir qui fait peur parce qu'on sait que l'instant va déterminer un futur. C'est essentiel, unique, vital. Il a des gestes doux et précis. Comment s'y prend-il pour l'embrasser et en même temps déboutonner son chemisier, sans hésiter ? Elle sent ses seins qui pointent sous l'effet du froid et du désir. Elle entend sa respiration qui se fait plus haletante sans pouvoir la ralentir. Elle voit ses propres bras qui enlacent son cou puissant. Elle sait que ses doigts agrippent sa chemise pour la sortir du pantalon. Elle tremble en caressant son dos musculeux et chaud. Lui l'embrasse, sans hâte... Et puis soudain elle sent sa main qui caresse ses cuisses, remonte jusqu'à la culotte. Elle écarte les jambes quand il s'allonge sur elle. L'impatience lui fait mal. Il sait y faire dans la langueur. C'est douloureux de désirer. Cette attente, cette tension qui contractent... Elle ne le sent pas quand il entre en elle ! Pas étonnant. Il est chez lui.

Mais, Bon Dieu, quand va-t-elle se terminer, cette nuit ? Que faire pour échapper à ce supplice ? Sortir, téléphoner ? Oui, c'est ça. Elle va appeler Marlène qui n'est pas du genre à se coucher tôt. Elle passe des nuits entières à écouter les feuilletons. A rêver à sa manière.

— Allô ? C'est moi... Ça va ?

— Oui ! Et toi ? A m'appeler à une heure pareille, tu dois encore dérailler !

— Il y a de ça !

Marlène allume une cigarette. Cela va être long. Elles se connaissent bien toutes les deux. Passé une certaine heure, s'appeler, c'est crier à l'aide.

— Allez, vide ton sac ! C'est le gosse ?

— Non. C'est celui qui l'a fait.

— Tu l'as revu ?

— D'une certaine manière oui ! Il est là, dans ma tête, et ne me lâche plus.

— Tu l'aimes encore ?

— Je crois...

— Eh bien, va le retrouver !

— Je ne sais pas ce qu'il est devenu. Il est parti.

— Qu'est-ce qui s'est passé ? Allez raconte ! Ça te fera du bien...

Léone hésite. Elle se retient de pleurer. Se cale plus confortablement contre les oreillers. Allume une cigarette. Quelques instants auparavant, elle rêvait du début, maintenant elle doit penser à la fin. Et la confier ! Ce n'est pas facile. Même à sa meilleure amie. Elle a beau être bavarde, elle sait taire ses secrets. Mais là, le silence devient impossible. Il va bien falloir accoucher de la douleur, du ressentiment, de l'échec.

— Tu n'as pas envie d'en parler ? demande Marlène.

— Si, si... Mais ce n'est pas facile. Ça fait tellement mal. C'est si récent !

— Quand cela ?

— Le mois dernier, quand il a su que j'étais enceinte.

— Eh bien, dis donc ! Tu es une sacrée comédienne ! Tu n'en as rien laissé voir ! Mais, dis donc, c'est un salaud !

Léone hésite. Salaud ? Pas possible. Surtout ne pas salir ce qui a été beau pour la première fois de sa vie.

— Non, non, je ne crois pas. Il avait ses raisons. Il n'a pas supporté. Trop jeune pour s'engager et avoir des responsabilités...

— Pourquoi tu ne l'as pas fait passer ?

— Il est l'enfant de l'amour comme on dit.

— Tu parles d'un amour ! Pour que le père se tire dès que le gamin s'amène ! Tu t'es fait avoir ma pauvre fille, oui !

Cruel constat ! C'est vrai, et pourtant quelque chose en elle se révolte. Avait-elle passé un contrat avec lui ? Tu m'aimes donc tu accepteras l'enfant que j'aurai un jour ou l'autre ? Non. Et puis c'est elle qui a accepté de le garder.

— Non, je ne crois pas m'être faite avoir ! Je me suis eue moi-même. J'ai vécu mon désir jusqu'au bout. Il n'était pas le même que le sien, voilà tout.

Marlène s'esclaffe.

— Non seulement tu es une bonne poire mais je crois qu'en plus tu es une gourde. Grâce à des filles comme toi, ils font ce qu'ils veulent. Après il ne faut pas se plaindre ! Moi, tu ne m'enlèveras pas de l'idée que tant qu'il a pris son plaisir il a répondu présent et qu'au moment où il a fallu s'engager, il a mis les voiles !

Léone est lasse. Impossible de faire comprendre ce qu'elle ressent.

— Tu as peut-être raison...

Elle invoque l'envie de dormir pour écourter la conversation.

— Ça va mieux ? demande Marlène.

— Oui, oui. Je te remercie.

Elle raccroche. Plus jamais ça ira mieux.

CHAPITRE 3

Juin 1949. Un mois a passé. Il fait très chaud à Paris. Difficile à supporter ce temps avec le petit qui grossit, la fringale accrochée au ventre toute la sainte journée, et le regard des autres auxquels Léone ne peut plus rien dissimuler.

Cet après-midi du 8, elle monte chez sa mère. Cinq étages d'essoufflement. Ce n'est pas coutume mais Julia est plutôt accueillante ce jour-là.

— Comment ça va, ma fille ?

Léone s'affale dans un fauteuil. Julia va à la cuisine lui chercher un sirop d'orgeat. Les volets sont à moitié clos pour créer un peu de fraîcheur. Ça sent bon l'encaustique. Un travail est en cours sur la machine à coudre.

Sa mère revient et s'assoit sur sa chaise de travail, le dos tourné à la lumière. Elle pose des questions sur l'emploi de Léone, sa fatigue, ses occupations. A-t-elle assez d'argent ? Elle peut lui en prêter. Léone répond par monosyllabes. Elle n'a pas envie de parler de tout ça. Sa mère est finaude. Elle change de sujet.

— Comment va le petit ?

— Il commence à se faire sentir...

— Tu n'as pas fini !

— Comment ça a été avec moi ?

Ce n'était pas la question à poser. Sa mère s'est raidie. Ses lèvres se sont serrées, le regard s'est durci. Elle hausse les épaules pour donner le change.

— Comme pour tes frères...

Le genre de réponse qui agace Léone. Elle ne parle pas de ses frères. Elle parle d'elle.

— Ce n'est pas ce que je te demande. Raconte-moi comment c'était quand tu m'attendais !

Julia se mure dans le silence. Autant vouloir faire parler un mort.

— Eh bien, dis ! s'énerve Léone. Ce n'est pas un secret ! J'ai quand même le droit de savoir comment c'était avant que je mette le nez dehors.

— Non, ce n'est pas un secret. Mais comment veux-tu que je me souvienne ? C'est si loin.

— Tu m'énerves, tiens ! Comme si on oubliait ces choses-là. Surtout toi, avec la mémoire que tu as.

Sa mère se trémousse sur sa chaise. A croire qu'elle est assise sur des charbons ardents. C'est la première fois que cela lui arrive. D'habitude, même prise de court, elle trouve la parade. Pas cette fois-ci. Son regard s'adoucit, son menton tremble. Il se pourrait bien qu'elle se mette à pleurer.

— Que veux-tu que je te dise ? commence-t-elle la voix enrouée. Ton père est mort en avril. J'étais déjà enceinte. En quelques jours, j'ai vécu le chagrin d'une mort et celui d'une grossesse qui perdait de son sens. Nous t'avions voulue ensemble. Je me retrouvais seule à t'attendre.

— Tu aurais pu me faire passer.

— Pourquoi ? C'était le destin. Il ne sert à rien de vouloir le modifier. Sinon on recueille d'autres souffrances parfois plus intolérables.

— Et alors ?

— Et alors quoi ? Il a fallu redresser les manches et travailler encore plus dur.

— Mais... Tu m'as aimée malgré...

La question est insultante. Léone s'en rend compte. Mais ça sort tellement vite dans ces cas-là ! Sa mère ne s'en formalise pas. Dans le fond, n'est-ce pas la question essentielle ?

— Je t'ai aimée doublement ma fille. Pour lui et pour moi. Sans doute parce que tu étais la dernière preuve de son amour...

Léone respire mieux. Ces quelques mots ont suffi. Elle a envie d'embrasser sa mère. Pourtant elle ne le fait pas. Elle sait pourquoi. Peut-être l'a-t-elle aimée pour deux, mais il reste le témoignage de ces vingt-deux années passées l'une avec l'autre, mais aussi l'une contre l'autre. Pourquoi s'est-elle montrée si dure à son égard ? Pourquoi Léone a-t-elle eu l'impression que ses frères étaient avantagés par rapport à elle ? Comme si elle devait payer quelque chose qu'elle ignorait. Ce n'est pas le moment de poser la question. D'ailleurs, la posera-t-elle jamais ?

A la fin du mois de juin, la chaleur est exténuante. Heureusement, Léone va prendre des congés payés dans quelques jours.

Avec sa mère, elle ira à la ferme, là-bas dans la Nièvre. Ses frères passeront les voir au cours du mois.

Le même rituel. Le train à la gare de Lyon avec l'odeur âcre des fumées de locomotives. La bousculade et le compartiment qui sent l'orange. Toutes les deux sont énervées. Léone à cause de son ventre qui pèse et ralentit sa marche. Julia parce qu'il faut traîner les valises et trouver des places.

Tandis que le paysage défile, Léone se rappelle les fermes du hameau appartenant à leur famille, les visages qu'elle a aimés ou détestés. Ces années passées là-bas l'ont marquée. Elle s'y sent enracinée et espère que celui qu'elle porte saura s'y attacher à son tour. Elle pense avec émotion à son grand-père Auguste, sa grand-mère Anna. Solides et noueux comme des chênes. Et silencieux. Ah ! Ce silence... Une maladie ! Etait-ce par pudeur ou parce qu'ils n'avaient rien à dire ? Elle n'en sait rien. Dieu qu'elle en souffre encore de cette contention de la parole !

Immuable, l'arrivée au chef-lieu du canton. On descend sur le mauvais quai et l'on attend que le convoi soit reparti pour traverser les voies.

Quand elles sortent de la gare, Auguste est là, campé sur ses jambes, à côté de sa carriole à cheval. Un vague sourire, une embrassade et elles montent. Il est fier de son attelage, le grand-père. Têtu comme une bourrique, il ne veut pas se mettre à l'automobile. Au moins, dit-il, là-dedans on respire. Il n'a pas tort, pense Léone. Non seulement on est à l'air, mais on voit le paysage.

— Dieu que c'est beau ! s'exclame-t-elle.

Sa mère hausse les épaules.

— Je ne vois pas ce qu'il y a de changé. Je me demande même si ça changera un jour !

Le cheval avance tout seul. Auguste se roule une cigarette. De temps en temps, il s'adresse à Julia.

— Tiens, le vieux Gaspard est mort.

— De quoi donc ?

Il rigole.

— De la bouteille !

— Eh bien ! A l'âge qu'il avait, elle aura mis du temps à le tuer.

— Sûr, c'est moins dangereux que la voiture.

Léone sourit. Elle aime la rude simplicité de son grand-père. Il est né de la terre, a vécu avec elle, et y retournera avec plaisir. Sa vie c'est elle, et ici. Tout juste s'il a dépassé les frontières du canton. Il a parlé un jour d'une guerre dans les brumes du nord mais, comme d'habitude, par bribes. Suffisamment pour qu'enfant elle ait regardé avec admiration les deux médailles sous globe entourées de buis séché qui attestaient de son courage.

Le cheval accélère. On arrive aux Malmaisons. De là on voit le toit des fermes. Il sait qu'il aura sa récompense. Une bonne ration d'avoine donnée dans la main, par son maître.

Sur le pas de la porte de la cuisine, la grand-mère Anna, ceinte d'un tablier gris, attend les bras le long du corps. Une position dont elle ne s'est jamais départie. L'oncle Pierre, leur fils, n'est pas là. Sans doute aux champs. Un dur à cuire qui mène femme et enfants d'une main de fer.

Léone descend du coupé sans faire attention à son ventre. Un petit cri. Ce n'est pas grave. Anna a le sourire sibyllin de celle qui a compris. Entre femmes, n'est-ce pas...

— Viens donc t'asseoir, ma fille ! C'est que le voyage n'a pas dû être de tout repos.

Léone est contente de l'attention. Depuis un certain temps, elle aime qu'on la cajole. Elle s'assoit dans la cuisine à côté du poêle qui ronfle. Qu'il fasse chaud ou froid c'est ainsi, et ça le sera jusqu'à la fin d'Anna. Elle n'a jamais voulu interrompre le feu.

Julia hausse les épaules.

— Le voyage, fatigant ? Pas plus que les autres fois !

Anna regarde sa fille d'un air excédé. Le courant n'est jamais passé entre les deux femmes. Aussi bourriques l'une que l'autre, comme dit Auguste. Un peu court comme explication. Certainement plus compliqué que cela. Mais on ne refait pas cinquante ans d'histoire.

— Eh bien quoi ! C'est plus éreintant dans son état !

Pour Anna pas question d'évoquer un bébé, une grossesse. On ne connaît pas le pourquoi de ce silence ancestral sur la maternité. L'atavisme, sans doute. Cela fait rire Léone qui décide de mettre les pieds dans le plat.

— C'est vrai qu'il forcit beaucoup en ce moment.

Anna éclate de rire.

— Bah, ma fille, avec des aïeuls comme les tiens, tu ne vas pas faire une moitié de rien.

Léone rit à son tour. Ici, tout est simple. Elle l'avait oublié.

La soirée se prolonge tard dans la nuit. On mange, on boit, on parle, on rit, on se tait. Sur le même ton, mais avec intérêt. On se moque aussi de temps en temps. Il y a de quoi ! Quand Léone commence à raconter le métro, les voitures, les agents de police et le bruit...

— Tu es folle ma fille ! s'exclame Anna. Tu ferais mieux de vivre ici avec nous. Tu aurais le teint plus frais !

Léone a envie de dire qu'elle a raison, mais elle sait que son avenir n'est pas ici, et eux ne le savent pas. Parce qu'ils ont respecté le contrat passé avec la terre par leurs parents et toutes les générations qui ont précédé. Parce qu'ils croient que ce contrat sera passé par les enfants, petits-enfants, jusqu'à la fin des temps. Parce qu'ils ne veulent pas voir la vérité en face. Déjà Julia, la propre fille d'Anna, s'est sauvée avec ses fils et sa fille. Ces derniers ne reviendront pas.

C'est étrange ce que ressent Léone. Etre à la fois enracinée dans ce coin de terre et si loin dans les rêves qui la transportent vers l'Indochine ou l'Afrique. Elle songe à l'enfant qu'elle attend. Si cela se trouve, plus tard, il reviendra ici comme le cheval à l'écurie. Parce que ce sera là, pour lui, le centre de tout. Elle ne sait pas ce qu'il y fera. Mais en cette soirée de juillet, alors qu'elle se promène le long du potager, elle veut croire qu'elle sera là pour le savoir. Qu'elle aura le temps et l'ardeur de lui montrer le bon chemin, de l'empêcher de faire des conneries. Elle lance une pièce de monnaie dans le puits en faisant le vœu de vivre longtemps, très longtemps pour lui. Les autres se moquent d'elle, surtout l'oncle Pierre, mais ce n'est pas méchant. Tout le monde sait maintenant. Il n'y a pas de quoi en faire des histoires.

— C'est pour le père ou le fils que tu fais des vœux ?

— Plutôt pour le fils.

— Tu as raison, assure Anna. Si le père n'est pas là, il ne vaut pas tripette.

Léone sourit. C'est plus compliqué et elle aimerait le leur expliquer. Elle croise le regard dur de sa mère qui semble lui dire : tu vois, je te l'avais bien dit ! Un moins que rien ! Léone tourne la tête. Elle ne veut pas entendre sa mère, elle ne le veut plus. Pourquoi l'écouterait-elle ? Elle aussi a fait des conneries. Quand elle était jeune, d'après ce qu'on dit, ce n'était pas une oie blanche.

Elle préfère profiter de la nuit d'étoiles et de lune, de la caresse du vent léger, du museau du chien qui ne cesse de se frotter contre elle, du silence d'Auguste, de l'ironie d'Anna, et de la senteur des blés venant du champ voisin.

Elle respire l'air à pleins poumons, pour que son enfant le respire lui aussi.

— Demain, j'irai me promener à vélo, dit-elle.

— Cela ne m'étonne pas, lance sa mère. A peine arrivée, la voilà repartie !

Anna hausse les épaules.

— Laisse-la faire ce qu'elle veut ! Elle est grande maintenant.

La question est tranchée. Personne ne viendra la contredire.

Les lendemains succèdent aux lendemains. Léone sillonne le pays à vélo, s'arrêtant dans des fermes et des villages voisins, embrassant chacun et chacune avec la même joie.

Elle a commencé par la Roncière, où habitent des filles de son âge et Andréa, l'homme qui a épousé l'une d'elles. On jacasse des heures dans la cuisine. Ça sent bon le lait chaud et les plats en sauce. Elle raconte Paris. Rires des autres. On n'y mettra jamais les pieds. Qu'est-ce que tu veux qu'on fiche là-haut ? Oh bien sûr, toi tu t'y plais. Mais tu n'arrêtes pas d'avoir la bougeotte depuis que tu es petite. Ici, c'est trop étroit pour tes rêveries.

Elle n'a pas pu partir sans une douzaine d'œufs et la promesse d'une volaille pour le lendemain.

— On l'apportera à ta mère. C'est plus sûr ! Avec toi on sait quand tu pars, jamais quand tu reviens.

Léone reprend sa route. Elle passera par Vieilmanay embrasser un vieux grand-oncle qui y vit seul, puis elle ira à Narcy se recueillir sur les tombes de la famille.

Elle pédale. Il fait chaud. Dans les champs, des journaliers, torse nu, et des femmes en chemisier. Les moissons commencent. Parfois, au détour d'un chemin, une voletée de son et de poussière mêlés lui fouette le visage. Son cœur se serre à l'idée qu'elle est seule. Pourquoi n'est-il pas là, à ses côtés ? Costaud comme il était, il aurait travaillé avec les hommes. Sûr qu'on lui aurait fait bon accueil ! Il n'avait rien d'un Parisien. Elle essuie une larme. Elle ne sait pas si c'est le vent ou le chagrin. Autant ne pas le savoir.

A l'entrée de Narcy, la même émotion. La première chose qu'on y découvre quand on vient de la ferme, c'est le cimetière. Elle n'a jamais trouvé ce lieu tragique. Au contraire. On vient y visiter la famille. Des noms et des dates sur les stèles, parfois une photo, et pour les plus chanceux, des petites phrases de regret.

Léone les relit avec application comme elle le faisait quelques années auparavant. Les tombes sont plus nombreuses, mais c'est normal. Elle songe qu'un jour elle sera là, dans cette enceinte. Parce que ce n'est pas possible autrement. Toute la famille est ici. Comment les disparus continueraient-ils à jacasser des vivants s'ils étaient éparpillés partout ? Elle respire les bosquets de buis qui encadrent l'entrée et sentent fort. Pour elle, leur odeur est celle de la mort. Mais d'une mort gaie.

Retour à la ferme. La fraîcheur du soir se fait sentir. Elle rigole à l'idée que sa mère ne pourra s'empêcher de lui faire une réflexion sur son retard. Cela ne manque pas.

— Tu ne rates jamais une occasion d'arriver à la dernière minute pour te mettre les pieds sous la table.

— Mais laisse-la donc ! s'écrie Anna. Qu'elle profite.

Déjà la moitié du mois. Quinze jours de vacances en moins et un ventre qui continue de grossir. Auguste la charrie.

— Là, c'est pas seulement à cause du bébé ! C'est que tu as gardé un joli coup de fourchette.

Tout le monde rit. Qu'est-ce que cela peut bien faire qu'elle soit grosse ! Elle aura le temps de rattraper son poids ! D'ailleurs est-ce bien utile ? Ici les femmes maigres, on n'aime pas trop.

Julia annonce l'arrivée de ses fils pour le lendemain. Elle a reçu un mot. Pour Anna c'est plutôt une bonne nouvelle. L'aîné donnera la main aux champs et le cadet jouera de l'accordéon pour la rentrée du blé.

Léone est inquiète. L'arrivée de ses frères l'angoisse. Peut-être redoute-t-elle leurs regards sur son ventre, un quelconque reproche ? Stupide ! Ils n'ont jamais fait un seul commentaire sur sa grossesse et sur le père... absent. Pourquoi commenceraient-ils aujourd'hui ?

Non, cette inquiétude, elle sait d'où elle vient. Du fait qu'elle a toujours attiré l'attention sur elle, surtout à cause de la mort de son père. Pas de quoi faciliter les choses avec ses frères délaissés pour la « pauvre petite ».

C'est surtout chez l'aîné qu'elle a senti de l'hostilité. Il n'y en a que pour elle, disait-il. Cette hostilité affleure souvent, sans jamais éclater. Cependant elle est là, entière, retenue et susceptible de s'exprimer pour un oui ou un non. Chez le cadet, c'est moins évident. Peut-être parce qu'il est plus détaché, grâce à la musique.

Ils arrivent le lendemain dans la Citroën 11 de l'aîné. Ils sont habillés comme des milords, ce qui a le don d'énerver leur mère.

— A croire que vous venez au bal !

Anna rigole.

— Mon Dieu ! C'est donc ainsi que vous êtes attifés à la capitale ? Vous devriez monter un cirque ambulant.

Les deux garçons la rassurent.

— T'inquiète Mémé ! On va se mettre en costume du pays et on va donner le coup de fourche.

Au tour du grand-père de rire.

— Faudra manger de la soupe avant.

Aussitôt dit, aussitôt fait. Une heure après ils sont dans le champ de la Réserve et suivent la moissonneuse qui rejette les gerbes sur le côté. Avec les saisonniers, qui se moquent de leur peau blanche, ils les ramassent et les mettent en tas. Plus loin, la charrette tirée par deux chevaux se remplit.

Léone a tenu à les accompagner mais elle ne peut rien faire, sinon marcher à côté d'eux et jacasser. Quel temps faisait-il à Paris ? Comment va le travail ? Et leurs compagnes ?

Les deux garçons se font des clins d'œil.

— Toujours pas la langue dans la poche ! dit le cadet.

— Remarque elle ne fait pas que parler ! lance l'aîné en désignant son ventre.

Léone se vexe. Elle attendait de la complicité, elle reçoit de la défiance. Elle ne répond rien, ce n'est pas son genre. Mais elle a envie de pleurer. Elle s'éloigne et va rejoindre les femmes. Des vraies pies ! On parle des morts et des vivants, indistinctement. Léone se rapproche, s'agrège, se fond au groupe. Elle est accueillie sans chichis.

— Tiens ! La Léone ! Comme tu as grandi.

Cela l'émeut. Des années qu'elle a la même taille, mais elle sent qu'elles veulent lui dire autre chose. Avec son ventre elle n'est plus la gamine d'autrefois. Aucune ne l'interroge sur le père. A la campagne, on est plus fin qu'on en a l'air ! On sait que ce ne sont pas les hommes qui portent les petits. Qu'ils vont et viennent au gré de leurs humeurs ou de leurs désirs. Par contre, une femme au ventre plein reste où elle est. Léone a envie de les aider. Elle s'y met. On ne l'en dissuade pas. Comme ça, on verra si le petit reste accroché.

Les jours passent. A plusieurs reprises, Léone essaie de parler à son frère aîné. Elle veut savoir pourquoi il lui en veut. Il esquive jusqu'au jour où elle le coince dans la cuisine. Les autres sont partis. Elle n'y va pas par quatre chemins.

— Pourquoi tu en as après moi ?

Son frère fait l'étonné.

— Ah ! je t'en prie, reprend Léone, pas avec moi ! Tu ne l'aimais pas, n'est-ce pas ? Et tu ne supportes pas que j'attende un enfant de lui.

Le frère reprend du poil de la bête.

— Je t'ai toujours dit qu'il te lâcherait ! C'est un salaud et toi une gourde. Tu as pensé au petit que tu portes ? Déjà pas de père !

— Mais une mère.

Il ricane.

— Je te connais !

Léone s'énerve, allume une cigarette. Elle n'apprécie pas ces sous-entendus.

— Qu'est-ce que ça veut dire ?

Il hésite, s'assoit.

— Allez ! Lâche tout ! s'écrie Léone. Tu te sentiras mieux après.

— Fiche-moi la paix.

Elle hausse les épaules, une grimace de mépris aux lèvres.

— Facile de se pavaner devant tout le monde en se moquant... Mais là, face à face ! Plus rien ! Et bien puisque tu n'as rien à dire, moi j'ai ! Tu es un lâche et tu le resteras. Tu es comme ça depuis toujours ! Peur des râclées de Maman, peur de celles des copains à l'école, peur de dire la vérité. C'était toujours nous, les petits, qui avions fait la connerie. Et tu nous avais toujours prévenus, hein ?

Il est rouge de colère contenue. Cette sœur, vive, intelligente, belle et adulée, l'effraie. Il craint ses mots, ses rires, en un mot sa supériorité. Mais là, c'est trop ! Il ne peut pas laisser passer.

— Moi au moins je ne fais pas n'importe quoi.

— C'est sûr. Tu as tellement peur qu'on te juge. Tu es incapable d'avancer sans suivre les traces d'un autre. Des fois que tu te tromperais... Tu n'as pas de rêves. Tu ne prends aucun risque. J'attends de voir celle que tu vas nous ramener.

— Qu'est-ce que ça peut te foutre ? Tu n'auras pas à vivre avec elle !

— Heureusement.

— Toi, en attendant, tu ramènes des hommes mais tu ne les gardes pas.

Léone accuse le coup. C'est vrai qu'elle n'a pas su le retenir et qu'il est parti ! Mais Bon Dieu, est-ce que ce con de frère vivra une seule minute de ce qu'elle a vécu avec lui ? Non, comment le pourrait-il ?

— Il n'y a que l'argent qui compte pour toi ! attaque-t-elle.

Un peu pour se venger, un peu pour dévier la conversation. Il ne supporte pas.

— Tu parles ! Je n'ai pas le sou !

Elle éclate de rire.

— Évidemment, tout est chez le notaire.

Il rougit, croyant que personne ne le savait.

— Et alors ? Quand j'aurai assez, j'achèterai un commerce. Au moins, je gagnerai ma vie sans dépendre de personne.

— Sauf de notre mère que tu tapes ! J'ai vu les reconnaissances de dettes sans intérêt. Enfin, si elle est assez bête pour marcher.

Les traits de son frère s'affaissent. Ses yeux lancent des éclairs de haine impuissante. Il se lève.

— On en reparlera ! lance-t-il avec hargne.

Il claque la porte.

Un poids en moins pour Léone. Satisfaite, elle se laisse aller dans le canapé sur lequel elle s'est allongée. Par la fenêtre ouverte elle entend la rumeur de la nature. Le bourdonnement des abeilles sur la glycine, celui des mouches qui vont mourir sur le serpentin de colle pendant du plafond, le bruissement des feuillages. Elle s'endort. Le bébé naît. Lui est revenu juste avant l'accouchement. Ils sont heureux tous les trois...

Elle se réveille brusquement. Se souvient du rêve. Une prémonition. Il reste cinq mois avant la naissance. Tout le temps pour le retrouver, le faire revenir !

Étrange comme un rêve peut transformer la vie. Durant les jours qui suivent, elle est gaie, à l'écoute des autres. Elle en est certaine, il va revenir ! Lui revenir ! Jusqu'au moment où le rêve s'essouffle et qu'il lui faut regarder la réalité en face. Pourquoi reviendrait-il puisqu'il a décidé de partir ?

C'est ce qu'elle se dit, ce soir-là, au fond de son lit. Elle sait qu'il va falloir affronter une vérité affreuse. Elle a peur. L'inacceptable est décidément trop fort !

Curieusement, elle qui n'a que des sentiments de bon voisinage avec Dieu, c'est au curé qu'elle pense. Celui de Narcy. Ce drôle d'énergumène a tout pour lui plaire. Toujours par monts et par vaux, de jour comme de nuit, pour prêter secours aux âmes en peine. Avec des arrêts pipi comme il dit dans les troquets de la région. Normal, il ne paie pas. Pas plus qu'il ne paie les poules et les canards qu'on lui donne dans les fermes. Mais là, rien à dire, il s'agit d'offrandes à Dieu. Il prend tout le curé, même s'il sait qu'il aura de quoi nourrir un prieuré. Seulement, Dieu, il ne l'a pas que dans le ventre, il l'a dans le cœur, lui ! Et il sait donner à ceux qui en ont besoin... Elle ira le voir le lendemain.

Elle est debout de bon matin, juste après le lever du soleil. Dans la cuisine, Anna s'agite autour des fourneaux. Elle est secouée de son rire d'asthmatique.

— Sainte Vierge ! Déjà réveillée ! Tu vas le fatiguer, dit-elle en désignant le ventre.

Léone s'assoit sur le banc et attend. Anna va lui faire son café, lui beurrer ses tartines. C'est comme ça avec elle. La cuisine est son royaume. Pas question qu'une donzelle de Paris se mêle d'y travailler ! Léone est heureuse. Ça sent bon le café « bouillu » mille fois, le pain frais et la confiture. Les chiens sont dans ses jambes. Pas si corniauds qu'on le dit. Ils savent qui leur donne le plus à grignoter.

Anna ne parle pas. Tout passe par ses yeux, ses gestes, ses sourires. Son amour se dit dans la manière dont elle pose délicatement le bol devant sa petite-fille, beurre sa tartine. Elle s'assoit rien que pour voir Léone dévorer.

— Tu devrais te reposer dans le pré, sous le pêcher ! Il y fait bon.

— Non. Je vais à Narcy.

— Comment donc ?

— A vélo, pardi !

Anna secoue la tête, l'air désapprobateur.

— Tu vas encore énerver ta mère.

— Ta fille ! rétorque Léone.

Anna encaisse. Oui, il s'agit de sa fille. Bien sûr elle a changé. Plus sévère, plus raide. Mais qui ne le deviendrait pas après ce qu'elle a subi. Un mari mort en plein bonheur. Trois enfants à charge. Et cette révolte qui l'agitait dans sa jeunesse. Telle mère, telle fille, telle petite-fille. Anna en est certaine. On trimballe avec soi plein de choses qui ne sont pas de nous, ou à nous. Et il faut faire avec.

— Et que vas-tu faire à Narcy ?

— Voir le curé.

— Cet ivrogne !

Anna se ravise.

— Remarque, il ne vaut pas moins que ton grand-père.

Elle éclate de rire. Léone aussi. Elles le connaissent bien Auguste. Lui qui met la même ardeur à travailler qu'à lever le coude ! Heureusement, le cheval connaît les chemins qui ramènent à la ferme.

La dernière gorgée de café avalée, Léone enfourche le vélo. Anna la rappelle pour lui donner un pot de confitures et une pièce.

— Mets donc un cierge pour moi !

Léone s'éloigne. Elle pédale lentement. Le ventre pèse. Ah ! Qu'elle aime cette route qui serpente dans la campagne. Un chemin de bonheur. A Narcy, elle bifurque à droite devant le monument aux morts, et à gauche vers l'église. Petite, sans fioritures, mais tellement attachante. Elle lui fait penser à l'église d'un jeu de construction avec lequel elle jouait, enfant. Ce qu'elle préférait, c'était poser le toit rouge sur le cube qui représentait les murs.

Le presbytère est en face. Elle descend du vélo avec précaution. Elle est contente. La voiture du curé est là. Ils pourront causer. Elle sonne. C'est lui qui ouvre. Petit, le cheveu blanc ébouriffé, la barbe de plusieurs jours, la soutane fermée d'un bouton sur deux.

— Ah, ma Léone ! Toujours là sans prévenir, hein !

Il s'efface pour la laisser entrer. Elle lui donne le pot de confiture. Il le pose sur le buffet, s'assoit.

— Alors quel bon vent ?

— J'avais envie de vous voir.

Les petits yeux vifs du curé la dévisagent, fouillent son âme.

— Toi, tu as quelque chose à me dire !

Elle acquiesce.

— Tu as péché ? s'inquiète-t-il, une fausse moue d'inquiétude aux lèvres.

Éclats de rire de Léone.

— Certainement.

Il rit à son tour. Puis, d'un hochement de tête, désigne le ventre.

— C'est de lui dont tu veux parler ?

— Tout comme...

Le silence s'installe. Un silence léger. Le soleil inonde la pièce. Des effluves d'encaustique proviennent de la chambre d'à côté.

— Il est parti... reprend Léone.

— Je sais. Ça arrive.

— Je ne voulais pas.

— Pourquoi il a fichu le camp ?

Léone reprend sa respiration. Elle a envie de tout dire. Le brave curé s'y attend. Il se cale contre le dossier de sa chaise et commence à se rouler une cigarette de tabac gris. En même temps, il jette un regard inquiet vers l'extérieur. La vieille Marguerite qui s'occupe de son ménage et de ses repas lui fait la guerre. On ne fume pas quand on est curé et encore moins à son âge.

Léone raconte comment elle l'a connu, leur joie de vivre ensemble, Paris, le garage... Arrive le jour où elle se sait enceinte.

— Alors, je lui ai dit. J'étais très heureuse. Un enfant, vous vous rendez compte, et en plus avec un gars que j'aimais. Mais à sa tête j'ai compris. Il n'en voulait pas.

— Qu'est-ce qu'il t'a dit ?

— Rien... Il n'a pas ouvert la bouche...

— Il ne t'aimait pas.

— Si ! Si ! J'en suis certaine.

— Tu n'es qu'une bécassine, comme celles d'ici ! Un brin de cour et ça y est.

— Lui il m'aimait !

Il hausse les épaules.

— La preuve !

Léone réfléchit. Comment lui faire comprendre que c'est la vérité ? Le curé lui pose sa main sur le bras.

— Et maintenant ?

— Je suis certaine qu'il va revenir !

— Tu peux le revoir ?

Elle hausse les épaules.

— Je vais le rechercher...

— Laisse donc, mon enfant. Et écoute-moi. Il n'est pas parti, il a fui ! La peur... T'imagine, un jeune gars, ça rêve d'autre chose que vous !

Léone a envie de pleurer. Pourquoi on ne la croit pas quand elle dit qu'il va revenir ?

— Je sens pourtant qu'il est là, insiste-t-elle.

L'abbé sourit

— C'est tout ce qu'il te reste...

Léone redevient une petite fille. La même que celle qui rêvait la vie, perchée dans ses arbres.

— Et le Bon Dieu...

Il rit de bon cœur.

— Le Bon Dieu ! Il ne faut pas lui en demander plus qu'il ne peut en donner. Il ne décide pas à ta place, le Bon Dieu ! Il nous a donné une tête et une conscience. A nous de nous en servir comme il faut !

Il écrase sa cigarette, soulagé d'avoir pu la fumer en entier.

— Écoute-moi ! reprend-il. Cesse de ressasser le passé, pense plutôt à l'avenir. Celui qui est dans ton ventre se fiche du passé. Lui, c'est d'une mère et d'une bonne vie dont il aura besoin. Ne songe à rien d'autre qu'à le rendre heureux. Et puis, peut-être qu'un jour tu rencontreras un homme qui l'adoptera.

Il la regarde d'un drôle d'air. Pas moyen de savoir ce qu'il pense.

— C'est mal ce...

— Ne dis donc pas de bêtises, l'interrompt-il. Le mal ! Si je savais ce que c'est, je serais un bon curé, va ! Le mal ce serait que tu fasses souffrir le petit. Occupe-toi bien de lui, aime-le et accepte...

Léone recule sa chaise.

— Bénissez-le ! Je voudrais que Dieu le protège.

Il pose une main sur le ventre, ferme les yeux et baragouine quelques phrases en latin. Quand il a fini, il retrouve le sourire.

— Confie-le donc à sainte Anne. Le 26, c'est le pèlerinage à la chapelle, à Chasnay. Viens-y !

Léone accepte. Ce ne sera pas la première fois qu'elle s'y rendra. Déjà, dans le temps, sa mère l'y emmenait.

Il se lève. Elle en fait de même. Il l'embrasse.

— Je prierai pour vous deux. Si tu en as besoin, reviens me voir.

Elle prend la route du retour. Le curé a raison. C'est le petit qui compte. Rien d'autre. Pas facile à dire quand on a encore la vie devant soi ! Quand on est hanté par des rêves fous. Quand on a le diable au corps, l'envie de découvrir le monde et celle de faire mieux que ceux qui vous ont fabriquée ! Devenir mère c'est abandonner ses rêves et du même coup perdre sa jeunesse.

Les jours passent. Léone pense à autre chose. Prendre du repos à l'ombre du pêcher, déguster les plats riches et odorants qu'Anna prépare pour elle, couper des fleurs dans le jardin et les disposer dans les pièces de la maison. Elle peint aussi. Comme dans le temps. Des bouquets et des paysages aux couleurs vives sur des bouts de carton découpés dans les boîtes de petits Brossard qu'elle dévore à longueur de journée.

Ses frères la raillent, sa mère hausse les épaules, son oncle ricane. Pas grave ! Anna est là pour prendre ses dessins et les disposer sur le manteau de la cheminée, à côté de sa photo.

Léone la regarde souvent. Si ancienne et si attendrissante. Elle doit avoir sept, huit ans. Elle tient la main de ses grands-parents, un peu empruntés, sourit à pleines dents. Elle sait ce qu'elle regarde sur cette photo. Le temps qui passe, insaisissable.

Vient le jour du pèlerinage. Il fait beau. Tant mieux. Il ne faut pas qu'il pleuve ce jour-là, sinon comme le disent les vieux, c'est que sainte Anne serait en colère. Et alors de protection, nenni ! Ceux qui seraient là auraient à se débrouiller seuls pendant un an !

Ils font ce pèlerinage comme ils iraient au bal. Les jeunes dans la voiture moderne. Les vieux dans le cab d'Auguste tiré par la jument qui ne sert plus qu'à ça. Une vieille qui tire des vieux, comme le répète Anna. Mais cette jument, à laquelle on donne tous les surnoms, c'est comme un membre de la famille. Elle a accompagné les efforts, essuyé les mêmes avanies, supporté les intempéries. Pas de raison qu'on ne l'aime pas. Et elle le sait la carne. Maintenant, pour la faire avancer, il lui faut sa double ration d'avoine, sinon elle fait sa bourrique et s'arrête sans prévenir pour brouter l'herbe sur le bord de la route.

Léone a voulu monter dans le cab. Julia fait grise mine. Va falloir encore se serrer et supporter ses caprices. Sûr qu'elle va vouloir tenir les rênes. Sûr aussi, qu'Auguste va les lui refiler. Ça ne manque pas ! Dès le tournant de la Roncière c'est ce qui se passe. Julia ravale sa rancœur. Une rancœur tenace qui remonte à l'enfance. A l'époque elle pouvait toujours demander les rênes, Auguste te l'envoyait paître. « Pas un jeu pour les gamins ! » Avec Léone, au contraire, c'est à hue et à dia sans arrêt. La jument aime. Ça la change. La direction est plus ferme, plus enjouée. Pour un peu elle piquerait un petit galop, histoire de montrer qu'elle n'est pas encore finie. C'est ce qu'elle fait sur la nationale qui mène à Clamecy. C'est tout droit et le macadam est bon.

L'air frais fouette le visage. Ça sent l'herbe chaude et le coquelicot. Léone sourit. Comme une gamine sans souci. Plus on se rapproche du lieu de pèlerinage, plus elle se sent heureuse.

Les bondieuseries, pourtant, ce n'est pas son affaire. Mais aujourd'hui son ventre réclame un peu de piété. Le petit, elle va le confier à la sainte. Qu'elle jette un œil sur lui de temps en temps et lui évite de faire trop de conneries.

Derrière, Julia fait la tête. Ce pèlerinage, elle n'aime pas. Trop de mauvais souvenirs y restent attachés. Elle l'avait fait avec Alfred l'année qui avait précédé sa mort. Elle avait demandé à la sainte de l'exaucer pour que son bonheur dure. Penses-tu ! Alfred était tout de même mort.

— Cesse donc te t'agiter ! lance-t-elle à l'adresse de Léone. Le petit va avoir le tournis !

Léone rit. Un rire cristallin et frais qui énerve quand on n'est pas disposé à l'entendre. Anna prend sa défense.

— Tu as fini de bougonner ! Quand tu étais pleine, je t'en ai vu faire bien d'autres.

Cela suffit à ramener le silence.

On arrive à la chapelle. Le champ au milieu duquel elle se trouve est rempli de monde. Ça jacasse en attendant l'office et la procession qui mènera à la source, un peu plus haut. Des lustres auparavant, il paraît que l'eau a jailli là sans qu'on sache ni comment ni pourquoi. Une raison pour qu'on y ait vu une intervention de la sainte. Pour les autres miracles, pas la peine de chercher à démêler le vrai du faux. Chacun y va de son histoire. Elle a sauvé des troupeaux d'hommes et de bêtes, à la veux-tu en voilà. Plus que Dieu le père ! Elle n'est pas une sainte, elle est miracle.

Il y a de tout dans la foule, des riches et des pauvres, des notables et des inconnus, des paysans et des bourgeois mélangés dans une ambiance bon enfant. On rit, on plaisante, on boit, on mange ! Ici et là, quelques mines contrites radotent des prières mais on n'y prête guère attention.

Les trois curés du canton, en chasuble de lumière, s'avancent vers la chapelle. Derrière, une nuée d'enfants de chœur en rouge et blanc rigolent sous cape en se donnant des coups de coude. La foule se tait. Presque le silence, s'il n'y avait les chuchotis et les bruissements des feuilles de la forêt proche. Léone se faufile et s'approche de la chapelle. La cathédrale, comme elle disait enfant. Quelques bancs pour accueillir une cinquantaine de personnes. Pour la plupart de vieilles rhumatisantes qu'on laisse assister au spectacle. Ce sont elles qui entonnent les psaumes de leurs voix aigrelettes. Suffisamment fort pour qu'ils soient repris dehors à pleine voix. Tout le monde chante ! Les rouges comme les culs bénits ! Ce n'est pas une question de politique mais de tradition. Léone argue de son gros ventre et obtient une place sur le dernier banc. Dame ! En voilà une qui va assurer la relève. Elle mérite de s'asseoir.

Léone est bien. Il fait frais ici. Et, avec l'imagination qu'elle a, elle se sent au paradis. Un petit autel, des statues en plâtre, polychromes, et des fleurs des champs disposées un peu partout par des mains anonymes.

Dans l'allée, les enfants de chœur continuent de pouffer en agitant leurs encensoirs. La fumée d'encens se répand dans la nef. Léone respire à plein nez. Pour elle, c'est l'odeur du ciel ! Maintenant, il s'agit de penser à la sainte. De lui dire qu'elle est prête à devenir grande. Qu'elle va s'occuper de sa vie et surtout du petit qui bouge de temps en temps. D'accord, elle a péché par le corps, mais pas par le cœur. Si elle n'avait pas aimé ce ne serait pas arrivé. Cela dit, il y aurait un moyen de tout arranger. Que la sainte l'aide à retrouver le père et le convainc d'être à nouveau amoureux, de rester auprès d'elle et du petit ! Tout rentrerait dans l'ordre. Elle se rappelle son Notre Père et le récite sans se tromper. Ça, c'est un signe. Sûr qu'elle sera exaucée ! Dès son retour à Paris elle se mettra en chasse... Elle le retrouvera.

Seulement, avant de le retrouver, encore faut-il accepter de l'avoir perdu. Léone le sait. Elle le sait tellement qu'en y songeant une douleur lui déchire les entrailles. C'est le petit qui prend, pense-t-elle, et d'un geste machinal elle pose ses mains sur son ventre. Elle se sent en faute et lui demande pardon.

La messe est terminée. Léone se lève et rejoint les autres qui bavardent dans le pré. Julia, Anna, Auguste, Pierre, ses deux frères, et d'autres paysans. On cause moissons et bestiaux. On s'en sort, mais Dieu qu'il faut trimer. On accueille Léone avec des exclamations de joie.

— Alors, dit Anna, tu l'as consacré à sainte Anne ?

Léone acquiesce.

— Tu as eu raison, continue sa grand-mère. Elle ne trahit jamais ceux qui lui font confiance. Un jour ou l'autre elle donne un petit coup de pouce.

Léone sourit, mais dans le fond elle n'en est pas convaincue. Sans trop savoir pourquoi. Juste une petite intuition... L'autre est toujours là, dans sa tête, à la narguer par son absence. La déchirure est forte. Elle a mal. Il faut qu'elle s'isole pour faire le point.

— Je rentre à pied par Vieilmanay, dit-elle aux autres.

Ils la regardent d'un drôle d'air.

Auguste s'esclaffe.

— Tu te rends pas compte ! Ça fait au moins cinq kilomètres...

— J'ai de bonnes jambes.

— Sûr ! Mais tu es plus lourde.

— Je sais... répond Léone en s'en allant.

Dieu qu'il fait beau, pense-t-elle en gravissant le chemin qui rejoint la nationale. La nature libère une profusion de couleurs et de sons joyeux. Alentour, ça gazouille, ça vole, ça frissonne.

Léone avance d'un pas régulier. Elle hausse les épaules. C'est bien d'elle, de vouloir marcher jusqu'à la ferme avec son ventre. Elle n'a pas atteint la route qu'elle se demande si elle ne va pas renoncer. Et puis non ! C'est le pèlerinage de sainte Anne ! Alors il faut le faire, même si c'est à l'envers. Autant qu'elle marche dans le même sens que ses pensées. Vers lui... perdu... pour toujours... Non. Elle ne le veut pas. Il reviendra quand il saura que le petit est né, qu'il lui faut un père et une mère, des sourires, de l'attention, de la sécurité... et de l'amour.

Elle traverse la grand route et s'engage vers Vieilmanay. Ce village l'a toujours attirée parce qu'il semble être en dehors du monde, niché là, au fond d'un vallon, et invisible jusqu'au dernier moment.

Elle marche sur le bas-côté. Elle aime le frôlement de l'herbe sur ses chevilles. Les haies de mûriers et de noisetiers qui cachent les champs sont épaisses et bruissent de mille bourdonnements.

Lui, il aimait la montagne. Mais son royaume, c'était la ville avec ses voitures, ses cafés, sa foule pressée. Il lui disait souvent : « Si je sors de Paris, j'ai l'impression d'étouffer... » Cela faisait souffrir Léone sans qu'elle en saisisse la raison. Maintenant, en engageant sa descente vers Vieilmanay, elle comprend. Elle aurait tant voulu lui faire connaître les lieux de son enfance. Normal pour quelqu'un qui est né de la terre.

Bon ! Mais ce n'est pas l'essentiel. Il faut qu'elle y revienne à cette fichue soirée où tout a basculé. Elle manque de courage. Sa vue se brouille. Des larmes perlent à ses yeux et pourtant elle ne prend pas la peine de les essuyer. Elle doit voir qu'elle pleure, ne pas nier cette manifestation de la douleur. L'émotion la fait suffoquer. Il lui faut s'asseoir si elle veut retrouver son souffle. Une souche d'arbre fait l'affaire.

— Bien ! dit-elle tout haut pour se donner du courage.

C'était en avril dernier... le 17, exactement...

Quelques jours plus tôt, ses règles ne venant pas, elle était allée voir le docteur de sa mère. Pas de doute, elle était enceinte, avait-il dit. Tout avait alors chaviré dans sa tête. La joie était trop forte. Pour un peu elle se serait évanouie. Elle se répétait qu'elle avait tiré le gros lot. Ce n'était pas possible ! Elle devenait mère avec l'homme qu'elle aimait. Comme dans les plus belles histoires d'amour. Elle était enfin bénie des dieux ! Sa vie, guidée par une âme nomade, prenait enfin un sens. Elle avait chialé comme une gosse. Les larmes qui coulaient jusqu'à la commissure de ses lèvres, elle les avait léchées avec plaisir. Cela avait beau être salé, c'était bon... Bon à en pleurer encore davantage. Le docteur la regardait, souriant.

— Ça fait plaisir de vous voir comme ça, il y en a tellement qui ne pensent qu'à s'en débarrasser.

— Non, non ! Pas moi !

Puis elle s'était mise à fourrager dans son sac à la recherche de son porte-monnaie.

Le docteur avait refusé.

— Ce sera mon cadeau.

Elle avait traversé la salle d'attente comme une folle, se fichant du regard des autres patients. Ils pouvaient imaginer ce qu'ils voulaient. De toutes manières, ils n'avaient que de mauvaises pensées. « La pauvre petite, elle a le cancer... Elle est foutue... » Au contraire, elle revivait. Mieux ! Elle naissait, elle aussi. Vingt-trois ans qu'elle attendait ça !

Sur le trottoir, elle avait hésité. Prévenir d'abord sa mère, ou lui ? Finalement, elle s'était engouffrée dans un taxi.

— Bastille, avait-elle lancé au chauffeur avant de s'affaler sur la banquette.

Un luxe le taxi, et alors ? Elle était prête à tout dépenser. Elle irait au restaurant avec lui, le meilleur du coin, et s'il le fallait, elle claquerait sa paye ! Le chauffeur, un vieux monsieur gouailleur, l'avait apostrophée.

— On va voir son amoureux, hein ?

Elle avait acquiescé, sans rien ajouter. Pas question que quelqu'un sache avant lui qu'elle portait la vie.

Assise sur la souche de l'arbre, Léone pleure. Les larmes coulent le long de ses joues. Elles frôlent ses lèvres, elle les lèche, mais elles n'ont plus le même goût. Cette fois-ci, le sel est amer. Tant pis ! Maintenant qu'il est commencé, ce putain de pèlerinage de cocue, il faut le terminer.

Il était penché sur le moteur d'une voiture quand elle était entrée dans le garage. Elle avait eu violemment envie de lui. Il aurait pu vouloir la prendre à même le sol jonché de sciure, de cambouis, d'huile, elle aurait dit oui. Le fruit de leur amour appelait l'amour. Il avait senti sa présence et s'était retourné, tout sourire.

— Qu'est-ce que tu fais là, à cette heure-ci ?

Elle était restée plantée devant lui comme une gourde, ne sachant quoi dire, quoi faire, sinon sourire. Puis elle lui avait sauté au cou, se plaquant contre lui avec une telle détermination qu'il en avait perdu l'équilibre. Autour d'eux les mécanos sifflaient en lançant quelques plaisanteries graveleuses. Lui essayait de la repousser.

— Attends donc ! Je suis couvert de cambouis.

Elle s'en fichait, comme du reste.

— Quitte plus tôt, lui avait-elle susurré à l'oreille, je t'attends là-haut.

Dans leur chambre, sa chambre dont elle avait la clé. Leur royaume. Il avait acquiescé et elle était ressortie sans rien ajouter. Pas l'envie qui lui en manquait mais une telle nouvelle ne pouvait s'annoncer dans l'obscurité d'un atelier empli d'odeurs d'essence. Non ! Ce serait là-haut, chez eux, qu'elle parlerait. Blottie dans ses bras.

Elle avait gravi l'escalier en sifflotant « Tu me fais tourner la tête ! », puis dès qu'elle était entrée, s'était jetée sur le lit, s'enroulant toute habillée dans la courtepointe. Elle avait besoin de chaleur en l'attendant, avoir l'illusion d'être enveloppée dans ses bras. Déjà elle parlait au petit sans s'en rendre compte. Une suite de mots incohérents, marmonnés sur le ton d'une berceuse. Elle lui promettait un avenir de Prince charmant, de Cendrillon. Après elle s'était endormie, une heure, deux heures. Elle ne savait plus. Mais en entendant la clé tourner dans la serrure, elle s'était dit qu'elle avait dormi l'espace d'une vie.

Il était toujours aussi beau avec sa tignasse noire et ses yeux verts pétillants. Toujours aussi désirable, et elle lui avait tendu les bras.

Il s'était allongé à côté d'elle en repoussant la courtepointe.

— Tu avais froid ?

Elle avait acquiescé puis l'avait attiré contre elle, plaquant ses lèvres sur les siennes. Il n'avait pas traîné pour relever ses jupes et son imperméable, pour sortir son sexe, pour entrer en elle et lui faire l'amour comme un sauvage. Elle avait joui avant, pendant, après. Elle ne savait plus.

Léone a mal au ventre. Cette jouissance n'est plus que douleur. Pas une douleur violente. Une douleur d'absence, de manque, de solitude. Elle n'a pas le courage d'aller plus loin. Elle ne veut pas terminer ce pèlerinage. C'est pire que de gravir Fatima à genoux. Trop dur pour elle, trop dur pour le petiot dans son ventre. Pourtant, elle doit continuer. On peut bien crever de souffrance sous le soleil, quelle importance ?

Oui, elle jouissait, comme une bienheureuse, anxieuse de sentir son sexe en elle, d'être réchauffée par sa semence, de se savoir habitée et de ne faire qu'un avec lui. Quand il l'avait étreinte dans un dernier spasme, elle lui avait dit en accrochant son regard. Quelques mots banals et pourtant pleins de vie.

— J'attends un bébé !

Il était demeuré coi. Dans ses yeux, elle avait saisi sa réponse. Il avait pris les jambes à son cou. Il caracolait déjà au Balajo, aux bras d'autres femmes, d'autres rêves, d'autres amours. Déjà, il se retirait. Déjà sa semence froide s'échappait de son sexe à elle et coulait le long de sa cuisse. Déjà, il ne l'aimait plus. Pas besoin de mots, d'explications, de justifications. Il l'abandonnait, les abandonnait à leur sort.

Cette fois-ci, c'est trop. Léone se lève et reprend sa marche. Vite ! Rejoindre Vieilmanay, traverser des champs, venir s'affaler dans la cuisine d'Anna et pleurer. Heureusement sa grand-mère est seule. Elle abandonne sa couture et prend Léone dans ses bras. Elle est vigoureuse, la vieille. Elle a beau être asthmatique, elle tient debout.

— Vide donc ton cœur à ta mémé ! dit-elle en l'entraînant dans sa chambre.

Léone hoquette. L'odeur d'encaustique qui règne dans la pièce la réconforte. Elles s'assoient toutes les deux sur le rebord du lit. Anna a posé sa main sur le ventre de Léone. Celle-ci sent une chaleur apaisante qui chasse la douleur. Il faut que cela dure. Que cette chaleur irradie son corps, sa tête. Que le petit en profite et se détende. Drôle d'Anna qui sait donner la paix ! Léone se penche vers elle, appuie la tête contre sa poitrine d'abondance tarie.

— Pourquoi il m'a laissée tomber ?

Anna lui caresse les cheveux. Après un silence, lourd d'un passé secret et certainement douloureux, elle répond de sa voix sifflante.

— C'est pas à cause de toi qu'il s'est sauvé, c'est à cause du petiot.

— C'est pareil.

— Pas vraiment, ma chérie. Les hommes, ils aiment, mais ils ne veulent pas de responsabilités qui les dépassent... Même ceux qui restent, ils font semblant... Regarde ton grand-père. Il s'est toujours préoccupé davantage du prix du quintal de blé que des rages de dents de ta mère.

— Mais il m'aimait ! Le petit, c'est lui qui me l'a fait ! C'est le sien aussi.

Léone ne pleure plus mais ses yeux lui piquent. Anna lui caresse les cheveux.

— Il ne le porte pas dans son ventre. Ça fait la différence... Ne cours pas après. Ça ne servirait à rien. Si un jour il a envie de revenir, il reviendra.

Léone se redresse. Elle a mal aux reins.

— Je me sens lasse comme si je portais le monde sur les épaules.

Anna s'esclaffe.

— C'est le lot de chacun ma chérie...

Léone l'embrasse.

— Mémé, tu saurais me dire toi, s'il va revenir. Tu as toujours su ce qui allait se passer.

La vieille hausse les épaules.

— Je sais parce qu'à mon âge on ne se fait plus d'illusions, mais je peux me tromper.

— Alors ?

— Fais donc comme s'il ne reviendra pas, va.

Elle se lève, caresse la joue de Léone.

— Je te connais ma fille. Je sais ce qui te fait peur. Toi qui a toujours eu la bougeotte, avec lui tu étais rassurée. Tu avais enfin une bonne raison de rester en place. Mais maintenant qu'il est parti... Pense au gamin. Ne lui fais rien payer.

De son pas lent et traînant elle reprend le chemin de la cuisine. Elle se retourne avant de disparaître.

— J'ai fait des confitures de fraises. Viens donc les goûter.

Léone n'a pas envie de bouger. Elle s'allonge sur le lit. Sacrée mémé, pense-t-elle avant de s'endormir.

Déjà la fin du mois de juillet. L'air est chargé de poussières de blé. Il fait très chaud. On veille tard à la ferme, sur le perron de la cuisine, pour profiter de la fraîcheur de la nuit. C'est l'occasion de cancaner à la lueur des étoiles. Il existe toujours une bonne histoire à raconter sur Pierre, Paul ou Jacques.

Léone ne parle guère. Elle regarde ces visages familiers éclairés par les lumières de la maison. Tout le monde semble heureux. Anna avec son asthme, Auguste avec sa bouteille, ses frères avec leurs histoires de jupons, et même Julia qui va jusqu'à sourire de temps en temps. Non, elle n'a pas envie de parler. Le jour du retour à Paris approche. Elle pense à lui, à la manière dont elle va s'y prendre pour le retrouver, lui parler, le convaincre de revenir. Elle n'a pas entendu Anna, ni le curé, ni sa mère qui lui ont dit ou fait comprendre d'accepter. Elle n'accepte pas. On n'accepte pas l'inacceptable, l'erreur, l'injustice. Avec lui elle a rencontré l'amour, la seule et unique raison de vivre qu'elle s'était inventée au fil de ses rêves. La seule manière de combler le vide qui l'habitait depuis la mort d'Alfred, son père. Le seul moyen de la faire tenir en place et de regarder en face cette chienne d'existence.

Le plus dur pour elle c'est de ne pas savoir vraiment comment son père est mort. Cette masse qui lui serait tombée sur la tête alors qu'il clôturait le champ de la Réserve, c'est une histoire à laquelle personne n'a cru. Seulement, on n'en a jamais parlé et depuis ce jour-là le silence s'est installé entre eux tous, à jamais. Un silence de mort. Léone a bien essayé de savoir la vérité en questionnant Anna, Auguste, Julia, mais autant parler à des murs ! Il n'y a qu'à regarder leurs visages durant cette veillée. Ils ont beau rire, cela ne dissimule pas la rancœur des uns, la tristesse des autres. Et la haine presque palpable entre Julia et Pierre dès que leurs regards se croisent. Léone n'a jamais su et ne saura jamais. Comme le lui a répété Julia : « Chez nous on emporte nos secrets dans la tombe ». Quelle connerie ! s'insurge Léone. Ainsi, ils peuvent vivre avec un mort entre eux ? Et pas n'importe lequel, Alfred, son propre père.

— Je vais me coucher, dit-elle en se levant.

Elle sait maintenant qu'elle a quitté pour toujours ce coin de campagne. Il lui a fait trop de mal, ils lui font trop de mal. Déjà, elle est à Paris, elle court à sa recherche.

CHAPITRE 4

Nom d'un chien ! Que ce mois d'août est chaud ! Léone a beau dormir toute nue, fenêtre ouverte, sa chambre est une étuve. Mais ce sont surtout ses souvenirs qui la font transpirer. De cette sueur d'angoisse et de regret qui mouille jusqu'à la racine des cheveux.

Elle allume une Gauloise, aspire de longues bouffées qui l'apaisent. De sa main libre, elle caresse son ventre arrondi. Elle se rappelle leur rencontre en novembre dernier. Elle se souvient aussi de leur dernière étreinte. Mais entre les deux ? C'est curieux, il ne subsiste que quelques souvenirs, forts mais fugaces. Cela ne fait pourtant pas si longtemps ! Ne l'aurait-elle pas aimé aussi passionnément qu'elle le croit ? Ce n'est pas possible d'oublier aussi vite !

Elle se redresse et s'assoit contre son oreiller comme pour aider sa mémoire. Elle doit retrouver le fil de leur histoire, comprendre où les lanternes sont devenues vessies... Pour le petit qui s'agite, pour elle et peut-être aussi un peu pour lui, Mécano. C'était son surnom dans le quartier. Un jour elle lui avait demandé d'où cela venait. C'était parti du café où il déjeunait et dînait tous les jours. La tenancière, Josette, avait pour habitude d'appeler les clients réguliers par un surnom. Parfois il était neutre, mais le plus souvent elle y mettait un brin de méchanceté. Une manière à elle de s'adresser à ce qu'il y avait de plus mauvais ou de plus laid chez l'autre. Cela allait de « chaude-pisse » à « gueule de raie » en passant par « la fouine ». Personne ne s'en offusquait. Se faire maltraiter ainsi c'était comme avoir été adoubé par la princesse. Il n'y avait pas de réciproque. Tout le monde l'appelait Josette, ou Jo, pour les intimes. Mécano faisait partie de ceux-là.

Josette n'avait jamais esquinté Léone. Elle l'appelait « bougeotte », parce qu'elle n'arrivait pas à tenir en place. A tel point que le soir, il lui arrivait parfois de donner un coup de main à Josette pour servir les « braillards ». Léone était heureuse de le faire. Cela lui rappelait le café du Balcon.

Elle se revoit passant de table en table pour servir la saucisse-purée ou débarrasser les assiettes vides. Elle était joyeuse. Les hommes la charriaient mais aucun ne la touchait. Elle était d'autant plus heureuse qu'elle lisait de la joie dans le regard de Mécano. Il était fier d'elle, d'être envié aussi. Parfois, quand elle passait près de lui, elle l'embrassait furtivement. Il y en avait toujours un pour la siffler. Et elle aimait ça.

Après le service, ils partaient main dans la main faire un tour sur la place de la Bastille quand ils dormaient chez lui, sinon ils prenaient le bus pour rejoindre les Halles. Ils adoraient ça, le bus ! Leur rêve d'amoureux, c'était qu'il y eut de la place sur la plate-forme pour pouvoir regarder Paris. Dans ces cas-là ils s'accotaient à la rambarde, et, coude à coude, commentaient ce qu'ils voyaient. Ils s'embrassaient plus souvent qu'il n'y avait d'arrêts puis, à Châtelet, ils descendaient pour se fondre dans le tumulte du quartier. Certains grossistes avaient fini par les remarquer, et il n'était pas rare qu'ils arrivent chez Léone avec un camembert, des légumes ou des fruits.

Un soir elle s'était étonnée de cette générosité auprès de l'un des gars.

— Vous avez l'air tellement heureux tous les deux, lui avait-il répondu. Ça donne envie.

Mécano adorait les Halles. Il répétait que si ce n'était pas si loin de l'atelier, il aurait aimé vivre là. Une fois, elle lui avait proposé de rester mais il avait refusé et elle n'avait pas insisté. Maintenant qu'elle y repense, elle se demande si elle n'aurait pas dû se méfier. Foutaises ! A l'époque ils étaient trop amoureux pour que cela ait eu un sens précis pour elle. D'ailleurs cela n'en avait guère plus aujourd'hui. Il aimait son indépendance, voilà tout ! Une vraie tête de mule ! Par exemple, quand ils allaient au cinéma, il n'était pas question de lui faire voir un film qui ne le tentait pas. Lui, c'était le titre qui le décidait ou non. Il pouvait y avoir Gabin ou Morgan en haut de l'affiche, il s'en fichait. Il fallait que le titre lui parle. Par contre, ce qui attirait Léone, c'était que l'action se passe ailleurs. Le plus loin possible. Dans des contrées qu'elle ne connaissait pas. Pour pouvoir répéter au long du film qu'elle trouvait le paysage magnifique. Évidemment, cela agaçait Mécano.

— Mais enfin ! Comment tu peux trouver ça beau ? C'est en noir et blanc !

Cela la faisait rire.

— T'inquiète, j'y mets des couleurs.

Ce qui fait qu'à la sortie elle était incapable de dire ce qui lui avait plu dans l'intrigue.

A nouveau, elle se met à pleurer. Elle va essayer de dormir. Demain, elle a rendez-vous au café avec Marlène et celle-ci n'aime pas la voir s'amener en retard, sinon il faut s'envoyer le petit noir brûlant.

Ce 17 août, il fait une chaleur à crever. Les hommes sont en maillots de corps et les femmes en robes légères et fleuries. Tous les couples sont beaux, pense Léone en les croisant. Elle les envie de se tenir par la main, de s'embrasser sans se soucier de la foule qui passe. Ils faisaient ça aussi avec Mécano et elle aimait.

Aujourd'hui, elle est seule en remontant la rue Saint-Antoine et marche avec difficulté. Malgré tout elle est contente. Elle saisit une lueur d'envie dans le regard que portent certaines femmes sur son ventre. Elle se sent fière d'être mère. Ah ! s'il n'y avait pas cette souffrance d'absence de l'autre qui lui serre le cœur ! Ne peut-il être là, à ses côtés, lui tenant fièrement le bras comme tout futur père le fait avec sa femme ?

Justement, elle marche à sa recherche. Elle va revoir Josette, l'interroger, essayer de savoir où il est, le retrouver et tenter de le convaincre. En même temps qu'elle développe son plan dans la tête, elle n'y croit guère. On ne fait pas boire l'âne qui n'a pas soif.

En s'engageant dans la rue du faubourg Saint-Antoine, son cœur se serre. Les échoppes résonnent du travail des menuisiers. Des meubles sont exposés, parfois à même la rue, les marqueteries rutilent au soleil et l'on se bouscule pour admirer.

Léone parvient au café. La peinture jaunâtre de la devanture est craquelée et maculée de poussière. Elle s'arrête pour reprendre son souffle. Depuis que Mécano a refusé le gamin, elle n'y est jamais revenue. L'espace d'un instant, elle craint de le voir assis au bar. L'atelier n'est pas loin. D'ici, elle en aperçoit l'ouverture, de l'autre côté de la rue. Léone sent ses jambes flageoler. Allons, il faut entrer ! Dieu merci, ce n'est pas l'heure du coup de feu. Accoudée à son bar où trois gars se désaltèrent en parlant fort, Josette la dévisage, l'air incrédule.

— Oh ! Ma petite bougeotte !

Elle vient l'embrasser et lui passe la main sur le ventre.

— Eh bien ma vieille ! Il fera au moins huit livres !

Puis elle éclate de rire en poussant Léone vers une table du fond.

— Assieds-toi ! Je vais chercher deux bières et on va causer.

Léone n'a rien dit. Les mots ne passent pas. Elle regarde autour d'elle. Le même décor, la même odeur de ragoût, et ce miroir derrière le bar qui réfléchit la lumière de la rue. Elle tripote un cendrier Cusenier, noirci à force d'avoir servi. Josette revient un sourire aux lèvres. Elle allume une Gauloise et regarde Léone.

— Tu nous a manqué !

Léone acquiesce en hochant la tête. Elle ne parvient pas à le dire, mais eux aussi lui ont manqué, surtout lui. Elle boit une gorgée de bière fraîche.

— Je passais...

— T'en fais pas, dit Josette en lui prenant la main, je sais bien pourquoi tu es là !

Elle boit à son tour et garde la tête baissée comme si elle réfléchissait ou voulait dissimuler sa peine à Léone. Enfin, elle se décide.

— Il a foutu le camp !

Le cœur de Léone s'emballe. Elle avait tout prévu, sauf une telle éventualité.

— Où ça ?

Moue d'ignorance de Josette.

— Ce que je sais ! Tu sais comme il était.

— Mais quand ?

Elle rougit. Elle a questionné trop fort.

— Juste après... marmonne Josette en désignant le ventre de Léone.

Cette dernière est paniquée. Mon Dieu ! Comment va-t-elle faire ? Puis, elle se calme. Bien sûr, le patron de Mécano saura.

— Et il ne t'a rien dit ?

— Mais non, sinon je te le répéterais. Tu sais, je n'ai pas trouvé ça très galant. J'ai beau ne pas avoir de gosse, j'aime pas qu'on fasse ça aux femmes.

— Il ne pouvait peut-être pas faire autrement.

Josette lui lance un regard noir et s'emporte.

— Ah ! Vous êtes bien toutes les mêmes, va ! Vous ne trouvez rien de mieux que de vous faire engrosser, et quand ils s'en vont, c'est tout juste si vous ne leur dites pas merci...

L'un des clients qui a entendu s'esclaffe.

— C'est vrai ce que tu dis ! Les femmes, toutes des chiennes en chaleur !

— Pas avec toi, avec la gueule que t'as ! réplique Josette qui continue de s'adresser à Léone plus doucement :

— C'est vrai, quoi ! C'est un salaud.

Léone acquiesce, mais au fond d'elle-même, elle pense que c'est plus compliqué.

— Qu'est-ce que tu vas faire maintenant ?

Léone sourit et tapote son ventre.

— L'attendre...

— Et Mécano ?

— Je vais essayer de mettre la main dessus.

Les deux femmes gardent le silence et sirotent leur bière. Leurs regards évoquent la même nostalgie. Sans doute pensent-elles aux mêmes instants de bonheur partagés.

Léone a envie de partir. Elle n'aime pas s'installer dans le souvenir de Mécano avec quelqu'un d'autre. Elle se lève. Quand elle veut payer, Josette hausse les épaules.

— Penses-tu !

Elles s'embrassent avec tendresse sachant qu'elles ne se reverront probablement jamais. Comme pour vaincre leur certitude, elles se disent à bientôt, et Léone se retrouve sur le trottoir.

Elle voit l'ouverture béante et noire qui mène à l'atelier. Elle a peur d'y entrer, de l'apercevoir penché sur un moteur, de supporter les regards que les autres vont porter sur elle. Enfin, elle met le pied sur la chaussée et traverse. Quand elle se retourne elle aperçoit Josette qui l'observe. Léone lui sourit, puis elle se dirige vers l'atelier.

L'entrée qui mène au garage est sombre. Les pavés huilés par le passage des voitures sont glissants. Heureusement Léone a des chaussures à semelles de liège. Toutefois, elle marche avec précaution. Avec son ventre, ce n'est pas le moment de tomber. Les odeurs d'essence, d'huile et de gaz d'échappement lui lèvent le cœur. Elle est prise de nausée et résiste à l'envie de vomir. Elle pénètre dans l'atelier. D'un coup d'œil, elle s'assure qu'il n'est pas là. Les collègues de Mécano la saluent d'un air gêné. Aucun ne vient l'embrasser comme naguère. Elle cherche Simon, le patron. Il est assis dans le bureau vitré qui donne sur l'aire de réparation. Comme d'habitude. A croire qu'il ne se lève jamais. Mécano se moquait de lui. Normal, disait-il, il a le cul collé à sa chaise. Et ils riaient en l'imaginant en train de marcher avec sa chaise au derrière. Il la reconnaît et la salue gentiment.

— Alors ma petite Léone, on faisait un tour dans le quartier ?

Il voit son gros ventre et lui désigne une chaise coincée entre le bureau et le mur. Elle enlève des outils qui s'y trouvent et s'assoit.

Il la regarde, un sourire aux lèvres. Il a l'air d'un crapaud dans un bocal mais c'est un brave gars, pas peu fier d'avoir monté cette affaire.

Il lui dit qu'il la trouve fatiguée. C'est vrai qu'elle l'est. Elle essaie surtout de ne pas se laisser aller à vomir.

— Tu venais voir Mécano, bien sûr ?

Elle acquiesce.

— Ma pauvre petite ! Voilà belle lurette qu'il nous a tiré sa révérence. Il a même rendu sa chambre.

— Vous ne savez pas où il habite maintenant ?

Il secoue la tête.

— Il est parti un beau matin... Tiens, le lendemain du premier mai et personne ne l'a plus revu.

D'un mouvement de tête, elle montre l'atelier.

— Ils ne savent pas non plus ?

— Non.

Léone n'insiste pas, se lève. Elle s'appuie contre le bureau. C'est sûr, si elle reste ici encore une minute, elle va rendre. Simon s'aperçoit qu'elle est toute blanche.

— Ça ne va pas ?

Elle secoue la tête. Il vient la soutenir.

— Assieds-toi. Je vais te faire raccompagner.

Il sort et appelle René.

— Prends la 15 de Dufour et ramène Léone chez elle. Tu en profiteras pour voir si le carbu est bien réglé.

Il revient près d'elle. Elle esquisse un sourire.

— Merci.

Il hausse les épaules.

— Ce n'est rien. Je ne vais pas te laisser rentrer à pied dans cet état.

Il prend un verre qui traîne sur le bureau au milieu des factures et ressort. Léone est tendue. Dieu que c'est dur de s'empêcher de vomir ! Elle a chaud et froid en même temps. Et toujours ces sales odeurs, ces vrombissements de moteurs poussés à fond. Simon revient avec le verre rempli d'eau.

— Tiens ! Bois un coup, ça te fera du bien. Tu veux un Aspro ?

— Non, non. Merci.

Elle boit. Ça doit être un effet de son imagination mais elle a l'impression que l'eau a un goût de cambouis. Cependant, cela lui fait du bien. Elle a surmonté sa nausée, se relève. Elle va pouvoir aller jusqu'à la voiture que René a amenée devant le bureau. Simon la soutient et l'aide à s'installer dans le véhicule.

— Et ne conduis pas comme un dingue, toi ! lance-t-il à René.

— Ne vous inquiétez pas, patron ! Avec les femmes, c'est la conduite taxi !

Simon donne une tape amicale sur l'épaule de Léone.

— Ne t'en fais pas !

Elle lui sourit. Il claque la portière et René démarre.

— Je te dépose aux Halles ?

— Non. Si ça ne t'ennuie pas, j'aimerais aller chez ma mère, à Marx Dormoy.

— Pas de problème ! Ça me fera une balade.

Il s'engage dans la rue du Faubourg-Saint-Antoine en direction de la Bastille. Il sifflote.

Léone lui est reconnaissante de ne rien lui demander. Tandis qu'ils suivent le canal Saint-Martin, elle se prend à regretter d'avoir voulu se rendre chez Julia. Elle l'imagine mal en train d'écouter ses jérémiades. Mécano, comme n'importe lequel des hommes qu'elle a fréquentés, sa mère ne l'aimait pas beaucoup. Encore un de ces gars qui profitent des femmes ! avait-elle dit la première fois que Léone lui en avait parlé.

Elle se souvient de ce jour comme si c'était hier.

Mécano venait juste de la quitter. Effondrée, elle s'était précipitée à la Villa des Roses. Quand Julia lui avait ouvert, Léone s'était jetée dans ses bras et s'était mise à pleurer.

— Qu'est-ce que tu as ma fille ?

— Il est parti ! avait-elle répondu entre deux hoquets.

Sa mère s'était détachée d'elle et l'avait faite asseoir sur l'une des chaises en Formica vert de la cuisine. Ça sentait le poireau en train de cuire. La table était encombrée d'un tas de linge à repriser. Julia avait baissé le gaz et s'était retournée, l'air revêche.

— Il n'est pas parti, avait-elle jeté, il n'a jamais été là !

Léone avait tressailli, saisie par la même angoisse qui l'envahissait chaque fois que sa mère tranchait. C'était injuste ce qu'elle disait, mais comment le lui faire comprendre ? Julia avait les idées tellement arrêtées. Mais le pire, c'est qu'elle se trompait rarement dans ses jugements. Léone avait gardé le silence. Elle n'avait qu'une idée en tête : que sa mère fît tourner le pendule pour savoir s'il reviendrait. Elle avait mis un bon moment avant de le lui demander.

— Maman, dis-moi s'il a changé d'avis.

Julia avait haussé les épaules.

— Ma pauvre fille je n'ai pas besoin d'interroger l'avenir pour le connaître.

Restait à Léone à lui avouer qu'elle était enceinte mais cela, elle n'avait pas osé. Ce serait pour plus tard.

René continue de siffloter. Il roule sur le boulevard de ceinture qui mène à la Porte de la Chapelle. De temps en temps, il jette un coup d'œil furtif sur Léone. Soudain, alors qu'il engage la voiture sur le boulevard de la Chapelle il se tourne vers elle.

— Il faut le comprendre ! dit-il avec une douceur qui masque autant sa prudence que son embarras.

— Tu sais où il est ?

Il secoue la tête.

— Non. Il nous a tous plaqués. A croire que...

— Que quoi ?

— Je ne sais pas. Que... Il est tombé sur un os avec toi. Que c'était trop... que... Il fallait qu'il se tire, quoi !

Léone allume une gauloise. Elle ne sait pas pourquoi, mais cela l'émeut de voir cet homme prendre la défense de Mécano. Ils arrivent devant la Villa des Roses. Un nom pompeux pour une bâtisse de cinq étages en briques sales.

— Ce n'est pas seulement moi qu'il a laissé tomber ! lâche-t-elle en sortant.

— Je sais, mais faut le comprendre.

Léone retient sa colère.

— Merci. A bientôt.

René lui sourit et démarre. La voiture disparaît dans la circulation. Elle reste plantée sur le trottoir. Non. Elle ne veut pas le comprendre. Elle aussi, elle se tirera puisque c'est ça. Elle aussi elle refusera celui qui est dans son ventre. Elle aussi elle n'en fera qu'à sa tête. Puis, saisie par la honte, elle éclate en sanglots et se précipite vers l'escalier qui mène chez sa mère. En grimpant les marches, elle se tient le ventre et demande pardon à son compagnon d'infortune. Non, jamais elle ne te quittera ta Maman ! Jamais.

Arrivée au cinquième étage, elle se demande ce qu'elle est venue faire là. Comme d'habitude sa mère la recevra, lui donnera à manger, mais ne l'écoutera pas. Elle frappe. Pas de réponse. Sans doute est-elle partie faire une course ?

Léone s'assoit sur la dernière marche et décide d'attendre. Si à six heures Julia n'est pas revenue, elle repartira aux Halles. Elle se cale contre le mur peinturluré de traces marron sur fond beige qui veulent rappeler les nervures du marbre. C'est laid et triste, mais Léone s'en fiche. Elle est à nouveau dans la chambre de Mécano...

Ils venaient de faire l'amour. Elle l'avait senti frémir quand elle lui avait dit qu'elle était enceinte. Elle avait vu son regard. Tout était déjà dit et un long silence s'était installé entre eux. Une passion de six mois venait de s'éteindre. Léone, nue, enroulée dans son imperméable, frissonnait. Elle avait froid mais c'était dans son ventre qu'elle avait froid. Comme si le sperme qui s'y trouvait était glacé. Elle n'éprouvait même pas l'envie de pleurer. Elle avait peur, d'une peur irraisonnée et dépourvue de sens. Mécano avait beau être à côté d'elle, il était très loin, la pensée perdue dans les volutes de sa cigarette. Elle imaginait tendre le bras, l'amadouer en le caressant, mais son bras ne bougeait pas. Elle espérait qu'il l'étreindrait, la réconforterait. Mais non, il demeurait allongé à ses côtés, immobile, le sexe encore vaguement bandé. Elle savait, ils savaient qu'il ne leur restait guère que la parole pour essayer de sauver les meubles. Mais qui allait se jeter à l'eau en premier ?

Personne. L'un et l'autre étaient enfermés dans leur silence. Un silence aussi réfrigérant que l'air qui les entourait. Pour Léone ce n'était pas faute d'avoir envie de parler. Les mots se bousculaient mais ne passaient pas le cap de ses lèvres. Ils s'accumulaient, perdaient leur sens et formaient une boule dans sa gorge.

Elle s'était levée pour faire un brin de toilette. La lumière était crue. Ses cuisses étaient étonnamment blanches, comme la peau de son visage. En fait, elle était livide. L'eau glacée lui faisait du bien.

Quand elle était revenue dans la chambre, Mécano n'était plus là. Elle ne l'avait pas entendu sortir. Elle n'était pas surprise. C'était prévisible. Bien sûr, elle pouvait rester, s'incruster et attendre son retour pour obtenir des explications. Mais à quoi bon ? Au fond d'elle-même, elle savait qu'il était parti pour de bon.

Elle avait jeté un dernier coup d'œil sur la chambre. Ce n'était déjà plus la sienne, ni la leur. Une hésitation avant de claquer la porte. Puis, elle était descendue.

Dans la rue, il faisait froid pour la saison. Elle marchait vers les Halles. Un moment, elle avait pensé regarder par la devanture du café, puis elle avait continué son chemin. Comme au cinéma Ordoner, le rideau était tombé d'un coup.

Elle entend des pas dans l'escalier. Elle se penche, reconnaît le chignon de Julia, se lève. Devant sa mère, il faut avoir l'air digne, même quand on souffre.

— Tu es là ? Si je m'attendais...

Elles s'embrassent. Julia la dévisage.

— Ça ne va pas, toi !

Elle ouvre. Il fait bon dans l'appartement malgré la chaleur du dehors. Julia, en femme avisée de la campagne, a tiré les volets. Sans rien dire, elle sort le sirop d'orgeat et en prépare deux verres. Après quoi elle s'assoit sur la chaise en Formica de la cuisine et attend que Léone parle.

— Je crois qu'il est parti définitivement, lâche celle-ci d'une voix hésitante.

Julia hausse les épaules.

— Tu parles d'une révélation ! Dès qu'il y a un gamin, la plupart fichent le camp. Et lui plus vite qu'un autre. Mais toi, comment vas-tu ?

Léone ne répond pas. Elle a plutôt envie de s'en aller. Sa mère ne la comprend pas, ne l'a jamais comprise, ne la comprendra jamais. Elle sent les premières crispations de la colère dans son ventre.

— Ça va, dit-elle, sans conviction.

Le silence s'installe. Léone écoute les cris des enfants qui jouent dans la cour. Les mêmes qu'hier et que demain. Ce qui la frappe, c'est l'insouciance qu'ils expriment. Ils la vieillissent. Elle n'a plus vingt-trois ans, mais trente, quarante. Cette sensation lui fait l'effet d'une douche froide. Elle se redresse. Non ! Elle est toujours jeune, frivole, amoureuse, gaie ! Elle a la vie devant elle.

— Pourquoi n'acceptes-tu pas qu'on se soit aimés ?

— Aimés ? s'étonne Julia d'un ton railleur.

— Oui, aimés ! Et moi, je l'aime encore ! Tu comprends ça ? L'amour, ça ne disparaît pas comme ça !

Julia ricane.

— Comment peux-tu parler d'amour ? Tu veux la vérité, ma fille ? Tu t'es faite avoir ! Ce que tu as pris chez lui pour de l'amour n'était rien d'autre que l'envie de...

Elle hésite. Julia n'aime pas parler de ça. Elle n'a jamais su les mots qu'il fallait employer.

Léone ne lui jette pas celui qu'elle a en tête. A quoi bon ? Elle est trop fatiguée. Le petit lui pèse. Il fait trop chaud. Du coup, sa colère retombe.

Julia sourit. Une fois encore elle a gagné.

— J'aimerais partir, dit soudain Léone.

— Partir où ?

— Je ne sais pas. Partir... Loin d'ici ! Refaire ma vie ailleurs.

Julia soupire et se lève.

— Tu veux rester dîner ?

— J'aimerais partir à la Pointe-Noire, en Afrique.

Julia s'affaire dans le buffet. Les casseroles s'entrechoquent, les portes des placards claquent. Elle est excédée.

— J'ai un reste de rôti, ça ira ?

— Tu vois, là-bas, ce serait bien, il fait toujours beau. Personne ne saurait d'où je viens, pourquoi j'y suis. Et puis, en Afrique, tout le monde parle français.

Julia laisse tomber une assiette. Le fracas réveille sa colère. Elle se retourne vers Léone et la toise.

— En Afrique... Ma pauvre fille !

Elle ne va pas plus loin. Elle s'accroupit pour ramasser les bris de porcelaine. Léone se lève pour l'aider. Julia refuse.

— Mets plutôt de l'eau à chauffer, je vais faire de la soupe.

Léone reste. À quoi bon s'en aller pour se retrouver dans sa chambre à gamberger sur un passé douloureux ou un avenir sans contours ? Mieux vaut le silence qui la sépare de sa mère, troublé par le choc des cuillères contre les assiettes.

Léone jette un regard furtif vers Julia. Elle la trouve vieillie. Son visage s'est encore durci, probablement à cause des deux rides qui encadrent ses lèvres pincées. Elle éprouve à son égard le même sentiment d'adolescence mêlé de respect et de crainte qui lui a toujours fait perdre ses moyens. Elle lui en veut ce soir d'avoir ce regard fixe et sévère, de ne pas prendre sa main dans la sienne pour la rassurer. Elle sait, Léone, combien il est difficile de parler pour cette femme. Combien il lui est douloureux de laisser s'installer la moindre étincelle de compréhension dans ses yeux, avec la souffrance qu'elle a transbahutée depuis la mort de son mari. Mais Alfred, c'était aussi son père, nom d'un chien ! Pire, elle ne l'a pas connu. Il lui a fallu l'inventer et elle n'y est pas parvenue. Alors ? Julia pourrait compatir, se mettre à sa place et ne pas voir que sa propre douleur. Elle pourrait exprimer un soupçon d'espoir en regardant son ventre rond. Lui dire que le petit qui va naître n'aura plus à subir les injustices de la vie. Qu'elles ont eu leur part et plus encore, pour que lui en soit exempté. Elle pourrait lui dire qu'elle prie pour lui, lors de ses pèlerinages au Sacré-Cœur. Non ! Elle préfère se taire et débarrasser la table d'un geste brusque comme si elle était pressée d'en finir. Léone se sent mal à l'aise ici, mais aussi dans son corps. Elle se sent refusée. Elle cherche dans sa tête une manière de renouer le dialogue.

— Vas-tu me dire enfin comment ça s'est passé quand tu m'attendais ?

Julia hausse les épaules.

— Ma pauvre fille, tu as le chic pour poser les questions qu'il ne faut pas !

Léone sent sa colère monter. Elle fait un effort pour la dominer. Elle ne peut plus s'énerver avec le petit. Il va entendre et ne pas comprendre. Ce n'est pas de sa faute à lui. D'ailleurs, il commence à bouger.

— J'avais envie de savoir... parce qu'avec lui dans le ventre, j'imagine des tas de choses. On dit qu'un bébé ça entend.

Julia s'assoit et pose l'assiette à fromages qu'elle a sortie du garde-manger.

— Si c'est le cas, ils feraient mieux de rester sourds jusqu'à la naissance, lâche-t-elle en rompant une bouchée de pain.

Léone se tait. Elle voudrait dire à sa mère qu'elle ne l'était pas quand elle se trouvait dans son ventre, qu'elle a vécu la mort de son père, et que le souvenir en demeure gravé de manière diffuse dans sa peau, dans ses tripes, dans sa tête, Dieu sait où... Soudain, Julia se met à pleurer, silencieusement, comme d'habitude. Elle résiste en contractant les mâchoires, mais le menton tremble, les larmes jaillissent. Léone détourne le regard. Elle ne se comprend pas. Elle désire voir sa mère s'humaniser, et en même temps elle ne supporte pas de la voir pleurer.

— Tu me feras toujours souffrir, lance Julia d'un ton de reproche.

— Ce n'est pas de ma faute si Papa...

— Tais-toi ! Ecoute-moi.

A nouveau le silence s'installe. De la cour monte la voix d'un chanteur des rues. « C'est aujourd'hui dimanche... » *Les Roses blanches* ! La chanson préférée de Julia. Les immeubles font caisse de résonance. Léone s'approche de la fenêtre et tente d'apercevoir le bonhomme. Mais le rebord du garde-manger est trop large. En face, des gens, accoudés à leur fenêtre, lancent des pièces qui tintent en heurtant le sol.

Léone revient s'asseoir. Julia lui a épluché une pomme et la coupe en quartiers.

— Quand j'ai vraiment su que j'étais enceinte, commence-t-elle, ton père était aux champs vers La Garenne. C'était à la fin du mois de mars, je m'en souviens. Je frottais le linge avec ta grand-mère au bord de la mare et j'ai été prise d'une telle nausée que j'ai craint de tomber à l'eau.

— Mémé a eu peur ?

Julia hausse les épaules.

— Peur ? Allonge-toi donc, qu'elle m'a dit, ça passera ! Elle avait déjà compris, va. C'est ce que j'ai fait. Ça va te faire rire, mais moi qui vivais à la campagne depuis toujours, c'était la première fois que je sentais l'odeur de la terre et celle de l'herbe. La première fois que je voyais le ciel comme ça et les peupliers.

— Quels peupliers ?

— Ceux qui entourent la mare, pardi !

Et puis Julia se reprend.

— Mon Dieu ! C'est vrai, tu ne les a pas connus. Mon père les a coupés peu après ta naissance.

Elle se lève et se met à fourrager dans le placard.

— Qu'est-ce que tu cherches ? demande Léone.

Sa mère ne répond pas et finit par se retourner. Elle tient une bouteille à la main et la pose sur la table.

— C'est un reste de marc fait par ton père.

Léone saisit la bouteille d'un verre épais et opaque. Elle la regarde avant d'enlever le bouchon taillé au couteau et noirci par le temps. C'est la première fois que sa mère la lui montre. Elle en verse dans leurs verres à moutarde.

— Tu es folle d'en mettre autant, s'exclame Julia, c'est du tord-boyaux !

Elles éclatent de rire et trinquent. Léone prend un sucre dans la boîte en fer posée en permanence sur la table et le trempe dans l'alcool. Cela lui rappelle Auguste. A l'époque, il lui en donnait un en cachette, le dimanche, à la fin du repas. Une fois, Anna l'avait surpris et sermonné. Le vieux avait éclaté de rire.

— Dame ! Ça lui fait le sang !

Léone respire le sucre. L'arôme acidulé lui picote les narines. Elle se sent redevenue une petite fille.

— Ce n'est pas mauvais quand on est enceinte, au moins ?

— Penses-tu ! Pas davantage que la bière.

Julia n'a jamais aimé qu'elle en boive. D'après elle, c'est la boisson des ivrognes. Léone laisse fondre le sucre. Une sensation de brûlure lui envahit la bouche, jusqu'à la gorge. Elle tousse. Julia sourit.

— Ce n'est pas une boisson de fillette, hein ! C'est ce que disait ton père.

Léone la regarde. Des yeux, elle lui demande de reprendre ce qu'elle avait commencé à raconter. Julia comprend.

— Où j'en étais ?

— A la mare...

— Ah oui ! Eh bien je suis restée allongée. Maman continuait la lessive. Je me souviens qu'elle parlait mais je n'entendais rien tellement j'étais heureuse.

— C'est vrai, tu l'étais vraiment ?

— Autant que pour tes frères, tu sais. Ce que je voulais, c'était le dire à mon Alfred. Mais je ne pouvais qu'attendre son retour...

— Il est revenu longtemps après ?

Julia ne répond pas. Elle est loin, là-bas, toute à son bonheur. Soudain, elle secoue la tête.

— Ah quoi bon te raconter ça ? C'est fini.

— Oh ! je t'en prie Maman, ne t'arrête pas là. Je voudrais tellement savoir.

— Non ! N'insiste pas.

Léone sait que cela ne servirait à rien. Elle regrette et trouve ce silence stupide. Surtout ne pas se parler. Ne pas transmettre ces petits moments, comme s'il s'agissait de secrets d'État. Tous pareils dans cette famille. On raconte que cela vient de leurs origines de *carbonari*, dissimulés dans la forêt des Bertranges, à l'abri de la police de Napoléon III. Aussi loin qu'elle se souvienne, on ne parlait jamais à table, sauf elle, bien sûr, la pipelette !

Julia se lève et commence à faire la vaisselle.

— Tu veux dormir ici ce soir ?

— Non, non... Je préfère rentrer. Demain matin je dois travailler.

Julia n'insiste pas.

— Vas-y maintenant, dit-elle. Je n'aime pas te savoir dehors la nuit.

Léone se lève. Elle se sent très lourde. Le petit... la chaleur. Mais aussi la déception. Elle avait l'impression qu'un dialogue s'amorçait avec sa mère. Et puis, comme d'habitude, cela avait été l'impasse.

Quand elle se retrouve dans la rue, un vent léger la rafraîchit. Il ne fait pas encore nuit. Cela lui donne envie de remonter l'avenue de La Chapelle jusqu'à Barbès. Là, elle attrapera un bus pour rejoindre les Halles. Elle allume une cigarette et se met en marche. Les réverbères sont allumés mais n'éclairent pas encore. La boulangerie du coin de la rue des Roses est ouverte. Léone s'attarde devant la devanture. Madame Garnier, la boulangère, est en train d'enlever les patisseries. Elle sourit à Léone et lui fait signe de rentrer.

— Bonjour ma petite chérie !

Elles s'embrassent.

— C'est que tu nous manques !

Léone sourit. Elle aime bien madame Garnier, comme on aime les souvenirs. Elle était toujours aimable, généreuse avec elle, à vouloir lui donner des gâteaux chaque fois qu'elle la voyait. Mais comme elle ne les aimait pas, elle préférait prendre une confiserie.

— Comment va le petit ? demande-t-elle, ta Maman m'a dit.

— Ça va, ça va.

— Tiens ! Je vais te donner des croissants pour demain matin. C'est qu'il faut le nourrir, le rejeton !

En un rien de temps, elle en a fourré quatre dans un sac et le lui tend.

Léone la remercie et l'embrasse.

— Il faut que j'y aille, j'ai encore du chemin.

— Bien sûr, ma chérie !

Léone sort. La nuit est tombée. Sur le boulevard, elle croise plusieurs couples et des enfants qui courent. C'est l'heure de la promenade avant d'aller se coucher. A l'angle de la rue Marc-Séguin, deux gamins la dépassent. Les couettes de la fille tressautent dans son dos. Le garçon en culotte courte, lui dit : « Viens ! Viens ! » Ils se dissimulent dans le renfoncement d'une porte cochère et s'embrassent. Léone les regarde et sourit. Derrière elle, leurs parents les appellent.

Elle continue son chemin et arrive à la hauteur de la chapelle Sainte-Jeanne-d'Arc. Toujours la même impression que c'est son église ! Depuis son enfance, quand Julia l'y amenait pour la messe du dimanche, et parfois en semaine au gré de ses élans de piété. Une drôle d'église, au portail grand ouvert, et tellement petite qu'on a envie d'y rester. Elle y pénètre. Il y fait obscur malgré les cierges qui brûlent ici et là devant des statues en posture de prière. Ce qui a toujours frappé Léone, c'est la bonté qu'irradient les visages des saints, lisses et souriants. Elle avance dans la travée centrale et s'assoit face à saint Antoine de Padoue, celui qui aide à retrouver ce que l'on a perdu. Julia lui répétait de faire des prières à son intention quand elle avait égaré quelque chose. Ce soir c'est l'homme qu'elle aime, le père de son petit qu'elle a égaré. Peut-être qu'une prière pourrait l'aider à le retrouver ? Elle essaie de réciter le Notre-Père mais n'y parvient pas. Son esprit est envahi par le dernier souvenir de Mécano. Pas moyen de se rappeler quelque chose de plus gai. Il est là, dans le lit, allongé à côté d'elle, avec, dans le regard, son impatience de la voir s'éloigner. C'est douloureux et elle le marmonne pour que saint Antoine l'entende. Pourtant ce n'est pas de sa faute s'il a fichu le camp. Elle l'aimait, elle s'était donnée entièrement à lui, elle... elle... elle l'aime encore ! Alors il doit revenir. L'amour, cela doit se terminer uniquement quand on est deux à ne plus en vouloir. Sinon c'est injuste, trop injuste. Et cela l'est encore plus quand on est trois ! Lui, son petit, il n'a rien demandé. Elle regrette de ne pas parvenir à prier. En même temps, elle se dit que de raconter sa peine c'est déjà une prière... Elle regarde la statue. Comme dans son enfance, elle fait confiance à saint Antoine. Il va lui montrer le chemin, peut-être même va-t-elle rencontrer Mécano dans la rue en sortant ? Peut-être sera-t-il chez elle en train de l'attendre ? Une impatience la saisit. Il lui faut se dépêcher de rentrer. Elle se signe et sort en courant presque. Il suffit qu'elle saute dans le 65 jusqu'à Rambuteau. De là, elle finira à pied. Elle traverse le boulevard de la Chapelle et passe devant l'Ordoner Palace. On y donne *Une si jolie petite plage* avec

Gérard Philipe. D'habitude elle se serait arrêtée pour regarder les photos exposées dans les vitrines, mais ce soir, elle n'en a pas envie.

Heureusement, le bus ne tarde pas. Elle décide de rester sur la plate-forme et de regarder défiler le spectacle de la rue comme ils le faisaient tous les deux. Mécano lui répétait souvent qu'il aurait aimé savoir conduire un autobus. Là-haut, perché dans la cabine, on devait avoir l'impression de dominer le monde et d'être maître de la circulation. Il ajoutait aussi que les boîtes de vitesse de ces engins, trop bruyantes, devraient être changées. Lui se ferait fort d'en étudier un nouveau modèle et de l'imposer. Suivaient des explications techniques compliquées que Léone n'écoutait pas. Elle le regardait parler, cela lui suffisait autant qu'à lui. Leur bonheur c'était d'abord un regard complice.

— Ticket, m'dame !

Léone sursaute. Le contrôleur est jeune. Son sourire est avenant. Elle le lui tend. Alors qu'il le glisse dans sa composteuse ventrale, il perd l'équilibre et se rattrape à la rampe de la plate-forme. Il éclate de rire, Léone également.

— Ah, le con ! Je lui ai pourtant dit de conduire doucement. Il se prend pour Fangio, celui-là !

Léone allume une cigarette.

— C'est normal, ça roule bien. Il est pressé d'arriver.

Le receveur s'approche de Léone.

— Vous aussi, vous êtes pressée ?

Elle le regarde en souriant. Il n'est pas mal foutu mais elle n'a pas l'esprit à la bagatelle. Mécano l'attend. Elle en est certaine, tout en sachant que ce n'est pas possible, qu'elle prend son désir pour une réalité.

Dès qu'elle a quitté le bus elle marche vite. En cinq minutes, elle se trouve en bas de chez elle. Elle jette un coup d'œil aux fenêtres du quatrième. Éteintes. Ce n'est pas grave, la minuterie est allumée. Il l'attend assis dans les escaliers. Elle le veut tellement qu'elle grimpe rapidement, s'essouffle, se fait mal au ventre. A l'étage, personne. Elle respire pour retrouver son souffle. Elle transpire. Elle pleure.

CHAPITRE 5

Septembre est déjà entamé quand elle annonce au Corbeau qu'elle n'en peut plus de demeurer assise toute la sainte journée devant sa machine, à taper de plus en plus fort tellement les touches sont dures. Le petit est trop lourd, il fait chaud, ses migraines sont devenues insupportables et l'Aspro ne fait plus d'effet. Il lui faut s'arrêter de temps en temps sinon elle va tomber malade.

Le Corbeau s'en fiche. Assis derrière son bureau, il l'écoute en fourrageant dans son nez, et l'esprit ailleurs. Son œil est fuyant comme à chaque fois qu'il est gêné. Il n'aime pas les situations difficiles où il doit trancher. Quand elle a fini d'expliquer, il toussote.

— Je comprends ma petite Léone, mais il faut choisir entre faire des enfants ou gagner sa vie ! Si vous vous absentez, même par intermittence, je serai obligé de prendre quelqu'un d'autre et vous ne pourrez pas retrouver votre place. Pour la bonne marche du travail, je ne peux pas me passer de deux secrétaires à plein temps, vous le savez ! D'autant plus que Marlène tape moins vite que vous. Vous comprenez ?

Léone ne comprend pas. Elle est en colère. Cet homme est un salaud. Choisir entre gagner sa vie ou avoir un enfant, quelle question ! Et critiquer Marlène au passage, alors qu'il n'ose pas lui faire de remarque lorsqu'elle fait une faute, tellement il la craint ! Elle le sent, elle va se mettre en pétard, lui dire ses quatre vérités. Tant pis si elle perd son boulot, elle se débrouillera.

— Non, monsieur, je ne comprends pas. Il y a bien eu une femme qui a eu envie de vous donner naissance sinon vous ne seriez pas là. Rien que ça devrait vous aider à...

Le Corbeau, rubicond, se redresse sur son siège et l'interrompt.

— Non mais, Léone, je ne vous permets pas de me faire la leçon !

Le fait que j'ai eu une mère n'a rien à voir. Je dirige une étude et je dispose de mon personnel... euh... je veux dire...

Léone éclate de rire.

— N'allez pas plus loin ! Vous disposez de nous, c'est ça !

Le Corbeau s'est levé et assène un coup de poing sur son bureau. Comme à chaque fois qu'il est contrarié, il renifle.

— Parfaitement ! Je fais ce que je veux chez moi, j'organise le travail comme cela me chante !

Alertée par le tintamarre, Marlène pénètre dans le bureau sans frapper.

— Que voulez-vous ? demande le Corbeau, d'un ton plus amène. Il est tellement effrayé qu'il en est pitoyable.

— Rien de particulier, réplique Marlène, mais si vous croyez qu'avec le tintouin que vous faites je peux me concentrer sur mon travail...

Le notaire éponge la sueur qui perle sur son front et se rassoit.

— C'est bien Marlène, nous allons parler plus doucement.

La jeune femme lance un regard à Léone.

— Mon Dieu ! s'exclame-t-elle, comme tu as l'air pâle. Ça ne peut pas durer ainsi. Il faut que tu voies le docteur.

En même temps, elle se rapproche de Léone et lui pose la main sur le front. Celle-ci se retient d'éclater de rire.

Marlène se tourne vers le notaire.

— Vous ne voyez donc pas qu'elle est exténuée ?

— Si, si, bien sûr !

— Ce n'est rien ma chérie, continue Marlène. Tu n'as qu'à venir plus tard le matin, je me débrouillerai pour en faire un peu plus.

— C'est ça, renchérit le notaire. Ce sera très bien !

Marlène entraîne Léone en dehors du bureau et referme la porte. Les deux jeunes femmes échangent un regard complice et pouffent.

— Merci... murmure Léone.

— Tu ne crois pas que j'allais le laisser faire ! Il n'a qu'une envie c'est de me sauter. Il faut en profiter.

Elle attrape le manteau de Léone et le lui passe.

— Fiche le camp. Il n'osera rien dire.

En s'embrassant, elles conviennent de se téléphoner le soir même.

Dehors, Léone ne sait pas quoi faire. Immobile sur le trottoir, elle hésite. Autour d'elle, c'est l'agitation des jours de semaine. Tout le monde a l'air occupé. Ça court, ça roule, ça klaxonne à tout va ! Elle se dit qu'elle va rentrer chez elle pour se reposer... Et puis non ! Les Halles sont à deux pas. Elle va s'y promener.

Un jeune vendeur de journaux passe à côté d'elle. « France-Soir première ! », crie-t-il. Elle l'arrête et lui achète un exemplaire. Elle le lira dans un café. Un bon moment que cela ne lui est pas arrivé ! En fait, depuis qu'il a fichu le camp. C'est avec lui qu'elle avait pris cette habitude. Il ne pouvait passer une journée sans lire les nouvelles. « J'aime bien comprendre ce qui se passe », disait-il. Au début, elle s'était moquée de lui et ils avaient eu une discussion animée à ce sujet. Elle essaie de se souvenir où c'était, mais n'y parvient pas. C'est déjà trop loin. Ça l'énerve. Tant pis ! Cela lui reviendra.

Elle traverse la rue du Louvre et se retrouve aussitôt dans son quartier. Une ville dans la ville avec son foutoir, ses codes, ses odeurs. Et cette foule qui semble ne jamais dormir. Léone marche d'un pas tranquille. Elle est heureuse et sait pourquoi. Ici, elle a l'impression d'être ailleurs, dans un pays plus gai, plus ensoleillé, plus accueillant. C'est le seul lieu qu'elle connaisse où tout le monde apostrophe tout le monde, où les odeurs sont fortes mais reconnaissables, où la circulation des véhicules et des hommes n'est régie par aucune loi. Pour elle, c'est un îlot de liberté, inaccessible au commun des mortels. Elle a toujours pensé qu'il fallait être initié pour habiter ici, ne pas être fait comme tout le monde, aimer le bruit, la bousculade, l'inattendu. Aimer ces immenses hangars de ferraille et de verre cernés par des immeubles appuyés les uns contre les autres, comme s'ils s'affaissaient sous le poids du temps.

Elle marche au hasard des rues, cherchant la devanture d'un café qu'elle ne connaît pas et où elle se sentira bien. Elle le déniche rue Quincampoix, entre deux grossistes Beurre-Œufs-Fromages, dont les cageots envahissent le trottoir. Ça sent le camembert et la paille à plein nez. Des gars en blouses bleues ou blanches, la casquette ou le béret enfoncés sur la tête, chargent des charrettes à cheval pour le marché du soir. Sur la porte vitrée du café, une pancarte : « Repas à toute heure », puis, ajouté à la main, en dessous : « Ici on peut apporter son manger ». Léone entre. Une odeur de choux farci imprègne la pièce. Au bar, les commis qui prennent un verre la dévisagent, l'œil égrillard. Elle s'assoit au fond de la salle, à côté du poêle à charbon.

Le patron s'approche.

— 'Jour ! Qu'est-ce que ce sera ?

— Un café, s'il vous plaît.

Un court instant, l'homme la dévisage, puis s'en va. Elle lui sait gré de son regard clair, sans arrière-pensée. Il doit la trouver sympathique. C'est réciproque. Son visage aux traits réguliers, ses gestes précis, sa démarche expriment la franchise et la confiance en la vie. Elle lui est reconnaissante de détourner l'attention des gars qui la reluquent, en leur proposant de jouer au 421. Il apporte le café, esquisse un sourire qu'elle lui rend, et s'en retourne.

Elle se plonge dans la lecture des nouvelles. Soudain, au hasard d'une phrase, elle se souvient de l'endroit où elle s'était chamaillée avec Mécano à propos de cette manie de lire le journal tous les jours. C'était dans sa chambre, là-bas à la Bastille. En hiver, avant ou après Noël, elle en est certaine. Elle revoit le petit sapin qu'ils avaient acheté ensemble et qui trônait sur le manteau de la cheminée. Il était tellement petit qu'une guirlande avait suffi pour le décorer. Noël... Comme il n'était pas question pour elle de réveillonner seule avec lui, ils avaient fait la fête la veille. Il était venu la chercher à la sortie de son travail avec une voiture empruntée au garage, puis il l'avait invitée dans une brasserie chic sur les grands boulevards. Elle avait protesté en voyant la devanture. Il était fou ! Elle n'était pas habillée pour un endroit pareil.

— C'est le restaurant qui n'est pas assez bien pour nous ! avait-il répliqué en riant.

Après l'avoir embrassée, il l'avait entraînée dans la salle. Elle se rappelle comme elle avait l'air gourde, face au maître d'hôtel déférent qui lui tendait un immense menu. Comme à Mécano, la plupart des plats aux noms emberlificotés lui étaient inconnus et cela avait fini en fou rire autour d'une choucroute arrosée de bière. Elle était un peu saoule quand il l'avait ramenée chez lui. Mais elle s'en fichait comme d'une guigne ! Elle attendait trop ce moment où enfin elle pourrait lui offrir le cadeau qu'elle gardait dans son sac depuis plusieurs jours. Cet instant magique où il l'allongerait sur le lit pour lui faire l'amour. Comme elle le désirait ! Chaque fois qu'il posait la main sur elle, c'était un chambardement dans sa tête et son corps. Pas moyen de faire autre chose que de fermer les yeux et de se laisser emporter par son impatience, sa frénésie de plaisir.

Elle avale une gorgée de café, allume une cigarette et déplie le journal. Elle ne veut pas penser à cela. Seulement, aucun mot n'accroche son regard. Elle est toujours dans sa chambre, ouvre son sac d'où elle sort le petit paquet...

— Ce n'est pas grand-chose ! s'était-elle exclamée.

Il avait déchiré le papier et ouvert l'écrin. C'était un briquet à essence plaqué or. Il l'avait longuement admiré, le tournant et le retournant dans sa main avant de l'essayer et de demander à Léone d'allumer une cigarette.

— Je veux que la première tige qu'il allume soit la tienne !

Elle avait obtempéré et tiré une bouffée, puis elle s'était abandonnée dans ses bras. Elle revenait toujours à ça, cette manière si enthousiasmante qu'il avait de lui faire l'amour. Au début de leur rencontre, elle en avait eu honte jusqu'à se trouver anormale. Il lui arrivait même de penser qu'elle péchait. Cependant, au fil des jours, elle avait fini par se convaincre que c'était naturel, mieux, qu'elle aimait cela, et qu'il aurait fallu être bien bête pour s'en priver. Elle le devait en grande partie à Mécano qui en parlait sans gêne. Pour moi, faire l'amour, disait-il, c'est respirer, oublier la merde de la journée, retrouver confiance en soi. Et puis quoi, ajoutait-il, ça prouve quand même quelque chose ! On ne se met pas à poil devant la première gonzesse venue !

C'est déjà loin tout cela et pourtant si présent. Elle ne peut pas penser à ces étreintes sans éprouver encore une sensation de chaleur dans le ventre.

Elle ouvre le journal et essaie de concentrer son attention sur les articles. Soudain, elle est frappée par le silence. Les commis sont partis. Elle est seule dans la salle. Le patron nettoie le zinc d'un geste appliqué. Il relève la tête. Leurs regards se croisent.

— Un autre café ? demande-t-il. Je vous l'offre.

Elle accepte. Quand il le lui apporte, il tient une bouteille d'alcool et deux verres.

— C'est meilleur avec du calva.

Il s'apprête à lui en verser dans sa tasse mais elle refuse.

— Je suis enceinte...

Il hausse les épaules, souriant.

— Bah ! Il y a bien pire pour se faire du mal !

Elle profite qu'il soit assis en face d'elle pour l'observer avec plus d'attention. C'est vrai que son regard est franc mais il exprime autre chose. Une ironie triste, désabusée.

— Je ne veux pas vous embêter mais il me semble vous avoir déjà vue dans le quartier.

— C'est possible, j'habite à deux pas.

Il se verse une rasade d'alcool et boit une gorgée.

— Et le père ? demande-t-il. Il travaille ?

Léone est tentée de lui raconter n'importe quoi puis se ravise. A quoi bon ? Elle sait qu'il a déjà compris.

— Parti... répond-elle.

Il hoche la tête.

— Ça arrive.

Puis il ajoute en désignant le ventre de Léone :

— C'est à lui qu'il faut penser maintenant.

— J'y pense.

— Pas assez.

Elle le regarde, étonnée.
— Pourquoi vous dites ça ?
— Depuis que vous êtes là, je vous observe. Vous aviez l'air d'être dans des souvenirs, pas avec lui.
Léone rougit. Elle sent que l'homme lit en elle comme dans un livre ouvert. C'est à la fois désagréable et rassurant.
— Faut m'excuser de me mêler de votre vie. Mais que voulez-vous, avec celle que j'ai eue et à force de faire bistrot, j'ai fini par en savoir long sur la misère humaine. Il suffit que je vois un visage, que j'accroche un regard pour deviner...
Il boit à nouveau, sans hâte.
— Sûr que vous attendez qu'il revienne, hein ?
Elle acquiesce. Il hausse les épaules.
— Autant siffler dans un violon... Il ne reviendra pas.
Léone attend la suite comme un oracle. Elle comprend qu'il sait quelque chose qu'elle ne sait pas. Une vérité sur la vie qu'elle n'a pas découverte, ou voulu voir. Il la fixe sans gêne.
— Je n'invente rien. C'est vous qui me le dites.
Léone ne comprend pas. Elle se sent perdre pied.
— Qu'est-ce que vous voulez dire ?
Il sourit.
— On voyage avec notre destin en nous. Il est dans nos yeux, nos gestes, nos attitudes. Tiens, je vous étonnerai peut-être, mais pendant la guerre j'ai été déporté. J'ai su longtemps à l'avance ceux qui mourraient et ceux qui s'en tireraient. C'est comme ça. Aucun homme ne peut biaiser avec cette...
Il se tait à la recherche du mot juste.
— ... cette vérité.
Léone ne peut s'empêcher d'être mal à l'aise. Cela lui rappelle sa mère et son pendule.
— N'ayez pas peur, lui dit l'homme, comme s'il avait deviné. Puisqu'on ne peut pas y échapper autant l'accepter et vivre avec.
— Mais je...
Il l'interrompt en souriant.
— Revenez me voir de temps en temps. Plutôt l'après-midi, comme aujourd'hui, on aura le temps de causer.
Il se lève.
— Les cafés c'est pour moi... marmonne-t-il avant de disparaître derrière un rideau de bouchons.
Léone se lève et sort. Elle ne reviendra pas, c'est certain ! Avant de s'éloigner, elle regarde le nom du café : café de l'Avenir.

Le dimanche suivant, Marlène vient chercher Léone chez elle

pour aller au bois de Vincennes. Il est onze heures quand elle arrive. Léone est prête mais cela n'a pas été sans difficulté. La nuit a été un enfer. Elle a rêvé qu'elle se trouvait dans un pays inconnu. Il y faisait une chaleur épouvantable et elle n'arrêtait pas de courir, poursuivie par des individus aux yeux bridés. Quand elle s'était réveillée au milieu de la nuit, en nage, elle avait pensé qu'il s'agissait de la Chine... Elle n'était pas parvenue à se rendormir et jusqu'au petit matin elle avait ressassé ses malheurs. Mécano qui avait foutu le camp, la mort de son père, sa mère qui ne la comprenait pas, ses frères qui l'ignoraient, sa grossesse solitaire.

— Eh bien, s'exclame Marlène en entrant, tu en as une tête !

— Je n'ai pas fermé l'œil !

— Allez ! Tu passes un manteau et on file au Bois. On y mangera un sandwich et on fera un tour de barque. On a de la chance, il fait beau.

Elles prennent l'autobus et durant le voyage parlent du Corbeau, tournées l'une vers l'autre et se tenant les mains comme deux sœurs. Marlène est intarissable.

— Si tu avais vu sa tête quand il s'est aperçu que tu étais partie ! Il en bafouillait. « Mais ... Mais... Elle ... Elle est ... partie ! Elle ne manque pas de toupet tout de même ! » Alors, je lui ai dit que c'était moi qui t'avais conseillé de le faire et il l'a fermée. Il est même devenu tout miel comme à chaque fois que tu n'es pas là. « Vous avez bien fait, ma petite Marlène... »

Marlène imite le notaire à la perfection, outrant le ton patelin de sa voix, ses tics nerveux, ses gestes enveloppés. Léone rit aux larmes.

— Tu aurais dû être actrice, je t'assure.

— Il n'est pas trop tard, je n'ai que vingt-cinq ans !

En disant cela elle remonte sa mèche d'une manière théâtrale. Léone l'admire. Non seulement son amie est belle mais elle est intelligente. Tout pour plaire, quoi !

Dès qu'elles arrivent à la Porte Dorée, elles se précipitent vers l'échoppe d'un vendeur de frites installé à l'entrée du Bois et lui commandent deux portions.

Le gars, un Italien jovial dont la moustache envahit la moitié du visage, leur en donne une telle quantité qu'elles doivent s'attarder au comptoir pour les manger.

— C'est comme ça que je retiens les filles ! dit-il en leur versant un verre de vin. Une fois sur deux, elles ne veulent plus repartir.

— Et votre femme, elle aime ça ? demande Marlène.

Il hausse les épaules.

— Je me demande bien ce qu'elle aimait celle-là ! Il ne me reste que l'alliance.

— Vous pourrez la repasser au doigt d'une autre, suggère Léone.

Les deux femmes pouffent comme des gamines. Le vendeur rit à son tour.

— Laquelle des deux la veut ?

Marlène et Léone se regardent.

— Aucune ! répond Marlène, on a ce qu'il faut !

Puis elle prend Léone par le bras et l'entraîne vers le lac.

L'Italien les hèle.

— Eh ! Revenez me voir quand vous voulez ! Pour vous les frites sont gratuites.

Elles lui font un signe de la main et bras dessus, bras dessous, poursuivent leur chemin.

Au bord du lac elles s'allongent sur l'herbe. C'est agréable. Le soleil tape dur pour un mois de septembre. L'herbe et la terre fleurent encore bon l'été. Léone, allongée sur son manteau, respire l'odeur d'humus avec une joie teintée de nostalgie. Cela lui rappelle la ferme, Anna et Auguste, ses joies enfantines lorsqu'elle s'échappait vers la forêt de Vieilmanay à la recherche d'un espace, d'une liberté, jamais suffisants. Elle courait toujours vite, indifférente à la piqûre des chardons, aux griffes des ronces, aux flaques d'eau. Il fallait qu'elle arrive quelque part, sans savoir où à l'avance. La règle consistait à s'arrêter à bout de souffle et jamais au même endroit. Cela pouvait être au faîte d'un arbre, au milieu d'un chemin, au bord d'une mare. Ce qui comptait c'était d'éprouver la sensation d'avoir fait reculer ces foutues frontières, les siennes, qui l'étouffaient.

Marlène la secoue.

— Si on allait ramer ?

Léone secoue la tête.

— Je n'ai pas le courage. Je suis fatiguée.

— Tu parles d'une paysanne ! Pleines jusqu'aux dents, tes grands-mères travaillaient jusqu'à la derrière minute ! Allez, t'en fais pas, je ramerai pour deux.

Elle lui prend la main et l'entraîne jusqu'à la guérite de location où elles prennent une barque. Léone s'installe à la proue, Marlène au milieu, puis cette dernière se met à ramer. L'abord du rivage est encombré par ceux qui partent ou reviennent, mais bientôt elles se retrouvent seules, à évoluer au milieu des canards et des cygnes qui s'approchent pour quémander de la nourriture. Léone, calée contre le rebord, a entrouvert son manteau pour exposer son ventre au soleil. Elle garde les yeux fermés, se laissant bercer par le clapotis de l'eau contre la coque. Elle s'abandonne, heureuse de penser que le petit a chaud et en profite comme elle.

— Dis donc ma grande, dit soudain Marlène, ça n'a pas l'air de tourner rond, toi !

Léone sursaute.

— Si, pourquoi ?

— Tu ne crois pas apprendre au vieux singe à faire des grimaces ?

Léone sourit. Marlène a souvent de ces expressions qui lui rappellent sa grand-mère Anna.

— Tu penses au père ! C'est ça, hein ?

— A qui veux-tu que je pense ? Ce n'est pas drôle de se retrouver seule comme une gourde avec un marmot dans le ventre !

Marlène arrête de ramer, laissant la barque glisser au fil de l'eau.

— Écoute, ma chérie. Ça fait un bail qu'on se connaît, hein ? Et jusqu'ici je ne me suis jamais mêlée du pourquoi et du comment. Mais cette fois-ci, va falloir qu'on cause. A voir comme tu es, j'ai la main qui me démange. Tu crois que c'est bon pour le petit de t'entendre geindre, regretter, pleurer ? C'est de sa faute à lui ? Bon Dieu ! Il a une mère, c'est une chance. Mais il faudrait qu'il en ait vraiment une ! Pas une pleurnicharde !

Léone se redresse, stupéfaite. Cela fait un bout de temps qu'on ne lui a pas parlé comme ça. Mais elle n'a aucune raison de l'accepter, surtout de la part de Marlène pour qui la vie n'est qu'une partie de rigolade.

— C'est facile pour toi de me houspiller ! Tu travailles, et le reste du temps, tu t'amuses.

— Je m'amuse ? Que sais-tu de ma vie ? Rien, sinon ce que je veux bien t'en raconter.

Léone hausse les épaules.

— Ce n'est pas de ma faute si tu es muette comme une tombe !

— Tu sais au moins pourquoi je la ferme ?

— Je m'en doute... Ça ne doit pas être bien joli non plus...

Marlène s'est remise à ramer, tranquillement. Elles ont amorcé le tour de l'île qui dissimule le soleil. Il fait un peu plus frais mais c'est agréable.

— Tu sais que je suis amoureuse ? reprend Marlène.

— Je m'en doutais... Jolie comme tu es, ce ne doit pas être difficile.

— Non, ce n'est pas difficile, mais je n'ai pas choisi le plus simple. L'homme que j'aime est paralysé des jambes.

— Quoi ?

Cela a jailli comme un cri de révolte. Ce n'est pas possible...

Léone se rapproche de son amie. La barque tangue dangereusement.

— Fais attention ! s'écrie Marlène. Ce n'est pas le moment de prendre un bain.

Léone la prend dans ses bras et l'embrasse.

— Excuse-moi, je ne...

— Tu n'as pas à t'excuser. Tu ne le savais pas.

— Tu es tellement gaie !

— Comment veux-tu être autrement ?

— Parle-moi de lui...

— Un jour, peut-être.

Léone n'insiste pas. Elle connaît Marlène. Quand elle ne veut pas parler, elle ne parle pas.

CHAPITRE 6

Le temps est au beau fixe en ce mois d'octobre. Allongée sur son lit, Léone profite du soleil qui inonde la chambre. Elle se sent lasse, vaguement anxieuse de l'accouchement qui approche. Elle va donner la vie sans qu'elle ait donné un sens à la sienne. Elle va devenir mère sans avoir été une épouse, pas même une compagne. Rien qu'une conne, trahie par un salaud. Bête à manger du foin, oui ! Elle caresse son ventre arrondi et découvert. Elle n'en aime pas la peau distendue, blanche et striée de fines veinules bleutées. Ce ventre difforme lui fait l'impression d'appartenir à une autre. Cette excroissance, presque répugnante, est devenue le symbole d'un échec, d'un renoncement à la jeune femme libre qu'elle pensait être.

Elle n'en peut plus de remâcher. Il faut que cela se termine. Qu'il naisse nom d'un chien, et qu'elle retrouve enfin sa liberté de mouvement. Qu'elle puisse à nouveau courir, danser, se pencher sans être obligée de se livrer à des contorsions grotesques qui lui évoquent le bonhomme Michelin. Un drôle de bonhomme, qui a aussi eu sa place dans leur histoire d'amour.

Cela devait être une nuit du mois de janvier passé. Il faisait froid et ils dormaient serrés l'un contre l'autre. Sans doute lui tournait-elle le dos ? Sentir son torse, ses bras enserrer sa poitrine, son sexe contre ses fesses, était déjà pour elle une jouissance. Soudain, Mécano s'était levé et avait ouvert les rideaux.

— Il neige ! Il neige ! avait-il crié.

Elle l'avait rejoint et durant un moment, enlacés, ils avaient regardé les flocons virevolter dans la lumière du réverbère d'en face, en s'amusant à deviner où certains iraient se poser. Cela devait faire déjà un bout de temps qu'il neigeait. La chaussée était recouverte d'une couche épaisse. Les traces de véhicules, entrecroisées, rappelaient à Léone des rails de chemin de fer au départ d'une gare. Mécano, lui, répétait qu'il adorait la neige. Son souhait c'était qu'elle tombât le plus longtemps possible et qu'elle tînt, pour empêcher toute circulation et permettre aux enfants de faire des parties de boules de neige. Elle distinguait dans sa voix des accents de passion qu'elle ne lui avait jamais connus. Plus il parlait, moins il contenait son excitation.

— Tu vois, la neige c'est la vie pour moi... Je suis né dans un village de Savoie et d'après ma mère, il neigeait ce jour-là. Mon enfance c'est avec elle que je l'ai passée. Comme c'était assez haut nous en avions pratiquement toute l'année. Pour moi c'était ce qu'il y avait de plus beau, de plus parfait. Surtout que là-bas, elle n'était pas salie comme ici.

Léone, surprise de le voir s'épancher, se taisait de peur qu'il ne se renferme.

— La neige, j'étais capable de la regarder tomber durant des heures. Il m'arrivait même de me relever la nuit, d'ouvrir ma fenêtre pour écouter le grésillement que cela produit quand les flocons sont nombreux et lourds.

Il s'était retourné vers elle et l'avait embrassée avec une fougue inhabituelle.

— Viens ! Habillons-nous ! J'ai envie de faire un bonhomme de neige.

Léone avait éclaté de rire. Elle comprenait pourquoi elle l'aimait.

Ils s'étaient habillés à la hâte et avaient descendu les escaliers quatre à quatre, sans se soucier du vacarme. Dehors, saisis par le froid, ils avaient marqué un temps d'arrêt, puis Mécano lui avait pris la main et l'avait entraînée vers l'entrée du garage.

— Ils vont en faire une tête les copains, demain ! s'était-il exclamé, en commençant à entasser la neige. Tiens, aide-moi !

Léone s'était mise à l'ouvrage. Au fur et à mesure qu'elle lui apportait de la neige, le bonhomme blanc grandissait. Parfois, elle s'arrêtait pour admirer Mécano. Mains nues, insensible au froid, il tassait, façonnait, lissait. De temps en temps, il reculait pour apprécier les proportions et il se remettait au travail avec ardeur. Il était transfiguré par une joie spontanée, riant, chantant, dansant comme un enfant. Elle, gelée mais heureuse, l'encourageait en tapant dans ses mains ou en reprenant les paroles des chansons qu'il fredonnait.

A un moment, surprise des disproportions du bonhomme de neige, elle lui avait demandé ce qu'il était en train de faire.

— Tu le verras bientôt, avait-il répondu, c'est une blague !

Cela faisait déjà un bon moment qu'ils s'activaient quand une fenêtre s'était ouverte juste au-dessus d'eux. Un homme en maillot de corps avait crié :

— Non, mais ça va pas de faire un boucan pareil à c'te heure-ci !

Ils avaient levé la tête.

— Faut pas se fâcher, M'sieur Magloire, avait répondu Mécano, on fête l'arrivée de la neige.

L'autre avait bougonné :

— Ah ! c'est toi, Mécano ? Tu ferais mieux de dormir sinon tu vas encore nous monter les pistons à l'envers !

Léone se lève avec effort et va jusqu'à la fenêtre qu'elle ouvre. Elle a trop chaud. C'est l'excuse qu'elle se donne. En fait, elle ne veut pas repenser à tout cela. C'est trop de bonheur gâché pour s'y attarder. Il savait construire les bonhommes de neige le salaud, mais c'est tout. Elle sent la colère l'envahir, la révolte plus précisément. Dieu qu'elle lui en veut ! Elle s'accoude au balcon. Dehors, c'est l'agitation du soir, avant l'ouverture des Halles. Le vacarme des charrettes et des moteurs, mêlé aux gueulantes des hommes et aux hennissements des chevaux. Mais elle n'entend pas ce charivari. Sa tête est pleine du rire de Mécano qui résonne dans le silence de cette nuit d'hiver.

— Venez donc nous aider, M'sieur Magloire, puisque vous ne dormez pas !

— Ce ne sont plus des jeux de mon âge, avait répliqué l'autre, avant de refermer en ronchonnant.

Alors, Mécano s'était remis au travail et Léone avait compris ce qu'il fabriquait : un énorme bonhomme Michelin. Elle avait éclaté de rire et l'avait enlaçé. Avec lui, elle irait au bout du monde !

Elle hausse les épaules. Le bout du monde, tu parles ! Son bout du monde à elle c'est sa chambre et il n'est pas là. C'est un accouchement dans quelques semaines qui lui fout une trouille d'enfer. C'est un bébé sur les bras qu'il va falloir aimer pour deux.

Elle ferme la fenêtre et va se faire chauffer une tasse de café. De retour dans sa chambre, elle allume la radio. On y passe un swing. Elle fredonne l'air, esquisse un pas de danse. Mais elle s'arrête. Cela lui fait trop mal au ventre. Elle s'en inquiète puis oublie en entendant le café frissonner dans la casserole. Elle se précipite pour éteindre.

Léone s'assoit à la table de la cuisine. Tandis qu'elle boit à petites gorgées, elle se dit qu'elle pourrait téléphoner à Marlène et lui demander de venir. Non ! Elle va plutôt appeler sa mère... Oh, puis non ! Elle n'a envie de parler à personne. En même temps, la perspective de passer la soirée seule la rebute. Elle ne supporte pas la solitude, ne l'a jamais supportée. Gamine, dès que Julia les avait couchés, il fallait qu'elle aille retrouver ses frères dans leur chambre pour jacasser. Cela pouvait durer des heures jusqu'à ce qu'elle décide de dormir auprès de l'un ou l'autre, à l'insu de leur mère. C'était son frère cadet qu'elle préférait. Cachés sous la couverture, ils s'inventaient des aventures dans un pays lointain et hostile dont ils imaginaient le nom, le peuple et les coutumes. Ainsi ils se retrouvaient en Roncerie, un pays envahi de plantes piquantes qui marchaient et parlaient, le jeu consistant à échapper à leur méchanceté et à voler le trésor des orties, une vieille tribu retirée dans une clairière inaccessible. Pour cela, ils décidaient selon les jours de se déguiser en arbres ou en plantes, pour passer inaperçus, et de parler le langage des ronces. C'étaient des moments merveilleux, trop souvent interrompus par le frère aîné, jaloux et méprisant, qui leur demandait de se taire en les menaçant de tout raconter à leur mère le lendemain. Évidemment, ils finissaient par sombrer dans le sommeil. Julia les avait surpris à plusieurs reprises, mais elle s'était rarement mise en colère. Sans doute avait-elle fait la même chose avec son frère.

Léone rejoint sa chambre en se traînant. Elle s'allonge. Partir... Partir. Il n'y a que cette idée qui l'anime, qui lui donne du courage. Comme au café du Balcon, elle continue à rêvasser de l'Indochine. On en parle beaucoup dans les journaux en ce moment. Mais ce n'est pas la guerre qui l'intéresse, ce sont les couleurs, les odeurs, les danses, bref cette vie qu'elle imagine colorée, bruyante et souriante, si éloignée de la grisaille parisienne. Elle est certaine qu'un jour elle partira avec son enfant et peut-être avec Julia, qui sans le reconnaître vraiment a toujours la bougeotte, elle aussi.

Léone caresse son ventre :

— Hein ? demande-t-elle à voix haute au bébé. Je suis convaincue que toi aussi tu aimeras bouger et rigoler. Tu verras, tous les deux on fera la paire. Oui, nous devrions être trois... Tu as raison, mais que veux-tu, il est parti Dieu sait où ! Alors, il faudra faire sans !

Elle s'interrompt par crainte du ridicule. En fait ce n'est pas la raison. Il n'y a personne pour l'entendre. C'est s'entendre elle-même qui lui est insupportable. S'entendre parler comme une mère, un mot qu'elle ne digère pas parce qu'elle l'accole aussitôt à celui de fille. Ce n'est pas un hasard si elle réagit ainsi. Il y en a déjà eu une dans la famille, naguère. Elle n'était encore qu'une gamine mais elle s'en souvient comme si c'était hier.

Elle s'appelait Jeannette. Un jour elle était arrivée à la ferme sans avoir été annoncée. On la lui avait présentée comme une cousine à la mode de Bretagne et tout le monde avait semblé s'en satisfaire, sauf elle, Léone. Tout de suite elle avait flairé le mystère au point d'aller souvent la voir, là-haut, dans la petite maison où elle logeait, vers le bois. Elle voulait la connaître mieux, comprendre pourquoi cette jeune femme, solide et souriante, vivait seule, à l'écart, en étant l'objet de sous-entendus et de grimaces « qui en disaient long ». Au fil des jours, elles avaient sympathisé. Jeannette lui apprenait quantité de choses sur la nature, les animaux, la cuisine, la couture... Mais jamais elle ne voulait répondre à ses questions. Pourquoi tu vis seule ? Pourquoi tu ne viens pas à la ferme ? Pourquoi et pourquoi ? A chaque fois Jeannette lui caressait la joue en lui disant qu'elle était encore trop petite pour comprendre. Léone ne se satisfaisait pas de ses silences et, de retour à la ferme, elle interrogeait Anna, Auguste ou sa mère. Peine perdue ! Autant qu'ils étaient, ils l'envoyaient paître en affichant des mines butées, agacées, voire hostiles. Et, de « Va donc voir dans le pré si j'y suis ! » à « Ça ne te regarde pas », le mystère ne faisait que s'épaissir.

Il lui avait fallu attendre l'un de ces repas arrosés du dimanche où les langues se déliaient pour démêler l'embrouillamini. Jeannette, enceinte, sans mari déclaré, venait d'une ferme proche de Murlin, et attendait son bébé à l'abri des regards... Seulement, à force de se sentir épiée, jugée, rejetée, la jeune fille souriante des débuts était devenue mélancolique et avait fini par se suicider.

Léone porte la main à son ventre.

— Ne crains rien, cela ne t'arrivera pas. On pourra penser de moi ce que l'on voudra, je m'en fous !

Elle se sent isolée. Elle sait qu'on n'aime pas ces filles qui ballonnent seules et qu'on cache la désapprobation derrière la commisération. Même son frère aîné, le faiseur de morale, ne peut s'empêcher de le lui reprocher à chaque fois qu'ils se voient. « T'aurais pas dû ! Fallait te méfier ! Je te l'avais dit ! Et maintenant qu'est-ce que tu vas faire avec le petit ? », etc.

Elle hausse les épaules. Facile pour lui ! C'est le bonhomme. Il peut toujours s'agiter, ce n'est pas lui qui risque de grossir. Elle ne s'est pas retenue de lui dire d'ailleurs, mais il a eu la réponse, la seule : « Vous n'avez qu'à pas nous chercher tout le temps ! » Bien sûr. C'est de la faute aux bonnes femmes. Comme ça, le problème est réglé.

Elle repense à son comportement avec Mécano. Elle est tout de suite tombée dans ses bras. Mais ce n'était pas uniquement la jouissance qu'elle recherchait. Elle l'aimait.

Cela l'énerve de revenir à lui. Elle veut penser à autre chose, rire, s'amuser, même le ventre plein. Elle veut surtout faire partager au bébé autre chose que ses jérémiades. Par exemple que la vie peut être drôle, animée, détendue. C'est décidé. Ce soir, elle va faire la fête, seule, ou avec Marlène.

Elle décroche le téléphone. Pas de réponse. Sans doute n'est-elle pas rentrée ? Léone songe à son amie et pouffe toute seule. Une sacrée copine, Marlène ! C'est elle qui a convaincu le Corbeau de lui accorder un mi-temps. Elle lui a raconté à la pause de midi, alors qu'elles grignotaient un sandwich sur la place des Victoires.

— Hier, après ton départ, je suis rentrée dans son bureau sans frapper. Il n'en revenait tellement pas qu'il me fixait sans un mot avec ses deux gros yeux rougis par la vinasse. Crois-moi, je ne lui ai pas laissé le temps d'en placer une. « Si vous ne permettez pas à Léone de travailler à mi-temps, je lui ai dit, vous nous perdrez toutes les deux ! » Et pour lui montrer que je ne rigolais pas, je lui agitais sous le nez la lettre de démission que je venais de taper. Tu aurais vu sa tête ! Ce n'était plus un corbeau, mais un crapaud qui aurait manqué d'air...

Et Léone riait, riait.

Elle a hâte de la revoir. Avec elle, sûr qu'elle va se bidonner toute la soirée.

Le téléphone sonne. Léone décroche. C'est Marlène.

— C'est drôle, j'essayais de t'appeler !

— Je rentre à l'instant et je venais aux nouvelles !

— Écoute, j'ai envie de m'amuser. On fait la fête ?

— Eh ben dis donc, ça te réussit de ne pas travailler. OK ! Je m'habille et j'arrive. Qu'est-ce que tu as envie de faire ?

— Danser !

— Tu es folle !

— En tout cas en voir d'autres danser. Au Balajo par exemple !

Marlène éclate de rire.

— Tu as vu le monde qu'il y a là-dedans ! Je ne sais pas si avec...

— Oublie ça ! Je ferai attention !

— Bon, comme tu voudras ! On dîne dans ton coin et on y va. A tout de suite. Je t'embrasse ma chérie.

Marlène a raccroché. Léone se sent heureuse. Un coup de bonheur qui l'allège de son fardeau.

Elle se met à fouiller dans son armoire à la recherche d'une robe ample et de chaussures légères et plates. Ce soir, pas de semelles compensées. Elle s'enferme dans la salle de bains en sifflotant et se regarde dans le miroir.

— Ce n'est pas avec une tête pareille que tu vas faire tourner les cœurs, ma vieille !

Elle attrape aussitôt crème, Rimmel, coton, pinceaux et se met au travail. Elle veut que les hommes la trouvent belle, qu'ils le lui disent ce soir, malgré son ventre, sa solitude, sa souffrance, ses souvenirs... Elle veut qu'ils l'observent avec envie, qu'ils regrettent de ne pas être le père du bébé qu'elle porte. Nom d'un chien, à vingt-trois ans on est encore séduisante ! Et elle l'est, malgré sa peine, ses illusions, sa connerie.

Elle allonge ses sourcils, fait bouffer sa longue chevelure, souligne ses lèvres gourmandes. Et sourit. Elle doit sourire ! Ses dents sont régulières et blanches, ses yeux verts brillent de malice. A la robe maintenant. Elle retourne dans la chambre et la passe devant la glace de l'armoire. Elle souligne la rotondité du ventre. Tant mieux ! Elle est femme, elle est mère et fière de l'être.

— Tu verras, dit-elle à l'attention du bébé, tu vas bien t'amuser ce soir !

Elle fait un demi-tour sur elle-même et considère son dos dénudé. Il est lisse, bien dessiné. Certes, elle a les hanches un peu fortes, le cul plus imposant que d'habitude. Et alors ! On sait qu'une femme enceinte, ça grossit. Ça sonne. Déjà Marlène ! Léone se précipite. Son amie l'embrasse en l'enveloppant de ses bras.

— Eh bien, ma cochonne ! Tu es belle comme un cœur.

Elle la fait se tourner sur elle-même et lui donne une claque sur les fesses.

— Une belle Maman !

— Seule !

— Ah, tu ne vas pas recommencer !

Durant un long moment les deux femmes papotent de tout et de rien, puis elles décident d'aller dîner. Léone a une idée. Elle veut faire connaître le café de l'Avenir à Marlène.

— Tu verras, le patron est un type étonnant.

Son amie, toujours prête à connaître quelqu'un de nouveau, s'enthousiasme et, bras dessus bras dessous, elles descendent l'escalier. En bas, devant sa loge, madame Girodet, la gardienne, peste contre les locataires qui « en renversent la moitié en vidant leurs poubelles ».

Léone et Marlène approuvent.

— Alors, reprend la concierge, vous emmenez le petit danser ou quoi ?

— Pourquoi pas ? Il faut bien lui apprendre les plaisirs de la vie !

La femme secoue la tête, l'air réprobateur.

— C'est pas bien, ma petite Léone. Au point où vous en êtes, il pourrait décrocher. J'ai une relation à qui c'est arrivé et croyez-moi, elle le regrette encore !

Marlène prend Léone par le bras.

— Ne vous inquiétez pas madame, je ne la laisserai pas faire la folle.

Elles sortent dans la rue en pouffant. La nuit est tombée. Il fait bon, comme un bref retour d'été. Les odeurs des légumes et des fruits écrasés se mêlent à celles des fromages. Les Halles s'animent. C'est l'heure où les courtiers et leurs commis vont casser la croûte avant la longue nuit qui les attend. Parfois, il y en a pour héler les deux femmes.

— Eh les petites, venez donc manger un morceau avec nous !

Elles repoussent leurs avances avec le sourire et échangent leurs impressions sur tel gars ou tel autre. Enfin, elles arrivent rue Quincampoix. La devanture du café est allumée. Les deux femmes regardent par la vitre. Il y a foule à l'intérieur. Elles entrent. La salle est bruyante et enfumée. Les regards de certains s'allument.

De derrière le zinc, le patron fait un sourire à Léone et vient les accueillir.

— Je vais vous placer au fond, vous serez plus tranquilles.

Elles le suivent et s'assoient à une table de quatre dans le corridor, près de la porte ouverte de la cuisine. Une femme sans âge, en tablier bleu, s'active aux fourneaux. La cuisinière ronfle. Ça rissole, ça grésille, ça fume à tout va. La femme a chaud. Parfois, elle s'essuie le front et remonte les mèches rebelles de son abondante chevelure rousse. Les odeurs de graillon s'engouffrent par bouffées dans le couloir. Le patron revient et prend la commande. Les deux amies choisissent le menu unique : œuf mayonnaise, côtelettes de porc, petits pois, fruit et quart de vin. Léone se sent bien. Elle retrouve ici une ambiance semblable à celle du café de Josette. Les mêmes odeurs, la même clientèle, des conversations animées. Elle observe les hommes accoudés au bar. Chez Josette, il était parmi eux et elle attendait qu'il vînt la rejoindre après son 421 pour l'emmener dans sa chambre. Il lui suffisait de le regarder pour être heureuse. Elle chasse cette pensée et sourit à Marlène.

— J'ai envie de ficher le camp.
— Déjà ?
Léone secoue la tête.
— Mais non, pas d'ici ! Après la naissance, et loin... très loin ! T'aimerais pas venir avec nous ?
Marlène hausse les épaules.
— Ça faisait longtemps ! Pourquoi vouloir partir ? Tu ne peux pas imaginer trouver un travail, t'occuper de ton gamin et qui sait, te marier avec un autre gars un peu plus...
— Tu ne peux pas comprendre. Je n'ai jamais été heureuse, et la seule fois où je l'ai été, c'était avec un homme qui a foutu le camp !
Marlène pose sa main sur celle de Léone.
— Ne me dis pas que tu n'as jamais été heureuse ! Là-bas dans ta campagne, ou ici à Paris. Je t'ai vue vivre depuis que je te connais, je t'ai entendue me raconter tes souvenirs.
— Et alors ? Il y a ce qu'on dit et ce qu'on ressent. Je ne suis bien que quand ça change ! Tu vois, l'idée de partir c'est ce qui me fait supporter cette merde. Dès que le petit sera né, je le ferai avec lui...
Le patron du café apporte les œufs puis s'en retourne sans un mot. Léone a croisé son regard aigu. Elle est certaine qu'il veut lui dire quelque chose.
— Et avec quoi tu vas t'en aller ? reprend Marlène. Tu as juste de quoi vivre. Et ce n'est pas en tapant sur une machine que tu vas faire fortune !
— T'inquiète ! Je trouverai.
Léone sait qu'elle a répondu cela par bravade. Elle n'a aucune idée de la manière d'économiser de l'argent, pas plus que de l'endroit où elle ira. Et alors ! Qu'est-ce que cela peut faire ? C'est son rêve, à elle.
Les deux amies mangent en silence, puis attaquent les côtelettes que la cuisinière vient de leur servir.
— Moi, je te fiche mon billet que tu ne partiras pas, dit Marlène. Ne serait-ce que pour ton enfant. Dès qu'il va être né tu vas être folle de lui et tu ne penseras plus à bouger.
— Qu'est-ce que tu en sais ? On dirait que tu en as déjà eu un.
— Non. J'imagine seulement...
La salle est devenue plus silencieuse. La plupart des clients sont partis rejoindre leur boutique ou leur étal. Il ne demeure au bar que deux, trois consommateurs, des vieux retraités, qui resteront là jusqu'à la fermeture.
Léone fait signe au patron d'apporter la suite. Il vient au bout

d'un moment, une bouteille de marc et trois petits verres à la main. Il s'assoit à côté de Marlène et remplit les verres.

— Offerts par la maison !

— Vous faites ça avec tout le monde ? ironise Marlène.

L'homme secoue la tête.

— Non. Seulement avec ceux qui me sont sympathiques.

— On trinque à quoi ? demande Léone.

— Ma foi, à l'avenir, propose le patron, on l'imagine généralement plus gai que le passé ! Non ?

— Ce sera le cas pour nous ?

Marlène éclate de rire.

— Comment veux-tu qu'il le sache !

— Parce qu'elle sait que je sais, réplique son voisin.

— Mon Dieu ! Voilà autre chose ! A vous entendre on dirait que vous savez lire dans une boule de cristal. Pourtant, vous n'avez rien d'un bohémien avec vos yeux bleus.

L'homme sourit.

— Oh, ça ne risque pas ! Je suis bougnat.

Les deux filles éclatent de rire. Cependant Léone éprouve une crainte diffuse. Comme s'il allait dire des choses qu'elle n'a pas envie d'entendre. Elle essaie de se raisonner. Elle est trop superstitieuse, il lui faut lutter contre ce penchant.

— Et si je vous disais que vous avez choisi un amour qui ne peut pas marcher ? lâche l'homme à l'adresse de Marlène.

Celle-ci le regarde et rougit de confusion. Léone a tressailli. Le silence s'installe. Marlène boit son alcool à petites gorgées. Sans doute pour se donner une contenance, songe Léone. Le bistrot a avalé son verre d'un coup.

— Bon, ce n'est pas le tout. Il faut que j'y retourne, dit-il en se levant. A bientôt, j'espère.

Les deux jeunes femmes gardent le silence. Marlène a du mal à contenir ses pleurs.

— Ah, la vache ! J'en ai marre, partons d'ici !

Léone la retient.

— Écoute ! Ça ne me regarde pas, mais tu peux me parler si tu en as envie. Depuis des semaines que je te casse les oreilles avec mes histoires, tu peux y aller !

Marlène caresse la main de Léone posée sur son bras.

— Tu es gentille... C'est vrai que j'en ai gros sur la patate. Il s'appelle Lucien. Je l'ai connu il y a quatre ans quand le gros des déportés est revenu des camps. Comme pas mal de copines j'étais allée à l'Hôtel de Ville pour les accueillir. On était tellement heureux. Tu te souviens ?

— Non, je n'étais pas à Paris à cette époque.

— Ah oui, c'est vrai ! ... Enfin, nous étions venues, joyeuses, avec des colis, des vêtements. Dans les journaux on répétait que beaucoup de prisonniers se retrouveraient sans famille et auraient besoin d'aide. Alors, comment te dire ? Je l'ai vu, quoi ! Il n'y avait que lui. J'étais d'autant plus bouleversée que personne ne venait à sa rencontre. Il attendait en souriant sur son fauteuil roulant au milieu des autres qui s'embrassaient. Mais tu vois, il souriait comme si la joie de ses copains et de leurs familles, c'était aussi la sienne. Dieu qu'il était beau. Alors, je me suis approchée. Tout s'est passé en quelques secondes. Je lui ai demandé s'il attendait quelqu'un. Oui, il m'a fait, vous !... Voilà comment ça a commencé, et ça dure.

— Mais tu vis avec lui ?

Marlène hausse les épaules.

— On peut le dire, mais c'est plus compliqué.

Léone sent que son amie n'a plus envie de parler et elle ne pose pas d'autres questions. Elle sort son porte-monnaie. Elle n'a jamais été aussi contente d'offrir un repas à quelqu'un.

— Dis donc, dit-elle en comptant la monnaie, tu n'oublies pas que j'ai envie de danser.

— Moi aussi !

Elles se lèvent. En passant devant le bar, elle saluent le patron qui les accompagne jusqu'à la porte. Avant de sortir, Marlène embrasse l'homme sur la joue.

— Merci !

L'autre ne dit rien. Il referme la porte. Un peu plus loin, elles se retournent et l'aperçoivent, immobile derrière la vitre, qui regarde dans leur direction.

Elles marchent d'un bon pas en se tenant pas le bras. Elles ont remonté le col de leur manteau pour se protéger de la bise qui s'est levée. Des papiers virevoltent sur les trottoirs humides. Il a dû tomber quelques gouttes quand elles étaient au restaurant. Léone ralentit le pas. Son ventre lui pèse. Marlène le sent.

— Tu veux toujours aller au bastringue ?

— Oh oui ! J'ai envie d'entendre de la musique !

— Dans ce cas, ma cocotte, pas question d'y aller à pied. On prend un taxi.

Devant le Balajo, une foule joyeuse se presse à l'entrée. On se bouscule sans agressivité, on entame des conversations avec son voisin ou sa voisine. Certains hommes non accompagnés draguent les femmes seules, souvent en groupes. Léone, qui s'accroche au bras de Marlène, se sent ballottée. Parfois, elle craint pour le bébé qu'elle protège de sa main, mais elle est heureuse de retrouver cette ambiance. Elle y est venue souvent avec Mécano. A chaque fois, danser, c'était pour elle une manière de fêter leur rencontre. Un sentiment de regret l'envahit, mais les bribes de musique qui lui parviennent lorsque les portes du dancing s'entrouvent, le lui font oublier. L'impatience gagne aussi Marlène qui se trémousse en fredonnant.

— Tu as eu une sacrée idée ! dit-elle à Léone.

— Ça c'est sûr, renchérit un jeune gars devant eux, sinon je ne vous aurais jamais connues !

Les deux femmes rient de bon cœur.

— Ça a la langue bien pendue, dit Marlène, mais ça ne nous suffit pas, à nous ! C'est sur la piste qu'on veut être épatées.

— Chiche ! réplique l'autre.

Soudain, il voit le ventre de Léone.

— Oh, excusez ! Je savais pas !

— Quand on veut faire le beau, il faut savoir à qui on parle !

Comme pour s'excuser, il entreprend de frayer le passage aux deux femmes.

— On se pousse, répète-t-il, il y a une dame qui vient danser avec son petit !

La plupart des gens s'écartent. Ceux qui ont compris lancent quelques quolibets, les autres s'inquiètent de savoir ce qui se passe. Léone et Marlène se retrouvent devant la caisse.

— Je vous offre l'entrée, dit leur compagnon.

Elles protestent, mais il paye déjà.

— Ça me fait plaisir de voir une fille enceinte venir danser ! C'est une manière d'aimer la vie.

Léone et Marlène le remercient et échangent un regard de connivence. Elles pensent la même chose : il est sympathique. Pas de raison de se montrer pimbêches. Elles lui emboîtent le pas.

Dans la salle, l'ambiance est déjà chaude. L'orchestre se déchaîne. Deux jeunes accordéonnistes jouent un duo virevoltant, tandis que derrière eux, un contrebassiste déguingandé accompagne le tempo rapide du batteur. Emportés par le rythme, les danseurs emmènent leurs cavalières avec fougue, pelotant à qui mieux-mieux les fesses rebondies sous les jupes serrées.

Les deux femmes se sont arrêtées sur le bord de la piste pour admirer le spectacle. Léone écarquille les yeux. C'est comme une sève de vie qui monte en elle. Bien qu'elle se sente lourde, elle dandine des hanches. Marlène claque des doigts. Leur compagnon, impatient, les entraîne alors vers une table encombrée de verres laissés par d'autres consommateurs. Assuré que Léone est confortablement assise, il invite Marlène qui ne se fait pas prier.

Léone aurait aimé faire comme eux, mais la musique lui suffit. C'est comme un coup de vent dans sa tête qui balaie ses chagrins. Elle songe à son bébé et espère qu'il entend et qu'il aime lui aussi. Pour la première fois, elle l'imagine nouveau-né. Elle ne sait pas si c'est une fille ou un garçon mais elle s'en fiche. Il est dans ses bras. Ils se sourient. Dans son regard, elle retrouve un peu de son passé, elle devine un peu de son avenir. Elle commence à être mère.

Marlène et le garçon reviennent. Ils se laissent tomber sur leurs chaises, épuisés. Leur peau luit de transpiration.

— J'ai dansé pour toi ! lance Marlène. Au fait, je te présente Etienne. Bon danseur, mais bavard comme une pie.

Il éclate de rire.

— Et vous ?

— Léone.

Il lui serre la main et arrête un serveur. Ils commandent trois bières. Etienne raconte qu'il travaille dans le quartier comme ébéniste, à faire des meubles pour les riches.

— C'est beau ? demande Marlène.

— Vous n'avez qu'à passer me voir un jour en fin de matinée. Je vous montrerai et on cassera la croûte ensemble.

Léone lui demande s'il connaît le garage de Mécano. L'autre secoue la tête.

— Oh, vous savez, je ne connais pas bien le quartier. Cela ne fait pas longtemps que j'habite à Paris. Avant j'étais Compagnon et j'ai dû faire le tour de France.

Marlène regarde la piste et l'écoute à peine. Léone, au contraire, l'observe. Il est jeune et a l'air d'être un type bien. Elle se dit qu'en d'autres circonstances, elle aurait pu se laisser aller. Il doit être doux et attentif. Les bières arrivent. Ils boivent.

— Je vous invite ? demande Etienne à Léone.

Celle-ci refuse. Il insiste.

— Nous resterons au bord. Vous verrez, on n'est pas bousculés. Et j'irai à votre cadence.

Elle se laisse tenter. Pourquoi pas ? Elle cherche le regard de Marlène qui l'encourage.

— Allez, ma chérie ! Après tout tu es venue ici pour ça et c'est un bon...

Ils s'approchent de la piste. C'est un tango. Etienne la prend par la taille, un peu gauchement, et la fait tourner avec précaution.

— Ça va comme ça ?

— C'est parfait. Mais on s'arrête quand je veux, d'accord ?

Il acquiesce.

En sentant les bras puissants d'Etienne la retenir, Léone prend confiance et se laisse aller. Comme avant avec Mécano. Elle n'attendait que ça qu'il l'invite, et il le savait. Mais il ne le faisait qu'au moment où il l'avait décidé, la plupart du temps pour des swings ou des fox-trots, ses morceaux préférés. Elle lui en voulait de la faire bisquer comme ça, mais d'un autre côté, quand il se lançait, c'était vraiment pour danser. Il l'attirait à lui avec une certaine rudesse puis c'était parti. A vous faire tourner la tête, à vous mettre sur les rotules jusqu'au lendemain. Quel plaisir c'était ! Il savait ralentir le rythme pour lui permettre de reprendre son souffle avant de repartir de plus belle. Mais ce qu'elle préférait par-dessus tout, c'était ses attouchements furtifs, ses baisers à la volée, ses mots de tendresse sussurés au bon moment.

Soudain elle se rend compte qu'elle n'a pas écouté Etienne.

— Je trouve que pour une femme enceinte vous vous débrouillez drôlement bien. Il faudra que je le dise à ma sœur qui est comme vous. Mais pour elle, c'est un calvaire ! Rien à faire pour qu'elle bouge.

— Elle a peut-être des difficultés ?

— Tu parles ! Une chochotte dans son duvet, oui !

— Eh bien ! Vous ne la portez pas dans votre cœur...

— Mais non, je l'aime bien, seulement maintenant qu'elle est grosse de partout on dirait qu'elle attend un prince.

Léone rit. Etienne est nature et elle aime ça.

— Ça vous va bien les hommes, vous ne savez pas ce que c'est !

— Sûr. Mais quand je vous vois danser je me dis qu'il ne faut pas s'écouter de trop.

La musique s'arrête. Léone se sent fatiguée. Elle s'assoit avec plaisir. Marlène la félicite en lui posant la main sur le ventre.

— Eh bien, je te regardais, encore un peu et tu allais lui donner le tournis.

Ils boivent, écoutent la musique puis, soudain, Léone a envie de rentrer. A voir ce décor qu'elle connaît trop, ces couples qui s'amusent, cela devient trop dur. Et si jamais il arrivait ? Marlène est d'accord, surtout que demain il faut retourner chez le Corbeau. Elles quittent Etienne, déçu de les voir partir si vite. Il tente de les convaincre de rester mais elles refusent en le remerciant. Promis, elles viendront le voir à sa boutique. Ils s'embrassent puis les deux femmes gagnent la sortie. Elles rejoignent la Bastille. Il est tard. C'est triste. Les rues se sont vidées et il pleut.

Elles attrapent un taxi à la Roquette et rentrent chacune chez elle.

Quand Léone s'allonge, elle se sent lasse, mais heureuse. Elle s'endort en murmurant à son bébé qu'il sera désormais au centre de sa vie...

CHAPITRE 7

Ce matin-là, Léone se lève avec difficulté.

— Ce n'est pas possible, on approche du terme ! marmonne-t-elle.

Elle va à la fenêtre. Le vent s'est levé durant la nuit et souffle par rafales. Elle le voit au linge à sécher, oublié sur les balcons. La pluie cingle les vitres par intermittence. Les lourds nuages gris traversent son coin de ciel avec rapidité. Heureusement, c'est samedi et elle ne travaille pas. Comme elle a fait ses courses la veille, elle n'a pas besoin de descendre. Elle fait réchauffer du café et se beurre une tartine. Un vrai régal ! Elle se recoucherait bien mais elle a prévu d'écrire à Anna et Auguste. On approche du 11 novembre et elle doit leur annoncer qu'elle ne descendra pas les voir avec sa mère comme chaque année. Trop lasse pour prendre le train. Elle s'est aussi promis de ranger ses papiers éparpillés un peu partout. Une sale habitude, mais on ne la changera pas. L'ordre et elle font deux. Oh ! elle sait pourquoi elle le fait. Surtout pour relire les quelques lettres que Mécano lui a écrites. La plupart envoyées là-bas à la ferme quand elle y descendait seule ou avec sa mère. Il n'y en pas beaucoup et elles ne sont pas longues, mais cela suffira à lui rappeler ce temps où elle était heureuse. Elle en a envie, pour elle, mais aussi pour le bébé. Pour qu'il sache que c'est un enfant de l'amour. Elle les lira à voix haute pour qu'il entende.

En attendant, elle va se laver, penser à elle, à son corps et à l'accouchement prochain qui lui fait peur. Que ce soit sa mère ou Anna avec qui elle en a parlé, aucune ne l'a rassurée. C'est toujours douloureux et il faut l'accepter, lui ont-elles dit. Sa grand-mère a même ajouté : « Tu enfanteras dans la douleur. » Tu parles d'une réjouissance ! Si mettre un enfant au monde c'est ce que ça inspire aux mères... Eh bien, non ! Elle, Léone, ne souffrira pas. Cela lui fait penser qu'elle doit aller voir le docteur cet après-midi, pour une visite de routine. L'une des dernières, lui a-t-il dit. Elle l'aime bien, Pénin. Attentif à ce qu'on lui raconte, il ne dit jamais rien qui affole. Son seul défaut, c'est qu'il faut attendre.

La voici nue. Son ventre est énorme. Pour la première fois elle a envie de se regarder ainsi dans le miroir de l'armoire. De vraiment se regarder. Pas seulement de se voir comme cela lui arrive chaque jour en s'habillant. Elle désire comprendre ce que cela signifie de porter la vie en soi et passer au-delà de la difformité de son corps pour s'aimer telle qu'elle est.

Face à la glace, elle éclate de rire. C'est vrai qu'elle a l'air grotesque. Plus de hanches, des cuisses énormes, des seins trop lourds, qui pendent. Elle tourne sur elle-même pour voir son profil. C'est encore plus drôle. Il lui semble que ses fesses ont doublé de volume pour contrebalancer le ventre. Elle se redresse. Le docteur le lui a recommandé. N'accentuez pas la courbure du dos, avait-il dit.

Soudain, elle ne rit plus. Il y manque le principal témoin. Elle aurait tellement aimé s'exhiber ainsi devant lui, l'entraîner dans son rire et lui demander son avis. Il lui aurait dit : « Mais non, rassure-toi, tu es toujours aussi belle, tu vas donner naissance à un beau bébé !... », et d'autres sornettes qui font plaisir, venant de l'homme qu'on aime. Au lieu de ça, il a préféré aller faire le joli cœur ailleurs...

Un coup de sonnette. Elle sursaute. Qui cela peut-il être ? En passant son peignoir, elle pense à sa mère, l'un de ses frères, Marlène. Peut-être est-ce Mécano ? Un regard dans l'œil de la porte avant d'ouvrir. C'est Antoine, son plus jeune frère.

Ils s'embrassent.

— Qu'est-ce que tu fais là, à cette heure-ci ?

Il éclate de rire.

— Je rentrais me coucher, mais comme je passais pas loin de chez toi je suis monté.

— C'est maintenant que tu vas dormir, toi ?

— J'ai fait un coup d'accordéon chez Dédé. Ça chauffait tellement qu'on a fini à sept heures !

— Tu veux un café ?

Il accepte et veut l'aider.

— Assieds-toi. Je ne suis pas infirme.

Elle met l'eau à chauffer et moud les grains. Cependant la manivelle est dure. Antoine lui prend le moulin des mains.

— Je m'en occupe. Tu feras le reste.

Léone résiste. Il insiste.

— Écoute, tu ne vas pas imiter Maman. A vouloir tout faire... Si tu crois que c'est drôle pour ton gosse d'avoir ce crin-crin dans les oreilles.

Léone abdique. Elle sort les tasses.

— Tu l'as revue, récemment ?

Il hausse les épaules.

— Il y a trois, quatre jours, je suis passé l'embrasser.

— Elle va bien ?

— Tu la connais ! Pour le savoir, mieux vaut le demander aux murs.

Elle sourit.

— Tu arrives à lui parler, toi ?

— Bah ! Ça dépend comme elle est lunée. De toute façon, il n'y a qu'une chose qui l'intéresse, c'est le travail. Comme avec moi elle n'est pas gâtée, je laisse passer l'orage. « Ce n'est pas en jouant de l'accordéon que tu vas gagner ta vie ! Et si tu te maries, tu crois qu'une femme se satisfera de ta musique ? Nom d'un chien, ce n'est pourtant pas comme ça que je vous ai élevés ! » Et patati et patata... Et puis, elle finit par se calmer et parler d'autre chose. Enfin, on ne la changera pas. Depuis la mort de Papa, elle est comme ça.

Léone fait infuser le café.

— Tu t'en souviens bien de Papa ?

Elle sait qu'elle a eu tort de poser cette question. Son frère n'aime pas en parler.

— Je t'ai déjà dit que ce n'est pas en parlant de lui qu'on va le ressusciter !

Cette fois-ci, Léone n'a pas envie de se laisser faire. Déjà, là-bas à la ferme, pas moyen de leur tirer un mot sur lui. Quant à sa mère, elle ne l'évoque qu'avec des pincettes. Alors Bon Dieu, il faut bien qu'elle, sa fille, en parle ! Elle ne l'a jamais vu, touché, senti, entendu... Nom d'un chien, il faut qu'il y ait quelqu'un pour comprendre que c'est important pour elle.

Elle s'assoit pour se donner plus d'assurance.

— Ecoute, je ne te demande pas ça pour t'embêter, mais pour savoir ! Je suis sa fille aussi...

Antoine la regarde, agacé.

— Bon, on va en parler une bonne fois pour toutes et après tu ne me demandes plus rien. D'accord ? Qu'est-ce que tu veux savoir ?

— Parle-moi de lui, c'est tout !

— Qu'est-ce que tu veux que je te dise ? Je ne l'ai pas connu bien longtemps.

Elle leur verse une tasse de café.

— Je suis certaine qu'il te reste quelques souvenirs...

— Si peu... Il aimait beaucoup s'occuper de nous, ça j'en suis certain. Je me rappelle d'un jour où il m'avait emmené à la remise, tu sais derrière l'écurie, là où il avait son établi. Il faisait chaud et j'étais heureux de me mettre au frais. Il devait redresser un fer à cheval ou quelque chose comme ça. Je ne sais plus. Enfin, peu importe. Il a oublié ce qu'il avait à faire et il m'a construit la carriole en bois...

— Laquelle ?

— Tu sais, celle dans laquelle je te traînais vers la mare quand on jouait à faire le cheval. Tu adorais ça. Hue ! Hue ! tu criais, et moi je tirais en claquant la langue pour imiter le galop. Tu t'en souviens tout de même ?

Léone acquiesce. Bien sûr qu'elle s'en rappelle ! L'un de ses jeux préférés. Cela lui permettait déjà de s'échapper de la ferme et de se retrouver en pleine nature avec l'impression de voyager...

Antoine sourit. Son visage, ovale et régulier, encore un peu poupin, s'illumine. Il est là-bas, elle le sent, et heureux d'y être.

— Et Maman qui n'arrêtait pas de brailler : « Cesse donc ! Tu vas la faire tomber ! »

— Quoi d'autre ? demande Léone.

— Souvent je pense à lui quand je respire la fumée de cigarette. Tu sais il fumait pas mal et sa moustache avait fini par s'imprégner de l'odeur du tabac. Chaque fois qu'il m'embrassait ça sentait fort mais bon. J'adorais ça...

Léone s'en veut, mais entendre son frère parler ainsi de son père lui fait mal. Elle est jalouse. Oui, jalouse de ce qu'il peut en dire alors qu'elle ne le pourra jamais. Elle est révoltée de cette injustice qui l'a privée de ces quelques souvenirs et qui a fait d'elle une orpheline.

Soudain Antoine se tait. Son visage s'est fermé. Elle sait qu'il va parler d'autre chose.

— Et lui, comment il va ? demande-t-il en désignant son ventre.

Léone est décidée à ne pas laisser son frère s'échapper dans d'autres considérations.

— Est-ce qu'il te manque ?

Il hausse les épaules.

— Décidément, tu es têtue comme une bourrique !

Léone se lève et s'énerve. Elle sait que ces questions viennent comme un cheveu sur la soupe. Que son frère n'est pas de là-bas pour rien et qu'il faut lui tirer les vers du nez pour obtenir une confidence. Mais elle veut sa part de ce passé, surtout aujourd'hui où l'avenir est dans son ventre. Que va-t-elle lui raconter au petit quand il demandera son grand-père ?

— Oui, je suis têtue, mais ça me fait du bien quand tu m'en parles. Tu comprends ?

Il se lève et la prend dans ses bras.

— Qu'est-ce que ça peut changer pour toi ? Tu n'étais pas née quand...

— Je sais. C'est justement le problème.

Il s'assoit à nouveau.

— Demande à Maman de t'en parler.

Elle hausse les épaules.

— C'est pire qu'une relique pour elle !

Elle ouvre la fenêtre. La pluie a cessé. L'air frais et humide lui fait du bien. La rumeur de la rue se fait présente. Un vitrier ambulant passe.

— Vitriiier ! Vitriiier !

Elle se penche pour mieux le voir. Ce n'est pas Roland, le copain de la Bastille. Un drôle d'oiseau celui-là, tellement marrant quand il racontait ses histoires de cul avec ses clientes. C'était un ami de Mécano qu'elle rencontrait au café de Josette.

Elle le revoit entrer dans le troquet avec ses vitres fichées sur le dos. Un grand gars, bien bâti. Il n'était pas beau mais il dégageait une telle force et une telle joie de vivre qu'on ne pouvait manquer de le trouver sympathique, voire attirant. Il se défaisait de son attirail d'un coup d'épaule et déposait le tout à l'abri du comptoir. Après quoi, il prenait la pinte de bière que Josette lui avait servie et allait s'asseoir à sa table, au fond, près de la vitrine.

— De là, disait-il, j'ai vue sur les fenêtres de la rue. Je peux voir quand il y en a une de cassée !

Elle et Mécano venaient le rejoindre. Avec lui, ils étaient certains de rigoler. Il ne se passait pas un jour sans qu'il lui arrive une histoire. Elle l'entend encore...

C'était un soir, à l'heure de l'apéritif. La salle du café était comble. S'y rassemblaient les artisans du quartier qui venaient de fermer boutique, en majorité des ébénistes, mais aussi quelques commerçants, Paul le bijoutier, Albert le marchand de bois et d'autres dont Léone ne se souvient plus. Ça fumait, ça jouait au cartes ou au 421 et, surtout, ça buvait sec !

Léone et Mécano avaient rejoint Roland. Comme il le faisait pour ceux qui s'asseyaient à sa table, il se mit à commenter sa journée pour la énième fois d'un ton égrillard.

— Tiens, voilà les tourtereaux ! Figurez-vous qu'aujourd'hui je suis allé draguer vers Reuilly. Comme hier, ça soufflait à l'est, je me suis dit qu'il y avait certainement eu de la casse par là...

Evidemment Mécano objecta que le sens du vent n'avait pas grande importance dans le fait qu'on casse une vitre et Roland soutint le contraire.

— De quoi tu parles le garagiste ? Qu'est-ce que tu connais au vent à être enfermé toute la sainte journée dans ton gourbis ? Ça fait des lustres que je traîne dans les rues de Paris. Je sais que le vent a son importance.

Puis, il conta son histoire :

— Donc, je marchais dans l'avenue Daumesnil, du côté un peu richard, quand soudain j'ai entendu une bourgeoise qui m'appelait du deuxième étage. Eh vous, cria-t-elle, montez ! Il y a eu de la casse. Aussitôt dit, je fais et voilà que je débarque dans un appartement. Mazette, je ne vous dis que ça ! Du tapis d'Orient partout, des meubles de chez Crozatier et tout le toutime ! C'était si propret que je n'osais même pas poser le pied par terre...

Il s'interrompit, le temps de boire deux ou trois gorgées de bière et reprit :

— Mais tout ça c'était rien à côté de la dame ! Une beauté ! Des cheveux à enfouir la tête dedans, des yeux à s'y perdre et des nibards à peloter jusqu'à s'en user les mains ! Tiens, un peu de la Morgan pour la classe et un peu de la Delair pour la gouaille. C'était comme une rombière qu'aurait parlé dans de la soie. Vous voyez ?

Léone et Mécano ne voyaient pas, mais ils s'en fichaient. C'était drôle et ça leur suffisait. Roland continuait, emporté par son enthousiasme :

— Comme je ne savais pas où poser mon barda, elle m'a dit de ne pas me gêner, la bonne nettoierait. Elle me montre alors les dégâts. Une vitre maousse cassée au centre, et elle se met à me bonimenter que c'est un courant d'air qu'a causé ça. Tu parles ! Je ne dis rien, mais moi, faut pas me débiter d'histoires. A voir la cassure, ce n'était pas un courant d'air mais plutôt quelque chose qu'on avait balancé dedans. Je me mets au travail sans rien dire, mais elle reste plantée là, à côté de moi, à regarder, avec son parfum à faire tourner la tête. Crois-moi, j'avais la tête ailleurs que dans le mastic. Je sentais bien qu'elle avait envie de causer. Alors je me dégonfle pas et je lui dit que la casse ce n'est pas un courant d'air. Elle éclate de rire et me répond : « Je n'allais tout de même pas vous raconter que je me suis engueulée avec mon mari et que, de colère, il a balancé le cendrier dans la fenêtre ! Non ? » Evidemment, que je lui ai répondu, mais tu me croiras ou pas, je me sentais un peu con ! J'avais l'impression de me mêler de ce qui me regardait pas...

Mécano s'esclaffa.
— Toi ? Tu parles ! A d'autres !
— Je t'assure, j'étais impressionné.
— Et alors, après ? s'enquit Léone.
Roland lui sourit.
— Tu veux du croustillant, toi, hein ? Et bien après, rien ! On a jacassé pendant que je travaillais. Elle m'a confié qu'elle n'avait rien à faire de la sainte journée parce que son Jules s'occupait de la matérielle, qu'elle aimait le quartier, que son chat s'était tiré plusieurs fois par la gouttière, ce que je sais encore !
— Et tu n'as pas essayé de la...
— Mais non, je touche pas à ça, c'est trop beau pour moi.

Léone sursaute. Antoine s'est approché d'elle et s'accoude à la rambarde du balcon.
— Qu'est-ce que tu regardes ?
— Rien, j'étais ailleurs...
— Cesse donc de penser à lui, va !
Elle sourit.
— Comment tu sais que je pensais à lui ?
— Parce qu'à ta place c'est ce que je ferais.
Elle l'embrasse.
— Tu es gentil... Mais ça ne se commande pas. Qu'est-ce que tu veux, je l'ai dans la peau, je l'ai même dans le ventre, d'une certaine façon. Tu crois qu'il peut revenir ?
Il secoue la tête.
— Non.
Léone n'insiste pas. De toute manière, poser ce genre de question c'est comme lancer une bouteille à la mer. Cela ne sert pas à grand-chose sinon à rassurer, et encore ! Elle sent qu'il ne reviendra pas. Enfin, peut-être que si...
Ils repassent dans la cuisine. Antoine parle de s'en aller. Il a besoin de dormir. Elle lui demande de rester avec elle. Se retrouver seule l'angoisse.
— Allons manger un morceau, puis tu me laisseras sur une ligne de bus. Je vais chez le docteur. D'accord ?
Il propose de l'y accompagner. Justement, il connaît un petit café dans le même quartier où il allait boire avec ses copains, à l'insu de leur mère. Cela lui ferait plaisir de le revoir.
Léone lui demande quelques minutes pour s'habiller. Quelle joie de passer un moment avec son frère ! C'est si rare. Ils sont liés par une complicité qui date de l'enfance et pourtant ils ne se voient que de loin en loin. Il faut dire que c'est un mal de famille. On s'aime

mais on ne se le dit pas, on ne le montre pas. Léone trouve cela ridicule mais elle fait comme les autres. Sans doute le résultat de cette foutue loi du silence qui règne dans la famille depuis des générations.

Pour être à l'aise, elle enfile une robe ample et un gilet trop grand. Son ventre lui pèse mais ne la fait pas souffrir. Tant mieux, elle pourra profiter de son frère au maximum. Elle prévoit ce qu'elle va lui demander. Avec qui il est ? Cela fait un moment que la question la titille. Pour ça, c'est un drôle de garçon ! Jamais un mot, pas même une allusion sur ses histoires de cœur. Oui, elle va lui tirer les vers du nez pendant le déjeuner.

Léone est heureuse de retrouver l'odeur de la voiture de son frère. Ça sent à la fois le tabac et le vieux cuir. Dieu qu'il est fier de sa voiture ! A le voir conduire, on le croirait milliardaire, tellement il se tient droit. Léone considère un instant son profil régulier. Il est beau, pense-t-elle. Ne serait-ce sa petite taille, il ferait des ravages. A l'époque, il en causait quand ils sortaient avec Mécano. Toujours à Boulogne, sur les bords de Seine à côté des studios de cinéma. Son frère adorait cet endroit. Sans doute parce que les orchestres l'invitaient souvent en fin de soirée pour faire un bœuf. Elle se demande d'où lui vient ce talent à l'accordéon. Dans la famille personne n'est musicien.

Ils sont déjà à la hauteur de la gare de l'Est. Antoine peste. C'est encombré. Au loin, la pèlerine jetée sur l'épaule, un flic agite son bâton blanc sans succès. Finalement Antoine parvient à se dégager et file vers la gare du Nord. A nouveau, ils sont ralentis dans la rue du Faubourg-Saint-Denis. De là, on aperçoit les quais en enfilade et les trains en instance de départ. Certaines locomotives lâchent des volutes de fumée. Par la fenêtre entrouverte, Léone respire quelques effluves de charbon brûlé, un peu âcres. Elle aime cette odeur qui lui rappelle les départs à la ferme et lui fait imaginer des voyages plus lointains encore. C'est l'un de ses vieux rêves. Rouler longtemps en train et dormir dans les filets à bagages du compartiment, comme elle le faisait enfant. De là-haut, non seulement elle pouvait apercevoir le paysage sans être gênée, mais en plus elle avait une vue plongeante sur les voyageurs. C'était drôle de les regarder alors qu'ils l'avaient oubliée. L'un piquait du nez et se mettait à ronfler, l'autre dépliait une serviette sur ses genoux pour manger son casse-croûte et faisait tout tomber. Elle a encore dans le nez les odeurs de pâté, de saucisson à l'ail et d'orange qui lui coupaient l'appétit.

Ils passent sous le métro aérien. Plus que quelques minutes et ils seront dans le troquet, quelque part rue Pajol. Léone est contente d'arriver. Elle a beau être bien installée, les secousses occasionnées par les pavés, les coups de frein et d'accélérateur la fatiguent.

— On y est, dit Antoine.

Léone aperçoit le bistrot, Le Petit Riquet. Elle n'y est jamais venue et pourtant ce n'est pas loin de la Villa des Roses.

— Dis donc, demande-t-elle, quand est-ce que tu venais là-dedans ?

Son frère éclate de rire.

— Quand tu dormais, petite sœur !

Elle hausse les épaules.

— Et Maman ne le savait pas ?

— Si, mais elle ne disait rien.

Léone se tait mais cela lui confirme que sa mère a été plus coulante avec ses frères qu'avec elle.

En face, elle reconnaît le dispensaire des Sœurs, et plus loin le square de la Madone. L'un des paysages de son adolescence.

Ils entrent dans le café, vide de clients. Aussitôt, la bistrote qui se tient derrière le zinc, se précipite vers son frère.

— Le petit morveux, dit-elle en l'embrassant. C'est pas possible. Toi ici ! Depuis le temps je me disais que tu avais foutu le camp pour toujours !

Elle se tourne vers l'arrière-salle.

— Georges ! Viens donc ici, il y a une surprise.

Surgit alors un grand escogriffe aux cheveux blancs et longs, mal rasé et vêtu d'un bleu de travail.

— Eh bien ça alors ! Si je m'étais douté !

La femme jette un œil sur le ventre de Léone.

— T'aurais donc fait un petit ?

Antoine rigole.

— Tu parles, c'est ma sœur !

— Bien sûr ! dit la femme. Faut nous excuser. Il nous a beaucoup causé de vous mais c'est qu'on ne vous a jamais vue.

Léone sourit. Ces gens sont chaleureux et puis elle est heureuse d'apprendre que son frère parlait d'elle.

— Asseyez-vous donc !

Elle les installe près d'un poêle à bois éteint.

— Je vais vous servir un bœuf aux carottes. Vous allez m'en dire des nouvelles ! Je viendrai causer avec vous quand vous aurez fini de manger.

Puis elle disparaît dans la cuisine qui se trouve derrière le bar. Léone regarde autour d'elle. Tout lui rappelle la campagne. Le bois entassé dans un coin de la pièce, les toiles cirées avec des motifs de fleurs, les chaises d'église autour des tables, et les affiches de publicité Dubonnet et Casanis jaunies par le temps. Le bar en vieux bois ciré est surmonté d'un plateau en cuivre jaune, rutilant. Tout est propre, jusqu'au sol, une sorte de vieux parquet aux planches disjointes, humide d'un récent lavage.

— Comment ça se fait qu'il n'y ait pas de clients ? demande Léone.

— Je ne sais pas...

— Tu venais souvent ici ?

Antoine allume une Gitane.

— Assez, oui.

Léone réfléchit. Il devait avoir à peu près dix-huit ans à cette époque. Il travaillait aux Messageries de la SNCF à la Porte de la Chapelle. Ce n'était pas loin, mais enfin ça faisait tout de même un bout ! Elle n'ose pas le questionner et pourtant elle en brûle d'envie.

— J'avais une bonne raison d'être fourré ici, reprend-il. Une histoire avec leur fille...

Il a dit cela d'un air détaché, mais Léone sent que c'est du cinéma. Il y avait dans le ton de sa voix un accent de nostalgie qui ne la trompe pas. Elle allume une cigarette, histoire de se donner une contenance. La femme revient avec des couverts qu'elle installe devant eux.

— Encore quelques minutes, le temps que ça chauffe et je vous sers.

Quand elle est repartie, Léone se tourne vers son frère. Elle n'a pas la patience d'attendre.

— Et alors ?

Il lui sourit.

— Toi, il faut toujours que tu saches tout, hein ?

Il se tait à nouveau, le regard perdu dans le vague comme s'il rassemblait ses souvenirs, puis il reprend :

— Un jour je suis entré ici par hasard. C'est elle qui tenait le bar. Un sacré bout de femme... Je suis tout de suite tombé amoureux d'elle. Un coup de foudre comme on dit... Alors je suis revenu tous les jours.

Les mots ont du mal à sortir. Léone sent qu'il y a de la souffrance sous chacun d'eux. En même temps, elle voit son frère différemment. Il n'est plus le gars joyeux, sans histoire, sur lequel le temps et les choses semblent glisser, mais un homme qui a vécu et dont elle découvre l'une des blessures.

— Parle-moi d'elle, j'ai envie de la connaître.

— Que dire ? Quand c'est terminé on ne sait plus. Tu te doutes bien que je la trouvais belle, que je me faisais des tas d'idées, surtout qu'à l'époque j'étais puceau.

— Mais, vous...

— Bien sûr ! Dès le début elle avait compris mon manège. Elle était plus âgée que moi et je n'étais pas son premier.

La patronne s'approche avec une cocotte fumante.

— On va pas faire de chichis, hein ! Vous vous servez, comme à la maison.

Elle regarde Antoine avec affection, hausse les épaules et s'en va en marmonnant. Ils se servent et commencent à manger. A cet instant deux livreurs de charbon, couverts de suie, entrent.

— Bonjour M'sieurs dames !

Ils s'installent à l'extrémité du bar.

— Alors la Germaine, s'exclame l'un, c'est pour aujourd'hui ou pour demain ?

— Ça vient ! Ça vient ! répond-elle de sa cuisine.

Léone oublie les nouveaux venus et dévisage son frère. Elle aimerait qu'il continue son histoire. Elle fait partie de son passé. Alors qu'il avait déjà sa vie, elle allait encore à l'école et préparait son certificat d'études sans se douter de rien.

— Qu'est-ce qu'elle est devenue ?

— Elle s'est tirée avec un gars...

— Elle ne t'aimait pas ?

Il hausse les épaules.

— Quelle oie blanche tu fais ! Moi, je l'aimais comme on peut aimer à cet âge-là. Elle, elle me trouvait à son goût, voilà tout !

— Et ses parents, ils savaient pour vous ?

Il sourit.

— Bien sûr.

— Et ils ne disaient rien ?

— Non, ils m'avaient tout de suite adopté.

— Et Maman ?

Il prend plus de temps pour répondre.

— Elle ne m'a jamais rien demandé. Elle savait qu'il y avait une fille, mais comme je gagnais ma vie, elle considérait qu'elle n'avait pas à s'en mêler.

De nouveaux clients entrent. Pour la plupart des employées de Rosy, le fabricant de sous-vêtements qui se trouve à quelques pas de là, auxquelles se mêlent des infirmières du dispensaire. En quelques minutes l'endroit bruit de conversations et de rires joyeux. Georges fait sa réapparition, lance un clin d'œil à Antoine et s'installe derrière le comptoir. Les femmes dans la salle interpellent Germaine en lui demandant de se dépêcher.

A côté de Léone, un groupe de cousettes, encore en blouse, se moquent d'une de leur collègue contremaître.

— Je suis sûre que le gendarme est déjà derrière la porte à guetter notre retour !

— Tu parles, renchérit une autre, elle ne prend même pas le temps de manger tellement elle est contente de nous pincer !

La plupart fument en prenant des poses de cinéma. Certaines lancent des œillades vers Léone et Antoine, et se chuchotent des réflexions qui les font pouffer. Léone les regarde avec envie. Elle aimerait jacasser avec elles et rire avec la même insouciance.

Entre deux allées et venues, Germaine les rejoint et se penche vers Antoine pour lui dire quelque chose à l'oreille. Il acquiesce et se lève.

— Je reviens dans un instant, dit-il à Léone.

Il s'éclipse. Elle se demande ce qu'il va faire puis elle se laisse distraire par l'animation qui règne autour d'elle. La même que chez Josette le midi et le soir, à l'heure des repas. Sauf qu'à l'époque elle était avec Mécano. Pas à dire, elle aime cette ambiance chaleureuse et populaire. C'est sa vie. Elle imagine mal comment elle pourrait se passer de ces moments où tout le monde se retrouve au café pour boire, bavarder, draguer... Déjà au café du Balcon elle était heureuse derrière le comptoir ou dans la salle à écouter la vie des autres. A tel point que les histoires qu'elle entendait, elle se les racontait le soir en les reprenant à son compte. Les confidences des uns ou des autres, c'était comme des films à épisodes avec des lieux et des personnages connus ou inconnus, des rebondissements, des drames et des bonheurs, dont elle était la spectatrice privilégiée. Ne voulant rien manquer de ce spectacle, elle faisait ses devoirs dans la salle, au grand dam de sa mère qui lui disait que ce n'était pas un endroit pour travailler. Mais elle n'avait jamais cédé. Confusément, elle sentait que la vraie vie se révélerait dans les propos des clients et non dans le calcul ou la grammaire. Aujourd'hui, elle se rend compte que l'amour, le chagrin, le désespoir mais aussi la joie et l'illusion, elle les a découverts en ouvrant ses oreilles à ces moments-là.

En voyant son frère entrer, elle comprend pourquoi il est parti. Il revient avec son accordéon. Elle est heureuse. Elle sait qu'il va jouer, lui sourit. Il s'assoit à côté d'elle, sort l'instrument, et après avoir calé son pied sur le barreau d'une chaise pour surélever son genou, il se met à pianoter sur les touches. Aussitôt le silence se fait dans la salle, les visages se tournent vers leur table. Les harmonies aux consonances mélancoliques s'étirent au rythme de la respiration de l'accordéon. Georges et Germaine, immobiles derrière leur comptoir, l'écoutent jouer, le sourire aux lèvres. Son frère a les yeux clos. Elle voit le regard de certaines de ses voisines se voiler de nostalgie. Elle-même se laisse envahir par ces sonorités graves qui se succèdent comme une longue plainte. L'émotion la gagne. Elle pose alors les mains à plat sur son ventre qu'elle sent palpiter et ferme les yeux. La musique l'entraîne dans un tourbillon de souvenirs, de joies et de regrets, d'espoirs et de craintes. Au début, elle cherche à s'en défendre puis, peu à peu, elle se laisse happer par cette débauche d'images et d'émotions. Elle se sent gagnée par une ivresse incontrôlable et l'impression qu'elle va tout comprendre.

Soudain, elle choit de son siège. La musique s'arrête, suivie d'un brouhaha d'exclamations et de chaises déplacées. Pourtant elle n'a pas peur. Même la vive douleur qui lui taraude le dos ne l'effraie pas. Elle veut rester dans cet état et retrouver à tout prix cette clairvoyance joyeuse qui l'habitait quelques instants auparavant. Mais rien à faire. La réalité se fait de plus en plus présente. Elle perçoit de mieux en mieux les paroles des uns et des autres, l'agitation qui l'entoure, la voix de son frère qui lui murmure des mots gentils à l'oreille. Enfin, elle ouvre les yeux. Il est penché sur elle et lui caresse le visage. Elle sourit pour le rassurer.

— Ne t'inquiète pas, petite sœur. On a appelé le médecin. Il arrive.

Elle bouge la tête, reconnaît un ou deux visages de femmes, souriants. Sans doute les infirmières du dispensaire ? L'une d'elles lui prend le pouls.

Léone tente de se relever mais les forces lui manquent. Elle porte l'autre main à son ventre. Elle sait qu'il vit, c'est l'essentiel. Son frère a roulé sa veste sous sa tête. Germaine étend une couverture sur elle.

— Ne bouge surtout pas, lui répète Antoine qui dissimule mal son émotion.

Autour d'elle c'est le silence. Les clients ont dû partir. Enfin, elle parvient à parler.

— Ne t'inquiète pas. J'étais heureuse. Ta musique...

Il lui pose la main sur la bouche.

— Ne dis rien. Repose-toi. Pénin arrive dans quelques minutes.

Cela la rassure. Elle a confiance en son médecin. Puis, elle ferme les yeux et se perd dans l'obscurité silencieuse qui l'habite. Elle n'a pas peur du noir, n'en a jamais eu peur. Enfant, à la campagne, quand sa mère l'enfermait dans la remise à outils après une bêtise, cela la laissait indifférente. Au contraire, ces moments étaient autant d'occasions d'éprouver son courage, malgré l'odeur piquante du salpêtre, les craquements suspects, le tapage des souris en alerte.

Elle s'imaginait prisonnière héroïque, défiant l'ennemi par sa résistance. Ce n'était guère éloigné de la réalité. Chaque fois qu'elle venait la libérer, sa mère ne pouvait s'empêcher de lâcher une remarque teintée d'admiration : « Je me demande bien ce qu'il faudrait inventer pour te faire entendre raison ! ». Brusquement, une immense angoisse l'inonde, la submerge, la tétanise. Cette obscurité est celle de la mort. Elle va mourir... Peut-être même est-elle déjà morte ? Non, elle n'en veut pas de cette saloperie ! Elle la repousse de toutes ses forces. Pour elle. Pour le bébé. Pour tout ce qui lui reste à vivre. Parce qu'elle est jeune, qu'elle veut vivre encore et encore. Parce que ça suffit que son père y soit déjà passé.

Elle s'agite, transpire, ouvre les yeux. Heureusement elle reconnaît le visage serein du docteur Pénin.

— Alors, Léone ! On fait des acrobaties ?

Elle sourit.

— Ça va ?

Il acquiesce, un sourire rassurant aux lèvres.

— Tout va bien, petite. Tu as eu un étourdissement passager. Mais je ne vais pas te laisser retourner chez toi. Un bon lit t'attend chez les Sœurs. On va venir te chercher dans quelques minutes.

Elle se hisse sur le coude et tend l'autre bras.

— Je voudrais me relever.

Le médecin secoue la tête.

— Ce n'est pas urgent.

— Où est Antoine ?

— Il est allé chercher ta Maman.

C'est logique. Julia habite à deux pas d'ici.

Agenouillé à côté d'elle, le docteur lui caresse la main.

— Surtout, ne t'inquiète pas. Apparemment, il n'y a rien de grave et le bébé est bien vivant. Je veux simplement vérifier que tu ne te sois pas fracturé quelque chose en tombant.

— J'aurais mal.

— Pas forcément...

Elle entend la porte du café s'ouvrir. Deux gars costauds en blouse blanche disposent le brancard par terre et la font glisser dessus avec précaution avant de le soulever. Cette impression de décoller du sol suscite en elle une légère nausée. Elle penche la tête. Germaine est là, émue.

— T'inquiète pas ma chérie !

Léone la remercie, puis on l'emmène.

Légèrement ballotée, elle regarde le ciel gris au-dessus de sa tête. Poussés par un vent d'altitude, des nuages échevelés, chargés de pluie, se rattrapent, se fondent et se déchirent. Elle se sent bien. Comme toujours, le ciel et son mystère la rassurent...

A l'entrée de la clinique, deux Sœurs en cornettes l'accueillent et encadrent le brancard jusqu'à la chambre.

— Soyez tranquille, ce n'est rien, dit la plus jeune en lui prenant la main.

Léone la trouve charmante, tout en se demandant comment des religieuses peuvent s'occuper de femmes enceintes. Un peu inquiète, elle soulève la tête. Le docteur Pénin suit en discutant avec un médecin de la clinique.

On l'allonge sur le lit. Les brancardiers sortent. Les deux Sœurs l'aident à se déshabiller. La plus jeune a le geste délicat. L'autre, au contraire, plus âgée et plus vigoureuse, lui enlève ses vêtements avec une certaine rudesse. Léone sent qu'elle ne s'entendra pas avec elle. Dès qu'elle est nue, les religieuses s'éclipsent et les deux médecins entourent le lit.

— Bon ! Ma petite Léone, dit Pénin, on va te garder ici quelques jours. Monnier va s'occuper de toi. Ne t'inquiète surtout pas, je passerai te voir.

Léone adresse un sourire au médecin de la clinique, puis se tourne vers Pénin.

— J'ai quelque chose de grave ?

Le vieux praticien lui sourit.

— Penses-tu ! Mais je préfère te garder en observation. On va te faire passer une radio puis quelques examens. L'essentiel c'est que tu te reposes un peu ! Sinon le bébé pourrait venir avant terme... Et crois-moi ce n'est pas nécessaire ! Il ne pourra jamais être mieux que là où il est.

Léone se détend. Elle l'aime bien Pénin, avec sa bonhommie quasi paternelle. Il l'embrasse.

— Je me sauve, ma chérie, mes malades m'attendent.

Elle le regarde partir avec un pincement au cœur. Elle a peur de la solitude qui l'attend.

Dès que la porte s'est refermée, le docteur Monnier se rapproche d'elle et l'ausculte. Elle sursaute au contact froid du stéthoscope qu'il lui applique sur la peau. Puis il la palpe en lui demandant à chaque fois si elle ressent une douleur particulière. Au terme de son examen, il la recouvre et commence à la questionner sur son âge, ses antécédents familiaux et médicaux, la manière dont s'est déroulée sa grossesse, les circonstances de son évanouissement. Au fur et à mesure qu'elle parle, il écrit sur une fiche, s'arrêtant parfois pour lui faire préciser un détail. Léone y prend un certain plaisir. Parler de ses quelques rares maladies, de ses nausées, de son appréhension devant l'accouchement l'oblige à se souvenir, en faisant la part de l'essentiel et du superflu. Monnier l'aide bien. Non seulement il se montre attentif, mais à propos de ses douleurs ou de ses angoisses actuelles, il la rassure.

— C'est normal vous savez... Donner la vie, ce n'est pas rien.

Maintenant qu'elle se sent mieux, elle prend la peine de le regarder avec un peu plus d'attention. Il doit avoir une bonne quarantaine. Le cheveu en brosse, le visage carré, le regard franc, elle l'imagine vigoureux et sûr de lui. Mais en même temps il est timide. Elle le sent au timbre hésitant de sa voix, à la manière délicate dont il pose les questions.

— Bien, conclut-il, je crois que j'ai ce qu'il me faut.

— Oh, s'il vous manque quelque chose, ne vous inquiétez pas. Maman va venir me voir et elle a toujours tout noté sur les maladies de ses enfants.

— C'est bien. Voilà une bonne mère. Si elles en faisaient toutes autant, on aurait moins de problèmes ! Maintenant, reposez-vous. Je repasserai dans la soirée. Entre-temps, on viendra vous chercher pour la radio.

Il lui sourit puis s'en va.

Léone est heureuse. Elle sait que sa mère et peut-être son frère ne vont pas tarder à arriver. Elle est frappée, presque dérangée par le silence. Aucun bruit ne parvient de l'extérieur, ni du couloir de l'hôpital. Le brouhaha des Halles lui manque. La lumière grise du dehors, atténuée par les vitres cathédrale de la fenêtre, plonge la chambre dans une semi-obscurité qui efface les contrastes. La table et les placards, pourtant peints en blanc, ont pris la teinte vert délavé des murs et du plafond.

Soudain, la porte s'ouvre. C'est la Sœur qui l'a malmenée tout à l'heure. Elle allume le plafonnier et s'approche du lit avec un plateau. Elle lui tend un thermomètre.

— Prenez votre température. Et enfoncez-le bien ! Je reviens dans une dizaine de minutes.

— A quoi ça sert ? demande Léone, je n'ai pas de fièvre.

Elle a horreur de ça. Petite, c'était déjà une histoire quand elle était malade. Elle résistait jusqu'à ce que Julia se fâche et lui mette le thermomètre d'autorité. La Sœur écarquille les yeux de stupeur.

— Mais ma petite, on ne vous demande pas votre avis. C'est valable pour vous comme pour les autres. Ici, tout le monde prend sa température !

— Même vous ?

Léone a envie d'éclater de rire. Elle a retrouvé le ton de l'insolence, comme naguère à l'école ou même avec sa mère quand elle se rebellait contre l'autorité.

La religieuse, décontenancée, ne trouve rien à répondre. Elle hausse les épaules et sort en claquant la porte.

— Peau de vache ! murmure Léone en s'exécutant de mauvaise grâce.

Quelques minutes passent. Tournée sur le côté, elle aperçoit le sol composé de brisures de carrelage multicolores, comme dans la cuisine de la Villa des Roses. Quand elle était gamine elle s'amusait à compter les morceaux de la mosaïque qui avaient la même couleur. Ici, les ocres et les noirs dominent. Elle trouve cela affreux, mais sa mère répète que c'est moins salissant que le sol en tomettes de la ferme...

La porte s'ouvre à nouveau, plus doucement cette fois-ci. C'est Julia.

— Alors, dit-elle en l'embrassant, tu as encore fait des tiennes !

— Qu'est-ce que tu veux que j'y fasse ? Je suis tombée dans les pommes.

— Ce n'est pas de ça dont je te parle. Je viens de croiser une Sœur qui m'a dit que tu avais été très insolente avec elle.

— Une vraie harpie celle-là...

Sa mère hausse les épaules.

— Tu ne changeras jamais... Comment ça va ?

Léone s'assoit et se cale contre son oreiller.

— Ça va. Tu sais on était au café et je suis...

— Je sais. Antoine m'a raconté.

— Il n'est pas venu avec toi ?

— Non, il avait à faire mais il essaiera de passer plus tard. Tu as mal ?

— Un peu au dos, mais ce n'est pas grave.

— Tu n'en sais rien. C'est le docteur qui le dira.

Léone ne répond pas. Toujours pareil avec sa mère. Elle n'a pas le droit d'avoir un avis.

— Ce qui m'inquiète, c'est le bébé.

— Mais Maman...

Heureusement, l'arrivée d'une religieuse les interrompt. Elle pousse un fauteuil roulant et s'approche du lit. L'air indifférent, elle tend à Léone une chemise de nuit en lin.

— Passez-la, ensuite nous irons à la radio.

Léone s'habille. Le contact de sa peau avec le tissu, rêche et légèrement amidonné, est désagréable. Elle se lève. Contrairement à ce qu'elle appréhendait, elle n'a pas de vertiges.

— Oh, je peux y aller en marchant, dit-elle en avançant vers la porte.

La religieuse s'interpose.

— Non, mademoiselle. On va à la radio en voiture, surtout vous !

— Mais je...

— Ecoute, l'interrompt Julia, fais ce qu'on te dit pour une fois.

— Puisque je me sens bien !

L'infirmière, agacée, lui saisit le bras et la fait s'asseoir. Léone ne résiste pas.

— Je t'attends ici, lui lance Julia.

Léone n'a pas eu le temps de lui répondre. L'infirmière la pousse avec impatience dans un dédale de couloirs jaune terne. Chez certains malades ou visiteurs qu'elles croisent, Léone surprend un regard de connivence ou de curiosité. Elle se sent mal à l'aise. Au fond, elle a honte. C'est idiot, mais c'est ainsi. Elle se sent nue, vulnérable, moche... Soudain, elle aperçoit la pancarte « radiographie » au-dessus d'une porte à battants. La religieuse fait brusquement basculer le fauteuil en arrière, ouvre avec son dos et le retourne à nouveau. Saisie d'une violente nausée, Léone s'agrippe aux accoudoirs. Enfin, la course s'arrête.

— Vous attendez ici, dit sèchement l'infirmière en disparaissant derrière une autre porte.

Léone lutte contre l'envie de vomir, accentuée par l'odeur d'éther flottant dans l'air. Elle hait l'hôpital, les bonnes Sœurs, et cette satanée grossesse qui l'a amenée là. Jamais plus elle ne mettra les pieds à l'hôpital, c'est juré ! En même temps elle se souvient qu'il faudra y retourner pour accoucher et cela la met en colère. Nom d'un chien, elle préfèrerait cent fois donner la vie comme sa grand-mère Anna, chez elle, entourée des femmes de la ferme. La religieuse réapparaît suivie du docteur Monnier.

— Vous pouvez y aller ma Sœur, dit-il, je la ramènerai.

Celle-ci obtempère de mauvaise grâce tandis que le médecin pousse Léone dans la salle de radiographie.

— Vous avez déjà passé une radio ?

— Non.

— Vous verrez, ce n'est pas grand-chose. C'est un truc formidable pour voir l'intérieur du corps.

— On verra mon bébé ?

— Non, parce que ce n'est pas lui qui m'intéresse. Je dirais même que je ferai ce qu'il faut pour qu'on ne le voie pas. Ce qui me préoccupe, c'est votre douleur au dos.

La machine énorme et compliquée disposée au centre de la salle impressionne Léone. Tout en lui expliquant le principe des rayons, il la fait monter sur le marchepied et l'installe devant la plaque métallique.

— Placez-vous bien contre la paroi quand je vous le dirai et ne respirez plus.

Il s'éloigne et disparaît derrière un mur pourvu d'une petite fenêtre. Elle se colle le plus possible contre la plaque froide.

— Vous êtes prête ? Retenez votre respiration.

La voix lui a paru lointaine. Elle entend un déclic et c'est le silence.

— Voilà, c'est fini, dit-il en riant. Vous pouvez vous rhabiller. Vous voyez, ce n'est pas grand-chose.

— C'est tout ?

Il réapparaît et prend le cliché.

— Eh oui ! Je vous ramène à votre chambre et je viendrai vous dire ce qu'il en est avant de partir.

Il avance le fauteuil.

— Docteur, je peux revenir en marchant ?

Il éclate de rire.

— Ma foi, oui ! Je ne vois pas de contre-indication.

Léone se détend. Ce médecin lui inspire confiance.

— Vous savez, tout à l'heure, la Sœur qui m'a amenée conduisait comme un bolide et je me suis payée un sacré mal de cœur.

Il lui sourit.

— Je leur dirai que vous êtes apte à marcher. Mais attention, vous êtes dans la dernière ligne droite pour le bébé. Plus question de faire n'importe quoi !

Ils avancent un moment en silence.

— Dites-moi, docteur, demande-t-elle, vous vous occupez des accouchements ?

— Je saurais le faire s'il le fallait bien sûr, mais ce n'est pas ma spécialité. Ce sont les obstétriciens qui s'en chargent. Pourquoi cette question ?

— Eh bien... parce que... ça me fiche un peu la trouille ! J'ai peur d'avoir mal...

Il la prend par l'épaule.

— C'est normal que vous ayez peur. Mais on va vous aider pour que cela se passe le mieux possible.

Ils arrivent devant la chambre. Julia qui tricotait bondit de sa chaise.

— Bonjour docteur. Alors comment va-t-elle ?

— Bien. Comme une future Maman !

— Mais la chute...

— Ne vous inquiétez pas plus qu'elle ! Je vais jeter un œil à la radio mais je ne crois pas qu'il y ait grand-chose.

Léone s'est recouchée. Julia se rassoit.

— Qu'est-ce que tu tricotes, Maman ?

— Quelque chose pour le petit, pardi ! Ce n'est pas parce qu'il naîtra orphelin qu'il doit...

— Maman ! Pourquoi dis-tu une chose pareille ?

Julia la fixe droit dans les yeux. Léone reconnaît ce regard froid et accusateur qui l'a toujours paralysée.

— Que veux-tu que je dise d'autre ?

Léone se tait. Des larmes de colère et de chagrin jaillissent à ses paupières sans qu'elle puisse les retenir. Sa mère ne pourra donc jamais s'empêcher de lui lancer des saloperies ?

— J'ai honte, tu comprends, reprend cette dernière d'un ton glacial. Figure-toi qu'en arrivant on m'a demandé des détails pour ton admission. Le nom de la mère, celui du père... Ne t'étonne pas si certaines Sœurs te regardent de travers !

Elle continue de dévisager Léone qui essuie ses larmes.

— Oh ! il est bien temps de pleurer. C'est avant qu'il fallait le faire. Quand on dit qu'il faut se marier avant d'avoir un enfant, il y a une raison.

Léone tourne la tête vers la fenêtre. Il fait nuit. Elle frissonne, se blottit sous sa couverture, les mains contre son ventre. Ne t'inquiète pas ! répète-t-elle dans sa tête à l'intention du bébé. Je t'aimerai pour deux...

CHAPITRE 8

Ses rêves sont peuplés de fantômes. Son père, Mécano, des visages familiers de son enfance... Elle est réveillée par une forte lumière qui la fait sursauter. La religieuse désagréable se tient devant elle, un sourire méchant aux lèvres. Avec les deux ailes de sa cornette, on dirait un ange déchu.

— C'est l'heure de la température !

— Mais quelle heure est-il ?

— Qu'est-ce que cela peut faire ? A l'hôpital le temps ne compte plus.

En prenant le thermomètre, Léone en profite pour jeter un œil à sa montre bracelet. Deux heures du matin !

— C'est vraiment utile ma Sœur ?

Celle-ci ne répond pas. Elle tourne les talons et disparaît en claquant la porte.

Léone lui tire la langue. Elle se sent humiliée, au bord des larmes. La colère la gagne. Cette religieuse pourra hurler autant qu'elle veut, elle ne prendra pas sa température. Le silence est oppressant. Seuls quelques bruits de pas dans le couloir, des claquements de portes, des chuchotis viennent le troubler. Léone se sent isolée, oubliée, rejetée. Elle regrette que sa mère ne soit pas là. Elle voudrait éteindre la lumière aveuglante du plafonnier mais elle n'ose pas se lever. Demain, c'est décidé, elle retournera chez elle. Monnier ne s'y opposera pas, elle en est certaine. Soudain, la harpie rentre.

Elle saisit le thermomètre posé sur la table de nuit et regarde le niveau de température.

— 36 ! Mais vous ne l'avez pas prise !

Léone se redresse.

— Non.

— Mais je...

— Pourquoi me parlez vous comme ça ? Qu'est-ce que je vous ai fait ?

Le visage de la religieuse se crispe. Ses lèvres se pincent, son regard se durcit.

— Cela ne sert à rien de jouer à la forte tête avec moi. J'en ai maté d'autres à la guerre !

— Je ne suis pas un soldat, juste une femme enceinte qui est tombée dans les pommes. Vous n'avez pas à me traiter comme ça.

Léone a les larmes aux yeux. Devant sa résistance, la Sœur la considère soudain avec une pointe d'étonnement, puis se reprend.

— Une femme enceinte, parlons-en ! Une gamine, oui, qui va mettre au monde un bébé sans père ! C'est du propre !

Sous le coup du reproche, Léone sent son cœur cogner plus vite, les veines battent à ses tempes, une impression d'étouffer la submerge. D'un geste rageur, elle se découvre et se lève.

— Où allez-vous ? s'écrie la religieuse en se précipitant.

— Je retourne chez moi.

Léone vacille sur ses pieds, s'appuie sur le lit pour le contourner jusqu'à l'armoire. La Sœur la saisit par le bras.

— Vous allez vous recoucher, vous m'entendez ?

— Non ! hurle Léone, je veux rentrer chez moi !

La religieuse la repousse vers le lit.

— Taisez-vous et recouchez-vous !

Des bruits de pas précipités résonnent dans le couloir. On ouvre la porte. C'est l'autre religieuse, la plus jeune, celle qui sourit. Sa présence rassure Léone.

— Sœur Marie-Madeleine, que se passe-t-il ? demande la nouvelle venue en s'interposant.

— Rien ! Mademoiselle fait des siennes !

— Ne vous inquiétez pas, je vais m'occuper d'elle.

Avec douceur, elle prend Léone par le bras et la fait s'allonger.

Sœur Marie-Madeleine s'éclipse en marmonnant tandis que la jeune religieuse s'assoit sur le rebord du lit et prend les mains de Léone dans les siennes.

— Calmez-vous... Ce n'est rien. Sœur Marie-Madeleine est parfois un peu brusque mais elle n'est pas méchante.

Léone souhaite que la religieuse continue à lui parler ainsi. C'est tellement réconfortant de voir quelqu'un s'intéresser à soi dans cette nuit qui n'en finit pas et de laquelle jaillissent tant de reproches. Encore une fois, la révolte est sa compagne. Contre l'incompréhension, la jalousie, la méchanceté. Oui, elle est différente.

Et alors ? Est-ce un péché ? Elle l'a si peu voulu, sa différence ! Seul un enchaînement de hasards l'a menée là. Rien d'autre.

— C'est quoi votre nom ?

— Sœur Thérèse-Marie.

Léone s'essuie les yeux et s'intéresse au visage de la jeune femme. Ses yeux bleux mobiles et rieurs, ses pommettes relevées, sa bouche régulière, elle aussi au bord du sourire, appellent la confiance. Si elle osait, Léone la serrerait dans ses bras, lui demanderait un peu de compassion et de chaleur. Elle lui raconterait tout, lui demanderait conseil et ferait ce qu'elle lui dirait.

Sœur Thérèse-Marie se penche sur elle et l'embrasse sur le front.

— Dormez tranquillement, maintenant ! Il est très tard et votre bébé a besoin de calme. Je reviendrai vous voir...

Léone la retient par le bras.

— Ma Sœur, j'aimerais vous parler.

La religieuse se détache avec douceur.

— Je suis d'accord, mais pas maintenant. J'ai du travail. Je vous promets que je reviendrai passer un moment avec vous à la fin de mon service.

Elle sort après avoir adressé un sourire à Léone. Pour elle, cette promesse est le plus beau moment de sa vie. Elle décide de s'endormir et pourtant le sommeil ne vient pas. Au contraire, elle se sent lucide. Comme si elle allait savoir tout expliquer de sa vie passée et prévoir l'avenir qui l'attend. Elle veut y voir de la joie, de l'espoir et pourtant c'est toujours l'idée de la mort qui s'impose. De celle de son père à la sienne... C'est stupide. Elle est jeune et porte la vie. Existe-t-il une preuve plus irréfutable que son existence sera longue, belle et joyeuse ? Elle veut y croire mais le passé revient en force. Elle y croyait aussi avec Mécano. A eux deux, pensait-elle, ils allaient faire des étincelles, montrer qu'il n'y a pas de mauvais départ dans la vie, que tout est possible quand on s'aime. Au cours des premières semaines, ils en parlaient ensemble, blottis l'un contre l'autre dans leur lit qui sentait encore l'amour. Autant de moments uniques où chacun parlait de soi, sans craindre que ses propos soient mal interprétés par l'autre. Une période bénie où chaque mot partagé sur leur passé avait un sens, parce qu'ils y voyaient une promesse d'avenir. L'un de ces moments lui revient en mémoire.

Ce soir-là, ils rentraient plus vite que d'habitude de chez Josette. Quoi d'étonnant ? A force d'avoir échangé des regards chargés de désir durant le dîner, il fallait bien que leurs corps se retrouvent. Elle se demandait comment il s'y prenait mais à chaque fois, rien qu'en la regardant, Mécano l'amenait au bord d'une sorte de folie où le désir devenait incontrôlable...

Un bon moment, ils marchèrent d'un pas rapide dans la rue du Faubourg-Saint-Antoine, s'enlaçant par la taille, puis ils tournèrent dans une petite ruelle sombre et déserte qui menait à sa chambre. Elle adorait sentir la pression de son bras possessif, qui de temps en temps l'attirait vers lui pour un baiser.

L'écho de leurs pas et de leurs rires dans le silence environnant leur donnait l'impression d'être seuls au monde. Soudain, en descendant un trottoir, elle cassa le talon de l'un de ses escarpins. Elle n'avait pas eu mal mais son pied, sorti de la chaussure, avait plongé dans l'eau du caniveau. Cela les fit rire puis il la saisit dans ses bras et la porta jusqu'à l'entrée de l'immeuble.

— Quand je te marierai, dit-il, je le referai...

A ces mots elle se blottit contre lui. Son cœur s'était mis à battre la chamade. Elle rêvait de l'endroit où aurait lieu la cérémonie, de l'appartement qu'ils loueraient dans le quartier. Elle l'emmenait aussi à la ferme pour lui faire découvrir tous les lieux qui avaient marqué son enfance. Le chêne, au bord du chemin menant à la mare, le grenier de la maison, le hangar où était rangé le bois, et toutes les vieilleries entassées au fil du temps.

Il montait les escaliers, apparemment sans effort. Les yeux clos, accrochée à son cou, elle se laissait porter, consentante, déjà offerte. Elle savait ce qui arriverait et l'attendait avec impatience. Pourtant ce soir-là, rien n'arriva. Au lieu de l'entreprendre, il s'allongea sur le lit à côté d'elle et alluma une cigarette.

— Il faut que je te parle, dit-il, les yeux rivés vers le plafond.

Sur l'instant, elle s'inquiéta. Ce n'était guère dans les habitudes de Mécano de s'épancher. Puis elle se rapprocha. Tandis qu'elle lui caressait le visage il parlait, d'une voix posée, presque monocorde.

— Je suis amoureux de toi et ça m'arrive souvent de me demander pourquoi. Quand on s'est rencontrés je n'avais pas ça en tête, je ne pensais qu'à m'amuser. Je te dirais même que ça m'a foutu la trouille. T'imagines, j'ai même pas vingt-cinq ans...

Il laissa sa phrase en suspens, tira une bouffée et rejeta la fumée.

— Mais ce soir, tu vois, je n'ai plus peur. Je pense même à l'avenir. Des jours ça me prend, et je me dis qu'on va vivre ensemble et ça me fait plaisir. J'ai même écrit chez moi, pour leur dire qu'il se pourrait que je rapplique un de ces jours avec une fille.

Léone pleurait. Chacun des mots qu'elle entendait sonnait comme une preuve de confiance supplémentaire, une garantie de bonheur. Plus il parlait, plus elle le serrait dans ses bras, plus... plus...

Léone ne peut pas continuer. Dans sa chambre d'hôpital, ce souvenir a quelque chose d'incongru, d'inacceptable, de révoltant. Il n'est pas à côté d'elle pour lui tenir la main, pour s'inquiéter de son état et de celui de son bébé qu'elle a fait en partie à cause de ces mots.

— Pauvre conne, murmure-t-elle en se recroquevillant, tu ferais mieux de dormir.

A nouveau la porte s'ouvre, de la lumière vient du couloir. Léone s'éveille. Sœur Thérèse-Marie entre et s'approche du lit.

— Chose promise, chose due... J'ai fini mon service, mais vous souhaitez peut-être dormir encore ?

Léone se redresse sur le coude.

— Oh non ! je suis contente.

— Vous avez faim ?

Léone acquiesce.

La religieuse sort un paquet de biscuits de la poche kangourou de son tablier et en offre à Léone avant de se servir.

Celle-ci s'est assise contre le montant du lit, le dos calé par les oreillers. Sœur Thérèse-Marie pouffe.

— Vous savez, je n'ai pas le droit de faire ça. Normalement, je devrais retourner dans ma chambre...

Elle s'assoit sur le bord du lit. Léone rit à son tour.

— Ce n'est pas grave ?

L'autre secoue la tête.

— Non, mais je ne resterai pas longtemps.

Elles grignotent un moment en silence. La chambre, éclairée par la lumière du couloir, est plongée dans une semi-obscurité apaisante. Les vitres de la fenêtre paraissent noires à cause de la nuit.

— Vous savez, reprend la religieuse, il ne faut pas vous faire de souci à cause de sœur Marie-Madeleine, elle n'est pas commode mais elle a le cœur sur la main.

— Pourquoi faut-il qu'elle soit aussi désagréable avec moi ? Je ne lui ai rien fait.

— Elle n'est pas méchante... Seulement un peu brusque. Ça se comprend quand on connaît sa vie... Elle a été infirmière en Indochine durant des années avant de revenir en France et d'après ce qu'elle raconte, c'était l'horreur au quotidien. Là-bas il n'était pas question de se laisser apitoyer.

— Ce n'est pas la guerre ici !

— Vous avez raison. Rassurez-vous, je lui en parlerai et je suis certaine que ça s'arrangera. De toute manière vous n'allez pas rester longtemps ici.

— J'espère.

Sœur Thérèse-Marie se lève.

— Il faut que j'y aille. Je reviendrai parler avec vous dans la journée.

Elle embrasse Léone sur le front. Celle-ci la retient.

— Dites-moi ma Sœur, pourquoi êtes-vous devenue religieuse ?

La jeune femme lui sourit. Elle semble sur le point de lui répondre puis se ravise.

— Je vous en parlerai à un autre moment. Ce serait trop long maintenant...

Elle se retire sans un bruit. La porte se referme. Léone éprouve de la sympathie pour elle. Sans doute pourrait-elle s'en faire une amie ? Elle le souhaite.

Dix heures sonnent à un clocher proche quand Julia entre dans la chambre, un sac à provisions à la main.

— J'arrive un peu tard ma chérie, mais j'ai fait les courses au marché de l'Olive.

Elle l'embrasse sur la joue et quitte son manteau.

— Comment vas-tu ? Je te trouve un peu pâlotte.

— Mais non, Maman, je vais très bien. Je pense que je ne vais pas tarder à sortir.

— Ça ma fille, ce n'est pas toi qui décide. Tu verras ce que dira le médecin. Au fait, ça va mieux avec les infirmières ?

Léone enrage de voir sa mère la questionner comme une gamine.

— Oui, oui, répond-elle d'un ton agacé.

Julia ne s'en formalise pas. Elle s'assoit, sort son tricot et se met au travail.

— Tu sais, il faut que je te parle...

Léone se raidit. Elle sait ce que cela veut dire quand sa mère commence ainsi. Il y a de grandes chances pour qu'elle lui adresse un reproche.

— Oui ?

— J'ai réfléchi cette nuit. Je ne crois pas que ce soit bien pour le bébé de ne pas avoir de père. N'oublie pas qu'il va naître orphelin et que c'est un mauvais début dans la vie. Tu sais combien ça peut...

— Maman, je te rappelle que c'est exactement ce qui m'est arrivé.

Julia se redresse et toise Léone.

— Ce n'était pas la même chose. Ton père, autant que je sache, n'a pas choisi de partir. Il ne t'a pas abandonnée, il a été assassiné !

— Et alors ? Le résultat est le même.

— Pas pour les autres.

Léone éprouve une grande lassitude. Elle veut qu'on lui fiche la paix ! Nom d'un chien, quand sa mère comprendra-t-elle que ce n'est pas de sa faute si l'homme qu'elle a aimée, et qu'elle aimerait avec la même fougue s'il apparaissait maintenant, a fichu le camp !

— Je me fous de l'avis des autres. D'accord il est orphelin, mais il a une mère, une famille...

— Tu dois lui trouver un père qui le reconnaisse, et ça, le plus vite possible.

Léone ne peut s'empêcher d'éclater de rire.

— Tu crois que je vais en trouver un comme ça !

— Ce ne sont pas les hommes qui manquent et j'en connais qui seraient heureux de... Tiens, je pense au petit Alain qui habite le troisième. Il me demande toujours de tes nouvelles. Je suis certaine que vous iriez très bien ensemble.

— Ce benêt ! Mais je ne veux pas ! C'est fini le temps où on arrangeait des mariages sans demander l'avis de la femme. Si un jour je dois revivre avec un homme c'est parce que je l'aimerai et qu'il m'aimera.

Julia s'arrête de tricoter et secoue la tête d'un air agacé.

— Ce que tu peux être bête, ma fille ! Aimer, aimer ! Tu n'as que ce mot à la bouche ! Eh bien, il faut voir ce que ça a donné. Te voilà grosse et toute seule. Aimer ! Je t'en ficherai de vouloir aimer.

Léone préfère se taire et se tourne vers les fenêtres. A en juger par la lumière, il doit faire mauvais. Un temps gris à l'aune de son humeur. Elle cherche à comprendre pourquoi sa mère se montre si vindicative à son égard, mais ne trouve pas la réponse. Elle se rassure en se disant que c'est sa manière de l'aimer, même si elle sait qu'il existe d'autres explications.

Le silence s'est installé entre elles. Le temps passe, chacune attendant de l'autre qu'elle sorte une banalité pour relancer la conversation. Léone sait que ça peut durer longtemps et pense à autre chose. A ce malaise, déjà ancien, qui se réveille chaque fois que ça va mal. A cette impression de ne pas être à sa place, d'être en attente d'autre chose, ailleurs et avec d'autres visages. Comme un espace d'aventures où elle pourrait être elle-même. Elle voudrait prendre l'avion, le bateau et arriver dans un pays coloré, ensoleillé, où rien ne ressemble à ce qu'elle connaît. Elle aurait alors tout à comprendre, à refaire, à réinventer. Rêves fous ! Son ventre lourd la ramène rapidement à la réalité...

C'est l'heure du repas. Une religieuse qu'elle ne connaît pas entre avec un chariot chargé d'assiettes et de légumiers en aluminium. Julia s'est levée et regarde les plats.

— Qu'est-ce qu'il y a à manger ?

La religieuse répond du bout des lèvres.

— Langue de bœuf, nouilles...

Elle remplit l'assiette à la louche, d'un geste las, sans se soucier des éclaboussures qui maculent le plateau, puis elle ajoute un yaourth et pose le tout sur la table. Elle esquisse un sourire et ressort en marmonnant un vague bonsoir.

— Mange pendant que c'est chaud, dit Julia.

Léone hume l'assiettée. L'odeur qui s'en dégage lui lève le cœur.

— Je n'ai pas faim.

— Ah ! ce n'est pas le moment. Je t'ai appris à tout aimer. Ça te fera du bien. Dans ton état on doit manger.

Dans ton état... Léone a relevé le propos mais encore une fois elle préfère se taire et dispose le plateau sur ses jambes allongées.

Il est seize heures quand le docteur Monnier passe la voir pour la visite, accompagné de deux autres médecins, plus jeunes que lui. Julia est encore là, pour savoir, mais il lui demande de sortir. Elle obtempère de mauvaise grâce. Les trois hommes encadrent le lit de Léone. Monnier s'assoit et lui prend sa tension.

— Je ne vois pas de raison que vous restiez plus longtemps ici. Vous pourrez rentrer chez vous dès demain.

Léone sourit. Enfin, elle va retrouver son appartement, le quartier des Halles avec ses odeurs et ses bruits. Dès qu'elle arrivera, elle téléphonera à Marlène qui doit se faire un sang d'encre, puis elles sortiront.

— Ça ne veut pas dire que vous devez faire n'importe quoi. Je vous rappelle que vous n'êtes pas loin du terme. D'abord du repos. Sinon vous aurez d'autres évanouissements et peut-être plus graves cette fois-ci.

Elle acquiesce, certaine qu'elle ne l'écoutera pas. Attendre ce bébé la rend assoiffée de mouvements et de rires. Elle sent que donner la vie c'est d'abord exprimer de la joie. Sa mère a beau dire, elle n'est pas malade.

Monnier l'a découverte et l'ausculte sous le regard attentif des deux autres médecins, qui ne pipent pas mot en écoutant ses commentaires.

— Tout va bien ? demande-t-elle.

— Autant qu'on puisse le voir. Il est bien placé et bouge normalement. Mais je suis certain que vous n'aurez plus longtemps à attendre.

— C'est pour quand ?

— Aux alentours du 15 décembre.

Dans à peine trois semaines ! Cette proximité de la naissance procure à Léone un sentiment mélangé d'impatience et de crainte. Bientôt elle va élucider un énorme mystère, mais un mystère qui doit être accompagné de souffrances. Lui reviennent les paroles des femmes, si souvent entendues à la ferme sur des naissances difficiles, des enfants mort-nés, des mères éprouvées dans leurs corps et leurs humeurs. Puis elle se rassure. Anna le lui a répété cent fois. Dans la famille, on n'a jamais connu ça, on est solide.

— Savez-vous où vous allez accoucher ? demande Monnier.

Elle secoue la tête.

— Le docteur Pénin m'a dit qu'il s'en occupait.

Il acquiesce.

— Vous habitez dans le quartier des Halles, je crois. Je lui recommanderai de vous inscrire à l'Hôtel-Dieu dans le service d'un confrère.

— Vous serez là ?

Monnier paraît surpris.

— Ma foi, je passerai vous voir si vous le souhaitez.

— J'aimerais bien...

— Comptez sur moi.

Il rabat la couverture d'un geste délicat et se lève.

— Allez, je vous rends à votre Maman.

Plutôt que de retrouver sa mère, Léone préférerait le retenir, lui dire ses inquiétudes et l'entendre la rassurer.

Dans le couloir, Julia interpelle le médecin.

— Comment va-t-elle ?

— Très bien. Il n'y a aucune raison de s'inquiéter. D'ailleurs, je la laisse sortir demain.

— Ce n'est pas trop tôt ?

— Non, je ne le crois pas.

— Qu'est-ce que je dois faire ?

Monnier la regarde, étonné.

— Vous ? Rien, Madame. C'est elle qui doit faire quelque chose.

Julia ne bronche pas. Mais l'allusion l'a mise de fort méchante humeur. Dès que le docteur s'est éloigné, elle pénètre dans la chambre.

— Tu as dit quelque chose au médecin ?

Léone se redresse. Elle ne comprend pas l'agressivité de sa mère.

— Qu'est-ce que tu veux que je lui ai dit ?

— Il a eu l'air de me dire de me mêler de ce qui me regarde.
— Mais enfin, Maman, je ne vois pas de quoi tu veux parler.
Julia hausse les épaules.
— Ce n'est pas grave. Il faut que j'y aille. J'ai de la couture qui m'attend pour demain. Si tu as besoin de moi, appelle-moi.
Même si Léone perçoit de la tristesse dans ces derniers propos, elle ne dit rien. Elle n'en a pas envie. Une évidence s'impose, elle ne comprend pas sa mère, pas plus que cette dernière ne la comprend. Trop de choses les séparent.
Julia l'embrasse. Ses lèvres sont froides. Elle s'apprête à sortir quand Léone la rappelle.
— Maman ! Pourquoi m'en veux-tu autant ?
Julia lui jette un regard d'impuissance et disparaît.

La nuit est tombée, plongeant la chambre dans l'obscurité. Léone ne veut pas allumer. La couleur terne des murs nus, les meubles de fer grossièrement peints en blanc l'insupportent, de même que cette odeur d'éther qui flotte dans l'air. Elle voudrait partir maintenant, sauter dans un taxi, voir les gens marcher dans la rue et les lumières de Noël qui illuminent Paris. Peut-être neigera-t-il le jour de l'accouchement ? Elle voudrait tant qu'il en soit ainsi. Ce serait une manière d'être avec Mécano. Il aimait tellement la neige ! Elle l'imagine enfant, à la montagne, tel qu'il se racontait certains soirs. Elle n'a jamais connu la montagne, et pourtant elle le voit descendre les pentes sur sa luge, faire des boules de neige avec ses copains, s'essayer au ski sur des patins de bois, le pied tenu par une sangle de cuir.
Un jour de balade dans Paris, il lui avait montré des publicités de stations de sports d'hiver exposées dans la vitrine d'une agence de voyages. En arrière-plan, les dessins représentaient des pics neigeux, et sur le devant, un homme dévalait une pente au milieu des sapins. Elle lui trouvait une drôle de posture sur ses skis. Raide, penché, les bras tendus en avant, il paraissait sur le point de tomber sur le petit village en contrebas.
— Je me demande comment on peut tenir là-dessus ! s'était-elle exclamé.
Il avait ri en lui promettant de l'initier quand il l'emmènerait chez lui.

Elle n'a pas entendu entrer sœur Marie-Madeleine et sursaute quand celle-ci allume. Elle a dû s'endormir un court instant. La religieuse n'a pas le même visage revêche que les autres jours.
— Vous allez bien ?

Décontenancée, Léone lui fait signe que oui, tandis que la religieuse s'approche du lit.

— Je ne vous dérange pas ?

— Non, non...

Sœur Marie-Madeleine s'assoit face à elle. Le buste légèrement penché en avant, elle garde les mains jointes en un signe de prière et demeure silencieuse. Léone l'observe. La religieuse est là et pourtant elle semble ailleurs, quelque part entre ciel et terre. Son regard lumineux, presque transparent, exprime une générosité inattendue. Cette femme n'est plus la même. Plus aucune trace d'hostilité ne subsiste dans son attitude et ses gestes.

Léone sait qu'elle veut lui parler et attend, sans résister à sa propre métamorphose. Sa méfiance cède progressivement la place à une sensation de sérénité qu'elle n'a jamais éprouvée. Comme si ce moment était un rendez-vous qu'il ne lui fallait manquer sous aucun prétexte. Spontanément, elle pose ses mains sur son ventre. Elle se tait. Quelque chose lui dit qu'elle ne doit pas poser de questions mais d'abord écouter. Sœur Marie-Madeleine lui adresse un sourire.

— Sœur Thérèse-Marie m'a parlé. Je vous demande pardon.

Léone voudrait lui dire qu'elle n'a rien à se faire pardonner, qu'elle la comprend, que cela n'a pas d'importance, que... que... mais elle ne trouve pas ses mots. Sa gorge, contractée, ne laisse rien passer. Pas moyen non plus de retenir ses larmes.

— Je vous dois une explication, ma petite fille. Peut-être même est-ce à moi que je la dois ? Je reviens d'Indochine. Depuis plusieurs années j'y étais infirmière dans un hôpital militaire. A Da Nang, précisément. J'y soignais nos soldats blessés dans des embuscades ou atteints de maladies tropicales. Des jeunes pour la plupart, qui se demandaient pourquoi ils étaient là et en quoi cette guerre était la leur. Oui, des gamins qui ne pensaient qu'à leur Maman ou à la femme et aux enfants qu'ils avaient laissés ici. J'y ai découvert la mort sous toutes les coutures, toujours horrible. J'y ai appris l'impuissance face à la souffrance. En même temps, j'y ai vu se révéler les plus belles qualités des hommes. Et puis je suis rentrée, et depuis j'ai un mal fou à me réadapter à la vie d'ici. Tout le monde me paraît si privilégié, tellement à l'abri de tout que j'ai du mal à accorder de l'importance à leurs bobos.

Elle se tait un instant et reprend :

— Voilà, ma petite fille ce qui explique mon attitude un peu rude.

Elle prend la main de Léone.

— Vous me pardonnez, n'est-ce pas ?

Un peu gênée, Léone acquiesce. Cela lui fait tellement drôle. C'est la première fois qu'on lui demande pardon. Jamais, que ce soit sa mère, ses frères, Mécano ou quiconque d'autre n'a fait preuve d'une telle humilité à son égard. Pas plus qu'elle n'en a témoignée elle-même envers les autres. Aussi loin qu'elle se souvienne, le regret n'a jamais fait partie de l'éducation qu'elle a reçue de Julia. Pour sa mère, on fait les choses, bien ou mal, et on doit en assumer les conséquences, bonnes ou mauvaises. A ses yeux, regretter n'est qu'une lâcheté.

Sœur Marie-Madeleine se lève, le sourire aux lèvres.

— Je sais que vous allez partir demain matin. Je ne serai pas là pour vous dire au-revoir. Mais si un jour vous en avez envie, je vous reverrai avec plaisir.

— C'est beau l'Indochine ?

— Oh, il me faudrait des heures pour vous en parler. Pourquoi ?

— Je ne sais pas... Comme ça... Juste pour savoir. J'ai lu des trucs dessus dans le dictionnaire.

— C'est un pays bien plus beau que tout ce qu'on peut imaginer.

— De toute façon je n'irai jamais.

La religieuse, qui a déjà la main sur la poignée de la porte, marque un temps d'arrêt.

— Qu'en savez-vous ?

Le lendemain matin à neuf heures, Léone est prête. Elle s'est levée tôt, juste après le passage du docteur Pénin. Il s'est gentiment excusé de n'être pas venu la voir depuis son hospitalisation mais une épidémie de grippe l'a obligé à courir le quartier jour et nuit. Il lui a confirmé que sur les conseils de Monnier il avait téléphoné à l'Hôtel-Dieu et qu'elle pourrait y accoucher. Ensuite, sœur Thérèse-Marie est venue l'embrasser et lui souhaiter bonne chance.

Sur le perron de la clinique, elle considère les quelques piétons qui passent, indifférents et pressés. Au loin dans le prolongement de la rue, elle aperçoit quelques arbres du square de la Madone. Une brise fraîche et chargée d'humidité la fait frissonner. Elle se demande si elle va retourner au Petit Riquet avertir qu'elle est sortie et qu'elle va bien. Puis elle réalise que Germaine et Georges ne sont pas venus la voir et qu'ils ne doivent pas être inquiets. Elle relève le col de son imper et décide de rejoindre la station de taxis de Marx-Dormoy.

Elle marche sans hâte, légèrement cambrée pour compenser le poids de son ventre. Ses jambes lui paraissent lourdes. Cependant elle est heureuse de se retrouver dehors et de respirer un air sans odeur d'éther. Elle a envie de prendre un café, mais préfère attendre d'être dans son quartier. Une sensation de joie enfantine lui revient quand elle arrive devant le square. Elle y pénètre avec ses souvenirs de marelle, de corde à sauter et de cerceau. Elle n'était pas mauvaise à ces jeux-là, mais elle préférait grimper dans les arbres ou jouer au chat et à la souris avec les garçons. On la disait plus casse-cou que les autres filles. Maintenant qu'elle y pense, c'est vrai qu'elle les trouvait un peu nunuches. Surtout à l'époque du café du Balcon. Alors que la plupart de ses camarades jacassaient en gloussant sur les garçons, elle préférait jouer avec ces derniers sans pour autant demeurer insensible à leurs regards en coin, voire à leurs caresses, soi-disant innocentes. Arrivée à la hauteur de l'une des deux aires de gazon, entourées d'arceaux, elle s'assoit. Ce n'est pas tant la fatigue que l'envie de regarder autour d'elle, de profiter de ce silence d'hiver. Aucun cri d'enfant, aucune mère de famille. Juste une petite vieille, à quelques bancs de là, qui sort des morceaux de pain de son cabas et les lance à une colonie de pigeons et de moineaux, piaillant et roucoulant à ses pieds. Le dos cassé par l'âge et la solitude, elle garde la tête penchée vers les oiseaux et les attire par de petits cris brefs. Les mêmes que ceux d'Anna, quand elle lançait le grain à la volaille dans la cour de la ferme. Le langage des animaux que seuls les vieux connaissent, prétendait sa grand-mère.

Plus loin, sanglé dans un uniforme impeccable, le gardien remonte l'allée, les bras dans le dos, l'air pensif. Son pas est lent, égal, ajusté à la distance qu'il connaît par cœur et à l'inaction que lui promet cette journée sans enfants. Indifférent, il passe devant la vieille, traverse le groupe de volatiles qui bouge à peine, et s'arrête pour allumer une cigarette. En le voyant aspirer et recracher la fumée, Léone est prise d'une envie subite d'en faire autant. Trois jours que cela ne lui est pas arrivé. Elle fouille dans son sac sans trouver son paquet. Elle est certaine qu'elle en avait un au café mais elle a dû le laisser sur la table quand elle s'est évanouie. Ce n'est pas grave, elle en demandera une au gardien s'il s'arrête pour lui parler. Une chance sur deux ! L'homme reprend sa marche à la même allure. Encore quelques pas et il arrive à sa hauteur. Il lui lance un premier regard impassible, puis s'arrête.

— Alors, ma petite dame, ce n'est pas une heure pour prendre l'air. Il fait frais.

— Et vous, qu'est-ce que vous faites ?

Il éclate d'un rire clair, presque enfantin, qui correspond mal à son physique disgracieux. La cinquantaine bedonnante, le visage creusé de rides, les yeux soulignés de cernes profonds, elle l'imaginait plutôt triste.

Il lui désigne son ventre.

— On attend un enfant ?

Elle acquiesce.

— C'est pour bientôt ?

— Dans deux ou trois semaines.

Il semble étonné, presque choqué.

— Vous feriez mieux de rester au chaud.

Elle explique qu'elle a dormi trois jours chez les Sœurs et que cela suffit. Il hoche la tête.

— Elles sont bien ces petites. Si on ne les avait pas, il y en a plus d'un dans le quartier qui passerait sans même se faire bénir.

Léone ne voit que la cigarette qu'il a gardée aux lèvres tout en parlant. Osera, n'osera pas ? Elle ose.

— Vous n'auriez pas une cigarette ?

Il lui jette un regard désapprobateur mais plonge la main dans sa poche à la recherche de son paquet.

— Je ne devrais pas. On dit que c'est mauvais pour les bébés. Cela dit ce n'est pas plus mauvais que la fumée des voitures, hein ?

Il lui en offre une. Ce sont des Gitanes, celles qu'elle préfère. Elle aspire sa première bouffée avec bonheur mais aussitôt la tête commence à lui tourner. Elle résiste et s'accroche aux paroles du bonhomme qui ne s'est aperçu de rien.

— Moi, je suis toujours content quand une femme va mettre un gamin au monde. Je me dis que ça remplace ceux qui se font tuer avec leurs saloperies de guerres.

Léone opine de la tête en évitant d'aspirer une nouvelle bouffée. Cela va mieux. Elle va se lever et continuer son chemin. Se mettre debout est plus difficile qu'elle ne le croyait. Le gardien lui tend la main et l'aide.

— Vous allez où ? demande-t-il.

— A Marx-Dormoy.

— Oh, c'est pas loin ! Allez, bien le bonjour ma petite dame, et plein de bonnes choses pour le petit.

Elle le remercie et s'éloigne. A peine sortie du square, elle balance la cigarette dans le caniveau. Elle en fumera une à la maison.

Plusieurs taxis stationnent devant le cinéma Ordener. Quelques chauffeurs parlent ensemble en fumant une cigarette. Sur la colonne Morris on annonce une pièce avec Madeleine Renaud. Un peu plus loin, un manège tourne à vide sur un air d'orgue de barbarie.

Léone s'approche de la voiture de tête. Un chauffeur en blouse grise, la casquette ramenée sur les yeux, se détache du groupe et vient lui ouvrir la portière.

— Bonjour ma p'tite dame ! Où est-ce qu'on va aujourd'hui ?

— Rambuteau s'il vous plaît.

Le type n'a pas plus de trente ans. Son visage, longiligne et émacié, est barré d'une fine moustache brune qui dépasse largement la commissure des lèvres. Léone trouve cette coupe laide mais en même temps elle donne à l'homme un air canaille plutôt sympathique.

Il embraye et se fond avec agilité dans la circulation avant de se retrouver stoppé à la hauteur du métro aérien.

— Ça va coincer c'matin, j'sens ça !

Léone ne répond pas. L'odeur de chien mouillé qui imprègne le tissu de la banquette arrière lui lève le cœur. Elle entrouvre la vitre et respire l'air du dehors. A tout prendre, elle préfère les relents de gaz d'échappement.

— Alors qu'est-ce qu'on fait dans la vie ? demande le chauffeur.

— Sténo-dactylo.

— Ça tape à la machine alors !

— Oui.

— J'vous plains ! Toujours enfermée, le cul vissé sur la chaise. Ça doit pas être drôle tous les jours.

Il allume une Gauloise et en propose une à Léone. Elle est tentée mais refuse. Ce n'est pas le moment de s'évanouir.

— Bon, reprend le chauffeur, on ne va pas rester ici jusqu'à la Saint-Glinglin !

D'un coup de volant sec, il oblique vers Barbès.

— On va essayer de rejoindre Magenta et on filera vers Châtelet.

Il a eu du nez. En quelques minutes ils sont à la hauteur de la rue du Faubourg-Saint-Denis, mais là, ça bloque à cause d'une livraison. Léone est plutôt contente. Dans cette rue commerçante, elle retrouve le Paris qu'elle aime. Cet enchevêtrement de voitures, de charettes et de passants, ces coups d'avertisseurs impatients, ces commerçants qui interpellent le chaland à pleine voix, c'est sa vie ! Sur les trottoirs, on se parle, on se bouscule, on s'invective. Elle aime le spectacle offert par une foule anonyme où chacun est un acteur à son insu. Tout près de la voiture, un maraîcher harangue les passants avec gouaille et force gestes persuasifs.

— Regardez mes beaux légumes ! On peut les toucher ! On peut même les caresser si on veut ! Des carottes et des poireaux pour les dames, rien pour les hommes !

Les femmes, qui déambulent le cabas au bras, sourient en secouant la tête d'un air faussement désapprobateur, mais beaucoup s'arrêtent et achètent.

La voiture redémarre. Cette fois-ci ils roulent sans encombre jusqu'au boulevard Bonne-Nouvelle. Le chauffeur tente de relancer la conversation.

— Eh bien, ma petite dame, pas très causante ce matin. Un chagrin d'amour ?

Léone sourit. Pas de risque de se tromper ! C'est comme les diseuses de bonne aventure !

— Non. Juste un coup de fatigue. J'attends un bébé.

— Oh, j'l'ai vu ! Faudrait être aveugle pour pas le voir ! Notez, j'ai une parente, elle était tellement fine que ça se voyait à peine. Mais moi j'aime pas trop le genre planche à pain.

Il lance un clin d'œil à Léone par le rétroviseur. Celle-ci sourit plus franchement.

— Je vois que vous êtes d'accord, hein !

Elle acquiesce.

— Bon, nous voilà rendus. Rambuteau ! Tout le monde descend !

Elle lui tend un billet. Il le saisit sans se retourner et lui rend la monnaie.

Pour l'aider à sortir, il retient la portière de l'intérieur.

— Bonne journée ! Et dites-vous que si vous étiez pas en main j'vous aurais certainement fait un coup de gringue !

Elle prend la direction de la rue Pierre-Lescot. Enfin dans son quartier, dans son pays ! Une bouffée de joie la regaillardit et lui fait allonger le pas. Il est tôt et pourtant elle a envie d'une bière. Pas tant parce qu'elle a soif mais pour entrer dans une brasserie du coin et y retrouver cette faune qui lui manque dès qu'elle s'éloigne.

Au coin des rues Mondétour et de la Grande-Truanderie, il y a le Baltard, une brasserie-tabac où elle vient régulièrement acheter ses cigarettes. Un lieu de rendez-vous connu des grossistes et des détaillants qui y traitent leurs affaires. C'est toujours animé. On y mange à toute heure la bonne cuisine de Rolande, une bretonne qui mène son monde à la baguette y compris Etienne, son mari, le cuisinier, qui se laisse charrier par elle du soir au matin, sans piper mot. On pourrait se demander comment cet homme peut supporter autant de sarcasmes de la part de sa femme. En fait, il s'agit d'un spectacle bien rôdé, destiné à amuser la clientèle qui en redemande, en les montant l'un contre l'autre. Il suffit qu'un client, par jeu, se plaigne qu'un plat n'arrive pas assez vite pour que Rolande explique avec le plus grand sérieux que l'autre s'emmêle dans ses spaghettis, est en train d'apprendre la recette, ou a tout fait brûler. S'ensuit alors de la part de Rolande des gueulantes répercutées jusqu'aux cuisines par des clients hilares.

— Eh ! Etienne, y'a ta grosse qui en pousse encore une ! Y paraît que t'as rien dans le pantalon ! Elle dit que tu sues dans les plats pour lier la sauce !

Quand Léone pénètre dans le café, c'est le coup de feu. Un charivari de conversations, de commandes criées à la cantonade, de rigolades tandis que les serveuses sanglées dans leurs tabliers courent de table en table, le plateau à bout de bras.

Rolande reconnaît Léone en passant.

— Tiens la Léone ! Comment va le polichinelle dans le tiroir ?

Elle l'attrape par la main et leur fraye un passage au milieu d'un groupe de commis qui attendent leur place en vidant Cinzanos et Pastis.

— Place pour les femmes, sacs-à-vin ! Et pas de mains qui traînent s'il vous plaît ! La petite est grosse, on respecte !

Les gars se poussent en affectant de râler.

— On touche si on veut ! Ça n'a pas de cul et ça braille...

Les blouses des gars dégagent de forts relents de viande et de fromages. Les haleines empestent l'alcool à plein nez mais ce n'est pas grave. Léone aime leur simplicité rude, leur humour aussi. Même leurs propos graveleux ne lui semblent pas irrespectueux.

Rolande s'approche d'une table et fait dégager deux types qui en étaient au café.

— Dites donc les gars ! J'ai pas mis de la seccotine sur mes chaises ! Le café, ça se prend au bar, surtout quand s'agit de laisser sa place à une demoiselle.

Les deux hommes se lèvent sans broncher. Rolande installe Léone.

— Tu veux manger ?

— Donnez-moi une bière et un jambon-beurre !

Chiffonnant la nappe de papier d'un geste précis et rapide, Rolande hausse les épaules.

— Non, mais ! Ça attend un mouflet et ça mange rien ! Tu vas me prendre le rosbif-purée, oui.

Et sans attendre la réponse, elle disparaît dans la foule en gueulant la commande.

Léone se cale confortablement sur sa chaise. Enfin, elle se trouve au milieu de son monde. L'atmosphère feutrée du dispensaire lui paraît être un vieux souvenir. Elle a hâte de retrouver son appartement et de téléphoner à Marlène avec l'espoir qu'elles se verront le soir-même.

Rolande revient avec l'assiette pleine à ras-bord. Tellement pleine que le jus de viande déborde sur la table. La femme essuie d'un coup de lavette.

— Tiens ma grande, et mange tout ! N'oublie pas qu'il faut doubler les rations maintenant.

Léone sourit. Il lui faut se réhabituer au brouhaha, au langage rapide, à la rude gentillesse des gens de ce quartier. C'est comme si elle venait de changer de pays. Elle entame son plat avec appétit. C'est bon. Elle avait oublié le fumet d'un rôti, le mœlleux d'une purée maison. C'est fou ce que l'hôpital peut isoler du monde. Elle mange en dédiant une bouchée sur deux à son petit, presque grand, puisqu'il va naître le mois prochain.

Déjà, elle lui donne le sein, elle l'endort en lui chantant les comptines de là-bas, elle respire son odeur de lait. Elle lui parle de son père avec des mots tendres, malgré la rancune qui l'étouffe. Qu'au moins ce pauvre gamin sache qu'il n'est pas né de l'Immaculée Conception. Rolande revient.

— Bravo ! s'exclame-t-elle, au moins j'appelle ça manger. C'est bien, ma chérie. Je t'apporte le dessert.

En attendant la suite, Léone croise le regard d'un homme accoudé au comptoir. Il lui sourit, elle sourit à son tour. Puis le gars lui tourne le dos, respectueux. Léone lui en sait gré. Ce sourire échangé est la plus belle chose qui lui soit arrivée ce matin. Seulement, elle n'en profite pas longtemps. Ce salaud de Mécano la ramène à nouveau.

C'était un dimanche d'automne dans une guinguette des bords de Marne. Ils y étaient allés dîner un soir avec ses frères. Elle trouvait l'endroit magique. Les saules baignaient dans l'eau calme. Les feuilles des arbres, déjà roussies, tombaient dans la rivière et étaient emportées au fil du courant. Le dîner avait été passablement arrosé. Son frère aîné n'arrêtait pas de remplir les verres, tandis que le cadet avait rejoint l'orchestre et l'accompagnait à l'accordéon. Mécano et elle avaient dansé, tard dans la nuit, parmi d'autres couples plus âgés qu'eux qui leur paraissaient ridicules. Ils ne cessaient de rire et de se peloter en se dandinant. Il avait la main leste, le salaud ! Mais ce qui l'excitait davantage, c'était son sourire carnassier et l'ironie de son regard.

Pourquoi songe-t-elle à cet instant de bonheur ? Sans doute est-ce le regard de l'autre, accoudé au comptoir ? Sa crème caramel avalée, elle se lève et s'approche du zinc pour payer. Le gars la dévisage avec une insistance polie. Pas de désir dans son regard, plutôt de la sympathie.

— Tu ne me remets pas ?

Léone rougit, sottement.

— Non...

L'autre sourit.

— Allez devine ! Si tu trouves, je t'offre un verre !

— Et si je ne trouve pas ?

— Je t'en offre un quand même !

Ils rient. Léone réfléchit mais ce visage ne lui dit rien. Le type est plutôt beau. Ses traits sont réguliers, ses cheveux sont bien coiffés et tenus par de la gomina. Ses yeux bleus, très expressifs, donnent l'impression qu'il n'est pas idiot. Mais à part ça, rien qui ne lui évoque un passé.

— Tu donnes ta langue au chat ?

— Oui.

— Louis !

Léone a du mal à remonter si loin. Jusqu'à ces heures heureuses au café du Balcon, jusqu'à l'école et la table de classe qu'elle partageait avec lui. Louis ! Le fils du livreur de vin. Son premier amour !

— Pardonne-moi, mais je m'attendais tellement peu à...

— Viens t'asseoir. Tu as bien une minute pour boire un coup ?

Oh oui ! Elle en a deux, cent, mille ! Ce retour quelques années auparavant est une aubaine, un cadeau du ciel, de bon augure pour l'avenir.

Ils s'installent dans un coin plus calme. Rolande vient les servir. Elle s'esclaffe comme à son habitude.

— Eh bien tu vois, ma grande, chez moi on trouve tout ! Le manger et de quoi avoir chaud la nuit !

Deux bières. Elle repart. Louis sourit mais ne dit rien. Il paraît intimidé. C'est elle qui questionne.

— Alors, qu'est-ce que tu deviens ?

— Bah ! J'ai pris la suite de mon père !

— Il est mort ?

Il hausse les épaules.

— Pas encore, mais il ne vaut guère mieux.

— Qu'est-ce qu'il a ?

— Dame ! Il a trop bu... Et toi ?

Elle ne sait pas par quoi commencer. Drôle d'impression d'avoir à la fois beaucoup vécu et au fond de n'avoir pas fait grand-chose. Elle hésite. Il hoche la tête comme s'il comprenait.

— Tu es mariée ? demande-t-il, l'air embarrassé.

Elle trouve que la timidité lui va bien. Enfin pas l'un de ces cadors qui croient emballer en deux coups de cuillère à pot avec leur sourire.

— Ma foi, non ! Mais ça ne m'empêche pas d'attendre un bébé.

— C'est pour quand ?

— Le mois prochain.

Il boit une gorgée de bière et la dévisage. Elle soutient son regard et suppose qu'il pense à la même chose qu'elle. Quand on s'est aimés à douze ans on n'oublie jamais, même si plus tard on ne se revoit pas. Mais si cette chienne de vie vous remet en présence, alors on a l'air idiot. Parce qu'un amour à douze ans ça vaut tous les amours qui viendront après. A cet âge-là, c'est de l'amour à l'état pur.

Il sourit.

— Je ne suis pas fortiche pour parler mais je voudrais te dire que je suis content de t'avoir revue.

Léone acquiesce, puis comme il faut parler pour empêcher les larmes de venir, elle reprend :

— Tu habites toujours là-bas ?

— Oui. Je monte à Paris de temps en temps pour vendre ce qu'on n'écoule pas sur place.

— Ça marche ?

— Ma foi, les gens boivent et nos produits ne sont pas mauvais.

Les effluves de vin, à la fois acides et sucrés, qu'elle respirait dans la cave, là-bas, lui reviennent en mémoire. Délicieux souvenir.

— Tu restes à Paris quelque temps ?

— Non, je m'en retourne demain par le train.

Elle a envie de lui proposer de passer la soirée avec elle. Ils visiteraient Paris, ils parleraient du bon vieux temps, elle l'emmènerait chez sa mère qui serait heureuse de le revoir... Et puis, non ! Elle sent que cela la fera souffrir. Les bons souvenirs sont parfois plus vachards que les mauvais.

— Laisse-moi ton adresse, dit-il, je te préviendrai quand je reviendrai. On pourra casser la croûte ensemble.

Elle la lui donne. Il l'écrit au dos de sa note de restaurant à en-tête Casanis, et la glisse dans son portefeuille.

Ils se lèvent, s'embrassent, sortent ensemble. Sur le perron, ils hésitent, s'embrassent encore, puis il se fond dans la foule bruyante. Elle le regarde s'éloigner et disparaître. Il ne s'est pas retourné. Il doit savoir, comme elle, qu'ils ne se reverront jamais.

Elle avance, se frayant un passage parmi les grossistes, les charettes et les voitures. Tout le monde se dépêche, s'interpelle, gueule. Il faut que tout soit en place pour l'ouverture du marché.

Léone protège son ventre de ses deux mains. Elle a peur, s'imagine des horreurs. Un de ces gars pourrait lui cogner le ventre et tuer le petit, elle pourrait être renversée et... idées stupides mais contre lesquelles elle ne peut rien. Plus loin, elle demeure immobile au bord d'un trottoir, hésitante. Le caniveau lui rappelle un ruisseau, proche de l'école des Bertins. Avec Irène, la fille de la Roncière, elle s'amusait à le sauter en revenant à la ferme. Une fois, elle était tombée à pieds joints dedans et sa mère avait fait une histoire en découvrant les chaussures et les chaussettes trempées. Du coup, le lendemain, elle avait hésité à recommencer.

Là, c'est pareil. Elle a peur de se retrouver au milieu de la chaussée et de ne plus pouvoir avancer. Pas pour elle mais pour lui, qui dort dans son ventre. Elle profite qu'un passant s'élance pour lui coller aux basques. Il ne s'aperçoit de rien. Parvenue à l'autre trottoir elle éprouve une certaine satisfaction. Le petit et elle sont sauvés.

CHAPITRE 9

Il neige ce matin-là. Léone est au fond de son lit, incapable de se lever. L'accouchement est imminent. Elle a téléphoné au Corbeau pour le prévenir qu'elle ne pourrait pas venir travailler. La nouvelle ne l'a pas réjoui. Tout ce qu'il a trouvé à dire c'est se lamenter sur le travail qui va s'accumuler, le retard que vont prendre les affaires en cours, le mécontentement des clients, etc. Léone, de bonne humeur, s'est efforcée de le rassurer. Elle reviendra dès qu'elle sera reposée. L'autre a raccroché sans même lui dire au-revoir. La cloche de Saint-Germain-l'Auxerrois sonne neuf heures. Le docteur Monnier va arriver d'une minute à l'autre. Il fait très froid. Le givre colle aux vitres et le poêle n'est guère efficace. Léone se lève avec difficulté pour se laver. Éloignée de l'évier à cause de son ventre, elle se débarbouille. L'image que lui renvoie le miroir n'est pas flatteuse mais elle s'en fiche. Elle va donner la vie et sa beauté n'a plus d'importance, enfin la beauté pour plaire. Elle trouve un autre charme à sa peau, plus blanche que d'habitude, son corps rond, ses seins énormes et tombants.

Incapable d'attendre sans rien faire, elle ouvre l'armoire pour trier les affaires à emporter à l'hôpital. Soudain, elle tombe sur la seule boîte à chapeau qu'elle possède. Remplie de mouchoirs, serviettes et torchons, elle sert aussi de cachette pour les lettres de Mécano. Sa main tremble en soulevant le couvercle. Est-ce bien le moment ? Oui. Lire ses lettres, ce sera l'associer à la naissance, l'asseoir à côté de son lit pour qu'il lui tienne la main et lui répète au long de l'effort qu'il l'aime et qu'il s'occupera de l'enfant. Elle plonge la main jusqu'au fond de la boîte et tire le paquet d'enveloppes. Une dizaine, au plus, ficelées avec du bolduc. Elle les a classées par ordre chronologique quelques jours après sa fuite. Elle s'allonge, se cale contre les oreillers, et avec l'impression de commettre un sacrilège, défait les nœuds. Cette histoire est finie, rien ne sert de la revisiter. Ce serait comme si on rouvrait les tombes chaque fois qu'on va au cimetière. L'argument ne la convainc pas et elle continue. Elle triture la première enveloppe comme s'il s'agissait d'une relique. Elle reconnaît la fine écriture de Mécano, presque illisible. Cette première lettre a été envoyée de Savoie où il était redescendu passer quelques jours au début de leur histoire. Elle s'éternise sur le timbre rouge représentant la semeuse, et le cachet. Ce jour de décembre, il l'aimait. Mon Dieu, déjà un an, songe-t-elle en tirant l'unique feuille. Le texte n'est pas long. Il n'était pas un gars à écrire. Elle ne lit pas encore le texte. C'est trop difficile. Surtout qu'elle veut y arriver sans pleurer.

— Bon, tu écoutes ? demande-t-elle au bébé pour se donner du courage, ça te concerne aussi. Tu existes en partie à cause de ces mots... *Petite, j'arrive au pays après un voyage pénible. Le chauffage était en panne dans notre compartiment et j'ai crevé de froid jusqu'à l'arrivée. J'ai beaucoup pensé à toi et à notre dernière nuit. Peut-être que je vais parler de toi aux parents ? Ça dépendra comment ils seront lunés. Ici, il neige. C'est tout blanc. Je serais heureux que tu voies le pays comme ça quand on reviendra ensemble. C'est à cette saison qu'il est le plus beau. Tu es belle aussi. Je t'aime. Mécano.*

Léone ne pleure pas, mais c'est tout juste. Chaque mot compte et déclenche des rafales de souvenirs. C'est ça la vacherie avec ce genre de lettre ! Rien de ce qu'il a écrit ne s'est réalisé. Elle n'a jamais vu ses parents et pas davantage son pays. Ce n'est pas faute d'avoir espéré, attendu, proposé. Mais quoi, c'est simplement que cela ne devait pas se faire.

Elle s'apprête à lire la seconde lettre quand la sonnette retentit. Elle se lève, passe son peignoir, range le paquet d'enveloppes dans la boîte et va ouvrir. C'est Monnier. Il entre dans l'appartement, tête baissée.

— Comment ça va, Léone ?

— Plutôt bien. Mais j'ai de plus en plus de contractions.

Elle rejoint le lit en se dandinant. Il l'ausculte.

— C'est normal. Il faut bien qu'il sorte.

Léone frissonne. A moitié dénudée, elle a froid. Pourtant, elle ne bouge pas, impressionnée par le médecin. Parfois, elle sent la pression de sa main sur son ventre. C'est chaud et cela la rassure. Elle sursaute quand il y promène la pastille glacée du stéthoscope.

Elle voit le visage de Monnier de profil. Il paraît concentré et silencieux. Ses gestes sont précis. Quand l'auscultation est terminée, il relève la tête, souriant.

— Vous n'allez pas tarder à être mère. J'appelle l'hôpital et on y va !

— Maintenant ?

— Maintenant. Je vous y emmène.

— Et Maman ?

Il lui tapote la joue.

— Je m'en occuperai. Faites votre valise. Je descends prendre un jus au café du coin. Je suis garé devant.

— Lequel ?

— Le café de l'Avenir, je crois. Vous n'avez qu'à m'y rejoindre. En vous attendant je téléphonerai pour qu'on vous prépare un lit.

Il sort. Léone s'habille. Elle s'affole, enfouissant des affaires dans son sac, puis les ressortant, indécise sur ce qu'il faut emporter. Elle regrette l'absence de Marlène, décroche le récepteur, raccroche, s'énerve. Tant pis, elle prend ce qu'elle croit utile. En fermant la porte elle se dit qu'elle reviendra ici avec un bébé et cela la fait pleurer.

Dans les escaliers, elle rencontre madame Girodet qui monte le courrier en robe de chambre. Ses bigoudis sont mal enroulés et certains ont tendance à tomber sur le côté. Léone l'aime bien. Après trente ans de labeur à garder des loges, faire des ménages, cette femme ne se plaint pas. Elle se dit même chanceuse à côté de ceux qui triment la nuit.

— Alors, ma petite Léone, on s'en va ?

— Je vais accoucher !

— Déjà ! C'est pas Dieu possible ? A croire que j'ai fait que regarder votre tête et pas votre ventre !

Elle le touche.

— Vrai ! Il est gros.

Elle lui prend son sac et le porte jusqu'au café. En la quittant, elle l'embrasse.

— Allez ! Bon courage et faites-nous un beau gars. Il y a assez de pisseuses comme ça sur terre. Je mettrai un cierge pour lui.

Léone la remercie et entre dans le bar. Monnier boit un café au zinc en lisant le journal. Il est seul.

— Je peux en prendre un ? demande-t-elle.

— Mon Dieu, pourquoi pas ? Si vous en avez envie.

Le patron apparaît. Il lui adresse un beau sourire. Elle lui serre la main.

— Je voudrais un café.

Il se tourne vers le percolateur.

— Alors ça y est, il va montrer le bout de son nez ?

— Ou elle, suggère Monnier.

Le cafetier se retourne et plonge son regard bleu dans celui de Léone. Elle éprouve une appréhension, mais parvient à la dominer.

— Ce sera un garçon.

Monnier rigole.

— Comment vous le savez ?

L'autre hausse les épaules.

— Vous les docteurs, vous regardez le ventre, moi je regarde les yeux. Et dans les siens, j'y vois un garçon.

Léone sourit mais elle a peur que le bonhomme lui annonce une catastrophe.

— Tout va bien se passer ? demande-t-elle d'une voix timide.

— Mais oui ! répondent le cafetier et Monnier.

Les deux hommes éclatent de rire. Léone aussi.

— Bon, ce n'est pas le tout, reprend Monnier, il faut y aller. Sinon c'est ici qu'elle va le faire, le gamin.

— Ce ne serait pas bien grave... répond l'autre.

Il refuse que le médecin paie les cafés puis il les accompagne jusqu'à la porte. Monnier sort. Avant que Léone n'en fasse de même, il lui pose la main sur l'épaule.

— Tout ira bien.

Léone le remercie. Lui, elle le croit sur parole.

L'Aronde sent le tabac froid. Le cendrier déborde. Cela lui donne envie de fumer.

— Je peux en griller une avant de rentrer à l'hôpital ?

Monnier hausse les épaules.

— Je n'y vois pas d'inconvénient...

Il lui tend son paquet de Gitanes après en avoir pris une. Elle l'allume et tousse.

La chute de neige s'est interrompue et la couche qui recouvrait les trottoirs ce matin n'a pas tenu. La circulation est dense. On hésite à avancer de peur de glisser. Heureusement, il n'y a pas loin des Halles à l'Hôtel-Dieu.

Elle essuie la vitre embuée pour mieux voir ce qui se passe dans la rue. Place du Châtelet, l'enchevêtrement des véhicules, le concert de klaxons, les invectives que se lancent certains automobilistes la font rire.

— Ce serait grave si j'accouchais dans la voiture ?

Monnier éclate de rire.

— Vous savez, on peut accoucher dans des conditions bien pires. J'en ai vu d'autres pendant la guerre.

Ils avancent de quelques mètres. Bientôt ils seront sur le pont Notre-Dame et seront sauvés.

— Vous étiez où durant la guerre ?

Il ne répond pas. Elle n'insiste pas. Elle a seulement l'intuition qu'il n'était pas un planqué.

Ils pénètrent dans la cour de l'hôpital. Léone est impressionnée. Les hauts bâtiments, la multitude de fenêtres à chaque étage, le ciel gris lui donnent l'impression de se trouver dans une cour de prison, sale, à cause de la neige souillée par les va-et-vient. Monnier porte sa valise et l'entraîne vers le pavillon réservé à la maternité. Elle s'appuie sur son bras de peur de glisser.

Son cœur cogne. Sa gorge se contracte, son ventre lui fait mal. Dans quelques minutes, elle va se retrouver seule, à attendre l'accouchement. Peut-être le sera-t-elle pour la naissance, si ça se passe trop vite ? Elle a une trouille d'enfer, répète à Monnier de prévenir sa mère, lui demande si ce sera douloureux.

Dans les étages, ça sent l'éther, le mercurochrome, l'eau de javel et d'autres odeurs mêlées de vie et de mort. A Léone, ça lui serre la tripe. Elle pense que le bébé ne va pas apprécier. Des infirmières en blouse blanche montent et descendent, l'air affairé ou absent, pressées par on ne sait quelle urgence. Monnier l'abandonne dans un couloir.

— Attendez-moi là, je vais voir le responsable du service.

Elle ne bronche pas, heureuse de s'asseoir, de pouvoir respirer, de se préparer à un mystère douloureux. Il s'agit maintenant de faire face à sa peur, sans filets, comme une grande. Un sentiment de révolte gronde en elle. Bon Dieu ! Elle n'est pas une grande ! Pas encore ! On l'est quand on a été aimée par un homme, vraiment ! Pas comme elle par Mécano. C'était de l'amour pour rire, pas pour faire un gosse. Pas pour se retrouver Maman avant d'avoir été femme. Pas pour être une enfant qui donne naissance à un autre enfant. Non, non et non ! Elle prend appui sur ses mains pour alléger le ventre qui pèse de plus en plus. Une jeune femme, perdue dans une chemise de nuit trop grande, s'assoit à côté d'elle. Elle semble exténuée. Elle sourit à Léone qui sourit à son tour. Un regard de l'inconnue sur le ventre arrondi de Léone, et puis des larmes silencieuses.

— Gardez-le, dit-elle, gardez-le. Je vous le souhaite.

Léone veut répondre. Mais la femme s'est relevée et s'éloigne, le pas lent, en faisant claquer ses mules.

Léone porte ses mains à son ventre. Ce ne sont pas ces quelques mots qui l'auront rassurée. Mais nom d'un chien, que fait Monnier ? Elle en a marre de ces patientes qui passent et repassent, de ces infirmières qui cavalent, de ces odeurs qui lui lèvent le cœur. Soudain, il apparaît au détour d'un couloir accompagné d'un géant, le visage coupé à la serpe, presque imberbe. Ils s'approchent. Monnier présente son compagnon.

— Tenez Léone, voici le docteur Hochez. C'est lui qui va vous accoucher.

Le médecin lui serre la main.

— Alors, voilà la pistonnée ! s'exclame-t-il, souriant. Deux confrères qui m'appellent rien que pour vous. Pas de risque qu'on vous oublie. Allez, suivez-moi.

Elle avance devant les deux médecins qui continuent de converser. Elle se sent mieux. Ce docteur lui plaît. Fort comme il paraît être, il ne peut rien lui arriver. Cependant, elle regardera ses mains. Pourvu que ce ne soient pas des battoirs qui lui abîment son enfant.

Elle se retourne. Hochez salue Monnier. Les deux hommes rient, puis se séparent. Le géant s'approche et la prend par l'épaule avec une délicatesse inattendue.

— Il ne faut pas avoir peur, jeune fille. C'est la peur qui fait mal.

— Mais je n'ai pas peur !

En le disant, Léone a senti que ça sonnait faux. Il éclate de rire.

— Ça se voit !

Ils traversent un couloir, puis un autre. Toujours la même tristesse. Des murs à la peinture écaillée, le linoléum taché ou entamé. Il l'invite à entrer dans une pièce très vaste, aux murs nus. Un bureau vert de gris comme tous ceux de l'administration, un lit d'auscultation et un paravent. Grâce aux immenses fenêtres en ogive, l'endroit est lumineux, presque accueillant.

Léone, intimidée, demeure debout. Il furète dans un tiroir sans rien y prendre puis s'avance vers elle.

— Je vais vous ausculter puis vous irez vous coucher.

Elle se déshabille, honteuse de laisser voir son corps difforme qu'elle ne reconnaît plus. Allongée, les pieds posés sur les étriers, elle ferme les yeux. Une brusque envie de dormir la saisit tandis que le médecin la palpe avec douceur.

— Vous n'avez pas froid ?

Léone secoue la tête. Elle n'a plus la force ou l'envie de parler. Elle est ailleurs, n'a plus peur. Comme si elle avait décroché du réel. Elle vient d'accepter vraiment la naissance de son petit. Cette métamorphose est inattendue, incompréhensible. Mais cela n'a pas d'importance. Au contraire ! Une onde de bien-être l'envahit et la réchauffe. Le mystère s'éclaircit. Encore fille, elle va devenir femme. D'enfant elle deviendra mère. Le docteur a terminé. Elle ouvre les yeux. Il lui sourit.

— Tout va bien... Je le crois même impatient de venir jeter un œil dehors.

— Mais il ne pourra plus rentrer.

— Il n'en aura pas envie !

Il lui tapote le ventre.

— Bon ! Il peut arriver très vite. Alors au lit et sous surveillance. Une sage-femme viendra vous voir régulièrement dans votre chambre.

Il lui tend une chemise de nuit blanche. Elle se relève et l'enfile. La tête lui tourne. Le docteur, assis à son bureau, remplit une fiche. Elle rassemble ses vêtements et s'assoit.

— Je le sentirai quand ce sera le moment ?

— Ne vous inquiétez pas... répond-il sans relever la tête. La nature a bien fait les choses.

Le silence s'installe. Léone tourne la tête vers les fenêtres. Le ciel est plombé, lisse. Avec un peu de chance, il va neiger. Elle en serait tellement heureuse pour le bébé. Elle éprouve une joie enfantine, comme lorsqu'elle peignait des paysages de campagne enneigés sur des cartons de boîtes à gâteaux. Une rivière bordée d'arbres... Une maison avec une roue... Elle ne se souvient plus pourquoi. Peut-être était-ce un moulin ? Ce jour-là, elle avait montré la peinture à Julia qui avait haussé les épaules. Elle lui en avait voulu d'avoir été indifférente. Surtout au halo de soleil hivernal qu'elle avait eu tant de mal à rendre. Elle s'était battue pour qu'il dissipe la tristesse du paysage. Cette lumière blanche, filtrée par la grisaille, exprimait quelque chose d'elle, comme une signature.

— Alors, jeune fille, on rêve ?

Elle sursaute et acquiesce. Hochez l'invite à le suivre. Le silence qui règne dans le couloir la surprend. Au détour d'un escalier, ils croisent une infirmière. Le médecin s'arrête.

— Odile ! Ça tombe bien. Je vous amenais une future Maman. Emmenez-la à la chambre 7 et prévenez-moi quand ce sera bon. Ça ne devrait pas traîner.

Il lui tend la fiche qu'il a remplie dans son bureau puis donne une tape sur l'épaule de Léone.

— Je passerai vous voir...

Léone hoche la tête. Elle voudrait lui dire quelque chose mais les mots ne viennent pas. Trop tard. Il dévale déjà l'escalier et Odile la prend par le bras, comme le fait Marlène. Réconfortée par ce geste, Léone s'abandonne légèrement. Tandis qu'elles avancent d'un pas tranquille, la sage-femme parcourt la fiche.

Léone lit les numéros des chambres qui se succèdent. Plus que trois... deux... Enfin, la 7 ! Elle marque un temps d'arrêt avant de pénétrer dans la pièce. Ce n'est pas la crainte, non ! Plutôt le désir d'aimer l'endroit. C'est là qu'il entamera sa vie, qu'ils l'entameront.

— Alors vous venez ? demande Odile qui l'a précédée.

Elle entre. C'est propre... Cette première impression lui suffit. Elle s'allonge sur le lit avec précaution et se cale contre l'oreiller qu'Odile lui tient. Elle tire la couverture. Tout va bien. Odile approche une chaise près du lit et s'assoit.

— Je peux vous appeler par votre prénom ?

Léone lui sourit.

— Bien sûr.

— Il faut qu'on fasse connaissance. Vous savez, c'est moi qui vais vous accompagner jusqu'à ce que tout soit terminé.

Léone acquiesce. Cette femme lui plaît.

— Je vais peut-être vous surprendre, mais pour moi, la seule chose qui m'importe c'est de savoir si vous êtes heureuse d'attendre votre bébé.

Léone tressaille. Elle ne s'attendait pas à cette question. Elle cherche ses mots. Heureuse ? Oui... Non... Si...

Odile prend sa main dans la sienne.

— Pardonnez-moi. Je suis allée trop vite en besogne.

Léone l'interrompt.

— Non, non...

Au contraire, elle a envie de parler, de lui dire plein de ces choses douloureuses qui lui encombrent la pensée. Mécano... Sa mère... Sa peur d'accoucher... Son corps qu'elle n'habite plus... Son avenir à deux... Elle serre la main d'Odile et croise son regard.

— Euh...

Les deux femmes se regardent un moment, puis Léone éclate de rire. De l'un de ces rires qui font pleurer et secouent le ventre. Elle ne se retient pas. C'est trop bon, pour elle, pour lui, pour le monde entier ! A ses côtés Odile rit comme elle. Leurs mains se détachent. Léone se redresse pour respirer. Elle essuie ses yeux. Odile s'est levée pour l'aider.

Enfin, elles se calment, reniflent, se mouchent, soupirent. Odile s'assoit à nouveau et secoue la tête.

— Mon Dieu, ça faisait longtemps que ça ne m'était pas arrivé !

Léone a posé ses deux mains à plat sur son ventre.

— Moi aussi !

Elle tend la main vers la poire électrique et allume. Dehors, la nuit est tombée sans qu'elle s'en apercoive. Odile se redresse.

— Bon, c'est pas le tout de rire ! J'ai d'autres mamans qui attendent...

Elle s'apprête à sortir quand Léone la rappelle.

— Madame... Je suis heureuse...
— Je sais.
— Madame...
— Appelez-moi Odile !
— Odile... Je... Je...

Elle soulève la couverture, relève sa chemise de nuit et désigne alors son ventre. La sage femme s'approche, regarde.

— Mon Dieu ! Vous perdez les eaux ! Il va venir !

Elle embrasse Léone sur le front.

— Détendez-vous, j'appelle les infirmières et le docteur.

Léone acquiesce. L'inquiétude commence à sourdre en elle. Son cœur cogne. Elle devine que c'est la peur de souffrir. De nouvelles contractions se déclenchent, plus fortes que les précédentes. Oui, elle a mal, de plus en plus ! Mais que font-ils ? Pourquoi la laissent-ils seule ? Il pourrait arriver n'importe quoi ! Et Julia ? Pourquoi n'est-elle pas là ? Monnier l'a prévenue depuis longtemps ! Une contraction plus violente que les autres lui arrache un gémissement. Pour se soulager, elle se cale sur le dos, écarte les jambes. Rien n'y fait. Une douleur vive lui fouaille les entrailles. Elle commence à transpirer, voudrait se défaire de cette chemise de nuit entortillée autour de sa taille qui l'empêche de respirer. Mais elle n'a pas la force de se soulever. Et le petit qui s'agite ! Elle sent ses pieds, ses mains et cette pression intense, volontaire, exigeante qui l'oblige à respirer par saccades.

La porte de la chambre s'ouvre. Elle tourne la tête, veut parler, au lieu de quoi elle pousse un cri, tellement la douleur qui lui déchire le ventre est fulgurante.

Entouré d'un médecin et d'une infirmière, le docteur Hochez l'ausculte, tandis qu'Odile desserre l'étau de la chemise de nuit et tamponne le front de Léone avec un linge frais.

— Pas la peine de la transporter ! décrète Hochez, elle a largement entamé le travail. Au train où ça va, le petit risquerait de naître dans le chariot.

Tout le monde rit, sauf Léone qui se débat contre la douleur qui lui enflamme le bas-ventre. Hochez s'approche d'elle. Il ressemble à un ogre tellement il paraît imposant.

— J'ai mal ! crie-t-elle.
— C'est normal, répond-il calmement.
— Non !

En même temps, elle entend la voix réconfortante d'Odile qui lui répète de respirer profondément au rythme des contractions.

— Poussez !... Poussez !

Léone sent les deux mains du docteur posées à plat sur son

ventre et qui exercent une pression régulière. C'est Mécano. Penser à Mécano. Ça lui fait du bien !

— Allez Léone ! Ça ne durera pas longtemps ! On voit déjà son crâne !

Elle s'est cramponnée aux montants du lit. A nouveau une douleur déchirante. Elle crie, pleure, gémit, supplie qu'on arrête.

— On ne peut pas. Allez !

Elle hurle, tente de se relever. Odile et Hochez l'en empêchent. Elle s'abandonne. Elle va mourir... Tant pis... Une voix lointaine lui parvient.

— C'est presque fini !

Elle s'en fiche. Elle est ailleurs, loin, très loin. Elle a décroché. Elle est morte.

— C'est un garçon !

Soudain, un poids sur sa poitrine. C'est lui ! Elle referme ses bras et le serre contre elle. Lui parviennent des voix, des phrases indistinctes. Elle sombre dans le sommeil avec bonheur en songeant qu'elle vient de donner un fils à Mécano.

Ouvrir les yeux, il le faut ! Mais Dieu que c'est dur ! Plongée dans cette mystérieuse obscurité intérieure, elle se sent si bien. Elle voudrait rattraper son rêve qui s'effiloche, le rejoindre pour échapper à la douleur lancinante qui lui lacère le ventre. Pour ne plus entendre ses veines cogner à ses tempes.

Enfin, elle ose regarder, cherche à se relever, mais c'est au-dessus de ses forces.

— Ne bouge pas ma chérie !

Julia vient de se lever. Elle l'embrasse.

— Où est-il ?

— Ne t'inquiète pas. Je vais demander qu'on te l'amène.

— Il va bien ?

Julia sourit et lui passe un gant frais sur le front.

— Mieux que toi.

— Va le chercher ! Je veux le voir.

Sa mère à peine sortie, Léone sent l'impatience la gagner. Elle veut être certaine qu'il est beau, qu'il n'a pas souffert. Découvrir qu'il ressemble à Mécano. Peut-être même que c'est lui qui va le lui présenter ? C'est ça ! Il est resté caché derrière la porte pour lui faire la surprise.

On entre. Julia laisse le passage à Odile qui pousse le petit berceau sur roues. Cette fois-ci, Léone trouve la force de se relever. La sage-femme lui tend l'enfant endormi. Elle le prend, le dévisage, l'embrasse, le sert contre sa poitrine et éclate en sanglots.

Asphyxiée par la joie, elle ne peut rien exprimer de la ribambelle de pensées qui font la sarabande dans sa tête, de ce magma d'amour bouillonnant qui l'habite de la tête aux pieds. Elle lui promet tout, lui donne tout, elle est là, sera toujours là.

Odile et Julia la regardent, silencieuses. Quand elle croise leurs regards, elle sourit.

— Il est beau, hein ?

— Il aura surtout une bonne nature ! répond Odile en s'approchant. N'oubliez jamais qu'il est né d'un fou rire !

Elle lui reprend l'enfant.

— Déjà ?

— Ne vous inquiétez pas ! Il dort dans la pièce à côté. Dès demain vous pourrez le voir autant que vous voulez. Mais pour l'instant, il faut vous reposer.

Julia le prend à son tour dans ses bras. Elle le dévisage, l'embrasse et l'allonge délicatement dans le berceau.

— Je suis Maman ! Je suis Maman ! répète Léone.

Elle se tourne vers Julia.

— Tu es heureuse ?

— Très.

La sécheresse de la réponse n'échappe pas à Léone mais elle préfère se taire. A quoi bon ? Elle sait trop ce que pense sa mère.

Quand Odile repart Julia vient s'asseoir près du lit et sort une pelote de laine. Léone se tourne vers elle. Face à ce visage fermé, creusé de rides, elle ne trouve rien à dire. Et pourtant ce n'est pas l'envie qui lui manque. Elle voudrait tellement partager sa joie avec elle.

— Maman ?

— Oui ?

— Je voudrais que tu l'aimes.

Julia ne redresse pas la tête et continue d'enfiler les mailles les unes après les autres.

— J'ai pris de la laine bleu clair pour sa layette, je trouve que...

— Maman !

Julia pose son ouvrage sur ses genoux et la regarde.

— Oui !

— Ton petit-fils vient de naître ! Tu devrais être... Je ne sais pas moi... heureuse !

Julia hausse les épaules.

— Heureuse ! Je l'ai été quand ton père était là. Je croyais même que ce serait pour toujours. Être heureuse ? Tu parles ! C'est comme ça que le jour où la vie vous rappelle à l'ordre, on est perdue.

Malgré son bonheur qui reflue, son ventre douloureux, sa colère, Léone veut encore y croire. Non, la vie n'est pas celle que décrit sa mère !

— Arrête de parler comme ça, Maman. On dirait que pour toi vivre est une pénitence.

Julia reprend son ouvrage.

— Tu ferais mieux de lui trouver un nom.

Léone tourne la tête vers la fenêtre et se laisse glisser sous la couverture pour étouffer la révolte qui sourd en elle. Elle ne supporte plus d'aimer sa mère et de devoir la détester en même temps. Surtout en ce jour qui devrait être celui de la communion des mères ! Elle a envie de pleurer, mais s'y refuse. Plutôt se concentrer sur le nom à donner à son fils, sur l'avenir. Sa première idée, c'est de lui donner celui de Mécano, l'absent, et qui le restera, maintenant elle en est convaincue. Jacques. En même temps elle pressent la souffrance qu'elle va s'imposer à devoir appeler son fils par le nom de celui qui les a abandonnés. Pourtant le désir est là, impérieux. Ce sera l'épitaphe de leur amour.

— Je veux l'appeler Jacques, dit-elle en se retournant.

Julia ne répond rien mais manque une maille. Léone sourit. Sa mère a beau se retrancher derrière une carapace, elle ne parvient pas toujours à maîtriser ses émotions.

— Qu'est-ce que tu en penses ?

— Au moins, avec un nom pareil, Dieu commencera peut-être à le favoriser...

— Pourquoi ?

— C'est ce que signifie Jacques.

— Mais pourquoi commencera ?

— Parce qu'il ne l'a pas été jusqu'ici...

Léone se sent épuisée. Ces discussions avec sa mère l'ont toujours vidée. Julia interrompt son travail et relève la tête.

— Tu devrais lui donner plusieurs autres prénoms.

— Lesquels ?

— Je ne sais pas moi... Celui de ton père, et puis d'Oncle René qui est mort à la guerre. C'est ce qu'on fait, normalement.

Léone hausse les épaules.

— Je préfère qu'il porte le nom d'un vivant...

— Ceux dont je parle étaient des héros, pas lui !

Julia se lève et prépare ses affaires.

— Oh, et puis tu fais comme tu veux, ma fille. Après tout, c'est ton fils ! Je vais aller le déclarer. Je reviendrai demain matin avec tes frères.

Elles s'embrassent, sans chaleur. Léone ne fait rien pour la retenir. Au contraire, elle est impatiente de se retrouver seule et de penser à Mécano, de divaguer parmi les histoires qu'elle se raconte à son propos. Elle sait que c'est vain, mais qu'importe. Aujourd'hui il est vraiment devenu le père de Jacques et à ce titre, il doit être associé à la vie de son enfant, avoir un vécu qu'elle racontera au petit pour lui expliquer l'absence.

Voilà... Ton père était un homme formidable. Très beau, très amoureux. Et il voulait un enfant. Oui, oui ! Vraiment ! Mais il a dû partir très loin pour un travail et il n'est jamais revenu... C'est idiot ! Des mots bien pauvres pour expliquer l'inexplicable. Non ! Ce n'est pas cela qu'il faudra faire. Si Mécano ne réapparaît pas dans les prochaines semaines elle trouvera un nouveau père qui reconnaîtra Jacques et qu'elle tâchera d'aimer comme Mécano. Ce projet la réconforte tellement qu'elle s'endort sans même s'en apercevoir.

CHAPITRE 10

Le sifflet de la locomotive retentit à plusieurs reprises. Tandis que le convoi s'ébranle, des retardataires sautent sur le marchepied. La voiture peine à se mettre en mouvement, grince, tremble, avance par à-coups avant de prendre de la vitesse. Le roulement, cadencé par les raccords des rails, devient harmonieux au sortir de la gare de Lyon.

La tête appuyée contre la vitre, Léone efface la buée pour mieux voir l'enchevêtrement des voies et des trains auréolés par les volutes de fumée des locomotives. Les wagons apparaissent, disparaissent, se frôlent, s'éloignent. Un peu plus loin, l'entrelacs des rails contraste avec le tapis de neige glacée. En chaque ligne, Léone voit un destin en croiser un autre, l'épouser parfois, puis s'en détacher. Parmi celles-ci, elle imagine la sienne et celle de Mécano, celle de Jacques aussi, qu'elle serre contre sa poitrine. Peut-être, un jour, se réuniront-elles à nouveau...

Les vagissements du bébé la sortent de sa torpeur. A côté d'elle, Julia sort une serviette de son sac.

— Tu devrais lui donner le sein maintenant...

Intimidée, Léone jette un coup d'œil furtif sur les six personnes présentes dans le compartiment. Découvrir son sein devant tout ce monde lui paraît insurmontable. Surtout devant les deux hommes assis en face d'elle, un père et son fils, qui ne détournent pas le regard. Heureusement, une femme installée sur la même banquette qu'eux leur fait signe de sortir dans le couloir. Léone lui sourit pour la remercier.

— C'est normal, je sais ce que c'est ! répond-elle en se rapprochant pour admirer l'enfant.

Affamé, ce dernier s'est précipité sur le sein et tète avec application.

— Comme il est mignon ! répète l'inconnue. Quand je pense que ça devient si grand et si bête !

D'un signe de tête, elle désigne son fils, à l'extérieur. Léone, fière de la reconnaissance de cette mère, découvre le visage du bébé à son intention. La femme soupire.

— A se demander pourquoi on fait des gosses. Avec leur guerre d'Indochine et ces scandales !

Léone opine, vaguement au courant de cette histoire de généraux-espions qui défraie la chronique.

— Surtout que j'ai un fils là-bas ! reprend l'autre. Il ne peut pas m'écrire ce qu'il veut avec la censure mais je comprends entre les lignes, va ! Celle-là, on la perdra aussi. Remarquez, ça ne nous changera pas. On les a toutes perdues.

Léone n'a pas d'avis sur la question. Seul le mot Indochine a capté son attention. C'est drôle, mais ce pays, elle a l'impression de le connaître.

A l'époque, en compulsant le dictionnaire, elle traversait les plantations d'hévéas, descendait les fleuves et les rivières au flot majestueux, contemplait les rizières à perte de vue, où des hommes et des femmes laborieux pataugeaient dans l'eau jusqu'à mi-cuisse. Une image l'avait frappée. On y voyait un buffle cornaqué par un enfant assis à califourchon sur son garrot. Il s'en dégageait une atmosphère de quiétude, de bonheur qui l'avait attirée. C'était un symbole de paix, pas de guerre comme celle que raconte sa compagne de voyage.

— ... il paraît qu'ils coupent les têtes pour un oui ou pour un non ! Remarquez, je l'ai toujours entendu dire. Le péril jaune nous guette, croyez-moi.

Julia abandonne son travail de couture et relève la tête.

— On peut toujours se battre ! Ils sont tellement nombreux. Des morts inutiles, tout ça !

La femme approuve, contente de trouver une interlocutrice. Bientôt, la conversation roule sur ceux qu'elles ont perdus à la guerre. Évidemment, Julia évoque Alfred et la grande guerre. Le chemin des Dames... Verdun... Les tranchées... Les canons et cette peur des femmes de voir un matin le nom de l'être cher figurer sur un monument aux morts.

Tout en berçant le bébé pour provoquer un rot, Léone tend l'oreille. Chaque fois que sa mère évoque Alfred, c'est la même chose. Elle cherche à saisir l'infime détail qui enrichirait le portrait de son père, le lui ferait mieux connaître, la rassurerait... Mais rien ne se dit qu'elle ne sache déjà. L'homme était un héros, un vrai de vrai, qui croyait en la France.

Le père et son fils qui attendaient la fin de l'allaitement rentrent et s'installent à l'autre extrémité du compartiment. Léone les remercie d'un sourire, puis, lasse, installe le bébé sur son ventre pour qu'il s'endorme.

Bercée par le roulis, elle s'absorbe dans la contemplation de la campagne recouverte de neige. Le paysage immaculé l'emmène loin d'ici, dans ces montagnes inconnues que Mécano promettait de lui faire découvrir.

Un soir de décembre, leurs corps mêlés sous la couverture, il lui avait raconté une descente aux flambeaux à laquelle il avait participé lors d'un Noël d'enfance. Il lui avait décrit ses skis de bois, ses grosses chaussures de cuir regorgeant d'eau, les lanières qui retenaient mal ses pieds, et la peur panique qu'il avait éprouvée en dévalant la pente dans le froid et l'obscurité.

— Tu comprends, on ne voyait rien, sinon les ombres des gars à la lueur des torches. Et puis la nuit, on a toujours l'impression qu'on va tomber dans une crevasse.

Elle l'écoutait, impatiente de connaître cette émotion. Ne lui avait-il pas promis de l'initier au ski ?

— Casse-cou comme tu es, je suis sûre que tu n'aurais pas peur ! avait-il dit.

C'est vrai ! Elle n'aurait jamais eu peur à ses côtés. Il inspirait tellement confiance. Dans son rêve, elle glisse de plus en plus vite. C'est blanc, immaculé, pur, et pourtant autour d'elle, c'est la jungle chaude et tropicale, des rizières à flanc de pente.

Soudain, elle sent une main sur son épaule, perçoit une voix lointaine. Julia la prévient qu'elles sont bientôt arrivées et qu'il faut se réveiller. Léone sursaute, surprise par une impression de froid sur sa poitrine. Le petit n'est plus sur elle.

Julia la rassure.

— Ne t'inquiète pas ! Comme tu t'es endormie, j'ai préféré le prendre. J'avais peur qu'il tombe.

Cela fait plaisir à Léone. En aimant Jacques, c'est elle que sa mère aime. Quand cette dernière le lui tend, elle refuse de le reprendre.

— Non, non. Je vais m'occuper de la valise. Il faut que je me réhabitue.

Elles saluent leur voisine qui embrasse l'enfant, puis elles sortent du compartiment. Le chef de gare annonce deux minutes d'arrêt. Julia s'inquiète de ne pas parvenir à temps à la porte.

— Tu te rends compte ! Ils seraient obligés de venir nous chercher à Nevers.

— Allons, Maman ! Un train ne repart pas comme ça.

Dehors, emmitouflée dans un châle noir, Anna est là, le visage radieux. Elle ne prend même pas le temps d'embrasser Léone et Julia.

— Montrez-moi ce galopin !

Julia le lui tend. Anna l'enveloppe dans son châle et admire la petite bouille rose émergeant de la cagoule en laine blanche.

— Mon Dieu, qu'il est joli ! Comme tu l'as réussi ! Et avec ça, un air de famille.

Julia hausse les épaules.

— Je me demande bien de quel air tu parles.

Anna fait la grimace.

— Il a le nez et le menton de chez nous, je te dis.

Léone éclate de rire. Elle adore ces chamailleries entre sa grand-mère et sa mère. Autant de témoignages d'un amour qui ne veut pas s'avouer.

— Tu te rends compte, dit-elle à Anna, quatre générations sur le même quai de gare !

— Dame ! Peu de chances qu'il y en ait cinq un jour.

Léone l'embrasse.

— Allons, mémé, tu n'es pas prête de te laisser avoir !

Bougonnante, Anna trottine devant les deux femmes, impatiente de montrer le petit à Auguste qui attend dans la voiture à cheval.

— Ah, le bougre, il aurait quand même pu venir porter la valise !

Léone suit Anna au plus près. Elle veut voir le premier regard que son grand-père portera sur son enfant. C'est très important pour elle. Ce regard, elle veut qu'il soit comme une reconnaissance de filiation, le signe que Jacques appartient bien à la famille.

Elles sortent de la gare. A quelques pas, la voiture à cheval. Comme d'habitude, Auguste est assis sur la banquette avant, sa papier-maïs éteinte aux lèvres.

— Auguste ! Regarde-donc comme il est beau ! s'exclame Anna.

Léone suit avec difficulté, les jambes battues par la valise. Auguste ne se retourne pas. Enfin, elles arrivent essouflées à hauteur du marchepied. Le regard du vieux croise celui de Léone.

— Viens donc m'embrasser !

Léone lâche la valise, fait le tour de la voiture et grimpe sur la banquette. Son grand-père la prend dans ses bras et la serre contre lui. Ils demeurent un long moment ainsi.

— T'as bien fait de faire un gars, va ! murmure-t-il, il y a trop de donzelles chez nous.

Léone éclate de rire.

De l'autre côté de la voiture, Anna s'énerve.

— Mais enfin tu vas le regarder, tête de mule !

Auguste se retourne, un sourire ironique aux lèvres.

— Tais-toi donc et monte à côté de moi. Il fera le voyage le nez au vent. Faut l'endurcir ce gamin.

Silencieuses, Julia et Léone sont assises à l'arrière, à l'abri de la capote en vieux cuir noir craquelé. Emmitouflée dans son épais manteau, Léone regarde la campagne couverte de neige. Comme naguère, lorsqu'elle se baladait à vélo, elle nomme dans sa tête chaque propriétaire des maisons bordant la route. Autant de familles dont elle connaît l'histoire, les filiations, les drames parfois... En traversant Sainte-Hélène, elle se souvient d'Odette, une cousine éloignée, dont le mari, maréchal-ferrant, était très malade.

— Dis-donc, qu'est-ce qu'il est devenu, Albert ? demande-t-elle à Julia.

Celle-ci ne répond pas. Elle émerge de la torpeur paralysante qui l'envahit chaque fois qu'elle retrouve le pays. Avec la mort d'Alfred, elle lui a abandonné la part la plus joyeuse d'elle-même. Il n'est pas une maison, un champ, un arbre qui ne lui rappelle ces heures les plus heureuses de sa vie. Albert ? Elle rassemble ses souvenirs. C'était un ami d'Alfred, l'un de ses compagnons de tranchée.

— Il est mort le pauvre vieux ! D'un mauvais rhume je crois.

Léone n'insiste pas. Elle a perçu dans la voix de sa mère cette inflexion de douleur qu'elle lui connaît bien.

Au loin, la tour du château de Passy, en ruines, se dresse comme une sentinelle au-dessus du paysage immaculé. C'est beau, et cela lui donne l'envie de peindre.

Vient la forêt de chênes des Bertranges, épaisse et sombre, qui exhale une odeur de bois en décomposition. Léone remonte son col à cause de l'air plus vif. Balayée par le vent, la neige recouvrant les branches se dissipe en nuages vaporeux. Comme le voile de cette princesse, dont l'histoire l'avait enthousiasmée dans son enfance.

Ce jour-là, au retour de l'une de ses escapades dans la campagne, elle avait jeté son dévolu sur l'almanach qui venait d'arriver par le courrier. Comme d'habitude elle avait cherché l'histoire complète, proposée dans chaque parution. Cette fois-là, on présentait celle du *Miracle des loups*. Attirée par le titre, Léone s'y était plongée. Il s'agissait de l'étrange aventure d'Anne de France, fille de Louis XI, qui s'était retrouvée protégée par des loups lors d'une tentative d'assassinat commanditée par Charles le Téméraire. Poursuivie par ses assaillants jusqu'au cœur d'une forêt hostile, la meute s'était interposée en l'entourant...

La voiture ralentit l'allure et s'engage en cahotant sur le chemin de la ferme. Les chiens tournent autour en aboyant furieusement.

— Bon Dieu ! gueule Auguste, ils vont finir par passer sous les roues.

Dès que la voiture s'est arrêtée dans la cour, Léone descend, impatiente de reprendre Jacques.

— Ah non ! Tu ne vas pas me l'arracher maintenant, proteste Anna, c'est juste si j'ai eu le temps de le cajoler !

Auguste libère la jument qui se dirige toute seule vers l'écurie.

— Je vais rejoindre le fils à la Réserve, dit-il. Ce n'est pas la peine de nous attendre avant ce soir.

Les femmes courent se réfugier dans la cuisine. La chaleur dégagée par le poêle est agréable. Léone s'assoit, très lasse. Allongée, elle s'endormirait. Soudain, le petit se réveille et pousse des cris en agitant les bras.

— C'est l'heure de la tétée ! s'exclame Anna comme si c'était elle qui devait lui donner le sein.

En amenant le bébé à Léone, elle croise le regard de Julia.

— Ça ne va pas, toi ! Tu n'as pas l'air dans ton assiette.

— Non, non, ça va.

Julia ne se sent pas plus fatiguée que d'habitude. Il s'agit de quelque chose de plus complexe, d'insupportable, d'incroyable même ! Elle se sent jalouse. Oui, jalouse de l'amour passionné qu'Anna témoigne au petit. Et la voilà aspirée par son passé, quelques cinquante ans auparavant. Elle se rappelle l'indifférence sévère d'Anna à son égard, le désir qu'elle avait de la séduire pour glaner un baiser, une attention, une preuve d'affection. Elle se souvient de ses chagrins solitaires, du ressentiment qu'elle éprouvait envers son frère, plus jeune, destinataire de toutes les gâteries. C'est douloureux, au point qu'elle ne peut retenir ses larmes.

— Qu'est-ce que tu as ? demande Léone.

— Rien ma chérie. Te voir si heureuse avec Jacques...

Le mensonge est trop gros pour être soutenu plus longtemps. Elle sort dans le jardin. Saisie par le froid, elle s'arrête de pleurer et fait quelques pas vers la partie de la maison où elle fut si heureuse avec Alfred. Pourquoi a-t-il fallu qu'il s'en aille au pire moment ? L'interrogation sonne creux. Elle sait très bien qu'il n'en est pas responsable, que c'est la vie qui veut cela. Non, tout cela ne vaut pas de larmes, juste un regret. A l'âge qu'elle a, elle devrait savoir qu'on ne peut rien contre le destin, qu'il faut l'accepter en serrant les dents. Quelle gourde elle a été de se laisser aller ainsi devant sa mère et sa fille ! Elle avance jusqu'au puits, jette un œil sur le potager recouvert par la neige, puis revient à la cuisine. Plus jamais elle ne laissera entrevoir sa souffrance aux autres.

Léone vient de changer le bébé. Elle le couche avec l'aide d'Anna dans la maie aménagée pour l'occasion.

— Ta mère et ton oncle y ont dormi ! dit celle-ci avec fierté. C'est le coin le plus chaud de la maison.

Pendant ce temps, Julia prépare du café. Léone refuse d'en prendre.

— Je crois que je vais aller m'allonger.

— Tu as raison, dit Anna, tu as besoin de te reposer. Prends mon lit, je vais t'apporter une brique chaude.

Léone passe dans la chambre de sa grand-mère, celle qu'elle préfère. Elle se déshabille et se glisse sous les couvertures recouvertes d'un édredon de plumes. Transie, elle se recroqueville et attend Anna. Dans la pièce, tout se trouve à la même place. Sur le manteau de la cheminée, les médailles d'Auguste, gagnées à la guerre, sont exposées sous leur globe de verre. Au mur, entre les deux fenêtres, les photos encadrées des aïeux. En-dessous, la commode astiquée recouverte d'un napperon brodé.

Léone rassérénée, s'enfonce sous la couverture et ferme les yeux. Elle plonge dans un demi-sommeil lorsque Anna lui apporte la brique enveloppée dans du papier journal et la glisse au fond du lit. Le baiser sonore de sa grand-mère la fait sourire, puis elle s'endort dans la maison de Nif-Nif. Elle serre Jacques contre elle, de peur que le grand méchant loup ne vienne le dévorer.

En ce jour de réveillon, Léone se sent particulièrement excitée. Avec Anna et Julia, elle prépare le repas du soir dans la cuisine. Comme dit sa grand-mère, on va mettre les petits plats dans les grands. Et chez elle, ce n'est pas une expression creuse. Entre le rôti, la volaille, les fromages et le gâteau, il y a de quoi nourrir les environs. Evidemment, il y aura trop à manger, mais Anna est excessive, inquiète qu'on manque !

Léone est d'autant plus heureuse que Julia semble aller mieux. Deux ou trois fois, elle l'a même surprise à sourire ! Un événement à marquer d'une pierre blanche. Elle n'éprouve qu'un regret. Au contraire des autres années, ses deux frères ne viendront pas. Ils ont préféré rester à Paris pour faire la fête avec des amis.

Dehors, le ciel est chargé de neige, mais celle-ci ne tombe pas. Il fait trop froid, lui a expliqué Auguste, le vent souffle du nord.

L'envie la prend de sortir.

— Je vais faire un tour.

Anna et Julia la regardent, l'air ahuri.

— Mais enfin, tu te rends compte de la température qu'il fait dehors ! s'exclame Julia

— C’est vrai ma fille, renchérit Anna, c’est un coup à attraper le mal !

Léone éclate de rire.

— Quelle tête vous faites ! A vous voir on dirait que je ne vais jamais revenir.

Julia hausse les épaules.

— Faut donc toujours que tu aies la bougeotte.

Anna sourit.

— C’est sûr que c’est pas le genre cul plombé !

Les trois femmes s’esclaffent. Léone s’approche de la maie et prend le petit dans les bras.

— Je l’emmène avec moi.

Cette fois-ci, c’est trop. Anna et Julia ne rient plus.

— C’est ça ! suggère la seconde, tu n’as qu’à briser la glace et le baigner dans la mare pendant que tu y es.

Léone ne cède pas. Elle enveloppe Jacques dans le châle de sa grand-mère, le glisse sous son manteau et sort.

— Tu vas voir, murmure-t-elle à l’oreille de l’enfant, c’est beau ce que je vais te montrer.

Quand elle s’engage sur le chemin de la mare, la couche de neige, légèrement gelée, craque sous ses chaussures. Les arbres défeuillés, bordant l’allée, évoquent des hommes figés par le froid, les bras tendus vers le ciel. Elle s’arrête devant la mare recouverte d’une épaisse couche de glace. Seule, elle aurait certainement tenté de marcher dessus. Un peu plus loin, elle aperçoit l’avant d’une vieille barque qui pointe vers le ciel.

— Tu vois, dit-elle à Jacques, je venais souvent ici quand j’étais enfant. Je n’en avais pas le droit, mais tu sais j’ai toujours désobéi. Toi je te préviens, tu n’auras pas intérêt à faire la même chose. Je te l’interdirai ! Allez, on continue. Maintenant, je vais te montrer le poste d’observation que j’avais choisi.

Elle suit le chemin jusqu’à l’embranchement menant à la ferme d’en haut. Au carrefour, un chêne solitaire étend ses longues branches au-dessus de l’allée. Elle découvre le visage de Jacques et l’oriente vers l’arbre.

— Tu comprends pourquoi je m’installais là, hein ! En grimpant assez haut, je pouvais voir les allées et venues de tout le monde. J’apercevais les champs jusqu’à la route de Vieilmanay. J’étais tellement bien, que j’y laissais une boîte en fer remplie de mes trésors. Comme ça, j’étais certaine que personne ne viendrait fouiller dedans.

Elle prend le chemin du retour en continuant à lui parler.

— J’ai eu tort de la laisser là, cette boîte. Un matin, je l’ai trouvée ouverte au pied de l'arbre. Ce qu'elle contenait était éparpillé par terre. Un oiseau, probablement.

Elle s'interrompt en apercevant Julia qui vient au devant d'elle.

— Tu es folle, tu vas tuer le petit avec le froid qu'il fait !

Léone hausse les épaules.

— Arrête donc de t'inquiéter, Maman, je sais ce que je fais !

Julia lui prend Jacques des bras.

— Tu parles ! Va donc attraper une pneumonie si tu veux, mais pas lui !

Elle s'en retourne d'un pas pressé, serrant le bébé contre sa poitrine. Léone n'a pas bronché. Elle le regrette aussitôt, mais demeure immobile. L'autorité de sa mère l'a prise au dépourvu. Elle se sent tétanisée, incapable de la moindre révolte. Enfant déjà, c'était la même chose. Les larmes jaillissent, lui brûlent les yeux. Cela ne peut plus durer. Elle doit montrer qu'elle existe par elle-même, qu'elle est mère et capable de l'être ! Un frisson glacé lui parcourt le corps. Elle court jusqu'à la ferme, ouvre brutalement la porte de la cuisine. Anna et Julia, assises de chaque côté de la table, épluchent des pommes de terre.

— Qu'est-ce qu'il t'a pris ? s'écrie-t-elle à l'adresse de Julia.

Celle-ci continue son travail sans lui jeter un regard.

— J'ai fait ce qu'une mère devrait faire.

— Tu n'es pas sa mère.

— C'est vrai mais avec toi, il faut bien que je le sois un peu.

Anna se lève et entraîne Léone dans sa chambre. Elle referme la porte.

— Allons, allons, ma fille ! Ce n'est pas la peine de te mettre dans des états pareils. Julia a cru bien faire et je lui donne raison. Depuis ton départ, elle était aux quatre cents coups ! Elle vous aime, tu sais !

Léone s'assoit sur le bord du lit.

— Tu lui donnes sans arrêt raison.

— Oh ça, ma petite, ce n'est pas vrai. Et depuis longtemps. Ta mère n'était pas si commode que ça, crois-moi ! Des bêtises, elle en a fait plus qu'à son tour.

— Alors, qu'elle me laisse faire les miennes.

— Bah ! Ce ne serait pas t'aimer.

Léone redresse la tête et accroche le regard de sa grand-mère qui s'est assise dans un fauteuil.

— Parle-moi d'elle quand elle avait mon âge.

Anna pouffe d'un rire malicieux.

— C'était une chipie, comme toi !

— Non, mais dis-moi sérieusement mémé ! Je te promets, ce

sera un secret entre nous. J'ai besoin de savoir. Elle a toujours l'air si triste, si sévère. Elle a quand même dû être heureuse avec vous quand elle était jeune ?

Anna se lève en tendant la main à Léone.

— Viens avec moi, on va monter au grenier.

Léone la suit sans la questionner. Quand elles traversent la cuisine, Julia les regarde passer.

— Où allez-vous ?

— De quoi je me mêle ? répond Anna. On complote.

Elle éclate de rire en refermant la porte et se précipite vers l'escalier extérieur menant au grenier.

Grâce aux impostes, la lumière est suffisante pour se mouvoir parmi le bric-à-brac d'objets entreposés là depuis des générations. Sans hésiter, Anna se dirige vers une malle de voyage, l'ouvre et fait signe à Léone de s'approcher.

— Tiens ! Des robes, des albums photos, des babioles ! La jeunesse de ta mère. En fouillant là-dedans, tu en apprendras plus sur elle qu'avec mes discours. Allez, je te laisse.

Sur le pas de la porte, elle marque un temps d'arrêt et se tourne vers Léone.

— Je ne dis rien à ta mère. Je crois qu'elle n'aimerait pas...

Elles échangent un sourire et Anna disparaît en refermant la porte doucement derrière elle.

Le cœur battant, Léone s'assoit sur un empilement de sacs de jute. Elle veut prendre son temps, vaincre d'abord le sentiment de culpabilité qui vient de l'envahir. Elle a l'impression qu'en fouillant dans cette malle elle va commettre une mauvaise action, violer le passé de sa mère, lui dérober ses secrets, la trahir. Pourtant, la tentation est trop forte. Avec précaution, elle commence à déplacer les objets sans trop savoir ce qu'elle cherche...

Elle soulève quelques vêtements pliés. Entre deux robes, elle découvre un album photos en cuir, l'ouvre et le feuillette avec appréhension. Les clichés sont collés sur des pages cartonnées. Julia petite... Plus grande... Avec Auguste et Anna... A un mariage... Dans les champs... Léone la trouve belle. Sa longue chevelure, libérée ou en chignon, souligne l'ovale de son visage. Dommage que ce dernier soit rarement souriant. Quelques pages plus loin, la voici en mariée, tenant le bras d'Alfred. Le cœur de Léone se serre. Dieu qu'il était beau ! Quelle prestance il avait ! C'est à lui qu'elle ressemble, c'est certain. Les mêmes yeux, la même bouche, et ce sourire dans le regard ! Comme elle regrette de ne pas l'avoir connu. Elle embrasse l'une des photos, un portrait où il affiche un air martial. Son sourire à fleur de lèvres laisse deviner qu'il s'en amuse. Elle l'embrasse encore. C'est lui qu'elle aime !

Elle tourne les pages jusqu'à la fin. La dernière photo représente Alfred en bras de chemise devant la ferme. Il tient Julia par l'épaule et affiche un sourire radieux. Léone la retourne... 7 avril 1926. Elle éclate en pleurs. A cette date, Julia était enceinte d'elle. Là, devant ses yeux, ils sont tous les trois ensemble ! Sans hésiter, elle prend la photo et la glisse dans la poche de son tablier.

Elle s'essuie les yeux, se mouche et pose l'album sur le sol avant de reprendre sa fouille. Au fond de la malle, elle découvre un paquet de lettres entouré d'une ficelle. Le papier des enveloppes est jauni et piqueté de petites tâches d'oxydation. Léone reprend sa respiration. Sans doute s'agit-il des lettres échangées entre sa mère et Alfred ? Elle hésite. C'était leur intimité... Elle sent qu'elle n'a pas le droit d'y pénétrer. Pourtant, ses doigts continuent de défaire le nœud de la ficelle, d'ouvrir la première enveloppe. C'est plus fort qu'elle ! Elle veut savoir, comprendre leur amour, découvrir comment elle en a été le fruit.

Elle déplie la feuille. Le texte est dense, l'écriture est serrée et nerveuse. *Ma Julia chérie...* Léone cherche la signature. *Ton bien aimé, Jean.* Son cœur fait un bond. Aussitôt, elle regarde la date... *17 février 1926* ... Elle ne comprend pas. Sa gorge se contracte, sa bouche s'assèche, son ventre lui fait mal, très mal. Elle relit à nouveau. Ce n'est pas possible ! A cette date, Julia vivait avec Alfred ! Ses mains tremblent. Elle éprouve de la difficulté à tenir la feuille. Pourtant, il le faut. Elle doit lire tout le texte, jusqu'au bout.

Ma Julia chérie... J'ai trouvé ta lettre hier soir, dissimulée dans le tronc de notre arbre. J'étais heureux qu'il n'ait pas plu. Le trou a beau être profond, on ne sait jamais. Cela n'a pas dû être facile de t'échapper de la ferme pour venir l'y mettre. Tu imagines que je n'ai pas attendu d'être rentré pour la lire. J'étais tellement heureux que tu me redises ton impatience de me retrouver, ton désir de te réfugier dans mes bras. Je l'ai lue et relue. Oui ! J'attendrai le temps qu'il faudra. Oui ! J'accepte de rester dans l'ombre. Oui ! La vie nous donnera raison. Je suis à toi pour la vie. Je t'aime trop pour exiger autre chose. Cependant ce n'est pas facile. Quand je pense qu'un kilomètre à peine nous sépare et que nous ne pouvons nous aimer. Heureusement qu'il y a la messe le dimanche. Je n'ai jamais été aussi assidu à l'église. Heureusement aussi qu'Alfred part souvent aux foires. Vivement la prochaine. Je crois que ce samedi, elle se tiendra à Cosne. C'est très bien. Comme c'est loin, cela nous laissera beaucoup plus de temps. Je

t'attendrai à la Réserve où nous nous sommes aimés pour la première fois.
Viens dès que tu peux, je serai patient. Ton bien aimé. Jean.

Léone sanglote. Les larmes lui brouillent la vue. Ses tempes sont douloureuses, tellement le sang y cogne fort. Elle s'essuie les yeux. Les objets qui l'entourent lui semblent hostiles. Elle prend peur. Ici, ce n'est pas un grenier, c'est l'enfer ! Elle a trop chaud, trop froid, se raidit, serre les mâchoires pour ne pas hurler. Sa douleur au ventre lui arrache un gémissement, la fait se plier en deux. Elle se lève pour mieux respirer. Ses pieds heurtent le paquet de lettres. De rage elle les piétine. Des enveloppes se déchirent. Elle continue, éprouvant une joie libératrice. Puis, elle s'affale sur un fauteuil en osier. Dans la lumière déclinante, les vieilleries entassées se fondent dans l'ombre. Cela a un effet apaisant sur Léone. Elle arrête de pleurer, se recroqueville sur son siège. Elle veut disparaître de ce monde trop cruel. Au fil des minutes elle arrête sa décision. Tout remettre en place. Ne rien dire. Faire comme si.

Lentement, elle se lève, ramasse les enveloppes, recompose le paquet, le range au fond de la malle qu'elle referme. Après avoir respiré profondément, elle sort. Il fait nuit. Le vent glacé lui pique la peau des joues. Cela lui fait du bien. Pour donner le change, elle se fabrique un sourire. Une intuition lui dit qu'en elle la mort a commencé son œuvre de destruction.

CHAPITRE 11

Léone se recroqueville dans son lit. Le poêle a beau être allumé, il fait un froid de canard dans la chambre. Elle aimerait se lever, aller chercher une autre couverture dans l'armoire de l'entrée, mais elle n'en a pas le courage. Il faut dire qu'elle a plein de raisons de ne pas se lever. Un bébé sans père, une mère qui lui reproche ses choix, un avenir plus qu'incertain. Et puis une silhouette tellement épaissie qu'elle n'ose plus sortir dans la rue. Ce n'est pas le plus important, mais c'est ainsi. Elle aime plaire et en ce moment c'est impossible. Comment pourra-t-elle faire pour emballer le futur père de Jacques ? Parce que l'essentiel, c'est cela. Il faut un nouveau père au petit. Elle ne va tout de même pas attendre Mécano jusqu'à la Saint-Glinglin ! Elle ne va pas être une fille mère, élever son enfant seule, comme une veuve, tout cela à vingt-trois ans ! Avoir un enfant, cela ne signifie pas la réclusion à vie, non ?

Énervée par ses pensées, Léone se tourne vers la table de nuit, attrape son paquet de Gauloises et en allume une. Boire un café en même temps serait parfait, mais se lever est au-dessus de ses forces. Eh oui, n'en déplaise à sa mère, elle se sent lasse. L'accouchement l'a épuisée, et elle a besoin de repos. Elle se fiche bien de savoir que dans le temps, Anna, et Julia ensuite, ont accouché et se sont aussitôt remises au travail. Elle, elle veut prendre le temps de récupérer, de songer à sa nouvelle situation, d'envisager l'avenir. Tant pis pour le Corbeau. Il attendra. Marlène l'a rassurée à ce sujet. Il patientera parce que Léone est malgré tout l'une des meilleures sténos-dactylos qu'il ait connues de sa carrière. Enfin un point positif dans sa vie. Finalement, on lui reconnaît une certaine valeur professionnelle. Ce doit être vrai, parce qu'on peut dire qu'elle n'a rien fait pour séduire le notaire. Mais ce n'est pas le plus préoccupant. Du travail, elle en trouvera toujours un, un père pour Jacques, c'est beaucoup moins certain.

Après avoir écrasé sa cigarette, elle s'extirpe péniblement du lit et va jusqu'à la fenêtre. Devant la Halle, malgré le froid, la neige, le vent qui pince, les commis continuent de travailler avec autant d'ardeur. Comme d'habitude, ça pousse, ça tire, ça gueule, ça court dans tous les sens. Vraiment, elle admire ces hommes. Pas des fainéants. D'ailleurs, c'en est peut-être un comme ça qu'il lui faudrait ? Fort, courageux, avec du tempérament et de l'argent. Léone esquisse un sourire.

— Pourquoi pas le prince de Galles pendant que tu y es ? se demande-t-elle à voix haute. Tu t'es vue, ma vieille ? Rien qu'un tas qui se traîne et qui geint parce que son homme l'a quittée. Salaud !

Indolente comme une Joséphine, elle mout le café, emplit la chaussette, et verse l'eau chaude dessus. D'habitude elle serait descendue chercher une baguette et se serait fait des tartines beurrées... D'habitude ! Ce mot l'énerve. Maintenant qu'elle est mère et sans mari, il ne peut y avoir d'habitude. Il faut tout refaire, tout reconstruire, tout imaginer. Et voilà, elle fond en larmes. Comme d'habitude, justement. Ce qui la fait rire. Bref, elle perd la tête, allume une nouvelle cigarette, boit son café tout en continuant à rire et pleurer. Dans le fond il n'y pas de quoi dramatiser. Puisque Julia garde Jacques durant quelques jours, elle va en profiter. Elle va se faire belle, appeler Marlène, et faire une virée avec elle dans les magasins. Et puis elle iront prendre un chocolat chaud dans un café huppé de l'Opéra. Elle lui racontera ses inquiétudes, et Marlène la réconfortera.

Requinquée, elle prend une longue douche chaude, estime ses formes en se lavant. C'est vrai, elle a encore une sacrée paire de fesses et des seins volumineux, mais quoi, ce n'est pas dramatique. Suffira qu'elle mange un peu moins, qu'elle ne boive plus de bière et le tour sera joué. De toute manière, elle n'a jamais été une sylphide. Les hommes n'aiment pas les planches à pain. Ils veulent trouver ce qu'il faut là où il faut, disent-ils. Même Mécano le disait. Ah, le salaud, il faut encore qu'il s'immisce dans ses pensées...

C'était dans sa chambre de la rue du Faubourg-Saint-Antoine, l'une des premières fois qu'ils faisaient l'amour ensemble. Elle, était encore le genre Bécassine. On s'allonge sur le dos et l'on écarte les jambes... Mais ce soir-là, il lui avait dit que faire l'amour ce n'était pas que cela. Ça devait durer. On devait d'abord s'aimer avec les yeux, savoir attendre, prendre le temps de se caresser, de se parler. Il l'avait alors longuement embrassée en promenant ses mains douces sur son corps. Il lui avait montré des caresses qu'elle n'avait même pas soupçonnées dans ses rêves les plus chauds. Il lui avait répété que l'amour, c'était l'affaire de tous les sens. Qu'il fallait savoir regarder l'autre, le toucher, l'écouter, le respirer. Puis, il lui avait pris ses propres mains pour lui faire découvrir ce qui excitait un homme.

Au début, un peu gênée, elle avait refusé. Dans son esprit, faire l'amour de cette manière, c'était se conduire comme des bêtes.

Quand elle le lui avait dit, il avait éclaté de rire.

— J'ai jamais vu un étalon se demander ce qui excite le plus la jument !

A son tour elle avait ri, en se souvenant de quelques accouplements d'animaux qu'elle avait surpris à la ferme quand elle était gosse. Effectivement, cela n'avait pas grand-chose à voir.

Alors, au fil de leurs étreintes, elle s'était détendue, s'était montrée beaucoup plus entreprenante, inventive, jusqu'à deviner ce que Mécano pouvait attendre d'elle.

— Bon, ça suffit ! songe Léone en arrêtant le jet de la douche. Il n'est plus là alors ce n'est pas la peine de t'exciter.

Consciente que ces pensées lui ont donné envie de faire l'amour, elle se sèche rapidement et s'habille. Une robe noire en laine, un peu ample, fera l'affaire. Debout, devant la glace de l'armoire, elle tourne sur elle-même.

— Ma foi, tu la remplis bien, comme dirait Anna.

Mais enfin, ce n'est pas catastrophique. Encore un mois ou deux et elle pourra à nouveau plaire aux hommes. Elle s'assoit devant le miroir posé sur la table et entreprend de se maquiller. Elle y renonce. Après tout, son teint naturel s'accorde mieux à ses rondeurs. Cela évoque davantage la femme qui vient d'accoucher. Satisfaite, elle allume une cigarette. Il est temps d'appeler Marlène. Avec un peu de chance, celle-ci pourra échapper au Corbeau un plus tôt que d'habitude.

C'est Marlène qui décroche. Non, elle ne peut pas la voir cette semaine. Elle a des ennuis avec son jules. Elle la rappellera dans quelques jours.

Léone raccroche, un peu déçue. Qu'à cela ne tienne. Ce qu'elle voulait faire avec Marlène, elle va le faire seule. Traîner dans Paris a toujours été l'un de ses grands plaisirs. Elle se réjouit. Cela ne lui est pas arrivé depuis si longtemps. En enfilant son manteau en poils de chameau, elle a l'impression que l'aventure l'attend en bas de la maison. Elle sourit et se dépêche de sortir.

Devant sa loge, madame Girodet parle avec le facteur qui vient de lui remettre le courrier.

— Tiens ! Voilà la jeune Maman. Vous n'avez donc pas le petit avec vous ?

— Non ! Je l'ai laissé à ma mère. Vous n'avez rien pour moi ?

— Je vais voir ça.

La concierge rentre dans sa loge et trie les lettres en les étalant sur sa table.

Le facteur, qui n'a pas l'air pressé, pose sa sacoche par terre et engage la conversation avec Léone.

— Ça pince ce matin !

— J'aime bien ça. Ça réveille.

Il allume une cigarette. Madame Girodet revient, une enveloppe à la main.

— Tenez ! C'est tout ce qu'il y a.

Léone prend la lettre et se précipite dehors. Elle regarde le libellé de l'adresse, reconnaît l'écriture. Son cœur bat à tout rompre. Ce n'est pas possible ! C'est Mécano ! L'enveloppe lui brûle les doigts. Elle a envie de l'ouvrir et pourtant elle ne le fait pas. La peur l'envahit. Malgré le froid, elle transpire. Elle avance droit devant elle. Les Halles sont en train de fermer. Les commerçants retardataires chargent leurs camions, les grossistes vident les étals, les éboueurs commencent le nettoyage des trottoirs jonchés de palettes cassées, de cartons éventrés, de marchandises avariées.

Léone ne voit rien, n'entend rien. Elle marche au milieu de la foule agitée, sans parvenir à maîtriser les battements de son cœur. Mécano... Mécano... Elle ne sait plus où elle se trouve, où elle va. Il lui faut trouver un lieu où elle se sente en sécurité. Les premières larmes affleurent à ses paupières. Sa vue se trouble. D'un revers de manche, elle s'essuie les yeux. Soudain, elle aperçoit la devanture du café de l'Avenir. Oui ! C'est là qu'elle doit aller. Elle accélère le pas, entre et va s'asseoir le plus loin possible du bar où des grossistes et des commerçants arrosent bruyamment leurs transactions en dévorant d'énormes sandwiches.

Léone s'affale sur la banquette. Elle triture tellement l'enveloppe qu'elle la chiffonne. Mais quelle importance ! Même si elle n'arrivait plus à déchiffrer son écriture elle saurait qu'il lui a écrit. C'est l'essentiel. Elle est heureuse comme elle ne l'a jamais été. Il lui écrit qu'il l'aime plus que tout. Qu'il veut revivre avec elle. Qu'elle est la femme de sa vie... Il veut aussi reconnaître son fils, l'aimer. Enfin calmée, elle étale l'enveloppe sur la table, la repasse du plat de la main. Pas question de l'ouvrir maintenant. D'abord, prendre son temps. Allumer une cigarette, commander un café, se préparer.

Le patron du café s'approche de la table.
— Ça va ?
Elle acquiesçe d'un hochement de tête.
— Un café ?
— Oui.
Il ne part pas tout de suite. Il paraît hypnotisé par l'enveloppe fripée.
— Vous ne l'ouvrez pas ?
Elle sourit pour masquer sa gêne, combattre l'angoisse qui la gagne.
— Tout à l'heure.
Il secoue la tête, l'air dubitatif.
— A mon avis, vaudrait mieux pas.
Puis il tourne les talons et rejoint le bar.
Léone frissonne, se recroqueville, considère l'enveloppe avec crainte. Elle sait que le bistrot ne parle jamais pour ne rien dire. Elle le respecte, le croit. S'il a dit ça, c'est pour la protéger. Et pourtant, Dieu qu'elle a envie de l'ouvrir, cette lettre !
Il revient, pose la tasse sur la table, puis s'assoit en face d'elle sans lui demander la permission. Il plonge son regard bleu dans le sien.
— C'est comme la boîte de Pandore, votre lettre. On peut l'ouvrir mais on ne sait pas ce qui va en sortir.
Léone ne sait pas de quelle boîte il parle mais cela n'a aucune importance. Elle comprend.
— C'est le...
— Je sais... la coupe-t-il. Moi, ce que j'en dis c'est qu'il ne faut pas l'ouvrir.
— Pourquoi ?
Il esquisse un vague sourire.
— Parce que... le destin !
Il se lève, dévisage à nouveau Léone, disparaît. Celle-ci avale son café, allume une nouvelle cigarette. Puis, elle regarde l'enveloppe, sans savoir ce qu'elle doit faire. Après un moment d'hésitation, elle décide de ne l'ouvrir que lorsqu'elle reverra Marlène. Elle, saura lui dire ce qu'elle doit faire.
En attendant, elle va rejoindre son petit garçon. Elle a envie de lui dire qu'elle l'aime, qu'il peut compter sur sa Maman. Qu'elle sera toujours à ses côtés, quoi qu'il arrive.
Elle se lève, laisse le compte pour son café. En traversant la salle, elle croise le regard du patron debout derrière le comptoir. Il ne lui dit rien mais elle sent qu'il lui demande ce qu'elle a fait. Elle secoue la tête. Il sourit. Elle sort.

Sur le trottoir, elle s'arrête un instant pour choisir la direction qu'elle va prendre. Bien que les Halles soient fermées, de forts effluves de fromage et de fruits flottent encore dans l'air. A quelques pas, des éboueurs nettoient la chaussée à grands coups de balai, d'autres chargent une benne. Quand elle passe à côté d'eux, ils la sifflent et lui proposent de venir boire un coup avec eux. Elle leur lance un clin d'œil en souriant et continue son chemin. Pas méchants, ces gars-là ! Elle les connaît, depuis le temps. Forts en gueule, mais finalement plus respectueux des femmes que bien des hommes.

A Châtelet, elle attrape le 65 qui la mènera directement à la Villa des Roses. Trop fatiguée pour demeurer sur la plate-forme, elle va s'asseoir au milieu de la voiture, à côté de la vitre. C'est sa place préférée. De là, elle a l'impression de visiter Paris. Plus jeune, il lui arrivait même de jouer à l'étrangère qui découvre la capitale en imaginant ce qu'elle ressentait. Boulevard Sébastopol... Rue du faubourg Saint-Denis... La tête appuyée contre la vitre, Léone laisse vaguer ses pensées. Vers Jacques et sa mère. Autant elle est heureuse de revoir son enfant, autant elle craint sa rencontre avec Julia. Ce n'est pas nouveau mais c'est toujours aussi désagréable.

Il faut dire qu'elle-même ne fait plus d'efforts depuis qu'elle a découvert la fameuse correspondance dans le grenier. Rien que d'y repenser, ça réveille à la fois son chagrin, sa rancœur, puis sa colère. Ces quelques minutes ont sans doute été parmi les plus douloureuses de son existence. Savoir que Julia trompait Alfred à cette époque, c'est vivre avec le doute sur sa propre identité. De qui est-elle la fille ?

Pendant les quelques jours qui avaient suivi sa découverte, cela avait été affreux. Elle s'était réfugiée dans un silence glacé, n'adressant plus la parole à sa mère que pour le strict nécessaire. Plusieurs fois, cette dernière avait tenté de lui arracher quelques mots d'explication, mais Léone était demeurée muette. Elle se sentait la proie d'un destin qui ne lui ferait pas de cadeau, complètement perdue, à nouveau abandonnée. En quelques minutes elle était devenue la fille de personne, une sorte d'enfant naturel. Suspicieuse, elle avait guetté les regards échangés entre les uns et les autres. Est-ce qu'Anna et Auguste savaient ?

Elle n'avait eu de cesse d'empêcher Anna de parler à Julia. Pendant toute la durée du séjour, elle était restée entre elles, l'œil et l'oreille aux aguets, masquant son chagrin derrière la prétendue mélancolie des femmes qui viennent d'accoucher. Anna ne l'avait pas crue. Un jour, sous prétexte de l'aider à porter des bocaux de légumes, elle l'avait attirée au cellier et fait asseoir sur une pile de vieux sacs à blé.

Dressée devant elle, les deux poings appuyés sur les hanches, elle l'avait entreprise bille en tête.

— Ma fille, je n'ai pas l'habitude de tourner autour du pot. Depuis quelques jours, tu tires une tête qui ne me plaît pas du tout. Je sais qu'avec ta mère c'est pas facile, mais elle a beau être une tête de mule, elle ne porte pas tous les péchés de la création. Alors faudrait me dire ce que tu as dans la caboche parce que sinon je vais me mettre en colère. Vos histoires de femelles qui ne s'entendent pas, c'est une chose, mais il y a le petit. Lui, il n'a rien demandé. Déjà qu'il n'a pas de père, si c'est pour se coltiner vos airs de pintades, il va vite en avoir assez.

Elle n'avait pas répondu, se demandant par quel bout commencer. Après tout, elle aurait dû s'interdire de lire ces lettres, respecter le secret de Julia. Puis, elle avait haussé les épaules. Cette mascarade du respect d'autrui ne tenait pas. Surtout quand son propre destin en était bouleversé. Alors, elle avait tout balancé à Anna, d'une voix égale et froide, presque détachée, comme si elle racontait quelque chose qui ne la concernait pas.

Soudain, elle reconnaît la station Marx-Dormoy, se redresse. Elle va descendre là. Marcher un peu avant d'arriver à la Villa lui fera du bien. Peut-être même prendra-t-elle un café, histoire de retarder son face-à-face avec Julia ?

Bien que la matinée soit assez avancée, il fait toujours aussi glacial. Derrière la couche de nuages gris et immobiles, un vague halo solaire dispense une lumière froide qui rend les choses et les gens plus ternes.

Descendue du bus, Léone se réfugie dans le café le plus proche qui occupe l'un des angles du carrefour. Réconfortée par la chaleur de l'endroit, elle hume avec plaisir les odeurs mêlées de café et de tabac et commande un petit crème. Dieu qu'elle aime ces endroits ! On peut y être seule en étant immergée dans la foule. Souvent, elle y a fait des rencontres intéressantes ou trouvé l'inspiration pour mener sa vie.

En cherchant son paquet de cigarettes, elle retombe sur la lettre de Mécano. Elle n'a toujours pas envie de l'ouvrir. Elle a trop peur. Certaine que son contenu va la bouleverser, elle préfère attendre pour ne pas se retrouver en pleurs devant sa mère. Ce serait être en position d'infériorité devant elle, et elle ne le veut pas. Ne le veut plus. La découverte de la correspondance dans le grenier a tout changé entre elles. Julia n'est plus seulement sa mère, mais aussi une femme qui a failli. En trompant Alfred, c'est elle aussi qu'elle a trompée. Et il faudra bien qu'elle s'en explique. Surtout que Léone ne veut pas vivre avec cette sale idée qu'Alfred n'est pas son père. Trop horrible d'imaginer que tout le chagrin, les regrets qu'elle a exprimés pour ne l'avoir pas connu, n'auraient aucun sens. Non ! Elle doit savoir, comme elle l'a dit à Anna lors de leur dernière explication.

Elle avait commencé par lui raconter comment elle avait découvert les lettres, puis elle lui avait récité les quelques lignes qu'elle avait lues. Enfin, elle avait accusé sa mère d'être une pute, une mère indigne, une menteuse, qui n'aurait plus le droit de prendre ses grands airs, de donner des leçons aux uns et aux autres. En tous cas pas à elle, sa fille, qui ne l'était plus à compter de ce jour.

Anna l'avait laissée dire, puis quand le flot d'injures s'était tari, elle l'avait enveloppée dans ses bras encore vigoureux et lui avait parlé.

— Tu as raison, ma fille. Ce que tu as découvert n'est pas joli, joli... Mais c'est la vie. Il faudra te faire à l'idée qu'entre ce que nous souhaitons faire et ce que nous faisons réellement, il peut y avoir un sacré fossé. Et crois-moi, c'est valable pour tout le monde, y compris pour toi. Tu es encore jeune mais tu verras que des bêtises tu en feras aussi, peut-être de bien pires.

Léone s'était détachée de sa grand-mère avec une certaine brusquerie. Elle ne voulait pas entendre de ces fariboles moralisantes. Elle voulait qu'on jugeât sa mère et qu'elle payât pour ses mensonges, sa duplicité, sa lâcheté.

— Elle n'avait pas le droit de tromper Papa ! Pas le droit de ne plus l'aimer alors qu'il allait mourir ! Et moi qui était dans son ventre ? De qui suis-je la fille, hein ? De qui ? De ce Jean ? Je vais aller le voir, moi, et lui dire : « Je suis peut-être votre fille, vous savez ? Je...»

Anna l'avait interrompue avec fermeté.

— Cesse donc de dire des bêtises. Je connais l'histoire et elle ne mérite pas que tu te mettes des idées en tête. C'est vrai qu'il y a eu quelque chose entre ce gars-là et Julia, mais ce n'est pas allé aussi loin que tu le crois. Justement parce que Julia aimait ton père.

— Qu'est-ce qui prouve que c'est mon père ? J'ai bien vu les dates sur les lettres. Elle pourrait très bien...

— Il ne s'est rien passé, tu m'entends ? Je vais te dire une chose, si j'avais eu la certitude du contraire, je l'aurais fichue dehors.

Ces derniers mots, assénés d'un ton sans réplique, avaient douché Léone qui s'était aussitôt calmée. Si sa grand-mère disait cela, elle pouvait lui faire confiance.

— Je te crois, mais cela ne m'empêchera pas de lui en parler un jour et de connaître la vérité.

— Tu feras ce que tu veux ma fille, mais sache que tu dois d'abord t'attacher à comprendre avant de juger.

Léone avait essayé d'en savoir davantage sur cette histoire d'amour, mais Anna l'avait envoyée aux pelotes.

— Si tu es si curieuse de connaître la vérité, adresse-toi à ta mère.

Évidemment, cette conversation n'avait rien réglé sur le fond. Léone était demeurée agressive envers Julia, se jurant de lui faire promettre un jour qu'elle était la fille d'Alfred.

En serrant entre ses mains la tasse qu'on vient de lui servir, elle revient à la réalité, redécouvre la foule bruyante agglutinée au comptoir, entend le fox-trot qui passe à la radio. Elle regarde les clients, des hommes pour la plupart. Certains boivent en silence, d'autres discutent ou plaisantent avec le patron. Aucun d'eux n'est à son goût. Elle finit sa tasse, se lève, paye et sort.

Elle s'emmitoufle dans son manteau et avance à grandes enjambées, pressée d'arriver à la Villa des Roses et d'avoir cette explication avec Julia, dût-elle être définitive.

En bas de l'immeuble, elle passe rapidement devant la loge de la gardienne. Elle n'a pas du tout envie d'engager la conversation avec cette pipelette qui parle à tort et à travers.

Au fur et à mesure qu'elle monte dans les étages, elle gravit les marches de plus en plus rapidement, impatiente de retrouver Jacques.

Parvenue sur le palier, elle reprend son souffle. Léone regrette d'être tiraillée entre l'envie de revoir son petit garçon et celle d'affronter sa mère. Cela aurait été tellement plus agréable de partager une même impatience d'aimer l'un et l'autre. D'un haussement d'épaule, elle chasse de son esprit cette vision idyllique. Elle n'est pas faite pour cette vie-là, et ne le sera jamais.

Elle sonne et perçoit le pas décidé de sa mère qui vient lui ouvrir.

— Ah, c'est toi ! Je ne t'attendais pas.

Léone entre. Elles s'embrassent, sans chaleur.

— J'avais envie de voir Jacques.

Julia est déjà dans la cuisine. Léone s'arrête dans l'entrée, accroche son manteau à la patère et pose son sac sur la commode. Elle a peur. A cause d'un regard, d'un geste, d'un mot de sa mère qui la feraient redevenir petite fille.

— Jacques va bien ?

— Il dort. Tu sais à cet âge-là, à part manger, c'est à peu près tout ce que ça sait faire.

Léone entre dans la cuisine et s'attable. Julia lui sert une tasse de café.

— Tu aurais pu en profiter pour te reposer. Je pouvais le garder encore quelques jours.

Léone perçoit une intonation de regret dans la voix de sa mère. Cela lui fait plaisir. Sans doute Julia est-elle plus attachée à Jacques qu'elle ne le laisse voir depuis sa naissance.

— J'ai du mal à me séparer de lui. Il ne pleure pas trop ?

— Moins que toi au même âge.

Cette remarque énerve Léone. Pourquoi faut-il que sa mère saisisse n'importe quelle occasion pour la rabaisser ? Celle-ci s'assoit à son tour.

— Comment tu vas faire avec ton travail ? Il va falloir que tu le fasses garder.

Évidemment, songe Léone, il fallait bien que Julia revienne sur ce problème. Pour la mettre face à ses inconséquences et pouvoir lui proposer de garder Jacques. Mais cela, elle le refuse et le refusera toujours. En aucun cas elle ne veut se séparer de son fils.

— Je me débrouillerai.

Julia hausse les épaules.

— Tu parles d'une solution !

Léone remue rageusement son café. On entend le choc de la petite cuillère contre la porcelaine. Elle sent que le moment est venu de mettre fin à leur affrontement larvé.

— Écoute Maman, je suis assez grande maintenant pour savoir ce que j'ai à faire. J'ai un enfant, un travail et je...

Julia ricane.

— C'est vrai, tu as tout ça, ma fille, mais pas deux sous de volonté pour te sortir du pétrin dans lequel tu t'es mise. Pour y arriver, il faudrait un homme qui t'aime et qui soit là.

Exaspérée, Léone lâche sa cuillère qui tombe sur le rebord de la soucoupe. Le tintement fait redoubler sa colère.

— Je n'ai peut-être pas d'homme qui m'aime à la maison, mais d'autres en ont eu un, ce qui ne les a pas empêchés d'aller courir ailleurs !

— De quoi veux-tu parler ?

Léone est satisfaite. La voix de sa mère n'est plus aussi assurée.

— Je dis ce que je dis !

— Eh bien vas-y, dis-le sans tourner autour du pot !

— D'accord. Quand on était chez Mémé, je suis montée au grenier pour je ne sais quelle raison. J'ai fouillé dans les nippes qui traînaient puis ensuite dans une malle. Et là tu sais ce que j'ai trouvé ? Les lettres d'un certain Jean qui t'étaient adressées.

Julia blêmit, son cœur s'emballe. Jean ? C'est si vieux tout cela. Elle ne se souvenait même pas d'avoir gardé ses lettres. Elle tente une digression.

— Qui t'a permis de fouiner dans cette malle ?

— Personne.

— Tu ne devais pas le faire.

— Je ne l'aurais pas fait si j'avais su ce que j'allais y trouver, crois-moi !

Le silence s'installe dans la cuisine. Julia tend l'oreille pour savoir si Jacques est réveillé. Ce serait sa meilleure échappatoire. Mais aucun vagissement ne vient de la chambre. Devoir faire face à son passé ne lui plaît pas du tout. D'autant plus que si elle a peu à se reprocher à ses propres yeux, elle sera de toute manière condamnée par sa fille.

Léone exulte. Pour la première fois, elle voit sa mère baisser pavillon. C'est le moment de porter l'estocade.

— Qui est mon père ?

Julia la regarde, surprise et effrayée.

— Mais Alfred, bien sûr !

— Comment, bien sûr ! Ce n'est pas si évident. La lettre que j'ai lue date de février, soit deux mois environ avant ma conception. Qu'est-ce qui prouve que Jean n'est pas mon père ?

Julia éclate de rire.

— Tout simplement parce qu'il ne s'est jamais rien passé avec lui !

Léone se tait. Hésitante, elle dévisage sa mère. Celle-ci peut lui raconter ce qu'elle veut sur cette époque sans qu'il soit possible de démêler le vrai du faux.

— Ne me regarde pas comme ça ! C'est vrai.

Léone demeure silencieuse, partagée entre incrédulité et colère.

— C'est vrai, reprend Julia, j'ai eu un petit faible pour cet homme. C'était une époque où ça n'allait pas fort entre ton père et moi. Mais tu verras, quand tu vivras avec un homme ! L'amour, c'est plus compliqué qu'il n'y paraît.

Puis elle se tait. Elle n'a pas à en dire davantage sur cet épisode de sa vie. Cela ne regarde personne, pas même sa fille. Léone n'est pas d'accord. Il y va de sa certitude sur son propre passé, sur ses origines.

— Tu crois que parce que tu m'as dit ça, je vais repartir tranquille ?

Julia hausse les épaules.

— Il faudra bien t'en contenter.

Cette fin de non-recevoir ravive la colère de Léone qui se lève.

— Tu m'en as trop dit ou pas assez...

— J'ai dit ce que je devais dire.

— Dans ce cas, je préfère m'en aller.

Julia, qui ne s'attendait pas à cette réaction, s'amadoue.

— Ne fais donc pas ta bête ! A quoi bon vouloir toujours plus que ce qu'on peut te donner ? Pourquoi n'aurais-je pas droit à mon jardin secret ?

Léone lui lance un regard chargé de rancune.

— Parce que je suis ta fille et que tu me dois une vérité plus convaincante.

Julia est désemparée. Elle voudrait la satisfaire, répondre à ses exigences, briser cette spirale du ressentiment qui les oppose depuis si longtemps. Mais elle ne trouve pas les mots, ni le geste qu'il faudrait.

Léone hausse les épaules et se dirige vers la chambre où dort Jacques. Elle le sort de son berceau, l'embrasse et vérifie qu'il n'est pas mouillé. A moitié éveillé, il pousse des petits soupirs et tend ses bras en agitant ses doigts menus.

— Viens avec Maman... murmure Léone. On va y aller.

Elle l'emmaillote chaudement et revient à la cuisine. Julia n'en a pas bougé. Elle semble accablée.

— J'y vais, dit Léone.

— C'est bien, ma fille. A bientôt, j'espère.

De retour chez elle avec Jacques, elle éprouve l'impression que sa vie commence vraiment, sans partage avec quiconque. En rompant avec sa mère, elle vient de régler un premier compte avec son passé. Elle se sent plus légère, plus libre. Elle ressent bien un pincement au cœur, en se disant qu'elle n'a laissé aucune chance à Julia. Mais d'un autre côté, elle est certaine d'avoir eu raison. Il fallait que cela arrive un jour. Trop de différends ravalés, de ressentiments étouffés les séparaient. En couchant le petit, elle lui murmure :

— Je ferai tout pour que tu ne souffres pas de ça, je te le promets.

Elle revient dans la cuisine, allume le poste de radio. On y passe de la grande musique. Elle n'aime pas ces violons et ces cuivres qui n'en finissent pas de répéter la même mélodie. Mais elle est trop impatiente d'ouvrir enfin la lettre de Mécano pour chercher une autre station.

En défroissant l'enveloppe, elle comprend soudain que là aussi, tout a changé. Quoi qu'écrive Mécano, elle sait déjà qu'elle n'y accordera pas d'importance. Son amour pour lui s'est étiolé. Il n'est plus qu'une survivance de bonheur appartenant au passé. Elle ne lui pardonne pas de l'avoir laissée tomber au moment où elle avait le plus besoin de lui.

En fait, cette soudaine et brutale certitude était présente en elle depuis longtemps mais elle n'avait pas voulu la voir. Elle passe et repasse la paume de sa main sur l'enveloppe. Son geste est de plus en plus rageur. Elle ne défroisse plus l'enveloppe, elle balaye, efface son chagrin, ses souffrances, ce vertige du vide et de l'absence qui l'a tant meurtrie depuis qu'il la quittée. Soudain, l'enveloppe se déchire. Elle s'en fout. Elle continue de passer et repasser sa main, elle pleure, maudit ce salaud, cette ordure, ce lâche qui lui a vendu du bonheur en poudre de perlin-pimpin. L'enveloppe se déchire de plus en plus. Apparaît le texte. Elle ne veut pas le lire, encore moins quand, parmi d'autres, elle aperçoit le mot aimer. Sa colère éclate. On n'a pas le droit de faire souffrir ainsi ! On n'a pas le droit de se mentir et de mentir aux autres ! Ce qu'il a fait ne mérite pas de pardon, de compréhension. Et même si aujourd'hui il regrette, elle s'en fout. Il n'avait qu'à savoir ce qu'il faisait. Elle l'a aimé, ne l'aime plus, ne veut plus se poser de questions. Se débrouillera sans lui.

Brusquement, elle saisit son briquet, enflamme la lettre et va la jeter dans la cuvette des toilettes. Une partie ne s'est pas consumée et flotte dans l'eau. L'encre se dilue de plus en plus. Léone se penche pour lire, n'y parvient pas. Elle tire la chasse et éclate en sanglots.

CHAPITRE 12

Les cloches de l'église de Saint-Germain-l'Auxerrois retentissent. Léone regarde la pendule de la cuisine. Dix heures. Elle ouvre la fenêtre. Comme c'est dimanche, le quartier est silencieux. Au-dessus de la Halle déserte, de gros nuages blancs, poussés par un vent d'est, courent dans le ciel en masquant le soleil par intermittences. Ce sera une belle journée, probablement un peu fraîche.

Léone respire profondément. Elle se sent heureuse. Vers midi, Marlène va passer la prendre en voiture, et avec le petit, elles iront pique-niquer en forêt de Fontainebleau. Elles se sont réparties les tâches. A Marlène d'apporter la boisson, à elle de faire les sandwichs.

Elle profite que Jacques dorme encore pour se mettre au travail. Tout en découpant, tartinant, emballant, elle songe à sa vie qui prend une nouvelle tournure. Après ses ruptures avec Julia et Mécano, elle se sent plus légère. A nouveau, elle a envie de s'amuser, de rire, de se faire plaisir. Elle veut affiner sa ligne. Sans doute va-t-elle se décider enfin à se couper les cheveux, à adopter un nouveau rouge à lèvres, à se confectionner une ou deux robes ? En même temps elle veut être une mère exemplaire pour Jacques et lui consacrer le plus de temps possible.

Elle est décidée à chasser les idées noires qui encombrent son esprit depuis plusieurs mois. Elle veut pacifier son rapport avec le passé. Songer qu'elle n'a pas connu son père est encore douloureux mais n'est plus aussi tragique. Elle y pense comme à une fatalité qu'elle doit accepter. De même, n'avoir jamais eu de relations heureuses avec sa mère la fait encore souffrir mais elle l'accepte comme une autre fatalité.

La venue de Jacques a tout bouleversé. Un peu comme s'il avait été à la fois le révélateur de ses doutes, de ses manques, de ses souffrances, et en même temps l'ordonnateur de sa métamorphose en l'incitant à se tourner vers le futur.

Tout n'est pourtant pas résolu. Il va falloir qu'elle se remette à travailler, d'autant plus que le Corbeau commence à s'impatienter. Il va falloir aussi qu'elle trouve un homme avec lequel mener une vie simple et heureuse. Bref, du pain sur la planche ! Soudain, le bébé se réveille, pousse de petits cris avant de pleurer franchement. Elle se précipite, le prend dans ses bras, le change. Tout est prêt pour la tétée.

Tandis qu'il aspire goulûment le lait du biberon, elle le serre contre sa poitrine, en tentant de deviner ce qu'il éprouve. Sait-il déjà qu'il n'a pas de père ? Tend-il l'oreille pour entendre une voix masculine ? Plus tard, ne se sentira-t-il pas différent ? Finalement, elle se rend compte qu'il aura la même enfance qu'elle, à la différence qu'il n'a encore ni frère ni sœur.

— Oh, ne t'inquiète pas, dit-elle en riant et en l'embrassant, j'ai le temps de t'en faire un ou deux. Reste à trouver le bonhomme qui fera l'affaire.

Le biberon terminé, Léone berce le bébé pour lui faire faire son rot. En arpentant la pièce de long en large, elle lui fredonne une vieille comptine. Soudain, sa voix déraille. L'émotion lui étreint la gorge. Comme si un souvenir indescriptible mais réel émergeait de ses profondeurs et s'installait l'espace d'un instant dans le présent. En même temps qu'elle tente de comprendre de quoi il s'agit, elle a recouvré sa voix, n'a plus envie de pleurer. C'est fini. Tant pis si elle n'a pas compris de quoi il s'agissait. Cette sensation fugace de tristesse et de bonheur n'était pas désagréable. Jacques s'est endormi. Instinctivement, elle l'enveloppe dans ses bras, comme pour le protéger.

Elle finit de remplir le sac du pique-nique quand Marlène sonne. Elles s'embrassent.

— J'enfile un manteau et je suis prête, dit Léone.

Marlène s'approche du berceau.

— Mon Dieu qu'il est beau ! s'exclame-t-elle à voix basse. C'est dommage de le réveiller.

— Oh ! ne t'inquiète pas ! A cet âge on dort profondément.

— Je peux le prendre dans les bras ?

Léone accepte et continue de rassembler ses affaires.

— A qui ressemble-t-il ? demande Marlène.

Léone éclate de rire.

— A cet âge-là, on ne ressemble à personne, tu sais.

— J'aurais tellement souhaité en avoir un.

Léone ne dit rien. La tristesse de son amie lui fait mal.

Elles descendent et croisent madame Girodet, debout sur le pas de la porte cochère. Celle-ci découvre le drap qui recouvre le visage de l'enfant.

— Il a l'air bien calme. Qu'il en profite ! Parce qu'avec le monde qu'on lui prépare...

Léone hausse les épaules.

— Allons, madame Girodet ! Ce n'est quand même pas pire que pendant la guerre.

L'autre hoche la tête, l'air peu convaincu.

— Si au moins c'était fini. Moi, je vous dis que ça va recommencer. Les hommes n'ont que ça dans la tête ! Se battre !

Marlène s'impatiente.

— Dans ce cas, dépêchons-nous d'aller en forêt avant que les bombes nous tombent dessus.

Elles saluent la concierge et, pouffant de rire, rejoignent la voiture garée à quelques rues de là.

— Comme tu l'as envoyée paître ! dit Léone.

— Oh, écoute, ces bonnes femmes me bassinent avec leur guerre. Surtout que la plupart ont été plus ou moins collabos.

— Tu pousses un peu, non ?

— A ton avis, qui indiquait aux Boches les appartements où habitaient les mauvais Français ?

Léone n'insiste pas. Chaque fois qu'il s'agit de la guerre, Marlène se montre agressive. Sans doute à cause de Lucien. Elle s'installe à l'arrière de la voiture, le petit dans les bras. Marlène démarre et se glisse dans le flot de circulation avec assurance.

— Tu conduis drôlement bien !

— Il faut bien avec Lulu...

— C'est sa voiture ?

— C'était...

Léone regarde défiler les façades des immeubles. Il fait beau. Elle est heureuse et aimerait communiquer sa joie à Marlène qui semble tendue.

— Où allons-nous ? demande-t-elle.

— Dans un coin que j'aime bien et où il n'y a personne.

— Tu y es déjà allée ?

Marlène se contente de sourire. Oh oui, elle y est allée ! Et pas qu'une fois ! C'est là qu'elle emmène Lucien, quand il veut voir de la verdure, comme il dit. L'endroit n'a rien d'extraordinaire. Une clairière entourée de chênes, à côté d'un ruisseau rempli d'une eau le plus souvent croupissante. Ce n'est pas la beauté du lieu qui attire Lucien, mais simplement un souvenir qui s'y rattache.

Elle se souvient de la première fois où il a souhaité qu'elle l'y amène. Elle ne l'avait pas questionné, s'attendant justement à découvrir un coin de forêt aussi enchanteur que ceux des contes de fées. A leur arrivée, surprise par la banalité de l'endroit, elle lui avait demandé pourquoi il tenait tant à venir là. Il lui avait raconté l'histoire. Le dimanche, c'était là qu'il retrouvait trois copains du réseau de résistance auquel il appartenait. Ils venaient ici sous prétexte de faire de l'escalade sur les rochers, une passion que tous partageaient. En réalité, ils en profitaient pour évoquer les actions qu'ils devaient mener contre l'occupant, et se répartir les tâches. Tout avait bien fonctionné jusqu'à ce jour de janvier 43, où le réseau avait été démantelé par la Gestapo à cause de la dénonciation d'un des leurs. Avec ses amis, il avait été arrêté. Sans qu'il ait compris pourquoi, seuls deux d'entre eux avaient été fusillés, tandis qu'il avait été envoyé en camp de concentration avec le dernier. Aujourd'hui, seul rescapé, il venait là leur rendre hommage et se rappeler ces heures qu'il qualifiait curieusement d'heureuses.

Avant l'entrée de Fontainebleau, Marlène tourne à droite et s'enfonçe dans la forêt. Elle prend une allée, puis une autre, sans hésiter.

Léone a l'impression qu'elles tournent en rond.

— Dis-donc, c'est pas facile d'accès, ton coin !

— Ne t'inquiète pas. Je connais le chemin comme ma poche.

Quand la voiture s'arrête, Jacques s'éveille et se met à pleurer. Léone le change et lui donne le biberon. Assise sur le siège arrière, elle regarde Marlène étaler la nappe sur le sol et y dresser le couvert. Ici et là des rais de soleil éclairent le sous-bois. Le bruissement des feuilles mêlé aux trilles des oiseaux lui rappelle l'une de ses escapades dans la campagne quand elle vivait à la ferme.

C'était un après-midi d'été. Il faisait très chaud. Julia avait exigé qu'elle fasse la sieste après le déjeuner. Elle lui avait installé un vieux matelas à l'ombre d'un chêne, en lui demandant d'y rester allongée durant une heure. Au début, elle avait fait un effort et fermé les yeux à la recherche du sommeil. Mais la peur des guêpes tournant autour d'elle avait eu vite raison de ses bonnes résolutions. Elle s'était d'abord rapprochée du bord du matelas, observant les insectes qui couraient entre les brins d'herbe, les agaçant à l'aide d'une brindille. Puis, elle s'était désintéressée du jeu, ne songeant plus qu'à s'enfuir à l'insu de Julia qui étendait le linge dans le pré mitoyen.

Profitant que celle-ci avait le dos tourné, elle avait glissé sur le sol et, rampant, était allée se dissimuler derrière le muret qui entourait le jardin potager. Certaine que Julia ne pouvait plus la voir, elle s'était mise à courir vers la mare, avait dépassé une haie et s'était retrouvée dans la pâture qui séparait la ferme de la route.

Fière d'avoir pu s'échapper sans encombre, elle avait décidé d'aller cueillir des mûres avec l'idée de les offrir à Anna qui en ferait certainement une tarte.

De haie en haie, elle s'était considérablement éloignée de la ferme, et oubliant l'heure et les mûres, et s'était laissée captiver par mille autres choses. Les terriers, dans lesquels elle enfonçait de longues branches avec l'espoir d'en faire sortir un animal, les fourmis qui tiraient de lourdes charges ou encore les buses tournoyant dans le ciel à la recherche d'une proie. Le temps avait passé jusqu'à ce qu'elle se souvienne de sa fuite et imagine la punition que sa mère ne manquerait pas de lui infliger.

Un peu effrayée, elle était revenue à sa première idée et s'était mise à cueillir toutes les mûres qu'elle trouvait sur le chemin du retour en prévoyant de rencontrer Anna avant Julia.

A force de tours et de détours à l'approche de la ferme, elle avait réussi à rejoindre la cuisine de sa grand-mère qui préparait déjà le dîner, et lui avait raconté son escapade.

— Dis à Maman que c'est toi qui m'a demandé d'aller cueillir des mûres pour le dessert, l'avait-elle suppliée.

Anna l'avait sermonnée. Ce n'était pas malin de partir sans prévenir ! La campagne était dangereuse ! Mais à sa voix on sentait bien qu'elle n'en croyait pas un mot et cela avait fini en une embrassade joyeuse. Anna parlerait à Julia, c'était promis !

Jacques a fini son biberon et déglutit avec satisfaction. Léone descend de la voiture et l'allonge sur la nappe, à l'ombre des feuillages. Il agite ses bras et ses jambes en poussant de petits cris. Marlène lui chatouille le ventre en murmurant des mots tendres. Pendant ce temps, Léone défait ses chaussures à semelles compensées qui la font souffrir.

— De la saloperie, ces grolles ! Moi qui marchais toujours pieds nus.

Marlène hausse les épaules.

— Personne ne t'empêche de mettre des chaussures plates.

— Mais ce n'est pas à la mode ! Et puis, grosse comme je suis, il faut bien que je me grandisse.

Marlène cesse de s'amuser avec le petit et allume une cigarette.

— Écoute, tu ne vas pas commencer avec ça ! Eh bien oui, tu es grosse ! Et alors ? Tu viens de mettre un enfant au monde. Je ne connais pas une femme qui ait retrouvé une taille de guêpe trois jours après un accouchement.

Léone ne répond pas et leur sert un verre de vin. Elle sait bien que Marlène a raison mais elle aimerait un peu de compréhension. C'est difficile de se retrouver avec du ventre, des cuisses et du cul ! Plus rien qui vous aille ! Que des contorsions du corps et de l'esprit pour se convaincre qu'une robe ou qu'une jupe fait l'affaire.

— Je sais que ça t'agace mais je t'assure que ce n'est pas drôle !

Marlène secoue la tête, l'air moqueur.

— Ne te fais donc pas de mouron. Belle comme tu es, les hommes doivent encore se retourner sur toi.

— Si seulement. Je me sens tellement seule. Et puis j'aimerais tant que Jacques ait un père.

Marlène entame un sandwich.

— Il en... a... un, dit-elle la bouche pleine.

— Quoi ? demande Léone en éclatant de rire.

— Il en a un, répète Marlène, qui n'arrive pas à avaler tellement elle rit.

Pour se calmer, elle se lève, tandis que Léone lui tend son verre de vin et en renverse sur sa jupe. Nouveaux éclats de rire. Effrayé, Jacques se met à pleurer. Léone le prend dans ses bras, mais elle n'ose plus regarder Marlène de peur que leur fou rire ne reparte de plus belle.

— Je vais faire un tour ! dit celle-ci en s'éloignant.

Léone berce Jacques qui pleure toujours.

— Ne t'inquiète pas mon chéri. C'est de ma faute si tu as eu peur. Mais qu'est-ce que tu veux ? Ça fait tellement longtemps que ça ne m'est pas arrivé de rire comme ça, j'en profite un peu.

L'enfant finit par s'endormir contre la poitrine de Léone. Marlène revient.

— Comme c'est bête de rire ainsi, dit-elle.

— Ça vaut un beefsteak, disait ma grand-mère.

— Dans ce cas, ne nous retenons pas !

Apaisées, elles se mettent à manger. Marlène regarde autour d'elle et se demande où Lucien et ses amis pouvaient s'asseoir pour discuter. Peut-être ici, au même endroit qu'elles ? Plus vraisemblablement, de l'autre côté de la clairière, plus à couvert. Puis soudain, elle se met à tout raconter à Léone. C'est venu comme ça. Juste une envie de partager son fardeau avec sa meilleure amie. Léone se tait. Elle connaît Marlène. Il ne faut surtout pas l'interrompre si l'on veut aller au bout d'une confidence.

Marlène ne mange plus. Elle allume une cigarette et le regard perdu au loin, parle.

— Au début, la vie fut très difficile. A cause de son infirmité bien sûr ! Tu imagines ce que c'est de faire l'amour avec un homme qui ne peut plus bouger les jambes. Cependant, je suis plus heureuse au lit avec lui qu'avec bien des gars que j'ai connus. Parfois je me demande même si ce n'est pas aussi son infirmité qui me fait jouir. Et puis non ! Je sais que je l'aime, plus que tout, plus que tous ! Tu comprends ?

Léone acquiesce mais ne pose pas de questions. Marlène reprend sa respiration, boit une gorgée de vin.

— J'aimerais te le faire connaître un jour. Je t'inviterai à dîner et tu viendras avec le bébé. Je suis convaincue que tous les deux, vous vous entendrez bien.

Léone allonge Jacques sur la nappe. Il ne se réveille même pas. Elle se rapproche de Marlène et l'embrasse.

— Bien sûr que je viendrai.

Pour la première fois depuis qu'elles se connaissent, Marlène se met à pleurer. Léone la prend dans ses bras, la serre contre elle.

— Laisse-toi aller, ma belle, ça fait du bien.

Léone regarde autour d'elle. La nature n'est pas à l'unisson de la peine de son amie. Les oiseaux gazouillent, les feuillages frissonnent sous la brise, tandis que le soleil, encore chaud, éclaire le centre de la clairière. Léone est heureuse. Quand elle est paisible et harmonieuse comme aujourd'hui, la nature lui donne l'envie de vivre avec davantage d'enthousiasme, de projets, de plaisir. Elle va se remettre au travail, gagner de l'argent. Et puis un jour, avec Jacques et l'homme qui voudra bien d'eux, elle partira loin d'ici pour entamer une nouvelle vie.

Quelques jours ont passé. Léone fait la sieste dans son appartement. Depuis plusieurs semaines, elle a besoin de se reposer l'après-midi. Soudain, un coup de sonnette, impérieux, la réveille. Elle n'attend personne. Par réflexe elle jette un coup d'œil au réveil. 14 heures ! Elle ouvre. C'est Maurice, son frère aîné. Elle reste bouche bée. Cela fait plus d'un mois qu'elle ne l'a pas vu. Elle le laisse entrer. Ils s'embrassent.

Tandis qu'il ôte son pardessus, elle fait réchauffer du café.

— C'est gentil de passer me voir.

Il s'assoit et allume une cigarette.

— Je n'ai que cinq minutes.

— C'est égal. Ça me fait plaisir.

Le silence s'installe. Cela a toujours été comme ça entre eux. Il leur faut un moment avant d'arriver à se parler. Et encore, pour se dire des banalités. Aussi loin qu'elle se souvienne, ils n'ont jamais réussi à s'entendre. Elle sait qu'il la trouve trop bavarde, joyeuse et surtout excentrique. De son côté, elle n'a jamais aimé le sérieux de son frère, son amour de l'argent, son hypocrisie. Cependant, l'essentiel de ce qu'elle lui reproche n'est pas là. C'est plus enfoui, irréparable. Elle lui en veut, alors qu'il a bien connu leur père, de n'avoir jamais témoigné un quelconque regret quant à sa disparition, de n'avoir jamais rien raconté à son sujet. Un peu comme si Alfred n'avait pas existé pour lui. En même temps, il a toujours été le chouchou de Julia. Celui qui réussit, ne dilapide pas l'argent, ne parle pas pour rien dire.

— Comment va le petit ? demande-t-il alors qu'elle lui verse le café.

— Très bien ! Il forçit. Tu veux le voir ? Il dort dans la chambre.

— Non, non. Je ne suis pas venu pour ça.

Sa voix est cassante, son regard fuyant. Léone est sur ses gardes. Elle connaît suffisamment son frère pour comprendre que cela annonce du mauvais. Elle se sert un café, allume une cigarette et demeure debout. Un peu pour le dominer et le forcer à la regarder. Puis, elle attaque, pressée d'en venir à l'essentiel.

— Tu avais une idée derrière la tête en venant me voir.

Il hausse les épaules.

— J'ai vu Maman, hier. Elle ne va pas bien.

— Et alors ?

— Elle m'a tout raconté !

Léone se tait. Pas question de l'aider. Qu'il aille jusqu'au bout, seul. Elle s'en réjouit d'avance. Il est tellement peureux qu'il va encore patauger.

Maurice n'aime pas ce genre de discussion. Surtout avec cette sœur qui l'a toujours agacé et effrayé. Il n'a pas l'habitude de parler avec des gens comme elle. Pour lui, c'est plus facile avec ceux qu'il fréquente, ses confrères ou ses employés. Avec eux, c'est carré. On appelle un chat, un chat. Tandis qu'avec Léone, elle est toujours là où on ne l'attend pas, ou partie quand on croit qu'elle est encore là. Trop vive, la garce ! Jamais il ne choisira une femme comme elle.

— Eh bien, vas-y ! s'exclame Léone. Dis ce que tu as à dire. Ou plutôt ce qu'elle t'a demandé de me dire.

Maurice hésite. Il ne sait pas par quel bout commencer. Pourtant, en venant il avait bien répété. Les phrases qu'il prononcerait, l'air qu'il se donnerait, le ton qu'il adopterait. Histoire d'être le plus fort, de lui en rabattre.

— Elle ne m'a rien demandé. Je viens de moi-même. Je trouve que tu exagères. Voilà. Ce n'est pas parce qu'elle a eu le béguin pour un gars que tu dois faire autant d'histoires. C'est fini, maintenant. C'est comme si ça n'avait jamais existé. Et puis je trouve que tu es mal placée pour lui chercher des poux dans la tête. Avec ta situation...

Léone ricane, histoire de masquer sa colère.

— Nous y voilà ! Le grand frère qui aime sa mère et vient la défendre. Avec l'idée que la fille est pire que la mère. Pauvre cloche ! Je pourrais te répondre que telle mère, telle fille ! Mais je ne le ferai pas parce qu'elle et moi, ce n'est pas du tout la même chose.

Léone se sert à nouveau du café. Maurice s'est tassé sur sa chaise. Dieu qu'il n'aime pas ces engueulades. Dans quel merdier est-il encore allé se foutre ?

— Tu n'as pas besoin de te mettre dans cet état-là. Moi, ce que j'en dis !

Léone s'approche de lui, le doigt pointé devant son visage.

— Si, je m'énerve ! Et tu vas m'écouter jusqu'au bout. Tu n'as pas à juger de mes histoires amoureuses. Autant que je sache, moi je ne viens pas mettre mon nez dans ton lit.

Elle s'interrompt, tourne dans la pièce. A quoi bon s'énerver davantage ? De toute manière, borné comme il est, il ne comprendra rien de ce qu'elle veut dire. Lui qui n'a jamais cillé devant aucune injustice de la vie, comment percevrait-il sa révolte ?

Silencieux et soulagé que sa sœur se taise, Maurice hausse les épaules. En son for intérieur, il rigole de lui-même en songeant à la dernière phrase de Léone. S'il lui venait l'idée de mettre son nez dans son lit, sûr qu'elle n'y trouverait pas grand-chose. A part le travail, sa vie est un désert. Pas de femme, pas même une pute de temps en temps. Non, rien. Ce n'est pas qu'il n'en aurait pas envie, mais il n'arrive jamais à en ferrer une. Dès qu'il croit que c'est bon, il faut qu'elle se tire.

— Écoute, conclut-il, je t'ai dit ce que je pensais. Maintenant tu fais comme tu crois.

— C'est ça.

Il se lève, penaud, et enfile son pardessus.

— Bon. Je vais y aller.

Elle ne bouge pas pour lui ouvrir la porte. Avant de refermer, il la dévisage.

— Bon Dieu. Pourquoi faut-il que tu ne sois pas comme tout le monde ?

Il claque la porte. A bout de nerfs, elle éclate en sanglots.

— Salaud ! Salaud !

Elle s'en veut, lui en veut, en veut à sa mère, au monde entier. Elle va ficher le camp d'ici, loin d'eux, de cette famille qui l'étouffe. Elle va trouver un autre bonhomme, un voyageur. Il l'emmènera en Afrique, en Indochine, ou même dans l'Antarctique. Marre de ce frère à la face de carême, de cette mère qui ne l'aime pas, de cette vie qui l'ennuie. Soudain, elle songe à Antoine contre lequel elle ne nourrit pas de griefs particuliers. Eh bien tant pis ! Il restera avec eux. Dans le fond, il ne lui manquera pas tant que ça.

Elle allume une cigarette et s'assoit. Heureusement qu'il y a le petit, sinon elle aurait déjà sauté dans un taxi pour engueuler Julia. Si elle avait quelque chose à lui dire, elle aurait dû avoir le courage de venir. Mais nom d'un chien, ça va donc durer jusqu'au cimetière ?

La fumée qu'elle aspire finit par l'apaiser. La colère fait place à la réflexion. Puisqu'elle ne peut pas aller voir sa mère, elle va lui écrire. C'est ça. Ce sera facile, les premiers mots lui viennent à l'esprit. *Je savais que tu ne m'aimais pas, mais j'ignorais que tu n'avais pas le courage de tes opinions...* Puis, soudainement, ces mots lui paraissent stupides. Cela ne changera rien à la situation. Ce n'est pas une lettre, aussi méchante soit-elle, qui brisera le putain de mur contre lequel elle se cogne depuis toujours. Non ! Elle ne sait comment dire ce qu'elle ressent, mais elle est certaine que sa souffrance est plus essentielle. Qu'elle nécessite autre chose que des colères. Le renouvellement de sa vie par exemple, d'autres visages, d'autres émotions. De l'aventure. Oui, c'est plutôt cela. Ce mot la réchauffe aussi sûrement qu'une goulée de gnôle. Bon Dieu ! Elle ne va plus l'oublier, ce mot-là. Elle va l'écrire, le garder à portée d'yeux et s'acharner à lui donner un sens, une existence. Elle va tout faire désormais pour retrouver son envie d'espace, comme naguère lorsqu'elle feuilletait le dictionnaire.

Soudain, Jacques se met à pleurer. Elle n'y va pas tout de suite. Juste le temps d'un rêve éveillé. Le temps de marcher dans une plaine sans horizon, en le tenant par la main.

CHAPITRE 13

Bien qu'on soit en mai, le temps est à la pluie. Elle tombe par intermittence, toute la journée. Les nuages, d'un gris menaçant, assombrissent la ville.

Léone a l'humeur à l'unisson de cette grisaille. Quand elle a fini de s'occuper de Jacques, de le promener, elle tourne en rond dans l'appartement et dans sa tête. Alors, elle fait le ménage, au-delà de ce qui est nécessaire, lave son linge et les couches du bébé, va faire ses courses. Puis quand tout est fini, elle se retrouve face à elle-même et à ses interrogations. Ce matin-là, particulièrement. Il va falloir qu'elle se remette au travail. Le Corbeau s'impatiente. Il lui a déjà téléphoné plusieurs fois durant la dernière quinzaine. Au début, il se montrait compréhensif, maintenant il a le ton comminatoire et parle d'ultimatum. Même Marlène, qui ne ménage pas sa peine pour obtenir des délais, ne peut rien pour elle. Aucun doute, elle n'a plus que quelques jours pour retrouver le chemin du bureau, ou perdre sa place. Si elle a tardé, ce n'est pas qu'elle manque de courage ou de l'envie de travailler, mais maintenant qu'elle est fâchée avec Julia, elle n'a aucune solution pour faire garder le petit.

Heureusement, Marlène, chez qui elle doit aller dîner ce soir-même, lui a promis qu'elles parleraient de ce problème avec Lucien, et qu'il trouverait une combine pour le régler.

Bien qu'elle ait encore le temps d'y penser, Léone ne peut s'empêcher de se demander comment s'habiller. Le choix est d'autant plus embarrassant qu'elle ne connaît ni Lucien, ni leur appartement. En fait, pour elle, la vie de Marlène est un mystère. S'il n'y avait eu ces confidences, rapides, incomplètes, elle ne saurait rien de son amie. Du coup, le dîner de ce soir l'excite. Elle a l'impression qu'elle va comprendre des choses qu'elle n'a fait que supposer, derrière un sourire, une allusion ou un geste de son amie.

Marlène habite Villa Véronèse. C'est dans le XVIe, un quartier rupin où Léone n'a jamais mis les pieds. Son amie lui a dit que ce serait difficile de trouver et lui a conseillé de prendre un taxi pour venir.

Elle se met à fouiller dans son armoire. Elle n'a pas grand-chose, mais elle sait que c'est davantage l'allure que les vêtements qui fait de l'effet. Comme Marlène le lui a dit, on peut être très belle avec un sac, suffit de savoir le porter. Facile, songe Léone, quand on est bien foutue comme elle !

Elle sort plusieurs robes et les étale sur son lit. Une blanche à manches courtes, une beige, plus longue, à manches bouffantes, et enfin celle qu'elle préfère, orange et seyante. D'emblée, elle élimine cette dernière.

— Pour ça, ma vieille, il faudrait que tu aies quelques kilos en moins.

Pourtant elle hésite, se ravise. Et si elle avait suffisamment minci pour la mettre ? Pour s'en assurer, elle ôte sa robe de chambre et tourne sur elle-même devant la glace de l'armoire en se livrant à un examen minutieux des fesses, des hanches et de la poitrine. Evidemment, ce n'est pas encore cela, mais il ne manque plus grand-chose pour qu'elle retrouve sa taille originelle. Quoi qu'il en soit, c'est foutu pour la robe orange. Mais cela ira pour la blanche qu'elle passe aussitôt. Elle ne s'est pas trompée. Le tissu s'harmonise très bien avec ses chaussures compensées en toile écrue. Rassurée, elle décide de se laver et de s'habiller. Quand Jacques sera réveillé, elle descendra le promener et cherchera un cadeau pour Marlène.

Léone descend de la voiture, Jacques dans les bras. Heureusement que Marlène lui avait conseillé de prendre un taxi. Ce n'était pas de la tarte pour venir jusqu'ici. Même le chauffeur a hésité. Un gars un peu drôle, entre deux âges, bavard et assez peu rassurant. Dès qu'elle était montée, il lui avait dit aimer travailler la nuit parce que c'est le moment où tous les gens livrent la noirceur de leur âme. Après qu'elle lui eût donné l'adresse, il avait commencé un monologue sans queue ni tête, évoquant tour à tour la nécessaire sauvegarde des chauves-souris de Notre-Dame, qui disait-il, étaient les gardiennes de l'Esprit saint, ou la scandaleuse extension du métro qui allait réveiller les morts enfouis dans le sol depuis des siècles.

A moitié rassurée, Jacques serré contre sa poitrine, elle n'avait fait que hocher la tête chaque fois qu'il sollicitait son assentiment.

Heureuse de se retrouver sur le trottoir, elle avance dans la ruelle où se succèdent de très belles demeures. Comme il fait encore un peu jour, elle distingue les bosquets fleuris et odorants dépassant des grilles. Hormis les fleurs qu'elle a connues à la campagne, comme les marguerites ou les roses, elle n'en reconnaît aucune. Mais elle s'en fiche. C'est tellement agréable ! Au milieu de ces effluves puissants, elle a l'impression, comme Alice au pays des merveilles, de pénétrer dans un autre monde.

Au numéro 7, elle se trouve face à une grille couverte d'un lierre touffu qui masque l'intérieur du jardin. Les feuillages d'un tilleul retombent sur la rue et se balancent sous le vent. Elle appuie sur la sonnette sans l'entendre retentir. Presque aussitôt, dans le lointain, une porte s'ouvre, et elle perçoit des pas sur le gravier.

— J'arrive !

Léone reconnaît la voix de Marlène. Elle est soulagée. C'est idiot mais un instant, elle a eu l'impression de s'être trompée. Marlène ouvre, l'embrasse ainsi que le petit, et l'entraîne vers la maison. Dans l'obscurité, Léone apprécie difficilement ses proportions mais elle la devine élevée et massive. Les fenêtres du rez-de-chaussée sont allumées.

— Alors, tu n'as pas eu trop de mal à trouver ?

— Non ! Je suis venue en taxi.

Avant de grimper les marches du perron, Marlène prend Jacques et le taquine.

— Eh bien ! s'exclame Léone, tu n'es pas à l'étroit ici.

Marlène éclate de rire.

— Non ! C'est même un peu trop grand. Je te ferai visiter quand tu auras vu Lulu.

Elles pénètrent dans un vaste vestibule. La pièce est ronde, très haute de plafond, et en dessert plusieurs autres. Le sol est composé de dalles patinées, noires et blanches, formant une mosaïque simple et harmonieuse. Sur la droite, un escalier de pierre, borné par une rampe en fer forgé délicatement travaillée, mène à l'étage. Les deux portes-fenêtres, qui donnent sur le jardin, très hautes, sont encadrées d'épais rideaux en velours vert retenus par des embrasses tressées et dorées. Des natures mortes, de facture ancienne, sont accrochées ici et là de manière asymétrique, tandis qu'une tapisserie des Gobelins est tendue sur le mur d'accès à l'étage.

Léone ne songe pas à retirer son pardessus. C'est tellement impressionnant ! Jamais, même à la lecture des magazines de mode qui ne parlent que des célébrités, elle n'a imaginé qu'une pièce uniquement destinée à accueillir des visiteurs puisse être aussi vaste.

— C'est incroyable ! Et tu vis là-dedans ?

Marlène acquiesce d'un hochement de tête.

— Rien qu'ici, reprend Léone, c'est quasiment aussi grand que mon appartement.

— Allez, défais-toi, et suis-moi ! Je vais te présenter Lulu.

Léone accroche son manteau au perroquet, à côté de la porte d'entrée, et emboîte le pas à son amie. Après avoir suivi un couloir, elle pénètre à son tour dans le salon.

Lucien est assis dans un fauteuil roulant, à côté de la cheminée où crépite un grand feu.

— Vous voilà enfin ! Depuis le temps que Marlène me parle de vous, j'avais vraiment envie de vous rencontrer !

Léone s'approche. Elle remarque que ses deux mains sont gantées, mais n'en laisse rien paraître. Avec autorité, il l'attire à lui et l'embrasse sur les deux joues.

— Vous êtes l'amie de Marlène, alors pas de chichis entre nous.

Il fait rouler son fauteuil jusqu'au canapé où les deux femmes ont pris place.

— Chérie, montre-moi le bébé, demande-t-il à Marlène.

Il l'embrasse, l'observe longuement et le repasse à Léone. Leurs regards se croisent. Même s'il sourit, le sien est triste.

— Un beau garçon ! dit-il. Espérons qu'il aura droit à un monde meilleur que celui que nous avons eu.

— J'espère aussi ! s'entend répondre Léone.

Elle se trouve ridicule tellement sa réponse lui paraît convenue et idiote. Cloué sur un fauteuil roulant, torturé par les Boches, déporté, lui a le droit d'évoquer un monde meilleur, pas elle.

Il éclate de rire.

— Si on buvait un coup ? Je crois que vous aimez la bière n'est-ce pas ? Ça tombe bien, nous aussi !

Il fait rouler son fauteuil à travers le salon et passe dans une autre pièce. Marlène n'a pas bougé.

— Où va-t-il ? demande Léone.

— Chercher les verres et les bouteilles.

— Mais...

Marlène pose une main sur son bras.

— Ne t'inquiète pas, ma chérie ! En aucun cas il n'accepterait qu'on le fasse à sa place.

Pendant son absence, elles installent Jacques sur un canapé dissimulé derrière un paravent. Marlène s'occupe de tout, le geste sûr et précis.

— Comme ça, il sera dans l'obscurité et aura moins de bruit.

— C'est drôle. On dirait que tu as déjà eu un enfant.

Marlène hausse les épaules.

— Pour cela, il faudrait que je l'ai eu au berceau !

Elles pouffent de rire, s'éloignent du bébé endormi et rejoignent le canapé.

Lucien est revenu avec les bouteilles et les verres. Il les pose sur la table basse.

— Trois c'est le maximum, plaisante-t-il, sinon je suis obligé de faire un second voyage.

Il a pris place en face d'elles. Sur son fauteuil, il les domine légèrement. Il avale quelques gorgées en dévisageant Léone. Il la trouve belle, objectivement belle. Plus que ce qu'il avait imaginé. Mais est-ce surprenant ? Marlène lui en a parlé et il n'y a pas pire qu'une femme pour en décrire une autre. Même si c'est involontaire, il faut qu'elles sous-évaluent celles dont elles parlent.

Ce sont ses yeux qu'il préfère. Verts, pétillants, mobiles, ils dénotent une vivacité d'esprit et une sexualité débordante. Ah, si seulement il n'était pas cloué à ce maudit fauteuil ! Pendant que les femmes papotent, il imagine ce qu'il aurait dit ou fait dans les mêmes circonstances. Probablement se serait-il arrangé pour la séduire. Comment ? Il est certain que ce n'est pas une femme à se contenter de deux ou trois niaiseries. Il lui en faut certainement beaucoup plus... Mais quoi ? Ce jeu de questions sans réponse l'agace et l'excite en même temps. C'est décidé, il va la provoquer. C'est la meilleure manière qu'il connaisse de tester quelqu'un. Marlène l'aidera. Finaude comme elle est, elle comprendra.

— Dites-moi, Léone, demande-t-il en interrompant la discussion des deux femmes, quel effet cela vous fait-il de passer la soirée avec un paralytique ?

Surprise, gênée, Léone regarde Marlène qui ne bronche pas. Elle ne comprend pas. Lucien serait-il un goujat ? Non, ce n'est pas ça. Le ton de sa voix était trop léger, ironique. Elle plonge son regard dans le sien.

— Comme une attraction inhabituelle. Ça ne m'est jamais arrivé.

Lucien éclate de rire, mais son rire sonne faux. Il encaisse difficilement. Marlène sourit.

— Mon vieux, tu l'as cherché !

Elle se lève.

— Je vais jeter un œil sur le rôti.

Elle disparaît. Léone s'apprête à subir une autre question de Lucien. Elle sent son regard peser sur elle. Pour se donner une contenance, elle ouvre le livre posé sur la table, *Le Journal d'Anne Franck*.

— Vous en avez entendu parler ? demande-t-il.

Elle secoue la tête.

— C'est écrit par une jeune juive qui s'est cachée pendant la guerre. Ça vient de sortir.

— Vous l'avez lu ?

— Je l'ai commencé.

— C'est intéressant ?

— Tout ce qui concerne la vacherie des Chleus m'intéresse.

Léone n'insiste pas. Il y a trop d'amertume derrière ces mots. Marlène revient.

— Tout est prêt. On peut passer à table !

Celle-ci est dressée dans un autre angle du salon, à côté du piano.

— Normalement, explique Lucien, on devrait dîner dans la salle-à-manger, mais vous comprenez, avec un handicapé, c'est plus facile ici pour Marlène.

— Arrête ! s'exclame celle-ci, les questions domestiques n'intéressent pas Léone. Parlons plutôt d'elle, tu veux ?

Léone se sent mal à l'aise. Trop de questions l'assaillent. Jamais elle n'avait imaginé Marlène vivant dans un endroit aussi luxueux. Jamais non plus elle n'aurait supposé de tels rapports entre elle et Lucien. Comment l'aurait-elle pu ? Rien dans ce que Marlène lui avait raconté ne laissait imaginer une telle vie. Depuis qu'elle est arrivée, tout lui paraît étrange, superficiel, faux. Surtout ce qui unit Lucien et Marlène. Certes, ils paraissent proches l'un de l'autre, se parlent avec tendresse, mais il n'est pas nécessaire d'être grand clerc pour s'apercevoir que c'est tout sauf de l'amour.

— Le Corbeau vous a-t-il appelée ? demande Lucien.

Troublée dans ses réflexions, Léone fait un effort pour répondre.

— Oui, plusieurs fois.

— Marlène m'a dit qu'il veut vous reprendre mais que cela vous pose un problème avec le petit.

— C'est vrai.

— Je peux vous aider, si vous voulez.

Léone se rétracte. Elle n'aime pas les manières trop directes de Lucien. Marlène le sent et intervient.

— Écoute Lulu ! Laisse-la manger. On reparlera de ça au moment du café.

Il hausse les épaules.

— Moi, au contraire, je pense qu'il faut résoudre ce problème tout de suite. Comme ça, après, nous aurons du temps pour parler d'autre chose.

— Vous avez raison ! réplique Léone, mais encore faut-il être certain d'avoir quelque chose à se dire ?

Lucien éclate de rire, franchement cette fois-ci. Cette fille pique sa curiosité.

— J'ai un travail à vous proposer sans que vous ayez à vous séparer du petit. Ça vous dirait ?

— Au fait, lance Marlène d'un ton agacé, c'est un dîner amical, pas un entretien d'embauche.

— Tu as raison, ma chérie ! Eh bien voilà, j'ai eu une guerre *intéressante* comme on dit...

Lucien s'interrompt et ricane. Léone se tourne vers Marlène mais celle-ci a le regard perdu ailleurs. Lucien continue.

— Oui, enfin, façon de parler. Disons que j'ai connu suffisamment de situations difficiles qui méritent d'être racontées, et j'aurais besoin de quelqu'un pour taper mon récit, sous ma dictée.

Lucien dévisage Léone comme s'il attendait une réponse immédiate. Celle-ci reste muette.

— Eh bien, ma chérie ? Qu'en penses-tu ? demande Marlène qui semble sortie de sa rêverie.

— Oui... oui... bien sûr..., bafouille Léone.

Elle ne sait pas quoi dire. La proposition ne l'enchante pas plus que cela. Sans s'expliquer pourquoi, elle éprouve l'impression d'être prise au piège. Tour à tour, elle regarde Marlène et Lucien qui lui sourient. C'est drôle comme leur sourire est identique, pense-t-elle. Sans doute est-ce un mimétisme fréquent chez des gens qui s'aiment et vivent ensemble ?

— Bien sûr, reprend Lucien, votre rémunération sera supérieure à celle que vous perceviez à l'étude.

— Mais toi ? demande Léone à Marlène, tu serais la mieux placée pour ce travail ? Vous vous connaissez très bien.

— Trop bien justement, intervient Lucien, elle aurait tendance à ne pas être suffisamment objective.

— C'est-à-dire ?

Marlène éclate de rire.

— Ne t'inquiète pas. C'est une manie chez lui de causer comme un livre. En fait il veut dire que je mettrai mon grain de sel là où il ne faut pas.

Léone rit à son tour. Elle se sent mieux, comme si l'atmosphère s'était détendue d'un coup.

— Alors, vous acceptez ? demande Lucien.

Leurs regards se croisent. Elle le sent soucieux, tendu même, mais les traits de son visage se sont adoucis. Le rictus ironique qu'il avait au coin des lèvres a disparu. Il lui paraît attendrissant, tel un enfant qui souhaite qu'on accède à son désir. Elle se sent faiblir malgré l'impression persistante qu'une partie de la situation lui échappe, malgré sa crainte face à cet homme qui l'attire autant qu'il l'inquiète.

— Oui. Mais quand voulez-vous que je commence. Je dois...

— Quand vous serez prête. Ça vous va ?

Léone acquiesce. Lucien, satisfait, saisit la bouteille de vin et verse à boire à chacun.

— Voilà une bonne chose de faite ! Trinquons à notre collaboration.

Tous les trois entrechoquent leurs verres en se souhaitant mutuellement une belle réussite. Léone sourit. Elle va pouvoir gagner de l'argent et garder Jacques auprès d'elle sans dépendre de qui que ce soit. Pourtant, le vin qu'elle avale lui semble amer. Comme s'il scellait un accord dont elle ne connaîtrait ni les tenants, ni les aboutissants.

C'est l'heure de rentrer. Il est tard et Marlène propose de raccompagner Léone et Jacques. En attendant qu'elle ait sorti la voiture du garage, Léone, le bébé emmitouflé dans ses bras, attend sur le perron à côté de Lucien.

— Alors, demande-t-il, vous êtes contente qu'on travaille ensemble ?

— Oui.

Sa réponse résonne drôlement dans sa tête. Elle se sent provinciale, impressionnée, et cela l'agace. Jamais un homme ne lui a fait un tel effet.

— Vous verrez, reprend Lucien, vous apprendrez beaucoup de choses sur cette guerre. Et vous-même, où étiez-vous durant ces années ?

— A la campagne.

— Ah oui, je vois...

Il n'en dit pas davantage et lui tend sa main gantée. Léone l'avait oubliée et la serre avec une répugnance mêlée de curiosité. Puis, il pousse sur les roues de son fauteuil et le fait pivoter pour rentrer à l'intérieur.

— Marlène ne va pas tarder. Je ne reste pas, je commence à avoir froid. Bonne nuit ! Appelez-moi quand vous serez prête.

Léone le regarde disparaître dans le vestibule, déçue qu'il ne se retourne pas pour lui adresser un dernier signe.

Il est près de minuit. Les rues de Paris sont désertes. Marlène a pris les boulevards de ceinture et conduit vite. Les vitres avant de la voiture sont grandes ouvertes.

Légèrement inclinée sur le côté, les yeux fermés, Léone respire avec plaisir l'air chaud qui lui fouette le visage. Ça sent bon. Elle reconnaît l'odeur des trottoirs lavés à grande eau mêlée à celle des marronniers en fleurs. Cela lui rappelle les nuits où elle revenait de java avec Mécano et ses frères. Souvent éméchés, ces derniers chantaient à tue-tête tandis que sur la banquette arrière, Mécano la pelotait en lui sussurrant des mots doux.

Désormais cela lui paraît lointain, presque étranger. Elle se redresse sur son siège. Ne veut plus penser à lui. S'en fiche. Surtout maintenant que son avenir est en train de prendre une autre tournure. Elle se tourne vers Marlène, silencieuse.

— Merci de m'avoir fait rencontrer Lucien...

— Normal. Depuis le temps que je t'en parlais. Si je ne l'avais pas fait, tu aurais fini par croire qu'il n'existait pas, non ?

— C'est vrai que j'aurais fini par me poser des questions.

Elles éclatent d'un rire complice. Léone leur allume une cigarette. Marlène aspire une bouffée.

— Qu'est-ce que tu penses de lui ?

— Vraiment ?

— Vraiment !

— Je le trouve impressionnant mais très séduisant. Je comprends que tu sois tombée amoureuse de lui. Il a un regard magnifique et une manière de parler, comment dire... envoûtante. Quand il commence, on a envie de l'écouter jusqu'à la fin. Ça n'empêche, il doit être parfois assez agaçant, non ? Surtout quand il provoque...

— Ça tu peux le dire ! s'exclame Marlène, pour être provocant, il l'est. Nom d'un chien ! Il faut le voir en train de titiller jusqu'à ce qu'on s'énerve pour de bon. J'ai rarement connu ça. Dieu qu'il a le don de me mettre en boule !

— Tu l'as dans le nez ce soir, ou quoi ?

— Mais non ! Il m'a mis les nerfs en pelote, c'est tout !

— Pourquoi ?

— Oh, pour des broutilles... Mais, continue de me dire ce que tu en penses.

Léone se laisse aller contre son siège. Elle veut être bien pour parler de lui. Sans savoir pourquoi, elle est convaincue que cette rencontre sera essentielle dans sa vie. Cet homme la marquera. C'est drôle, songe-t-elle, comme parfois on sait les choses avant qu'elles n'arrivent. Pour Mécano, cela avait été pareil. Elle se redresse, sur ses gardes. Qu'est-ce qui lui prend de comparer ainsi Mécano et Lucien ?

— Eh bien, s'étonne Marlène, te voilà devenue muette ?

— Non, mais je n'ai pas envie d'en parler.

— Comme tu voudras.

— Dis-moi, demande Léone pour changer de sujet, tu as dû être surprise quand tu as vu la galette qu'il avait. Parce que dis-donc, pardon !

Marlène éclate de rire. Léone la dévisage. Son rire sonne faux. Un peu comme si elle se forçait.

— Il y a quelque chose qui ne va pas ?

Marlène secoue la tête sans parvenir à retenir les larmes qui perlent à ses paupières.

— Mais non, mais non ! répète-t-elle, en conduisant de plus en plus nerveusement. Tout va bien, je t'assure.

Léone se rapproche d'elle, l'embrasse, puis pose sa tête contre son épaule.

Aux Halles, c'est la cohue habituelle. Les véhicules de livraison, en file, attendent leur tour pour accéder aux pavillons. La foule est dense, agitée, braillarde.

Marlène a de la difficulté à se frayer un chemin. De temps en temps, un homme ou un autre leur lancent une invite qu'elles déclinent en souriant.

En arrivant, Marlène ne cherche pas à garer la voiture.

— Tu ne veux pas monter prendre un verre ? demande Léone.

— Non. Je préfère rentrer. Lucien m'attend.

Léone l'embrasse.

— Comme tu voudras, ma chérie. On se voit bientôt ?

— Très vite, je crois, n'est-ce pas ?

Léone acquiesçe.

— Dès que j'ai arrangé le coup avec le Corbeau.

Elle descend, prend le couffin où Jacques dort profondément, et rejoint le hall de son immeuble.

La loge est encore allumée. Quand elle passe, la concierge soulève le rideau et la salue. Léone monte les étages en se dépêchant. Elle a hâte de rentrer et de repenser à cette curieuse soirée.

Dès qu'elle est allongée, elle éteint la lumière. Celles de la rue et de la Halle éclairent suffisamment pour voir. Jacques dort dans la cuisine. Elle y a installé son petit lit pour qu'il ait davantage d'obscurité et moins de bruit.

Comme il fait chaud, elle a repoussé la couverture, découvrant ainsi son corps nu. Un souffle d'air tiède entre par la fenêtre grande ouverte et vient effleurer sa peau. C'est l'heure du désir, des idées folles, des rêves d'étreinte. Elle pourrait fermer les yeux et se caresser comme elle le fait parfois, mais ce soir elle n'en a pas envie. Elle préfère partir vers la Villa Véronèse, entrer dans cette somptueuse demeure qui lui évoque le château de la Belle au bois dormant. A nouveau, elle pénètre dans le salon, découvre Lucien qui vient à elle. Mais cette fois-ci, il marche. Habillé avec élégance, souriant, il lui tend une main fine et nerveuse. Elle la lui serre mais il l'attire vers lui et l'embrasse.

Pour chasser cette pensée, elle allume une cigarette et concentre son attention sur la braise. Malgré cela, Lucien est toujours là. Elle doit le reconnaître. Le bonhomme l'a impressionnée... et séduite. Tout ironique, agaçant et bavard qu'il soit, elle le trouve attirant. En même temps, elle songe à Marlène et se sent coupable. Pour chasser ses idées troubles, elle tente de se souvenir de la décoration du salon. A part le piano qu'elle a remarqué à cause de sa taille imposante, elle ne se rappelle de rien d'autre. Elle n'a vu que Lucien... Que son sourire, ses yeux pétillants de malice, et surtout ce qu'ils lui disaient. C'est certain, elle ne lui est pas indifférente. Il...

Soudain, elle se redresse, irritée contre elle-même.

— Ça suffit ma vieille ! dit-elle tout haut, si tu as le cul en feu, faudra trouver autre chose pour l'éteindre.

Elle écrase sa cigarette, se recouvre et se tourne vers le mur. Décidée à dormir, elle ferme les yeux. Petit à petit, elle glisse dans le sommeil. Tout se mélange dans sa tête. Elle est là-bas, à la campagne. Elle marche sur la route de Vieilmanay en poussant un fauteuil roulant. Elle a beau appeler l'homme qui s'y trouve assis, celui-ci ne se retourne pas. Alors, elle s'arrête et passe devant. Elle découvre avec joie que c'est Mécano et l'embrasse avec passion.

CHAPITRE 14

De lourdes chaleurs orageuses assoupissent Paris. Dans la rue, on cherche un coin d'ombre ou une terrasse pour se désaltérer. Aux Halles comme ailleurs, on transpire, on râle contre le temps, on scrute le ciel avec l'espoir d'y voir un nuage crever. Mais pas plus de nuage que de beurre en branches. La chaussée fume sous les rayons du soleil, les hommes et les bêtes ahanent, un silence inhabituel règne dans le quartier. Les mandataires, les grossistes et autres livreurs se réfugient plus que de coutume dans les bars et tamponnent leurs visages rubiconds en se plaignant de l'effet désastreux de la canicule sur les affaires. La plupart attendent la nuit avec impatience pour retrouver un peu d'énergie.

Mais le plus désagréable, ce sont les odeurs, surtout le matin, quand le marché ferme. Un remugle où se mêlent les effluves du fromage et ceux des détritus jonchant le sol. C'est tellement insupportable que les éboueurs ont reçu la consigne d'avancer le moment de l'enlèvement des ordures, au grand dam des négociants gênés dans leurs allées et venues, et des riverains agacés par le tintamarre des moteurs et des poubelles en fer qu'on traîne sur la chaussée.

L'aube point au-dessus des toits quand Léone se lève. Malgré l'heure matinale, elle est en forme, presque heureuse. Dans deux heures d'ici, elle partira pour la Villa Véronèse comme elle le fait depuis plusieurs jours et reprendra son travail avec Lucien.

C'est drôle, songe-t-elle, comme en peu de temps sa vie a changé. Plus de Corbeau suant et lubrique pour lui dire ce qu'elle a à faire. Plus d'inquiétude pour arriver à l'heure. Et surtout, cette joie irremplaçable d'avoir toujours Jacques auprès d'elle. Déjà sept mois qu'il est arrivé. Un sacré petit bonhomme, souriant, qui babille déjà.

Oui, vraiment, en cette mi-juillet, Léone se dit qu'enfin, la vie se montre clémente à son égard. Au point qu'il lui arrive, comme ce matin, de ressasser son bonheur pour en profiter davantage.

Elle se souviendra longtemps de sa première journée à la Villa Véronèse. C'était à la fin du mois de juin. Il faisait beau et chaud. Elle s'était levée avec deux heures d'avance pour avoir le temps de se laver, de s'habiller mais surtout de se maquiller. Pour ce premier rendez-vous, elle voulait être belle, malgré le léger embonpoint dont elle n'était pas encore parvenue à se débarrasser. La veille, prise d'une envie subite, elle avait acheté une nouvelle robe, blanche et légère, ainsi que des chaussures assorties. Une folie ! Mais quelle importance ? Un tel changement devait se fêter.

A la Villa, face à Lucien, elle avait admis pour elle-même que ce n'était pas la seule raison de ces emplettes. Elle voulait lui plaire.

A l'inverse de Lucien qui s'était retenu de faire un commentaire, Marlène n'avait pas lésiné sur les compliments. A sa manière, gouailleuse et provocatrice.

— Eh bien ma vieille, heureusement que Lulu n'a plus de jambes, sinon je crois bien que tu l'aurais fait courir à en perdre haleine !

Lucien, pas froissé pour un sou, avait répliqué :

— C'est certain, chérie, mais si je ne peux plus marcher, je peux encore rouler.

Après le café qu'ils avaient pris tous les trois, il avait entraîné Léone au salon dont il avait aussitôt refermé la porte. Elle avait installé Jacques sur le canapé. Un peu plus tard, par l'une des portes-fenêtres entrouvertes, elle avait entendu un crissement de pas sur le gravier. Marlène partait pour le travail. Elle s'en était réjouie. Sa journée, leur journée, à elle et Lucien, allait commencer.

Mais son impatience avait été vite douchée. Dès les premiers mots de son exposé, elle avait compris qu'il était éloigné de ses préoccupations. Un monde de souffrances et d'horreurs les séparaient.

Soudain, elle est tirée de sa réflexion par les pleurs d'impatience de Jacques qui veut manger et être changé. Elle se précipite et lui donne le biberon pour le calmer. Après l'avoir lavé et cajolé, elle l'allonge sur le lit et commence à s'habiller. Un rapide examen devant la glace la réconforte. Le régime qu'elle s'impose depuis plusieurs semaines porte ses fruits. Elle a retrouvé sa ligne d'antan. Aujourd'hui, elle peut mettre un pantalon sans avoir un cul de génisse.

En même temps qu'elle s'habille, elle revient à cette première journée à la Villa.

Il avait commencé à parler d'une voix égale, évoquant tour à tour la résistance avec ses copains, son arrestation, et la déportation. Il disait des choses horribles sans émotion apparente, comme s'il s'agissait d'un compte-rendu de comptable. Mais, au-delà de son regard volontairement neutre, elle avait deviné la tension de l'homme blessé, meurtri dans sa chair, comme en témoignaient ses mains gantées. Parfois, elle s'était retenue de le prendre dans ses bras pour le réconforter tellement il faisait d'efforts pour ne pas s'effondrer. Et au fil de ses mots qui résonnaient comme autant de tortures, d'humiliations, de souffrances, elle l'avait aimé. Oui, aimé ! Oubliant Marlène, Julia, Jacques et son lot d'insatisfactions si négligeables comparées à ce qu'il racontait. En l'écoutant, elle le voyait en pleine possession de ses moyens, comploter contre l'envahisseur, courir Paris la nuit, distribuer des tracts. Elle l'imaginait amoureux de jeunes femmes impliquées dans les mêmes combats. En regard, sa propre vie et sa personnalité lui avaient paru banales.

A la fin de son monologue, il lui avait précisé la teneur de son travail. Elle devrait prendre sous la dictée ce qu'il raconterait, ne faire aucun commentaire sur la forme ou sur le fond, sauf à sa demande. Sitôt qu'elle avait accepté, il avait changé, comme par miracle. L'homme brisé était redevenu l'hôte charmant et ironique qu'elle avait découvert pendant le dîner. Il avait osé quelques remarques sybillines sur elle, en particulier qu'il lui trouvait du « chien ». Elle avait rougi mais au fond elle était heureuse. Lucien n'était pas insensible à son charme.

Fin prête, elle prend Jacques dans les bras quand le téléphone sonne. Elle hésite et décroche. C'est Julia.

— Comment ça va, ma fille ?

Léone se raidit.

— Ça va... Qu'est-ce que tu veux ?

— Je voulais te dire que ton grand-père est très malade. On est très inquiet. Je descends à la ferme demain.

Léone repose Jacques sur le lit. A l'intonation de sa mère, elle comprend que c'est grave. Une douleur lui déchire le ventre.

— C'est à ce point-là ?

— Je le crains. Pour qu'il reste alité, c'est mauvais signe.

Léone garde le silence. Des souvenirs d'enfance, fugaces et forts, lui traversent la tête. Elle court dans les champs moissonnés pour rejoindre Auguste. Elle rit sur ses genoux dans la cuisine. Elle le regarde en train d'aiguiser une faux dans l'atelier.

— Il faut que j'aille travailler. Je te rappelle ce soir.

Elle raccroche et se met à pleurer, discrètement, pour ne pas alarmer le petit. Puis, elle passe dans la cuisine pour se préparer un café. Heureusement, elle est en avance. Juste le temps de se reprendre. Mais Dieu que c'est dur ! Auguste, c'est toute son enfance, ses premières joies, la découverte de la virilité, de l'autorité, de la gentillesse aussi. Ce n'est pas juste ! Si quelqu'un doit mourir, ce n'est pas lui ! Et Anna, que va-t-elle devenir sans lui ?

Irritée de ne pouvoir leur parler, elle fume une Gauloise en attendant que le café passe. Que dire à Lucien ? Comprendra-t-il qu'elle doive s'absenter durant quelques jours ?

Elle essaie d'avaler son café. Trop chaud. Tant pis ! Elle doit y aller.

En descendant l'escalier avec Jacques dans les bras, elle peste contre la vie qui ne cesse de vous jouer des tours. On est heureux, puis la seconde d'après tout bascule, sans préavis.

En bas, madame Girodet l'arrête et disparaît dans sa loge.

— Ah, mon Dieu ! Comme je suis contente ! Je vous croyais déjà partie ! Une lettre pour vous...

Léone s'en saisit, la remercie et sort. Ça vient de là-bas. Sans doute Anna qui la prévient ? Pour qu'elle écrive, ça doit vraiment être grave !

Préférant lire la lettre durant le trajet, elle se précipite vers l'arrêt de l'autobus, rue Rambuteau. Surtout ne pas pleurer. Ni dans la rue, ni dans le bus. Quand elle arrive, la queue est imposante. Ici et là, quelques personnes râlent. Il faut toujours attendre... Trop de circulation... Comment arriver à l'heure à son travail ? Avec tous les impôts qu'on leur donne...

Léone n'écoute pas. Elle est là-bas, avec Auguste, qui doit l'attendre pour lui dire qu'il l'aime d'un air bougon. Des larmes montent à ses yeux. Elle les retient in-extremis. Non, elle ne pleurera pas. Mais l'attente dure. C'est trop long. Tant pis pour le porte-monnaie. Elle hèle un taxi et s'y engouffre sous le regard envieux de ceux qui attendent. Quand elle donne l'adresse au chauffeur, il siffle.

— Villa Véronèse ? Chez les rupins, dites-donc !

Il lui lance un regard par le rétroviseur.

— Pourtant, vous n'avez pas l'air d'être de ce monde-là, vous ?

Léone secoue la tête sans répondre. D'abord, lire la lettre qu'elle décachète maladroitement. Elle est très courte. *Ma chérie, ton grand-père est au plus mal. Il te demande. Viens vite si tu le peux. Je t'embrasse. Anna.*

Elle réfléchit en regardant défiler les immeubles par la vitre. Bien sûr qu'elle va y aller ! Mais elle n'a pas envie de faire le voyage avec Julia. D'un autre côté, ce n'est pas le moment de faire des histoires.

Si Auguste doit mourir, elle veut éviter de lui faire de la peine. C'est bon. Elle rappellera Julia ce soir et prendra le train avec elle. Tant pis pour ses griefs. Elle n'a qu'à les mettre au rancart.

Avoir pris cette décision lui fait du bien et atténue un peu son chagrin.

Le chauffeur, silencieux, conduit en continuant de l'observer par le rétroviseur.

— Ça va ?

Elle acquiesce d'un hochement de tête.

— Vous savez qui était Véronèse ?

Surprise par la question, elle sourit.

— Non.

— Un peintre italien. 1528-1568. Fils d'un tailleur de pierre, il est l'un des plus grands peintres de son époque avec Le Titien et Tintoret.

Léone rit plus franchement.

— Où avez-vous appris cela ?

— Dans le dictionnaire. Quand une illustration me plaît, j'apprends l'article par cœur.

— Moi aussi j'aimais bien regarder le dictionnaire quand j'étais enfant. J'avais l'impression de voyager.

Elle ne voit que la nuque du chauffeur, mais elle devine un visage assez arrondi et chaleureux.

— Vous aviez raison. Quand on n'en a pas les moyens, c'est le meilleur truc pour voir du pays.

Ils arrivent devant la Villa. Elle règle le montant de la course. Le chauffeur se retourne. Son regard est sympathique mais une grande tache lie-de-vin lui couvre la moitié gauche du visage.

Elle le remercie et sort. Avant de redémarrer, il la hèle par la vitre ouverte.

— Merci de ne pas m'avoir regardé comme une bête de cirque !

Face à la porte de la Villa, son cœur s'emballe. Elle renoue avec ses émotions de la veille et celles des jours précédents. Comme d'habitude, Marlène va venir lui ouvrir, ils vont prendre le café ensemble, puis son amie partira pour le travail, les laissant face à face. En même temps, elle craint la réaction de Lucien quand elle va lui annoncer qu'elle doit s'absenter quelques jours pour assister son grand-père. C'est stupide ! Elle sait qu'il n'est pas un employeur, qu'il ne l'a jamais été, mais c'est comme ça. A force de travailler pour le Corbeau, elle a appris à avoir peur de ceux qui donnent du travail.

Elle sonne. Marlène vient, lui ouvre, l'embrasse et prend le bébé pour lui prodiguer quelques taquineries. Contrairement aux autres jours, Lucien est sur la terrasse et agite le bras pour la saluer.

Quand elle l'a rejoint, elle le trouve devant une table dressée pour le petit déjeuner. Tout y est ! Croissants, toasts, confitures et café.

— Comme il fait déjà très chaud, explique-t-il, nous avons décidé de manger dehors. Café ?

Elle accepte et s'assoit. Marlène lui rend le bébé.

— Il faut que j'y aille.

Elle disparaît dans la maison.

— Alors ? En forme pour taper ?

— Ça va !

— J'ai relu les feuillets d'hier. Ce n'est pas très bon, mais ce n'est pas de votre faute. Je m'aperçois qu'il est plus facile de vivre des choses, même douloureuses, que de les relater.

Elle n'est pas de son avis, mais n'ose le lui dire. Au contraire, elle trouve qu'il raconte sa vie d'une manière poignante. Avec lui, pas de chichis. Rien que des faits à l'état brut. Ses phrases sont courtes, les mots claquent. Elle aime son langage. Il dénote un caractère trempé, une puissance, une certitude qui l'attirent. Elle l'imagine avec une femme, lorsqu'il était en pleine possession de ses moyens. Ses étreintes devaient être fougueuses, dominatrices, ses déclarations enflammées. Il parle toujours. Elle ne comprend plus ce qu'il dit. Le désir l'a envahie, capturée. Elle a chaud, froid, songe à Marlène. Qu'en est-il de leur intimité ? Elle aimerait être à sa place.

— Qu'en pensez-vous ?

Elle émerge difficilement de ses pensées, bafouille, rougit, sourit. Elle ne peut que mentir.

— Excusez-moi. J'avais la tête ailleurs. J'ai appris ce matin que mon grand-père va mourir. D'ailleurs, je voulais vous demander de...

— Bien sûr ! Allez le rejoindre dès que possible. Je sais trop ce que sont les amours enfantines pour les grands-parents. Moi-même j'ai...

Il tourne la tête vers le jardin.

— Je serai partie quelques jours.

— Ce n'est pas grave. Cela me donnera le temps de clarifier davantage mes idées, de mettre un peu d'ordre dans ce que j'ai à dire.

En même temps, il songe à son enfance, dans ce jardin. C'est là qu'il jouait à chat avec Henri, son grand-père. Un jeu comme seul le vieil homme savait en inventer. Il se cachait derrière un tronc ou un bosquet, puis quand l'enfant l'avait trouvé, il en profitait pour lui raconter la vie des plantes, des arbres et des fleurs qui les entouraient. Parfois, il s'accroupissait, puis à l'aide d'un bâton, il grattait le sol ou soulevait une pierre pour faire apparaître une faune microscopique, grouillante et organisée. Henri en profitait pour relier cette vie animale et végétale à celle des hommes, et il divaguait sur l'histoire. Un vrai savant, mais aussi un bonhomme au grand cœur prenant toujours fait et cause pour les enfants face aux adultes...

Léone se tait, respectueuse du silence de Lucien. Elle devine que c'est important pour lui. En attendant qu'il revienne à eux, elle détaille son profil anguleux et volontaire, marqué par un front haut et droit, un menton fort, un nez légèrement retroussé.

Lucien ne se retourne pas. Il sait qu'elle le regarde, qu'elle éprouve de l'attirance pour lui. Cette certitude le met mal à l'aise en même temps qu'elle le rassure. Il peut encore être désiré ! Malgré ses jambes inertes, ses mains gantées, son immobilité forcée. Marlène avait donc raison quand elle lui disait qu'il n'avait pas besoin de ses jambes pour séduire ! Il souhaiterait se retourner, la détailler à son tour, mais il se le refuse. Il doit conserver une distance qui le mette à l'abri d'une nouvelle souffrance. Celles d'hier, imposées par son héroïsme, sa stupidité plutôt, puisque les Boches savaient déjà ce qu'il s'acharnait à taire, suffisent à remplir ses journées. Pourtant l'attraction qu'exerce Léone sur lui est forte. Toujours grandissante depuis sa première apparition dans le salon.

Heureusement qu'elle doit s'éloigner quelques jours. Cela lui procure un certain soulagement. Il dispose ainsi d'un sursis pour reprendre ses esprits et ne pas se laisser happer par un fantasme aussi irréalisable que destructeur.

Il se retourne, croise furtivement son regard, suffisamment pour en être remué. Afin de n'en rien laisser paraître, il se réfugie sous son masque, dur et impénétrable.

— Je crois qu'il est temps de se mettre au travail. Passons dans le salon, dit-il en faisant rouler son fauteuil.

Elle se lève, et le suit en se retenant de l'aider. Maintenant elle est certaine qu'entre eux quelque chose est né. Il peut se redresser sur son siège, détourner le regard, serrer les mâchoires, elle a eu le temps de le voir. Cependant, son premier élan de joie est vite gommé par le constat que cela n'est qu'une provocation supplémentaire de la vie. Leurs destins vont se croiser sans jamais se rencontrer. A cause de son amour pour Marlène...

En pensant à son amie, une onde de culpabilité la submerge. Ce qu'elle pense et rêve de faire est dégueulasse. D'autant plus que Marlène lui a présenté Lucien pour la sortir de la panade. Non. Ce n'est pas possible. Elle doit avoir le courage de refuser ce travail qui la met chaque matin face à Lucien.

Quand elle s'assoit devant la machine à écrire, sa décision est prise. Elle va rejoindre la ferme dès demain, et à son retour, elle ne reviendra plus à la Villa.

Comme convenu, Léone retrouve sa mère à la buvette de la gare de Lyon. Julia se lève pour l'embrasser.

— Ça va ?

— Oui. Et toi ? Tu as eu des nouvelles ?

— Oui. Le docteur m'a téléphoné ce matin de la part d'Anna. Ton grand-père est au plus mal mais il a encore toute sa tête.

— Qu'est-ce qu'il a eu ?

Julia hausse les épaules.

— Rien de particulier. Il est au bout du rouleau, c'est tout.

Julia prend Jacques dans ses bras pour permettre à Léone de boire son café.

— Mon Dieu que tu es beau, murmure-t-elle en lui caressant le visage.

Elle lève la tête vers la pendule.

— Il va falloir y aller.

Elles pénètrent dans le hall de gare. Ça va, ça vient, ça court dans tous les sens. Des convois entrent et sortent. On entend le sifflet des locomotives, les jets de vapeurs, le crissement des freins. D'épaisses volutes de fumée s'élèvent et se délitent en atteignant la verrière.

Julia porte Jacques en rejoignant leur wagon. Léone a du mal à la suivre. Des voyageurs la bousculent sans s'excuser. Les valises cognent contre ses jambes. Arrivée en bas du marchepied, elle pousse un long soupir. Julia, indifférente, est déjà montée pour trouver des places. Heureusement, un homme prévenant attrape les valises et les hisse dans le wagon.

— Eh ma petite dame, lance-t-il, quand on part ce n'est pas la peine d'emporter toute sa garde-robe !

Elle lui sourit sans répondre. Pauvre con, songe-t-elle, je ne vais pas au bal.

Par bonheur, le compartiment est quasiment vide. Seule une vieille femme est assise côté couloir.

Léone s'assoit face à sa mère, près de la vitre. Elle se sent vidée. Si elle le pouvait, elle s'endormirait pour oublier les tracas qui l'assaillent. La voilà fille-mère, stupidement amoureuse, fâchée avec Julia et en partance pour assister à la mort de son grand-père... Non, vraiment, il n'y a pas de quoi pavaner.

Le train s'ébranle. Elle laisse Julia toute à sa joie de retrouver Jacques, et allume une cigarette. Sa mère lui lance un regard désapprobateur.

— Tu ne peux donc pas t'en passer ? Tu vas nous empuantir !

Léone sort dans le couloir rejoindre d'autres fumeurs. Le convoi quitte la gare. Parfois, elle est déséquilibrée quand le wagon passe un aiguillage. Dans les maisons qui bordent la voie, des gens accoudés à leur balcon font des signes de la main. Léone a envie d'y répondre mais la peur du ridicule l'en empêche. Bientôt le train prend de la vitesse. Les réflexions de Léone s'emballent. Elle en a marre de ce bordel ! Faut toujours qu'elle se foute dans des impasses ! Qu'elle invente des situations impossibles ! A croire qu'elle n'est pas faite pour le bonheur... Son voisin lui demande du feu. Le prélude à une drague, elle le sent. Après avoir repris sa boîte d'allumettes, elle préfère rejoindre le compartiment.

Bercé par le tangage du wagon, Jacques dort calmement dans les bras de Julia. Léone s'assoit et regarde défiler le paysage. Parti comme c'est parti, elle sait qu'avec sa mère elles ne se parleront pas jusqu'à l'arrivée. Ce n'est pas l'envie qui lui manque. Si l'autre voyageuse n'avait pas été là, elle aurait essayé, une fois encore, de briser sa carapace, de vaincre son mutisme, de l'atteindre quoi ! Tant pis. On ne refait pas l'histoire de centaines de générations qui ont vécu dans le silence. Elle pense à Auguste. C'est lui le plus important aujourd'hui. S'il n'a pas été son père, c'est tout comme. Heureusement qu'il s'est trouvé là durant les quelques années qui ont suivi la mort d'Alfred, quand elle a pris conscience qu'elle ne pourrait jamais dire Papa. Oui, heureusement ! Parce que l'étreinte forte de ses bras, ses baisers mouillés, la piqûre de ses poils de barbe, son bougonnement affectueux lui ont appris ce qu'était un homme. Dieu qu'elle l'a aimé, admiré, recherché, provoqué, toujours dans ses basques, aux champs comme à la ferme. Et lui, silencieux, qui lui adressait des sourires ou lui prenait la main. Maintenant elle s'en rend compte. Tout cela valait bien plus que des mots. C'était de l'amour, à l'état brut.

Imperceptiblement, elle a glissé dans le sommeil. Après la gare de Montereau, elle dort profondément.

Julia berce Jacques, une comptine à fleur de lèvres. Seule avec le petit, elle aurait osé la chanter, comme elle le faisait pour Léone, endormie en face d'elle. Que s'est-il passé entre elles pour que le fossé se creuse aussi profondément ? Quelles erreurs a-t-elle commises, quels oublis, quelles injustices ? Pas la peine de jouer au plus fin avec soi-même, songe-t-elle. Il faut répondre. Elle revient à la veille de la mort d'Alfred. Elle s'en souvient très bien. Enceinte de

Léone, elle était heureuse. L'avenir se présentait sous les meilleurs auspices. Elle avait deux autres enfants, une ferme à elle, des animaux et peu de dettes. Bien sûr, elle avait eu ce petit égarement avec Jean. Mais rien de bien méchant. Une sorte de gage à des chimères de jeune femme encore désirable. Bref, un jeu pour se donner des frissons, rien de plus. La preuve ! Quand elle s'était sue enceinte, forcément d'Alfred, elle avait rompu avec Jean, sans regret, pour revenir se blottir dans les bras de son bien-aimé. Léone n'a pu souffrir de cet égarement et croire qu'elle était la fille de Jean. Et cela, même en ayant découvert leur correspondance. Non. Le problème est ailleurs, mais où ? Elle fouille dans sa mémoire. Rien ne lui revient dénonçant envers Léone une attitude maternelle différente de celle qu'elle a eue avec ses autres enfants. Elle ne voit que la réaction d'une orpheline blessée, en voulant au monde entier de la disparition de son père.

Elle est déçue. Sa tentative d'y voir plus clair a échoué. Il lui faudra se contenter d'être la mère innocente d'une fille qui la déteste.

Mon Dieu ! Déjà, les premières maisons de La Charité. Elle secoue Léone qui s'éveille en sursaut.

— Dépêche-toi ! Nous y sommes dans quelques minutes.

Léone s'ébroue. Elle a dormi profondément. Aucune trace de rêve dans sa mémoire. Jacques s'est réveillé. Elle le prend dans ses bras, l'embrasse et lui donne un doigt à sucer pour calmer sa faim.

— Il faudra attendre d'être à la ferme, petit gourmand !

Sur le quai, elles aperçoivent Pierre qui les cherche. Elles le hèlent. Il vient à leur rencontre, les sert dans ses bras noueux et prend leurs valises.

— Faut pas traîner, dit-il. Ce coup-ci, je crois qu'il est pas loin de passer.

Il avance devant elles. Léone a remarqué ses yeux gonflés et rougis par le chagrin. Une facette ignorée de son oncle, tellement solide et paraissant étranger à la souffrance.

Le voyage jusqu'à la ferme est mené tambour battant. Pierre fouette la jument à tour de bras.

— Hue dia ! Avance, la belle !

D'habitude rétive, la bête avance au grand trot. Léone imagine qu'elle doit comprendre l'urgence qu'il y a d'arriver rapidement.

Ils entrent dans la cour de la ferme. Anna se tient sur le pas de la porte. Léone saute de la carriole et se précipite dans ses bras.

— Ma pauvre petite ! répète la vieille femme. Je suis tellement contente de te voir.

Elle la prend par la main.

— Viens vite, ma chérie ! Il t'attend. Il n'arrête pas de demander après toi depuis hier soir.

Elles pénètrent dans la chambre, suivies de Julia. Pierre est déjà auprès du lit avec le docteur. Anna prend Jacques des bras de Julia.

— Je vais avec lui dans la cuisine. Ce n'est pas un spectacle pour son âge.

Auguste, qui n'a plus guère de voix, fait signe à Léone de s'approcher et l'embrasse. Il a maigri. Ses yeux sont enfoncés dans leurs orbites. Sa barbe est plus fournie que d'ordinaire. Il lui sourit. Léone refoule ses larmes avec difficulté.

— Enfin te voilà ma petiote, murmure-t-il.

Léone se pousse pour laisser Julia l'embrasser à son tour.

— Je suis au bout du chemin, ma fille !

Julia pleure et l'enlace.

— Allons Papa ! Solide comme tu es, tu vas encore t'en tirer.

Il secoue la tête.

— Pas cette fois-ci. Je le sais.

Elle va pour se relever mais il la retient.

— Dis à Léone de rester. Il faut que je lui parle.

Julia acquiesce et fait signe à Pierre de la suivre dans la cuisine. Léone s'accroupit au bord du lit et prend la main décharnée d'Auguste dans la sienne. De temps en temps, elle essuie les larmes coulant le long de ses joues.

Elle le regarde longuement. Son corps est en train de mourir, elle le voit. Seuls ses yeux bleus ont conservé leur vivacité.

— Comment tu vas, ma petite ?

— Bien.

— Ta ! Ta ! Ta ! Je vois de l'ombre dans tes yeux.

Les mêmes mots que lorsqu'elle était enfant. Elle sourit.

— C'est de te voir comme ça...

— Bah ! Fallait bien que ça arrive. A mon âge. J'ai eu de la chance d'arriver jusque là et de vous avoir eus. Surtout toi, ma petite bellote. Bon ! C'est pas le moment de perdre son temps. Je t'ai laissé un petit quelque chose comme aux autres, mais ce n'est pas le plus important. Je voudrais que tu me fasses une promesse...

— Oui.

— Je sais qu'avec ta mère ça ne va pas fort. Je veux que tu arranges ça. Elle n'a rien à se reprocher. Tu étais trop petite pour t'en apercevoir mais elle a eu du courage et elle s'est toujours bien occupée de vous, et de toi en particulier.

Il lui sert la main plus fermement.

— Tu le feras, dis ?

— Oui.

— Encore une chose, ma fille. Je te connais comme si je t'avais faite et je sais que parfois tu as la tête au bord du chapeau. Seulement maintenant tu as un gamin. S'agit plus de faire la bête. Alors, je voudrais que tu réfléchisses un peu plus. Surtout avec les hommes...

Elle acquiesçe, pleurant et souriant à la fois.

Auguste l'attire à lui pour l'embrasser.

— Je ne sais pas si l'Autre existe. En tout cas, si c'est vrai, je garderai un œil sur toi.

Après une dernière étreinte, il la repousse. Son visage est plus détendu. Il paraît heureux.

— Allez, ma fille. Va chercher les autres. Je vais tâcher de pas vous faire traîner.

Dans la cuisine, le morbier sonne onze heures. Ils sont assis autour de la table, silencieux. Les femmes n'ont pas débarrassé. De temps en temps, l'un ou l'autre se sert un verre de vin. Comme il fait chaud, Anna a laissé la porte de la cuisine ouverte. Une multitude d'insectes volettent autour de l'ampoule qui pend du plafond. Pierre se lève. C'est à lui d'aller veiller Auguste.

Ceux qui restent guettent le moindre ronronnement de moteur qui annoncerait la venue de Maurice et d'Antoine. Ils ont promis d'être là cette nuit.

— Dame ! C'est qu'ils ont de la route ! dit Anna.

Léone la rassure.

— Ils ne vont pas tarder à arriver. Surtout si c'est Antoine qui conduit. Il connaît la route comme sa poche.

— Tais-toi donc ! la coupe Anna, il conduit surtout comme un fou, oui ! Tiens, rien que d'y penser...

Julia sourit.

— Ne t'inquiète pas, Maman ! Il a l'habitude.

— Habitude ou pas, avec ces engins je ne suis pas tranquille. Manquerait plus qu'ils versent dans le fossé.

Elle se remet à pleurer et sort un mouchoir de la poche de son tablier.

Léone se lève, vient s'asseoir à côté d'elle et l'enlace.

— Allons, mémé !

Anna ne peut contenir son chagrin.

— Mon Dieu, qu'est-ce que je vais devenir sans lui ? Tu te rends compte ! Plus de cinquante ans qu'on se chamaille !

Léone l'embrasse. Julia se tait. Que dire devant ça ? Un tel bail d'amour, ça vous la coupe.

Soudain, Pierre revient, affolé.

— Je crois qu'il s'en va !

Tout le monde se précipite et se rapproche du lit. Les yeux clos, Auguste râle, ânonne des bribes de phrases incohérentes. Il transpire abondamment. A nouveau maîtresse d'elle-même, Anna lui éponge le front avec le bas de son tablier. Julia lui tient la main. Brusquement le corps d'Auguste semble s'affaisser sous le drap, sa tête tombe sur le côté. C'est fini.

Au même instant, ils perçoivent le ronflement d'une voiture qui se rapproche.

Léone sort et attend sur le pas de la porte. Le halo des phares apparaît en haut du chemin, court le long de la haie, tourne autour de la mare avant d'éblouir Léone quand la voiture pénètre dans la cour.

Ses deux frères descendent en se dépêchant.

— Ce n'est pas la peine de courir, dit Léone. Il vient de mourir.

— Merde ! s'exclame Antoine en se tournant vers Maurice. Je te l'avais bien dit qu'il ne fallait pas s'arrêter boire un coup !

CHAPITRE 15

En ce jour de semaine, la circulation est fluide sur la nationale 7. Léone et ses deux frères reviennent à Paris. Elle a laissé Jacques avec Julia et Anna. Elles ont convenues la veille que la présence du petit leur changerait les idées et que cela ne lui ferait pas de mal de profiter du bon air de la campagne.

Antoine conduit très vite. Soit disant parce qu'il doit reprendre son travail rapidement. Léone n'est pas dupe. Elle le connaît. Il a une femme à retrouver, c'est certain. A côté de lui, Maurice fume cigarette sur cigarette, sans avoir desserré les mâchoires depuis leur départ de la ferme.

— Fichez-moi la paix ! leur a-t-il lancé alors qu'ils cherchaient à lui arracher trois mots. Après ce qu'il vient d'arriver, je n'ai pas envie de parler.

Antoine et Léone n'ont pas insisté, mais cette dernière sait que la mort et l'enterrement d'Auguste n'ont rien à voir avec son silence obstiné. En fait il est furieux de n'avoir pas de certitude quant à l'héritage.

Auguste à peine enterré, il n'a pas pu s'empêcher d'en causer avec son air à recevoir le bon Dieu sans confession. Et avec malignité par-dessus le marché. Léone le revoit pendant le repas, la tête légèrement inclinée pour simuler le chagrin et en train d'amener la conversation sur ce qu'a laissé leur grand-père.

— Faudrait peut-être revendre une partie des champs maintenant qu'il manque deux bras.

Et les autres, égarés par leur peine, d'opiner sans voir qu'il veut mettre la main dessus. Comme ça, d'une pierre deux coups. Non seulement il pourra s'installer dans le pays, mais en plus il y produira des denrées fraîches pour fournir ses épiceries parisiennes. Il la dégoûte, tiens ! Énervée, elle allume une cigarette et regarde la campagne qui défile. Des champs de blé, d'orge ou d'avoine à perte de vue ondoient sous la brise. On dirait une mer dorée.

— Dis-donc, lui dit Antoine, je ne veux pas me mêler de ce qui ne me regarde pas, mais il paraît que tu fais la tête à Maman.

Elle se redresse sur son siège, soudain sur ses gardes. Va pour que Maurice vienne l'emmerder avec ça, mais qu'Antoine s'en mêle, ça ne lui ressemble pas.

— Qui t'a dit ça ?

— Maman... Et on en a parlé avec Maurice en venant.

Léone ricane.

— Et qu'est-ce qu'il t'a dit, Maurice ?

Antoine ne répond pas. Il connaît sa sœur. Le ton qu'elle vient d'employer ne présage rien de bon. Encore un mot de travers et elle va les envoyer paître.

— Eh, Léo, ne te fâche pas ! Je disais ça comme ça, moi ! Ça m'embête pour vous, c'est tout !

Elle se rapproche de la nuque raidie de Maurice.

— Alors qu'est-ce que tu lui as raconté, hein ?

— Eh bien quoi, répond-il sans se retourner, j'ai rien dit de spécial.

— J'ai rien dit de spécial ! répète Léone d'un ton ironique. Ça ne change pas, remarque ! Tu ne dis jamais rien de spécial. Normal ! Tu ne parles pas, toi, tu comptes ! Tu...

— Allez, ça va ! l'interrompt Antoine.

— Eh bien non ça ne va pas ! Oui, je suis fâchée avec Maman ! Oui, je lui en veux de ne pas m'avoir aimée ! De m'avoir menti ! D'avoir trompé Papa !

Maurice s'apprête à répondre mais Antoine le coupe.

— Écoute, arrête de tout mélanger ! Maman n'a pas trompé Papa. Ça a juste été une histoire sans lendemain...

— Et puis merde, s'exclame Maurice en se retournant, elle avait quand même le droit de faire ce qu'elle voulait de son cul...

Il couine, coupé net par la gifle que vient de lui balancer Léone.

— Tu as de la chance d'être une fille ! s'écrie Maurice en se tenant le nez.

Elle éclate de rire.

— Tu parles ! J'ai plus de couilles que toi.

Antoine ralentit.

— Eh, vous allez la fermer tous les deux.

— Arrête-moi là, demande Léone, je me débrouillerai pour rentrer.

Antoine hausse les épaules.

— Fais pas la bête. On n'est plus qu'à une heure et demie de Paris.

— Je m'en fous ! Je ne veux plus voyager avec ce con.

— Ah, la vache ! répète Maurice en épongeant le sang qui coule de son nez.

Antoine accélère, un sourire aux lèvres. Cela énerve Léone.

— Je te dis de m'arrêter là.

— Écoute, je vais te laisser à la gare de Montargis, c'est à cinq minutes.

Léone s'affale sur son siège. Ses mains tremblent, des larmes de rage perlent à ses paupières.

Ils roulent en silence. Dès que la voiture s'immobilise devant la gare, elle attrape sa valise, sort sans un mot et claque la portière.

Parvenue dans le hall désert, elle jette un œil dehors. La traction s'éloigne.

— Allez vous faire foutre !

Derrière la vitre du guichet, le préposé lit le journal.

— Un aller pour Paris.

Le gars la dévisage, étonné. Sa casquette étoilée, rejetée en arrière, dégage son front luisant de sueur.

— Pour Paris ? Mais ma petite dame, l'express ne passe que dans une heure.

— Eh bien, j'attendrai !

— Comme vous voudrez.

Son billet en main, elle sort sur le quai et s'assoit sur un banc. Il fait très chaud. Pas âme qui vive. Le silence est impressionnant. De temps en temps, on entend le chant d'un grillon. Elle se détend, amusée de se retrouver en rade avec une valise pour seul viatique. Comme une étrangère, sans provenance, ni destination. Si elle voulait, elle pourrait sauter dans n'importe quel train, partir pour n'importe où. Cette idée l'enthousiasme. Partir ! Partir ! Voilà ce qu'elle doit faire. Au lieu de s'enraciner dans une vie qui ne ressemble à rien. Et partir loin ! Elle repense aux images d'Indochine et d'Afrique. Suffirait qu'elle descende jusqu'à Marseille, saute dans le premier bateau et le tour serait joué.

Elle hausse les épaules. Un rêve, rien qu'un rêve. Elle repense à ce que lui a dit Auguste. Ne pas faire de bêtises... Elle se souvient alors de la cérémonie dans la petite église de Narcy. Il y avait beaucoup de monde, surtout des femmes pleurant avec sincérité comme si elles enterraient leur propre mari. Le curé aussi était ému. Bafouillant, reniflant, racontant ses mauvais coups avec Auguste à l'école. Elle revoit le cortège s'étirant jusqu'au cimetière sous une chaleur de plomb. La mise en terre, rapide et émouvante, avec

Anna qui ne voulait pas qu'on descende le cercueil. Et elle, Léone, enivrée par l'odeur forte du buis, se jurant de respecter les dernières recommandations de son grand-père. Elle sourit. Il avait le nez fin, le vieux ! Ne pas faire n'importe quoi avec les hommes. Aujourd'hui, avec Lucien. Pour cela, évidemment, il faudrait ne pas retourner à la Villa. Inimaginable ! Lucien est déjà enraciné en elle, l'appelant pour qu'elle revienne. Ils s'aiment, c'est certain. Aucune preuve, mais c'est comme ça, elle le sait. Bien sûr qu'elle y retournera à la Villa ! Elle s'y précipitera, même ! Parce que c'est comme ça qu'elle aime vivre. Tant pis pour la casse inévitable, pour sa souffrance, pour celle qu'elle occasionnera aux autres. Au moins, elle aura vécu quelque chose.

Des voyageurs arrivent, se dispersent sur le quai. Une jeune femme en uniforme vient s'asseoir auprès d'elle et glisse sa valise entre ses jambes. Elles échangent un sourire. Léone allume une cigarette et en offre une à sa voisine qui accepte.

— Vous êtes militaire ?

— Oui... PFAT.

— C'est quoi, ça ?

— Personnels féminins de l'armée de terre.

— Je ne savais que ça existait. Et vous faites la guerre aussi ?

L'autre éclate de rire.

— Pas exactement ! En tout cas, pas comme les hommes ! Moi je suis secrétaire-dactylo et je n'ai jamais tenu un fusil de ma vie. Mais cela n'empêche pas que nous soyons affectées dans des unités combattantes. Par exemple, moi, vous voyez, je pars en Indochine comme secrétaire au Quartier général de la région Nord.

Léone hoche la tête. L'Indochine ! Bon Dieu ! Comme elle a de la chance celle-là !

— Vous y êtes déjà allée ?

— Non. C'est la première fois.

— Vous n'avez pas peur ?

— Pourquoi aurais-je peur ? On ne risque rien. Et puis on est bien payées.

Soudain, un sifflet de locomotive retentit dans le lointain. Le train ne va pas tarder. La jeune femme se lève.

— Merci pour la cigarette !

Elle s'éloigne. Léone l'envie. Drôlement balancée la fille, dans son uniforme. Elle s'imagine un instant à sa place, mais ça ne colle pas. Pas avec un môme. Pour faire soldat, il ne faut pas avoir de fil à la patte. Pas d'homme, pas d'enfant, rien !

Le convoi entre en gare. La locomotive s'approche, crachant, chuintant, sifflant. Léone s'avance au bord du quai. L'engin passe devant elle. Un nuage de vapeur chaude au goût de charbon l'enveloppe. Elle s'imagine très loin, sur le quai d'une gare étrangère, en partance pour une destination inconnue qui la rende heureuse.

Dans le bus qui l'emmène vers la Villa, Léone est joyeuse. Malgré la pluie serrée qui bat la vitre, les embouteillages, le concert des avertisseurs. Malgré cette saloperie d'angoisse, de plus en plus dévorante au fur et à mesure qu'elle se rapproche de la Villa. Elle va retrouver Lucien ! La veille, au téléphone, il lui a dit son impatience de la revoir pour continuer le travail, mais elle n'en croit pas un mot. L'intonation de sa voix, ses hésitations signifiaient autre chose. Elle songe à son regard, son ironie, son infirmité aussi qu'elle commence à aimer. Elle se voit dans le salon en train de lui raconter ses retrouvailles avec la famille, ce que lui a dit son grand-père, sa dispute avec son frère. Bref, toute sa vie ! Comme une amoureuse. Et lui la questionne, la dévisage avec une lueur de désir dans les yeux, ose une caresse...

— Victor-Hugo ! lance le receveur.

Léone jaillit de son siège et se dépêche de sortir. Encore un peu, elle ratait la station.

Elle coiffe son foulard pour protéger ses cheveux de la pluie et rase les murs. Heureusement, ce n'est pas loin. Elle évite les flaques, prend garde de ne pas se faire asperger par les voitures quand elle traverse. Il n'y a rien de plus moche que des traces d'eau sale sur les bas.

La voilà devant la porte. Son cœur s'emballe. Une semaine qu'elle ne l'a pas vu. A l'abri sous le feuillage du tilleul, elle sort un miroir de son sac et inspecte son visage. Rouge à lèvres, fond de teint, rimmel... Ça va ! Le maquillage n'a pas souffert de la pluie. Elle sonne. Bientôt elle reconnaît le pas pressé de Marlène.

— Ah ! te voilà enfin, ma chérie ! s'exclame-t-elle en l'embrassant. On peut dire qu'il t'attend !

Elles courent jusqu'au vestibule. Léone se défait de son imperméable. Marlène saisit son sac.

— Entre. Il est dans le salon. Moi, je me sauve ! Je suis en retard. A ce soir !

Elle lui dépose un léger baiser sur la joue et sort. Léone hésite, pousse la porte. Il est là, près de la cheminée où brûle un feu. Il se retourne, surprend son regard étonné.

— Je sais, ce n'est pas la saison.

Elle s'assoit sur le canapé. Ils se dévisagent en silence, puis il ajoute une bûche dans l'âtre. Les flammes lèchent le bois, s'y accrochent, montent. Ça craque, ça crépite. Des flammèches, happées par le tirant d'air, disparaissent dans le conduit de la cheminée.

— Vous savez pourquoi je fais un feu ?

— Non...

— Dans le camp, nous avions très froid, surtout l'hiver. Il faisait parfois moins dix, moins quinze... La seule manière de tenir le coup, m'avait dit un autre prisonnier, c'était de penser très fort à un grand feu. Je l'ai fait et ça a marché ! Mais depuis je suis devenu terriblement frileux.

Elle acquiesce, attendant qu'il enchaîne sur autre chose. Pourtant, il se tait. Bien sûr, il pourrait lui dire qu'il a enfin trouvé une bonne manière d'organiser son récit. Qu'il sera plus factuel pour mieux faire comprendre ce qu'on endurait là-bas. Il pourrait lui expliquer les tortures qui ont rendu ses jambes inertes et mutilé ses mains. Mais non, aujourd'hui cela n'a pas de sens, ou du moins plus la même urgence. A quoi a-t-il pensé depuis son départ ? A elle. Rien qu'à elle ! A ses yeux verts, sa bouche gourmande, ses jambes... A tout ce qu'elle n'a pas dit mais que lui a raconté Marlène. Son amour pour un homme qui a pris la fuite, la naissance de l'enfant. Mais aussi à ce qu'il ne sait pas de sa vie à la campagne, à Paris ou ailleurs. Aux rêves qu'elle peut avoir. Aux sentiments qu'elle éprouve peut-être pour un autre homme. A ceux qu'elle pourrait éprouver ou éprouve pour lui. Oui, il a rêvé qu'elle saurait l'aimer, qu'elle l'aimait. Puis il a tenté d'oublier une pareille bêtise. Quelle femme pourrait aimer un paralytique aux mains gantées, cloué sur un fauteuil ? Certainement pas elle. Il n'y a qu'à la voir ! Tout en elle dit qu'elle aime marcher, courir, danser. On ne danse pas avec un estropié.

Il saisit les pinces et déplace les bûches. Les braises rougeoyantes lui brûlent le visage. Il recule, saisi d'une violente angoisse. Les fours... Où l'on brûlait les cadavres... Il déplace brusquement son fauteuil et se retrouve face à Léone.

— Il faut se mettre au travail.

Elle ne bouge pas, le dévisage, sent qu'il est remué par des fantômes.

— Qu'est-ce qui ne va pas ?

Il ne répond pas. Sourit gauchement. Elle se sent gênée. Elle est allée trop loin. Il va l'envoyer paître. Mais non ! Son sourire s'adoucit. Il se rapproche du canapé.

— Pourquoi me le demander, puisque vous le savez déjà ?

Cette fois-ci, elle rougit violemment sans pouvoir détourner le regard. L'émotion la rend muette. Pas moyen de prononcer un mot, de dégager sa main lorsqu'il pose la sienne dessus.

— Comme vous avez pensé à moi, j'ai pensé à vous...

Elle va pour répondre, n'y parvient pas. Il continue, le regard perdu au loin.

— ... à la ferme où vous vous trouviez. Aux visages de ceux qui vous entouraient. A la mort de votre grand-père. Aux souvenirs qui vous ont assaillie.

Elle le regarde. Son visage se détend de plus en plus. Son sourire s'épanouit. Dans ses yeux, une lueur de joie. Elle le trouve beau et serre sa main gantée, sans répugnance. Son cœur bat de plus en plus vite. Elle a envie de se lever, de le prendre dans ses bras. Elle le fait. Il l'enlace avec force, l'assoit sur ses genoux. Ils demeurent un long moment joue contre joue. Leurs lèvres se rapprochent. Se rencontrent. Ils s'embrassent. Leurs langues se mêlent, se lient, se délient. Impatiente de s'offrir à lui, Léone lui passe les bras autour du cou, frissonne, presse ses seins contre son torse. Lui l'étreint, caresse son dos, ses fesses. Surtout ne pas toucher sa peau à cause des gants. Il bande. Voudrait faire l'amour tout de suite. Ne sait comment l'amener jusqu'au lit. C'est elle qui ose. Elle se lève, pousse le fauteuil jusqu'à la chambre, l'aide à en descendre, à s'allonger, s'étend à côté de lui. Elle se fout de ses jambes inertes quand elle lui enlève son pantalon, de ses gants qui lui caressent le corps. Lui les oublie quand il lui enlève son chemisier, dégrafe son soutien-gorge, presse ses seins, ses fesses, ses cuisses. Elle aime le contact de sa peau, étonnamment douce, quand elle s'allonge sur lui. Lui oublie le poids de ses sales souvenirs sous celui de ce corps qui l'épouse, l'enveloppe, l'absorbe. Ils jouissent en une étreinte forte, asphyxiante, simultanée. Elle s'abandonne contre lui, sonnée, heureuse, frissonnante. Il l'enlace, l'embrasse, avide de sentir ses seins contre sa poitrine. Ils s'endorment. La cloche d'une église lointaine sonne dix heures.

Quand ils se réveillent, la pluie a cessé. Un soleil timide éclaire la chambre et leurs corps mêlés. Chacun réserve son premier regard à l'autre, hésite à parler sachant qu'il soulèvera trop de questions. Ils se sourient, s'embrassent, se serrent l'un contre l'autre comme pour se protéger. Le temps passe.

Elle fume une cigarette puis se rend à la salle de bains après avoir rabattu la couverture sur le corps nu de Lucien.

Celui-ci admire ses fesses rebondies, son dos droit, la finesse de sa taille. Il la désire à nouveau, mais elle a refermé la porte. Il se retourne, regrettant sa paralysie. Quelle saloperie ! Avec ses jambes valides, il aurait eu vite fait de la rejoindre et de lui refaire l'amour !

Amer, il regarde vers la fenêtre ouverte. Les feuillages des marronniers frissonnent sous le vent, des moineaux pépient à pleine gorge. Successivement masqué et découvert par les feuilles, le soleil joue à cache-cache.

Il voudrait être heureux, plein de projets, confiant en l'avenir. Il rêverait se promener avec elle sur les rives de la Seine, l'emmener au spectacle, au restaurant, au bout du monde. Mais comment cela serait-il possible quand on dépend autant de l'autre, même amoureux de vous ? Il doit attendre, toujours attendre ! Attendre qu'elle revienne, l'aide à se rhabiller, à se lever puis à s'asseoir à nouveau sur cette saloperie de fauteuil qu'il a en horreur. Ensuite, il devra attendre le retour de Marlène, et la roue du quotidien reprendra son mouvement infernal. Il regrette de s'être laissé aller. S'être abandonné à son désir complique trop de choses. Il doit avoir le courage de lui dire que ce n'était qu'une passade et que tout doit redevenir comme avant. Peut-être ne désire-t-elle que cela ? Après tout, à aucun moment elle ne lui a déclaré l'aimer. Tant pis pour le mensonge qu'il se fait à lui-même. Il vaut mieux trancher dans le vif. Rassuré, il esquisse un sourire et attrape une cigarette.

Dans la salle de bains, Léone se lave en sifflotant. Il y a longtemps qu'elle ne s'était sentie aussi épanouie. Pas à dire, faire l'amour c'est bien ! Mais faire l'amour quand on est amoureux, c'est encore mieux ! Elle pouffe de rire, imaginant une telle réclame sur les murs de Paris.

Eh oui, elle est amoureuse ! Sinon elle ne se serait pas offerte comme ça, sans restriction. Sinon, elle n'aurait pas oublié l'infirmité de Lucien, ni Marlène dont elle vient de tromper l'amitié. Impatiente de le retrouver, elle néglige de remettre ses bas, de se maquiller et sort.

Elle voit tout de suite qu'il n'est pas à l'aise mais elle ne pose pas de questions. A quoi bon faire surgir les difficultés ? Mieux vaut qu'ils se donnent encore quelques heures de répit. Sans un mot, elle l'aide à s'habiller, puis à s'asseoir dans le fauteuil.

Elle pose un baiser sur sa bouche, lui sourit.

— Ne fais pas cette tête-là ! Profitons du temps qu'il nous reste.

Il hausse les épaules.

— Et après ?

— On verra ! Pour l'instant on peut se remettre au travail, non ?

Il acquiesce mais se sent désorienté par la légèreté de Léone. Comment fait-elle pour paraître aussi détachée des problèmes, presque inconsciente ? Elle pousse le fauteuil jusqu'au salon et l'arrête devant la table où s'amoncellent les livres, les documents, les feuillets tapés. Elle passe de l'autre côté, découvre la machine à écrire et l'air amusé lève les mains pour montrer qu'elle est prête. Il se rend compte de sa bêtise. Qu'est-ce qu'il lui prend de faire la gueule à une femme aussi belle, optimiste et joyeuse ?

Elle baisse les mains et le regarde fixement.

— Oublie tes jambes, oublie Marlène, demain et je ne sais quoi encore. Crache ton passé, dicte !

Vaincu par son enthousiasme, il sourit, puis éclate de rire.

— Tu n'es pas ordinaire, toi !

— Toi non plus.

Il fouille dans ses notes, puis reprend son récit. Son arrestation dans un café du Quartier latin, les locaux de la Gestapo à l'Hôtel Meurice, la violence, les cris, la solitude. Ses interrogations au sujet de ses camarades. Son angoisse sur le sort qui lui était réservé.

Le temps passe. Lui souffre, maîtrise son chagrin, repousse la peur qui le saisit en évoquant ces horreurs. Elle, elle tape, tape encore, de plus en plus vite, pour échapper aux images de mort, aux visages des tortionnaires, au froid, aux hurlements des détenus.

Parfois, ils échangent un regard, se sourient, puis ils continuent.

L'heure a tourné, le soleil aussi. Le salon est plus sombre. L'air qui vient du jardin fraîchit. Léone se lève et va fermer la porte-fenêtre. Elle jette un œil sur la pendule massive qui trône sur la cheminée. 19 heures. Elle tressaille. Le regret de devoir partir, la honte aussi. Marlène va revenir d'un instant à l'autre. Comment la regarder, lui parler après ce qui vient d'arriver ?

Elle se tourne vers Lucien.

— Elle ne va pas tarder.

— Et alors ?

Le silence s'installe. Elle ne comprend pas son indifférence. Nom d'un chien ! Ils ont trompé la confiance de Marlène. Sont devenus complices dans le mensonge. Ça ne cadre pas avec l'histoire d'amour dont elle rêve. Il faut qu'il la prenne dans ses bras, lui dise que ce n'est pas grave, qu'il va arranger ça. Sinon tout va être gâché.

Lucien la regarde, une lueur amusée dans les yeux.

— Ne t'inquiète pas.

— Mais...

— Fais-moi confiance !

Elle allume une cigarette, regarde par la fenêtre. C'est idiot ! Comme si Marlène pouvait pénétrer dans le jardin sans qu'on l'entende. Elle se tourne vers Lucien qui feuillette un livre. Son silence l'effraie. Elle ne sait pas si c'est de la force ou du cynisme. Bon Dieu ! Qu'attend-il pour lui parler ? Il sait qu'elle se sent coupable et a besoin de partager ce fardeau avec lui. Elle revient s'asseoir en face de lui.

— Nous venons de faire l'amour, dans votre lit...

Il relève la tête, une moue ironique au coin des lèvres.

— Et nous recommencerons.

Elle veut dire que ce n'est pas possible, mais aucun mot ne sort de sa bouche. Sous son regard, elle est hypnotisée, dominée, emprisonnée. Elle qui a toujours refusé ce qui entravait sa liberté, la voilà sans force, dépossédée de sa capacité de révolte. Lui, l'infirme, parvient à la ligoter, à lui imposer sa volonté. Elle a peur, pressent des catastrophes. Elle doit se lever, disparaître à tout jamais. C'est le dernier avertissement que lui adresse son instinct.

Mais il est trop tard. Déjà, il fait rouler son fauteuil, s'approche, prend son visage entre ses mains gantées, l'embrasse. Déjà, sa présence lui manque au fond de son ventre. Elle sursaute en entendant les pas de Marlène sur le gravier. Lui, au contraire retourne sans hâte à sa place. La porte du salon s'ouvre.

— Salut la compagnie ! lance Marlène avec un grand sourire. Combien de pages aujourd'hui ?

— Un tome entier ! répond Lucien, joyeusement.

Léone esquisse un sourire, mécanique, elle le sent. Marlène embrasse Lucien sur la bouche, fait le tour de la table, pose une bise sur le front de Léone.

— Tu as l'air bien fatigué, ma chérie ! Remarque, ça ne m'étonne pas ! Un vrai esclavagiste le Lulu.

Elle se dirige vers la desserte d'alcools.

— Qui veut un verre ?

Lucien demande un whisky. Léone refuse.

— Je vais rentrer. Il faut que je fasse des courses.

— Tu vas bien prendre quelque chose avec nous ! proteste Marlène.

— Mais oui ! insiste Lucien.

Léone se lève.

— Non, vraiment, il faut que j'y aille.

Elle rassemble ses affaires, attrape son sac.

— A demain !

— A demain, répond Lucien, l'air indifférent.

Marlène l'accompagne jusqu'à la porte.

— Pourquoi es-tu pressée comme ça ?

— Je suis fatiguée.

Elles s'embrassent. Léone dévale les marches du perron, traverse le jardin d'un pas rapide. Aussitôt dans la rue, elle éclate en pleurs.

Marcher ! Elle doit marcher. Ses pas la mènent jusqu'à l'avenue Victor-Hugo, puis aux Champs-Elysées. Indifférente aux lumières des cafés et des cinémas, à la circulation, aux passants, elle continue vers la Concorde. La tête vide, le corps douloureux, les yeux pleins de larmes, égarée, sans destination, sans projet. Perdue dans la foule, dans la vie. Sans personne pour l'entendre, la comprendre. Seule.

L'idée d'avaler un alcool la tente, mais aucun des bars qu'elle aperçoit ne l'attire. Au contraire, elle s'y sentirait encore plus vulnérable. Non, elle a besoin d'un refuge, d'un lieu sûr où pleurer tout son saoul, sans honte, d'un réconfort aussi. Jacques lui manque. S'il était là, elle le prendrait dans ses bras, l'embrasserait, lui parlerait. Soudain, elle songe que s'il s'était trouvé là, ce ne serait pas arrivé. Elle pleure de plus belle. A honte d'être une telle mère et une telle femme qui donne son cul au premier venu en prétendant que c'est de l'amour. Oui, vraiment, elle ne vaut rien !

Rue Jean-Jacques Rousseau... Les Halles sont proches. Cela la rassure. Sur son territoire, elle se sent plus forte.

C'est l'heure de l'agitation extrême. On charge, on décharge, on installe les étals. Ici, enfin, elle respire, comprend la vie, n'hésite plus, sait où elle va. Rue Quincampoix. Café de l'Avenir. Là, elle n'aura pas besoin de parler. Le patron viendra s'asseoir à côté d'elle et aura les mots pour lui redonner confiance. Elle se dépêche.

Le café est plein, comme toujours à cette heure. Juste avant le coup de feu de la nuit. Ils sont tous là, marchands, négociants, grossistes et commerçants, à reprendre leur respiration, à supputer dans leur tête la qualité des produits, leurs prix, les quantités qu'ils vendront ou achèteront. A faire courir de fausses nouvelles sur d'hypothétiques hausses ou baisses de prix, sur des ruptures d'approvisionnement, des affaires en or. Les voix sont graves et sonores, les rires éclatants, les gesticulations excessives.

Léone traverse la salle. Le patron l'a saluée discrètement. Elle trouve un siège au fond, près de la cuisine. Des hommes se poussent pour lui faire de la place. Certains la regardent, tentés de lui faire du gringue, mais les affaires les reprennent et ils l'oublient.

Réconfortée par le brouhaha et la chaleur de l'endroit, elle allume une cigarette. Ces hommes et ces femmes, assis, debouts, forment une muraille infranchissable qui la protège. Le patron vient, pose une chope de bière sur la table et une soucoupe de cacahuètes.

— Avant de dîner. Ça vous fera du bien !

Elle le remercie d'un sourire. Il disparaît dans la foule. Il reviendra, elle le sait, au bon moment.

Enveloppée par la rumeur, Léone laisse ses pensées vagabonder, retourne à la Villa, revit ces heures de grâce passées avec Lucien. Elle l'aime, ou plutôt voudrait pouvoir l'aimer. Entre eux, Marlène, mais aussi quelque chose qu'elle ne parvient pas à nommer. Comme une gêne, une impossibilité. Trop dur de comprendre. Ça lui échappe en même temps que ça lui fait peur. Elle est honteuse vis à vis de Marlène, mais ce n'est pas suffisant pour expliquer sa fuite. Une raison plus essentielle l'a poussée dehors, l'a fait courir et pleurer. Elle se remémore les gestes, les mots, les regards de Lucien, tente de percer le secret qu'ils dissimulent. Elle se casse les dents, renonce, recommence, s'énerve. Son intuition lui dit qu'un danger la menace, que ce n'est pas sa place. Elle se rebelle. Elle aime Lucien. Ça devrait suffire. Demain lui paraît loin. Elle se demande si elle va retourner à la Villa. Son corps, son cœur disent oui, sa tête refuse. Elle compare avec Mécano. Pas la même histoire. Avec lui, tout avait été immédiat, sans restriction ni hésitation. Pourtant Lucien... Avec ses regards parfois si doux, bourrés de souffrance, ses sourires provocateurs, chargés de désir. Son assurance, sa force, sa détermination, son courage. Le verre de bière avalé, elle en est revenue au point de départ. Elle sent que sa volonté s'enlise, qu'elle est incapable de décider, de vouloir, de désirer.

Elle fait signe au patron qu'elle veut la même chose. Il acquiesce, mais il apporte un petit salé-lentilles en plus de la bière.

— Pas bon de boire le ventre vide, dit-il, pas plus que de réfléchir la tête vide. Bon appétit !

Elle lui sourit mais il retourne déjà vers le zinc et ses soiffards.

Ses mots ont réconforté Léone. Il l'a devinée. Il lui dira quoi faire, comment le faire. C'est idiot, mais elle a toujours été superstitieuse et le restera jusqu'à la fin. Elle a cru au pendule de Julia. Pourquoi pas aux phrases sybillines d'un bistrot se targuant de connaître l'avenir ?

Elle entame son dîner avec appétit. Elle ne s'est pas rendue compte que la salle s'est vidée. Seuls quelques pochards arrimés au bar continuent de refaire le monde. Le patron les abandonne à leurs « Faut qu'on » et « Y'a qu'à », et vient la retrouver, un verre de fine à la main. Il s'assoit en face d'elle.

— Ça va ?

Elle hausse les épaules.

— Ça pourrait aller mieux.

— Ça se voit.

— Vous, vous le voyez...

— Racontez-moi.

Elle se met à parler. Il ne l'interrompt pas. Immobile, l'œil scrutateur, il avale son alcool par petites gorgées. Quand elle a fini, elle le dévisage, impatiente de l'entendre.

— Marlène, c'est la femme que j'ai déjà vue avec vous ?

Elle acquiesce. Il demeure silencieux, regarde au loin, très loin, puis subitement, se lève. Elle a eu le temps de surprendre une lueur d'agacement dans son regard.

— Ce n'est pas votre histoire, tout ça ! marmonne-t-il avant de s'éloigner.

Elle voudrait le retenir, lui demander ce qu'il veut dire, ce qu'elle doit faire. Mais elle n'ose pas. Son angoisse, un moment estompée, l'envahit à nouveau. Elle se retrouve face à elle-même, ne peut attendre de secours de personne. Une nuit ! Voilà le temps qu'il lui reste pour décider ce qu'elle va faire. Elle se lève. En payant le cafetier, elle l'implore du regard, mais il paraît lointain, presque indifférent.

Dehors, elle s'immobilise devant la devanture du café. La nuit est tombée. Un peu plus loin, les lumières de la Halle, le brouhaha du marché. Quelques noctambules bruyants qui vont et viennent. Léone se sent abandonnée. Ses pensées confuses la ramènent à la ferme auprès de Julia, Anna, et Jacques qui lui manque tellement. C'est là-bas son port d'attache, là où elle devrait se trouver, peut-être rester.

Elle hausse les épaules, allume une cigarette. C'est stupide. Sa place est auprès de Lucien. C'est certain, il l'attend.

CHAPITRE 16

Il fait chaud. Léone s'est allongée, uniquement recouverte d'un drap. Par la fenêtre ouverte, elle se trouve au cœur de l'agitation des Halles. Les lumières de la verrière éclairent la chambre. Elle attend le sommeil en sachant qu'il ne viendra pas. Les paroles du cafetier résonnent encore dans sa tête comme un ultime avertissement dont elle ne veut pas tenir compte. Son cœur, son corps, son désir l'emmènent vers la Villa, vers Lucien. C'est ainsi. Elle aime cet homme, veut l'aimer encore davantage, percer ses secrets, soigner ses plaies. Marlène ? Ça n'a pas grande importance. Il le lui a fait comprendre. Oui. Ça s'arrangera.

L'esprit en ébullition, elle se met à rêver de ce que pourrait être sa vie avec Lucien, dans cette maison si vaste et si attachante. Elle aime ses meubles anciens, rutilants d'encaustique, ses tableaux aux scènes champêtres, ses bibelots disposés un peu partout comme les signes tangibles d'une longue histoire familiale. Un jour, elle interrogera Lucien sur son passé, celui de ses parents, proches et lointains. Ceux qu'elle a aperçus sur les photos accrochées aux murs, ou posées sur le piano. Elle suppose une lignée de gens importants et fortunés.

Soudain, la voici maîtresse des lieux, évoluant dans la maison avec aisance, la faisant visiter à Julia et ses frères tout en poussant le fauteuil de Lucien. Elle leur montre la grande chambre de Jacques spécialement aménagée pour lui, leur dit qu'elle est enfin comblée et qu'elle attend un heureux événement. Pour une fois, sa mère ne lui fait pas de remarques désagréables. Au contraire, elle est admirative, heureuse pour elle, rassurée. Lucien sourit, plaisante, met tout le monde à l'aise. Elle éprouve de la joie, de la fierté, un sentiment de revanche à l'égard de Maurice et de son argent. Finies les frasques de jeunesse ! La voilà devenue une femme responsable ! Le destin, enfin généreux, lui a ouvert les bras.

Léone s'est endormie sans s'en rendre compte. Personne, aucun bruit ne peut l'arracher au cocon de bonheur dans lequel elle s'est réfugiée. Pas même le téléphone qui sonne avec insistance dans son rêve. Entourée de Lucien, de Jacques, de Julia et de ses frères, elle résiste à la tentation de soulever le combiné. Surtout ne pas le faire. Ne pas bouger. Mais la sonnerie devient trop présente pour l'ignorer. Elle se lève, cherche le poste dans l'obscurité, décroche.

— Allô ?

C'est Marlène ! Marlène en pleurs qui bafouille.

— Viens... vite ! Lucien... Il... est arrivé un malheur !

— Quoi ?

— Viens vite, je t'en supplie !

Marlène raccroche. Léone allume, s'habille de bric et de broc, atttrape son sac et sort. Elle ne pense à rien. A quoi bon ? Elle sait déjà. En elle, une immense détresse, un lourd silence tandis que ses pas pressés résonnent dans la rue menant à la station de taxis.

Impression de vide, de temps en suspens alors que la voiture file vers la Villa. Indifférence aux passants, aux lumières de la ville, à ses monuments. Le chagrin, l'angoisse, l'incompréhension sont là, tapis dans l'ombre, prêts à bondir. Mais ce sera pour plus tard, elle le sait. Quand elle aura vu Lucien, et que ce vague sursis qu'on accorde aux morts en ne croyant pas à leur disparition aura cédé la place à la certitude. Alors elle souffrira, écoutera Marlène et tentera de comprendre. Comprendre quoi ? Peut-on comprendre la mort de ceux qu'on aime ? Non. Il ne reste plus que la révolte.

Le taxi s'arrête devant la Villa. Elle pleure déjà, paye et sort sans trop savoir ce qu'elle fait. Devant la porte de la maison, elle a mal au cœur, se retient de vomir.

Elle sonne, trouve le temps long jusqu'à la venue de Marlène qui se jette dans ses bras. Elles s'étreignent, s'embrassent, se réconfortent en pleurant. Puis Marlène se détache avec une certaine brusquerie, comme si elle voulait reprendre le contrôle d'elle-même.

— Lucien s'est suicidé.

Arrimées l'une à l'autre, elles suivent le chemin menant à la maison, illuminée a giorno. Leurs chaussures crissent sur le gravier. Léone questionne. Marlène répond.

— Avec son revolver. Quelques minutes avant que je t'appelle. Je ne savais pas quoi faire.

Elles pénètrent dans le vestibule, puis dans le salon. Il est là, affaissé sur son fauteuil. Dans cette posture, on ne voit pas son visage, pas même la trace de l'impact. S'il n'y avait le revolver sur le sol, la tache brunâtre maculant sa chemise blanche, les bras ballants de chaque côté des accoudoirs, on pourrait croire qu'il s'est endormi.

Marlène et Léone demeurent debout devant le cadavre, aussi pétrifiées l'une que l'autre.

— Qu'est-ce qu'on fait dans ces cas-là ? demande Marlène.

— Je ne sais pas.. On appelle le médecin... La police...

— Tu as raison. Je vais appeler notre docteur.

Elle passe dans le vestibule pour téléphoner. Léone s'approche de Lucien. Elle s'apprête à lui caresser les cheveux, puis se retient. C'est la première fois qu'elle se trouve face au cadavre d'un suicidé. Elle ne sait pas l'attitude qu'on doit adopter dans de telles circonstances. Ne lui restent que les larmes et l'incompréhension. Pourquoi ? Hier, il semblait tellement heureux dans ses bras et si déterminé à finir son livre.

Un frisson la parcourt, ses jambes faiblissent. Elle va s'asseoir sur le canapé, allume une cigarette. Elle préfère être là, le dos tourné à Lucien.

Marlène la rejoint, lui prend une cigarette.

— Il sera là dans une demi-heure. Il m'a recommandé de ne rien toucher.

Elles se tiennent la main, absorbées par leurs pensées. Le silence est troublé par le tic-tac de la pendule, le bruissement des feuillages venant du jardin.

— Il faut que je te parle... dit Léone.

C'est venu d'un coup. Comme une envie subite de vider son sac. De ne pas continuer à trahir celle qui lui tient la main. De ne pas mentir devant un mort.

— Moi aussi, répond Marlène.

Nouveau silence, chacune attendant que l'autre s'exprime. Léone se jette à l'eau.

— J'ai couché avec lui, hier.

— Je sais. Je sais tout. Lucien était mon frère.

Léone sursaute, lâche la main de son amie.

— Ton frère ?

Marlène hoche la tête. Incrédule, Léone la regarde. Les questions se précipitent, se chevauchent, s'emmêlent. Pourquoi ne lui avoir rien dit ? Pourquoi l'avoir laissée avancer ainsi ? La certitude d'avoir été trompée s'impose, accompagnée d'une sensation de dégoût.

— Je te demande pardon, reprend Marlène, je vais tout t'expliquer. Voilà... Lucien et moi avons été élevés ici jusqu'à la mort de nos parents, dans un accident de voiture en 1939. Sans autre famille, et Lucien étant mineur, nous avons vécu ici jusqu'au début de l'Occupation. Lucien était étudiant à la Sorbonne. Très vite, il a commencé à militer dans la Résistance, puis il s'est fait arrêter. Une ancienne gouvernante, avec laquelle nous étions demeurés en bons termes, m'a proposé d'aller me cacher chez elle, dans la Creuse. Quand je suis revenue à la Libération, j'ai retrouvé notre maison intacte, mais je n'avais aucune nouvelle de Lucien. Pendant plusieurs semaines, je suis allée voir à l'Hôtel de Ville s'il ne faisait pas partie des prisonniers qui revenaient. C'est comme cela que je l'ai retrouvé. Il n'était plus le même. L'homme beau, courageux, fort que j'avais connu avant son arrestation était devenu un paralytique acariâtre, violent, détestable. Durant plusieurs mois, je me suis occupée de lui, l'aidant à dominer son infirmité, essayant de lui redonner espoir. Mais lui, quoi que je fasse, pensait que sa vie était finie. Malgré cela je m'accrochais, toujours seule, respectant ainsi sa volonté de n'avoir personne d'autre auprès de lui. J'acceptais tout, faisant ses quatre volontés, lui servant de sœur, de mère... parfois de femme.

Elle éclate en pleurs, se mouche, puis reprend.

— A l'époque, quand on est devenues copines, je n'en pouvais plus. Je voulais partir tout en sachant que c'était impossible. L'abandonner aurait signifié sa mort. Alors je continuais. A ce moment-là, je lui parlais beaucoup de toi, et va savoir pourquoi, une drôle d'idée a germé dans mon cerveau. Comme il ne cessait de dire que si je voulais me libérer de lui, je n'avais qu'à lui trouver une femme, j'ai pensé à toi. Tu étais seule, belle, forte. Lui s'intéressait à toi au travers de ce que je lui racontais...

— Mais nom d'un chien, pourquoi ne pas m'avoir dit la vérité ?

Marlène hausse les épaules.

— Tu me vois en train de te confier que mon frère était paralytique, qu'il avait envie de rencontrer une femme pour reprendre espoir dans la vie et que tu faisais l'affaire ? Non. En plus, lui avait monté son plan, sachant exactement ce qu'il voulait. Plus tu lui diras que je suis paralysé et que tu es amoureuse de moi, mieux ce sera, disait-il. Tu verras ! Ça va piquer sa curiosité ! Peut-être même cela l'excitera-t-elle ? Bien sûr j'ai refusé lorsqu'il m'en a parlé, mais je n'ai pas pu résister longtemps. C'était à prendre ou à laisser. Faire comme il disait ou envisager de le tuer en le quittant.

Écœurée, le cœur battant, Léone se lève.

— C'était un salaud, un malade, un tordu, ton frangin !

— Oui, je sais.

— Et toi aussi. Comment as-tu pu laisser faire une chose pareille ?

Marlène se remet à pleurer.

— Je ne sais pas...

Léone marche de long en large, allume une cigarette, l'éteint presque aussitôt. Marlène la suit du regard.

— Je ne pouvais pas faire autrement. J'espérais tant qu'une femme tombe amoureuse de lui et le prenne en charge. Des quelques-unes que je connaissais, tu étais la seule avec laquelle je pouvais l'imaginer heureux.

Léone hausse les épaules.

— Vous êtes aussi dégueulasses l'un que l'autre.

Elle saisit son manteau et son sac.

— Je préfère me tirer d'ici.

Marlène se lève, tente de la retenir.

— Ne me laisse pas tomber. Laisse-moi au moins essayer de t'expliquer.

Léone se dégage avec brusquerie.

— Il n'y a rien à expliquer. Tu n'as fait que me tromper depuis le début en me racontant tes sornettes sur ton prétendu amour, ta souffrance et tout le Saint-Frusquin ! Et moi qui marchais ! Pauvre conne !

Marlène la suit dans le vestibule.

— Je reconnais que ce n'est pas joli, mais toi aussi tu m'as trompée. Tu as couché avec lui alors que tu le croyais avec moi ! Finalement, il n'avait pas si tort que ça ! Tu t'es bien laissée séduire, non ?

Elle retient Léone par le bras.

— Reste, je t'en supplie.

Léone se dégage et continue jusqu'à la porte. Ne plus s'arrêter, sortir dans le jardin, vomir... et fuir. Fuir la mort, le mensonge, la souffrance. Fuir aussi son dégoût d'elle-même. C'est vrai. Elle est venue, a été fascinée par le bonhomme, s'est jetée dans ses bras en sachant qu'elle trompait la confiance de Marlène. Oui, elle aussi est une garce.

Elle traverse le jardin en courant, ouvre et sort, croise le médecin qui s'apprêtait à sonner et file au hasard des rues sombres du quartier.

Arrivée à l'avenue Victor-Hugo, elle hèle un taxi, s'affale sur la banquette.

— Bastille, s'il vous plaît !

Curieux comme le monde lui semble ne plus avoir la même apparence. Comme la colère, le dégoût, la honte l'ont métamorphosée. Elle ne sait plus qui elle est, mais elle sait qu'elle n'est plus la même. Elle se sent autre, regaillardie, libérée, prête à tous les excès. Tiens ! Elle va aller danser. Oui, danser ! Jusqu'à l'aube.

Pour fêter sa stupidité, la mort d'un salaud et la rupture avec une salope. Au milieu des danseurs, transpirant, draguant, buvant, elle va se purifier, puis elle se donnera au premier venu. Dommage que le chauffeur de taxi ne soit pas à son goût. Parce qu'elle n'aurait pas attendu la foule et la musique. Elle l'aurait allumé et il l'aurait sautée, là, sur la banquette, dans une ruelle ombragée. Quand les femmes ont le cul en feu, elles n'ont pas grand-chose à faire pour que les hommes viennent y craquer l'allumette. Tiens ! Elle va essayer ! Oui, avec ce chauffeur ! Justement parce qu'il ne lui plaît pas. Parce qu'il doit penser à sa femme ou à sa petite amie. Parce qu'il a des enfants et une vie emmerdante, à toujours rêver de ce qu'il ne peut avoir. Oui, pour toutes ces raisons, et les siennes à elle.

— Vous n'auriez pas du feu ? demande-t-elle. Je n'ai plus d'allumettes.

Le gars émerge de ses pensées, pas bien gaies. Marre de la voiture, de la nuit, des attentes interminables aux stations, des fêtards qui dégueulent dans sa voiture. Voudrait faire le jour, lui.

— Oui, bien sûr.

Il cherche dans sa poche, dégotte une boîte, la lui passe en jetant un coup d'œil derrière. Pas mal cette fille, pense-t-il, mais pas nette. A cette heure-ci, dans un taxi, à vouloir aller danser, ce ne peut être qu'une pute. Pourtant elle n'a pas l'air...

— Un peu tard pour aller faire la java, non ?

Léone rigole.

— Il n'est jamais trop tard pour s'amuser !

— Oui, bien sûr.

A son tour, il allume une cigarette.

— Vous vous êtes disputée ?

— Non.

— Seule ?

— Oui. Et vous ?

Il ne répond pas. Lui ne l'est pas, mais c'est tout comme ! Sa gonzesse se lève quand il se couche. Alors, pour la bagatelle et le reste d'ailleurs, c'est bernique. Sauf le samedi soir quand elle ne travaille pas le lendemain. Mais c'est rare. Dans sa boulange où elle est caissière, on vend du pain tous les jours.

Léone comprend qu'il est en mains. Du coup, c'est plus excitant.

— Marié ? demande-t-elle à nouveau.

— Non... A la colle.

— Ça marche ?

Il hausse les épaules, lui explique la situation puis éclate de rire.

— Si ça marchait pas, faudrait vraiment qu'on soit pas faits l'un pour l'autre.

Elle rit avec lui et s'accoude au dossier du siège avant. Histoire de voir mais aussi d'être vue. Sûr, ce n'est pas son genre, mais il y a pire. Et puis quoi, ce n'est pas d'un Adonis dont elle a besoin, seulement d'un gars qui ait envie.

A un feu, il se retourne, lui sourit, voit la lueur dans son regard. Sûr qu'il lui plaît. Il redémarre, plus lentement. En traînant un peu, il en a encore pour une dizaine de minutes jusqu'à la Bastoche. Suffisamment pour la lever.

— Vous travaillez toute la nuit ? demande-t-elle.

— Oui. Sauf si j'ai autre chose à faire.

— Quoi donc, par exemple ?

Il rougit. Heureusement, dans l'obscurité elle ne peut pas le voir. Plus le choix... Doit plonger.

— Je sais pas, moi... Boire un verre avec des potes ou...

— Ou quoi ?

— En vider un avec quelqu'un qui me plaît.

Léone jubile. Elle se laisse aller contre la banquette. Décidément, pas dur à exciter un mâle ! A vous dégoûter de faire du gringue. Tant pis pour lui ! Il n'avait qu'à résister.

Lui y croit de plus en plus, retourne déjà dans sa tête ce qu'il dira à son patron, l'excuse bidon qu'il servira à sa poule.

— Ça vous dirait d'en vider un avec moi ? demande-t-il alors qu'il pénètre sur la place de la Bastille. Je connais un bar tranquille vers la gare de Lyon.

Léone ne répond pas. A quoi bon ? C'était pour rire. Elle est loin, perdue dans un souvenir. Mécano et elle faisant le tour de cette place, main dans la main. Ce soir, elle se souvient, il lui avait raconté que c'était l'emplacement de la prison des rois. Pour le lui prouver il lui avait montré le pavage différent qui rappelait les murs de l'ancienne bâtisse. Mécano ! C'est bien le moment, pense-t-elle en s'apprêtant à payer.

Le chauffeur s'arrête devant la rue de Lappe.

— Alors ? demande-t-il, en esquissant un sourire à la Gabin.

— Non ! J'ai un rendez-vous.

— Ah !

Le gars rend la monnaie d'un geste brusque. Décidément, toutes des salopes ! Elle descend. En fermant la portière, elle entend l'injure.

— Petite pute, va !

Elle demeure immobile sur le trottoir. Une bourrasque la fait frissonner. Une sensation d'absurde la saisit. Elle n'a rien à foutre là, pas plus qu'au Balajo, ou ailleurs. Elle ferait mieux de rentrer, de cuver sa solitude et sa souffrance jusqu'à demain.

Elle fouille dans son sac à mains. Pas assez d'argent pour reprendre un taxi. Se rappelle qu'elle est partie en coup de vent, laissant les billets dans la boîte à sucre. Ce n'est pas grave. Bastille-Les Halles, ce n'est pas la mer à boire. Elle l'a suffisamment fait au bras de Mécano.

D'un pas pressé, elle fait le tour de la place, s'engage dans la rue Saint-Antoine. Elle avance sans regarder les rares passants qu'elle croise, des hommes pour la plupart. Rue de Rivoli. Deux hirondelles la dévisagent en passant. Ça la rassure. Elle leur sourit, regrette qu'ils continuent leur ronde. Châtelet. Elle respire mieux, ralentit le pas. Ici, plus de danger. Ça sent déjà les Halles. Rue de la Grande-Truanderie. Enfin chez elle !

Elle grimpe les étages, ouvre, allume, referme. Ça sent bon le linge qui sèche, la Gauloise et l'eau de cologne.

Elle jette son sac sur le lit, s'allonge toute habillée, et plonge dans un sommeil agité. La frontière entre ses rêves et la réalité demeure fragile. Elle se réveille, en nage, angoissée, étreinte par le chagrin. Lucien est là, dans un coin de sa tête, encore vivant, déjà mort, elle ne sait plus. A chaque sursaut de conscience, elle jette un coup d'œil vers le ciel avec l'espoir de voir le jour pointer. Mais la nuit est toujours là.

Cette fois-ci, elle ne parvient pas à se rendormir. Il est près de cinq heures. Elle cherche son paquet de cigarettes, en allume une, décidée à attendre les lueurs de l'aube. Sa fatigue lui donne l'impression d'être plaquée au matelas. Jamais elle ne parviendra à se lever. La sarabande des idées, des émotions, des regrets reprend de plus belle. Maintenant, elle se sent coupable d'avoir plaqué Marlène à la Villa. Se trouve dégueulasse, gonflée, excessive. Se demande s'il ne serait pas mieux de lui téléphoner. Ne sait plus quoi faire. Se lève. Tourne en rond. Pleure. Se raisonne. Pense à Jacques... La tasse de café qu'elle avale lui laisse un goût d'amertume. Se sent brisée. Finit par appeler la Villa. Marlène décroche.

— Allô ?

— C'est moi.

— Oui...

— Je ne sais plus ce que je dois faire, ce que je veux...

— Moi non plus.

— Tu veux que je vienne ?

Marlène se met à pleurer.

— Oui.

— J'arrive.

Léone raccroche, allume, se traîne jusqu'au lavabo pour se laver. Se regarde dans la glace. Déteste son visage au teint cireux, ses yeux cernés de noir, sa chevelure en bataille. Elle doit se ressaisir. Pour elle, pour Jacques, qui revient après-demain. D'ici là, c'est un sursis pour remettre les pendules à l'heure avec elle-même, enterrer un mort qu'elle n'a pas eu le temps d'aimer et reconstruire une vie normale. Normale ! Ce qualificatif l'agace. Rien n'est normal dans sa vie.

Il est six heures quand elle passe devant l'église Saint-Germain-l'Auxerrois. En débouchant dans la rue Rambuteau, elle aperçoit son bus, se met à courir, l'attrape au vol et se réfugie à l'avant où il fait plus chaud.

Elle s'endort la tête contre la vitre. Heureusement, le receveur la réveille.

— Faudrait dormir la nuit, ma petite dame ! Où vous allez comme ça ?

— Victor-Hugo.

— Vous avez de la chance, c'est dans deux stations.

Léone le remercie et se rend sur la plate-forme. L'air frais la réveille. Elle se sent soulagée à l'idée de retrouver son amie.

Marlène lui ouvre. Elle se jettent dans les bras l'une de l'autre, sans un mot, puis rejoignent la maison.

— Ça va ? demande Léone.

— Ça va. Le docteur est venu, la police aussi. Le certificat d'inhumer a été accordé. On l'a allongé sur le lit de sa chambre. J'attends l'heure d'ouverture pour appeler les pompes funèbres.

Elles entrent, vont s'asseoir dans la cuisine. Marlène fait chauffer du café. Léone l'observe. Elle est belle malgré sa fatigue et son chagrin. Forte aussi ! Elle a trouvé le temps de se changer et de se laver. A part ses yeux, gonflés de larmes, on pourrait croire que rien ne s'est passé et qu'elle va partir pour son travail.

— Qu'est-ce que tu vas faire maintenant ? demande Léone.

Marlène hausse les épaules.

— C'est dégueulasse ce que je vais dire, mais je me sens soulagée. C'était trop dur ! Je n'y serais pas arrivée. Rien, ni personne ne pouvait le rendre heureux. J'espère seulement que tu lui as apporté un peu de joie.

Léone en est certaine. Sauf que les étreintes de Lucien étaient celles du désespoir, pas celles du bonheur.

Marlène remplit les tasses et s'assoit face à Léone.

— Je crois que je vais en profiter un peu. Je vais larguer le

Corbeau et voyager pendant quelque temps. J'ai envie de me changer les idées, de m'inventer une nouvelle vie.

Léone acquiesce puis avale une gorgée de café. Trop chaud ! Elle repose la tasse.

— Et toi, ça va ? demande Marlène en esquissant un sourire.

— Ça pourrait être pire. Et son livre ?

Marlène hausse les épaules.

— Mieux vaut qu'il ne voie jamais le jour. On en a assez entendu et vu sur ces horreurs. Comme d'autres il aura emporté ses secrets avec lui...

— Tu vas habiter ici ?

— Oui. C'est la maison de mon enfance. Mes souvenirs sont ici.

— Et le fait que...

— Non ! Ça ne me gêne pas. Ça fait partie de l'histoire de notre famille.

— Tu me raconteras un jour...

— Peut-être.

Marlène se lève. C'est l'heure d'appeler les pompes funèbres.

— Tu veux aller le voir ?

Léone secoue la tête.

— Comme tu voudras...

Elle sort. Léone allume une cigarette et regarde par la fenêtre qui donne sur une autre partie du jardin. Le ciel est dégagé. Il va faire beau. Derrière de grands arbres, peu touffus, elle aperçoit la maison voisine. Des glycines pendent le long du mur séparant les deux propriétés.

Non ! Elle ne veut pas revoir Lucien. Pour dire vrai, elle préférerait même en gommer le souvenir.

Marlène revient.

— Ils ne vont pas tarder...

Elle s'approche de la fenêtre.

— Merci d'être venue...

Léone l'embrasse puis l'entraîne vers le salon.

— Viens ! On y sera mieux pour les attendre.

La nuit est presque tombée quand Léone quitte la Villa. Marlène lui a proposé de l'accompagner en voiture mais elle a refusé.

Elle marche à grandes enjambées vers l'avenue Victor-Hugo. Pour s'éloigner le plus vite possible de ce quartier qu'elle n'aime pas, de cette maison où elle a étouffé une journée entière.

Pourtant, tout a été rondement mené, d'une manière feutrée, comme savent le faire les ordonnateurs des pompes funèbres. Arrivés au début de la matinée, ils ont refroidi le corps avec de la neige carbonique, puis sont repartis chercher le cercueil. La mise en bière a eu lieu l'après-midi, après quoi un spécialiste, comme il se prénommait, est venu s'entretenir avec Marlène du cérémonial de l'enterrement.

Elle se revoit assise sur le canapé, auprès de son amie, face à leur interlocuteur. Un grand escogriffe vêtu de noir, la mine compassée, parlant comme un curé.

— Mesdames, veuillez accepter mes condoléances et celles de la maison que je représente. Je sais combien ce genre de discussion peut être pénible après la disparition d'un être cher...

Léone esquisse un sourire. Que de bla-bla pour un enterrement ! Pour Auguste, cela avait été autrement plus simple.

Le bus arrive. Ça tombe bien ! Des gouttes de pluie commencent à tomber. Elle choisit de rester sur la plate-forme, accoudée à la rampe. Histoire de s'aérer, de se défaire de l'odeur de mort qui l'a imprégnée toute la journée. Histoire aussi de penser au retour de Julia et de son petit Jacques, demain, en fin de matinée. Comme convenu, elle les retrouvera à la Villa des Roses.

Une bonne raison pour ne pas traîner ce soir. Un dîner rapide et au lit en écoutant un épisode de la série policière à la radio. Elle veut être en forme pour revoir son fils. Rien d'autre ne compte davantage que lui. Le retrouver, c'est retrouver la vie !

CHAPITRE 17

Attablée derrière la vitre du café, Léone regarde le ciel s'assombrir. Des nuages gris, poussés par un vent violent, s'étirent, se déchirent, se mêlent. L'automne est là, songe-t-elle. Le temps passe, mais elle, elle fait du sur-place.

— Ils l'avaient dit à la radio qu'il pleuvrait ce soir ! lance le serveur en posant une chope de bière devant elle.

Tirée de ses réflexions, Léone opine. Le gars passe un coup de lavette sur la table.

— Putain de temps ! Déjà que ça marche pas fort. Alors avec la pluie, pensez donc, vont tous rester chez eux...

Une fois reparti, elle observe à nouveau les nuages. Si au moins sa vie pouvait évoluer aussi vite qu'eux ! Mais ça se traîne, tout se traîne ! La même monotonie, le même va-et-vient ! Lever... recherche de boulot... bébé... dodo... et on recommence !

Ah, si Marlène était là pour l'écouter, ça lui ferait du bien. Mais elle s'est tirée, la vache ! Le soir même de l'enterrement de Lucien. Le temps de troquer sa robe noire contre une autre, plus gaie, et elle a sauté dans le train. Sur le coup ça avait choqué Léone. Maintenant, elle la comprend. Après une cérémonie pareille, elle aurait fait la même chose. A la sauvette, l'enterrement ! Elles deux, seules devant la fosse, silencieuses, tandis que les croque-morts faisaient descendre le cercueil à l'aide de leurs cordes.

A se demander ce que Marlène retournait dans sa tête, elle avait fini par s'égarer dans ses propres pensées et ressasser ses résolutions : trouver du travail, rencontrer un homme travailleur et paternel pour Jacques, se réconcilier avec sa mère et inventer un projet qui lui ouvre d'autres horizons.

Elle avale une gorgée de bière. Partir ? Elle n'y croit plus. Comment le pourrait-elle alors qu'elle n'a pas le premier sou d'économie ? Et pour quoi faire ? On part pour réaliser quelque chose, découvrir, rencontrer... Or, elle a beau s'acharner à s'inventer un désir, rien ne s'impose. Elle n'éprouve aucun enthousiasme particulier pour quoi que ce soit, ne sait rien faire que taper sur une machine à écrire.

Après l'enterrement, Marlène l'avait invitée à déjeuner. Pas loin du cimetière, elles étaient entrées dans un restaurant tenu par un couple d'Auvergnats. La patronne les avait placées derrière un paravant vitré qui séparait la salle en deux.

— Vous serez mieux là, leur avait-elle dit avec un clin d'œil. Sinon, quand les gars du chantier d'à-côté vont venir casser la croûte, ils vont attraper le torticolis.

Léone et Marlène avaient souri, puis la femme avait ajouté :

— Le patron viendra prendre votre commande quand il sera remonté de la cave. S'il a pas tout bu, le bougre !

Marlène et Léone avaient pouffé de rire, puis, silencieuses, avaient parcouru le menu écrit à la main. Poireaux vinaigrette... Œuf mayonnaise... Salé aux lentilles... Sauté de veau...

Soudain, Marlène s'était mise à parler. D'une voix égale, comme si elle souhaitait prendre de la distance avec ce qu'elle disait.

— Tu sais, j'ai beaucoup réfléchi depuis ces dernières heures. Dans un sens, la mort de Lucien m'a réveillée. Je me rends compte que j'ai vécu uniquement en fonction de lui, de ses désirs, de ses lubies. Il faut que je devienne moi-même. C'est urgent, sinon je vais mal tourner. Je vais partir loin. Dès ce soir.

— Tu sais où tu vas ?

— Oui, en Italie.

— Chez quelqu'un ?

— Non. En Italie, c'est tout. Un rêve que j'ai envie de réaliser. Mais avant de ficher le camp je voulais te parler. Au fond, je regrette tout ça. Tu avais raison. J'aurais dû refuser de mentir. En rentrant dans son jeu, je crois que c'est moi qui l'ai conduit dans le trou.

— Mais non ! s'était récriée Léone en lui prenant la main. Tu n'es pas responsable.

— Malheureusement si ! Au lieu de satisfaire ses caprices, j'aurais mieux fait de le plaquer. Avec sa part d'héritage, il avait assez d'argent pour s'en sortir. Non, je ne sais pas ce qui s'est passé. Dès son retour, nous nous sommes installés dans une situation de couple. Je me suis mise à m'inventer un personnage. Celui d'une femme qui se sacrifie à son frère, plus malchanceux. Et dire que j'y prenais plaisir. Ah, quelle bécasse j'ai été ! Surtout de t'avoir entraînée là-dedans. Tu as toujours été tellement gentille. J'espère que tu ne m'en veux pas trop...

En allumant sa cigarette, Léone tremblait. Bien sûr, elle souffrait d'avoir été prise pour une conne, d'avoir encouragé le geste de Lucien, d'avoir souffert. Mais il y avait plus grave. En cette minute, elle redoutait de perdre son amie. Marlène ne reviendrait pas. Elle fuyait vers d'autres contrées, d'autres histoires, et l'oublierait. Et Léone se retrouverait seule pour digérer cette merde. Ce constat n'avait engendré aucune colère, plutôt une immense tristesse, un sentiment d'abandon, une peur viscérale de l'avenir.

— Non, je ne t'en veux pas... avait-elle bafouillé, j'imagine bien ce que ça a dû être ! L'essentiel, c'est que tu en profites et que tu nous reviennes en pleine forme.

Léone termine sa bière. L'heure avance. Dehors, la pluie commence à tomber. Elle s'accorde encore une minute ou deux. Pour penser à Marlène qui lui manque. A sa jalousie de la savoir partie vers un pays ensoleillé. Puis elle se lève.

Julia lui ouvre aussitôt.

— Tu ne sauras jamais être à l'heure ? dit-elle en l'embrassant.

Dans la cuisine, Jacques est allongé dans un couffin. Il remue les bras et les jambes et pousse des cris de joie en apercevant Léone. Celle-ci se précipite, le prend et l'étreint. Le petit se met à chougner.

Julia, qui prépare le dîner, fait la grimace.

— Évidemment, il faut qu'il fasse des caprices dès que tu arrives ! Avec moi, il ne pleure jamais.

— C'est normal, répond Léone en riant. Tu es tellement sévère qu'il se tient à carreau.

— Tu ferais bien de l'être un peu plus.

Léone repose Jacques, et se défait de son imperméable.

— Tu veux que je t'aide ?

— Ce n'est pas la peine ! Profite plutôt du petit.

Léone agite un hochet devant l'enfant.

— Alors mon chéri, la journée s'est bien passée ? Tu as bien mangé...

— Et toi ? l'interrompt Julia. Tu as trouvé du travail ?

Léone soupire.

— Écoute Maman, ça ne peut pas attendre ? Nous avons toute la soirée pour en parler.

— Bon ! Bon !

Le silence s'installe. Léone se lève et allume la radio.

— C'est l'heure des infos.

Julia hausse les épaules.

— Pour ce qu'ils ont à nous raconter...

Le commentateur évoque l'encerclement de Cao-Bang par les Vietminh, les deux cents centenaires que compte la France, le naufrage d'une frégate militaire au large des Côtes du Nord, et enfin la sortie du roman de Marguerite Duras : *Un barrage contre le Pacifique*.

Julia épluche les pommes de terre. Jacques, calmé par la voix du speaker, babille dans son couffin. Léone prend un couteau pour aider sa mère. Pour la première fois depuis longtemps, elle se sent bien dans cette cuisine. Sans doute parce qu'il y fait chaud et qu'elle se sent protégée de la pluie froide ruissellant sur les vitres de la fenêtre. Non. C'est plus que cela. Comme une étrange bouffée de bonheur. Elle se sent redevenir petite fille. Elle regarde Julia. La trouve belle. A envie de l'embrasser.

Celle-ci continue la pluche, retenant son agacement. Voilà des semaines que Léone aurait dû trouver du travail. Croit-elle pouvoir vivre de l'air du temps ? Elle, à son âge, elle travaillait dur. Elle ne comprend pas qu'on puisse être aussi fainéante ! Nom d'un chien, ce n'est pourtant pas le travail qui manque ! Tous les jours elle voit des annonces chez les commerçants, dans le journal.

— Léone ! Je voudrais te dire un mot.

— Oui ?

— Je suis inquiète pour ton avenir.

— Mais Maman...

— Laisse-moi finir. Je sais que je ne comprends plus guère les choses, mais depuis le temps, tu devrais avoir trouvé un travail, non ?

— Je n'ai pas envie de retourner chez un Corbeau quelconque.

— Ah, écoute, tu n'as pas cessé de dire pis que pendre de cet homme, mais je suis certaine que tu exagérais.

Julia éteint la radio. Le silence s'installe. Pour Léone c'est pire que tout, ce silence.

— Je veux faire quelque chose qui m'intéresse vraiment.

— Quoi donc ? Tu sais taper à la machine, et bien, par-dessus le marché ! Alors profites-en ! Il paraît qu'on cherche des secrétaires partout !

— J'en ai marre de taper sur une machine. Je veux trouver quelque chose de plus intéressant.

Julia jette les pommes de terre découpées dans la poêle.

— De mon temps, on ne se posait pas tant de questions. Il fallait travailler pour assurer sa croûte, c'est tout.

Léone sent qu'il suffirait d'un rien pour qu'elles se disputent. Elle allume une cigarette.

— Maman, je te promets de trouver un boulot qui m'intéressera.

— Et d'ici là, si tu ne trouves rien, tu vas vivre comment ?

— J'emprunterai...

— A qui ? Mon Dieu ! Pas à moi en tout cas, je n'ai plus un sou !

— Je taperai Antoine.

— Panier percé comme il est...

— Eh bien, Maurice dans ce cas...

Léone éclate de rire. Elle n'a pas pu s'empêcher d'évoquer son radin de frère. Histoire de gêner Julia. Celle-ci l'a compris et botte en touche.

— De toute manière quand on emprunte, il faut rembourser.

Léone n'insiste pas. Elle sait qu'emprunter ne serait pas la bonne solution.

— Tu as raison, mais sois plus compréhensive.

Plus compréhensive ! Elle le voudrait bien, Julia. Mais c'est impossible. Pas avec sa fille. Elle sait trop que pour les femmes la vie est plus difficile que pour les hommes. Elle se souvient de ce qu'elle a connu à la ferme lorsqu'elle était jeune fille. C'était Anna qui portait le fardeau. Les enfants, l'entretien de la maison, les repas, et les travaux quotidiens qu'exigeaient les animaux, la basse-cour, le jardin potager. Les hommes ne s'occupaient de rien. Au retour des champs ils considéraient que leur travail été terminé. Or, aujourd'hui, les choses n'ont pas changé, même en ville. Elle le voit chez les voisins. Les femmes travaillent et continuent d'assurer une multitude d'autres tâches pendant que leurs maris sont au bistrot. Non, ce ne serait pas rendre service à Léone que de se montrer compréhensive avec elle.

— Tu n'as pas fini d'en baver si tu crois que pour nous, les femmes, les choses arrivent seulement parce qu'on souhaite qu'elles arrivent.

Léone se sent touchée. L'exigence de Julia à son égard serait-elle en fait une preuve d'amour ? Elle la regarde préparer le repas, se demande comment elle sera à son âge, comment elle réagira face à Jacques dans les mêmes conditions. Elle mesure la difficulté de se comprendre entre générations, pressent combien être mère suppose de sacrifices. Prise de compassion, elle se lève et l'enlace.

— Maman... Je sais que ce n'est pas simple, mais essaie de me faire confiance. Même si tu ne me comprends pas. Je peux faire aussi bien que tes fils.

Julia l'embrasse et s'assoit.

— Je sais ma fille, je sais. Et je l'espère de tout mon cœur. Mais je t'en prie, demeure vigilante. La vie ne fait pas de cadeaux. Quoi qu'il en soit, tu peux compter sur moi pour garder le petit si c'est nécessaire.

Léone va coucher Jacques, endormi. Quand elle revient, Julia a déjà servi. Elles passent à table et commencent à manger en silence. La pluie de plus en plus violente bat contre les vitres embuées. De temps en temps, elles échangent un regard. Soudain, Julia repousse son assiette.

— Je n'ai pas faim.

— Ça ne va pas ?

— Si... si... Je n'ai pas faim, c'est tout.

Léone la dévisage. C'est idiot, mais ce refus de manger l'inquiète.

— Tu n'es pas malade au moins ?

— Qu'est-ce que tu vas imaginer ? Tu es comme ton père. Chaque fois que je refusais de dîner, il croyait que j'étais à l'agonie.

Léone s'interrompt de manger. C'est tellement rare d'entendre Julia évoquer Alfred qu'aussitôt elle éprouve l'envie de la questionner.

— Tu l'aimais ?

Julia la regarde, étonnée.

— Si je l'aimais ? Mon Dieu ! Ce mot me paraît bien fade pour décrire ce que nous avons vécu.

— Tu ne m'as jamais raconté comment tu l'avais rencontré.

— Oh ! Mon Dieu ! Qu'est-ce que tu me demandes là !

Elle pouffe, entraînant Léone dans son rire.

— Tu ne le répéteras à personne, hein ? Pas même à tes frères.

— Je te le promets.

— Eh bien... Quand j'ai eu dix-huit ans, Papa, enfin Auguste, a voulu à tout crin qu'on fête mon anniversaire en se rendant au bal de Narcy. Maman voyait ça d'un mauvais œil. Ce n'était pas de mon âge, disait-elle. Je crois surtout qu'elle n'avait pas envie d'y aller. Il y avait belle lurette qu'elle ne se trémoussait plus... Enfin, tu sais comment était ton grand-père. Quand il avait quelque chose en tête, il ne l'avait pas ailleurs. Et nous voilà partis avec la carriole tirée par notre pauvre jument. Tu ne peux t'imaginer comme j'étais heureuse. C'était la première fois que j'allais danser, mais surtout j'allais voir l'effet que je faisais sur les hommes. Oui, je crois bien qu'à l'époque, j'avais un peu le feu au derrière...

Elle rit et se sert du vin. Bien qu'elle n'en raffole pas, Léone en prend également. Elle est même prête à en boire un litre pour que sa mère continue de rire !

— Bref, reprend Julia, on arrive dans la salle de bal, je me précipite et je commence à danser avec l'un, avec l'autre. Et, ma foi, j'y prends goût ! Tellement que je ne veux plus partir quand Anna me demande de rentrer.

— Et Auguste, où il était ?

— Oh, ma fille, il ne connaissait qu'un endroit dans ces cas-là... la buvette ! Et ce soir-là, comme chaque fois qu'il faisait la guinche, il était aussi saoul qu'un Polonais.

— Alors ?

— Alors ? Anna a piqué un coup de sang et m'en a retourné une sacrée. Et crois-moi, quand elle était jeune elle n'avait pas sa main dans la poche. Moi, vexée comme un pou, je me suis mise à pleurer et je me suis sauvée. Oh, pas bien loin ! Je suis allée m'asseoir sur le banc, derrière l'église. Et là, tout-à-coup, en voilà un qui vient s'installer à côté de moi et me propose sa veste pour que je ne prenne pas froid.

— C'était Papa ?

— Oui...

— Tu l'as aimé tout de suite ?

— Oui, je crois.

— Tu l'avais trouvé beau ?

— Comment veux-tu que je l'aie trouvé beau ? Il faisait nuit noire. Non. C'est à cause de sa voix. Il ne parlait pas comme les autres. Oui, sa voix... Enfin, j'ai su immédiatement que ce serait lui.

Julia se lève pour faire le café. Léone regarde sa montre.

— Il est tard.

— Reste dormir.

— D'accord.

Julia est contente. Demain, elle gardera Jacques tandis que Léone cherchera du travail. Pendant que le café passe, elles débarrassent et font la vaisselle. Julia lave, Léone essuie.

— Parle-moi encore de vous à cette époque.

— Oh, ma fille, c'est si loin tout ça ! Je n'en ai plus envie. Un autre jour, peut-être.

Léone insiste mais Julia demeure inflexible.

— Tu sais, les bons souvenirs, il faut s'en méfier. Si on les remue trop, ils ramènent les mauvais. Non, je préfèrerais qu'on écoute la radio. C'est le soir de l'énigme policière. En même temps tu m'aideras à démêler une pelote de laine. J'en ai besoin pour tricoter un chandail à Jacques.

A neuf heures, elles s'assoient face à face, près de la TSF. Léone écarte les bras pour enrouler la laine. L'émission commence. Ses pensées se sont envolées ailleurs, loin dans le passé.

C'était un soir d'été, dans la cuisine de la ferme. Elle était gamine. Elle devait être assise entre sa mère et ses frères. La nuit tombait. La porte était ouverte, à cause de la chaleur. Du dehors leur parvenait le bourdonnement des insectes. Ils attendaient Anna et Auguste qui devaient les rejoindre. Trépignant d'impatience, Léone guettait le grincement de la barrière qu'ils ouvriraient pour venir du pré, proche de la maison. Dans quelques minutes, tous lui souhaiteraient son anniversaire, lui offriraient plein de cadeaux. Elle était tellement heureuse qu'elle aurait souhaité que cela dure toute la vie.

Les jours ont passé. L'automne s'est installé avec le vent, la grisaille et le crachin. Les feuilles rousses virevoltent dans les airs avant de venir coller au trottoir humide. Tout le monde marche d'un pas pressé, engoncé dans un imperméable ou abrité sous un parapluie.

Rue de Rivoli, Léone attend le bus, sous l'auvent d'une charcuterie. Elle regarde la foule aller et venir et songe qu'on peut en apprendre beaucoup sur quelqu'un lorsqu'il marche sous la pluie. Il y a celui qui tient le parapluie trop haut, ou trop bas, celui qui le place devant lui comme un bouclier, celui qui s'évertue à le tenir trop en arrière. Les uns fendent le vent, les autres sont freinés. C'est drôle. Cela l'est encore davantage quand quelqu'un comme sa voisine tente de refermer le sien sans l'avoir préalablement orienté contre le vent. La voilà emportée, essayant de se retourner. Elle s'accroche, lutte, peste, se décoiffe. Enfin, un homme galant lui prend le parapluie, le dompte d'une main ferme et le lui rend avec le sourire.

Léone a toujours eu horreur des parapluies. Parce que ça protège de la pluie et qu'elle n'aime pas ça. Quand il pleut, elle veut sentir l'eau au même titre qu'elle cherche la chaleur du soleil quand il fait beau.

Profiter du temps qu'il fait, et de tout le reste ! Prendre son plaisir au moment où il se présente. Voilà ce qui compte pour elle. Comme avec Lucien... D'ailleurs, c'est ce qui l'a aidée à ne pas se sentir trop responsable de sa mort.

Pour elle, son suicide, c'était autre chose. Plutôt un règlement de compte entre le Lucien d'avant la guerre et celui qu'elle avait connu. Ils n'avaient pu se reconnaître, se supporter et en avaient tiré les conséquences. Dans ce drame à huis-clos, Léone est persuadée n'avoir joué qu'un rôle mineur.

Le bus arrive, aspergeant les gens qui attendent. Léone grimpe et reste sur la plate-forme. Elle se trouve à deux stations de son rendez-vous, rue d'Aboukir. Chez un grossiste confectionneur. Ce matin elle a vu une annonce dans le journal : *Cherche jeunes femmes pour tenir magasin. Bonne chance, si bonnes références.* Le texte lui a plu à cause de la rime.

Sur le boulevard Sébastopol, le bus est pris dans les encombrements. Ça a beau klaxonner, râler, s'engueuler, les voitures demeurent immobiles.

Soucieuse de ne pas être en retard, Léone saute de la plate-forme, traverse, remonte la rue Saint-Denis et s'engage dans la rue d'Aboukir. Elle arrive, essoufflée. Pas la peine de se demander si c'est là. Des femmes de tous âges, en file indienne, attendent de pouvoir entrer dans le magasin. Elle s'inquiète auprès de sa voisine de la manière dont ça se passe.

— Un gars nous reçoit une par une, pose toutes sortes de questions, prend notre adresse et dit qu'il nous préviendra si l'on est prise. Paraît que le type n'est pas commode. Remarque, d'après celles qui sont passées, il serait plutôt beau ! On ne sait jamais, ajoute-t-elle en se déhanchant.

Léone éclate de rire et se présente en lui tendant la main.

— Vingt-trois ans, au chômage, un enfant, et l'envie de partir très loin.

— Moi, c'est Jeannine, répond l'autre. Vingt-six balais, au chomâge et célibataire sans enfant. Pas de jules ?

— Plus.

Jeannine hausse les épaules.

— Tu as raison, moi non plus ! Juste bons à tirer un coup et à lever le coude. Sortis de ça, je ne vois pas ce qu'on peut leur demander ! Tu n'aurais pas une cigarette par hasard ?

Léone sort ses Gauloises, en allume une et lui passe le paquet.

— Ça nous réchauffera. Avec ce monde, il y en a pour un sacré moment, non ?

— Ce n'est pas sûr ! Certaines sont expédiées en cinq minutes. Pour d'autres, ça dure un peu plus. A mon avis, le gars s'intéresse plus au décolleté qu'au ciboulot. Mignonne comme tu es, tu as une chance.

La file avance. Soudain, une grosse matrone, boudinée dans une robe d'été à motifs, sort de la boutique. D'un geste vigoureux, elle resserre son col évasé pour dissimuler ses seins volumineux et s'adresse aux candidates.

— C'est pas la peine de vous faire perdre votre temps. Celles qui ne connaissent rien aux vêtements et aux tissus peuvent dégager.

Quelques femmes s'en vont, la mine contrariée.

— Fallait le dire sur l'annonce, se plaint l'une d'elles.

La matrone hausse les épaules et part d'un rire d'asthmatique.

— Eh, ma poulette ! Si t'es pas contente, t'as qu'à aller voir chez plumeau si j'y suis !

On rit ici et là. Jeannine se tourne vers Léone.

— Dis-donc, elle a pas l'air commode, la grosse.

— C'est le moins qu'on puisse dire.

— A mon avis, ça ne doit pas être de la tarte de travailler avec elle.

— Au fait, s'inquiète Léone, moi je reste là, mais je n'ai jamais fait ce genre de boulot...

Jeannine hausse les épaules.

— Qu'est-ce que tu en as à foutre ? Moi non plus !

— Oui mais...

— Eh bien quoi, tu as déjà cousu, non ? Tu sais distinguer une robe d'une jupe, un manteau d'une gabardine... Tu n'auras qu'à bidonner, comme moi !

Le temps passe. Les femmes frigorifiées tapent du pied pour se réchauffer. Deux d'entre elles renoncent et s'en vont. Enfin, c'est le tour de Jeannine. Léone lui souhaite bonne chance et cherche à dominer son trac. Elle voudrait l'avoir ce travail ! Pas parce que ça l'intéresse. Seulement parce qu'elle en a marre de chercher. Quelques minutes plus tard Jeannine sort, un sourire aux lèvres.

— Tu as tes chances, souffle-t-elle à Léone. Je t'attends au café d'en face, d'accord ?

Léone aspire une bouffée d'air frais et pénètre dans la boutique. Au fond, derrière un amas de vêtements et de cartons, un jeune type claque des doigts pour attirer son attention.

— Par ici, petite !

Léone le rejoint dans un minuscule réduit qui sent le tabac froid. Il est assis derrière un bureau recouvert d'échantillons de tissus. Elle demeure debout, attendant qu'il lui propose de s'asseoir. Au lieu de cela, il allume une cigarette et la détaille de la tête au pied, en hochant la tête d'un air connaisseur.

Léone sent la moutarde lui monter au nez.

— Dites-donc, je suis venue pour un travail dans la confection, pas pour être mannequin !

Le type ricane.

— Vous devriez pourtant ! Roulée comme vous êtes !

— C'est bon ! réplique Léone en tournant les talons, je n'ai pas de temps à perdre.

Il se lève.

— Attendez ! En fait, c'est un test.

Elle s'arrête, se retourne.

— Je ne vois pas le rapport avec la confection !

— Revenez ! Je vais vous expliquer.

Intriguée, elle le suit. Aussitôt dans le réduit, elle s'assoit sans lui demander la permission.

— Oui ! Je sais que ça n'a rien à voir avec les nippes, commence-t-il, mais comme c'est un boulot de mecs, on ne veut que des femmes qui aient assez de caractère pour pas se faire emmerder ! Vous, vous voyez, ça colle ! On sent qu'il ne faut pas vous chercher sur ce terrain. Pareil pour celle qui passait avant vous. J'ai bien cru que j'allais en prendre une.

Léone pouffe de rire.

— Dites-donc ! C'est un métier dangereux que vous faites.

Le gars sourit. Malgré ses dents mal implantées, sa peau piquetée de points noirs et ses cheveux gominés, Léone lui trouve quelque chose de sympathique.

— Sûr que c'est dangereux ! Entre ma mère que vous avez vue tout à l'heure, et les filles dont une sur deux a envie de me balancer une tarte.

Il lui offre une cigarette.

— Bon ! Ce n'est pas aujourd'hui que je vais vous expliquer le turbin. Avant, il faut que je termine ma sélection. Repassez demain matin, 9 heures pétantes.

— Vous ne pouvez rien me dire maintenant ?

Il se lève et la pousse vers la sortie.

— Trop long. Demain on aura le temps.

— Ça veut dire que je suis prise ?

Il hausse les épaules.

— Si vous l'êtes pas, je suis disponible !

Il éclate de rire et disparaît derrière une rangée de vêtements suspendus à des cintres.

Léone sort, relève son col et traverse. Jeannine l'attend au zinc.

— Alors ?

— Il est dingue ! Si tu avais vu comme il me reluquait !

— Et moi donc ! Il me regardait comme il l'aurait fait avec une pute !

Léone commande un café.

— Remarque je ne me suis pas gênée pour lui dire ce que j'en pensais. Ça l'a fait marrer.

— Comme moi. J'étais même à deux doigts de lui en retourner une !

Léone éclate de rire.

— Tu aurais dû ! Je suis certaine qu'il n'attend que ça !

— Seulement là, je pouvais me gratter pour avoir le boulot.

— Pas certain ! Ces gars-là, ils aiment qu'on leur tienne la dragée haute. Il t'a dit de repasser demain ?

Jeannine acquiesce. Léone, soudain tranquillisée, lui donne une tape sur le dos.

— Ça veut dire qu'on est prises, non ?

— Je veux, oui ! s'exclame Jeannine, et deux fines pour trinquer !

A l'autre extrémité du bar, le patron ne bouge pas. Il essuie un verre, l'astique. A la fin il l'examine en transparence, le tourne, le retourne, effaçant une marque de torchon, un dépôt de peluches, une empreinte.

— Deux fines, s'il vous plaît , répète-t-elle.

— Ça vient, ça vient ! répond l'autre sans bouger.

Jeannine se penche vers Léone.

— Regarde un peu comme il la soigne sa vaisselle. Une vraie chatte ce mec ! Il devrait venir chez moi, il aurait du travail.

Quand elles sont servies, elles choquent leurs verres.

— A notre nouveau travail !

L'une comme l'autre boivent cul sec. Le patron s'approche d'elles, l'air intéressé.

— C'est en face que vous avez été embauchées ?

Elles acquiescent.

— C'est drôle ! Ça n'arrête pas d'embaucher, mais je ne vois jamais les filles chez moi.

Elles se regardent, complices.

— Peut-être qu'elles sont enlevées ? suggère Léone.

— Et emmenées dans le harem du grand mamamouchi...

— Oh oui ! Tout de suite !

Elles rient aux éclats. Le patron hausse les épaules et va servir un client.

Jeannine sort un miroir et remet sa frange en place.

— Dis-donc, il faut que j'y aille ! Retrouvons-nous demain matin au magasin. Si on est prises, je t'inviterai à casser la croûte dans un restaurant du coin. Après on ira se balader et faire les magasins.

— Tu y vas fort. S'il nous engage il voudra peut-être qu'on commence aussitôt.

— Écoute, on est jeudi. Quand je travaille je commence toujours en début de semaine. C'est plus simple pour calculer la paye !

— Mais il risque de prendre la mouche.

— Tu parles ! Allez, à demain.

Elle sort aussitôt.

— Drôle de femelle, hein ! lance le patron dès que la porte s'est refermée.

Léone ne répond pas. Elle veut payer.

— Déjà fait ! grommelle le bistrot.

Pressée de s'en aller, elle remercie et sort à son tour. Elle va aller s'acheter une robe. Ce n'est pas tous les jours qu'on trouve une place et qu'on se fait une copine.

CHAPITRE 18

Léone remonte la rue d'Aboukir d'un pas rapide. Elle veut être à l'heure au rendez-vous. Comme le lui a répété Julia la veille au soir, la ponctualité impressionne toujours les employeurs et augmente les chances d'être prise.

Elle jette un coup d'œil à sa montre. 8 heures 45... Elle a un quart d'heure d'avance. Juste le temps de s'envoyer un petit noir. Elle entre dans le café de la veille. C'est plein de monde agglutiné au comptoir. Ça bavarde, ça rigole, ça trinque. Un nuage de fumée stagne au-dessus des têtes. Des hommes se poussent pour la laisser accéder au zinc. Quelques plaisanteries fusent.

— Alors, jeune fille, on chercherait pas un mari par hasard ?

Elle leur sourit puis commande son café. Le patron la reconnaît.

— Vous commencez aujourd'hui ?

— Plutôt lundi.

Il rigole.

— Vous avez raison. Faudra bien un dimanche pour vous y préparer.

Ses voisins lui demandent où elle travaille. Le bistrot répond à sa place.

— Chez Kaplan.

Les gars s'esclaffent.

— Oh lui, ça va ! Mais sa mère, c'est une autre paire de manches !

Elle sort une cigarette. Deux allumettes s'enflamment sous son nez. Elle choisit celle de son voisin de droite.

— Qu'est-ce qu'elle a donc cette femme ?

— Cet homme, oui !

On rit de plus belle.

— Elle aurait mieux fait d'être adjudant dans l'infanterie ! dit l'un.

— Plutôt dans les chars d'assaut ! renchérit l'autre.

— Elle parle pas, elle aboie ! conclut le patron.

Léone rit avec eux. Elle se sent bien. Ils ont l'air sympathiques. Pas le même genre qu'aux Halles. Nettement mieux habillés. Sans doute le quartier qui veut ça.

Elle finit son café, veut payer, mais son voisin a déjà réglé. Elle le remercie. Il exige une bise. Elle la lui donne sans rechigner. Dommage qu'il sente autant l'eau de cologne !

Quand elle quitte la salle, certains l'interpellent.

— On vous reverra ?

Elle les salue de la main.

— Promis. Tous les matins à la même heure.

Elle sort, respire profondément l'air frais de cette matinée embrumée. Le magasin est en face. Encore quelques secondes et elle sera fixée sur son avenir.

En pénétrant dans la boutique, elle croise Jeannine qui s'en va.

— C'est bon ! lui dit-elle. Je suis prise. Je commence lundi. On se voit au café. OK ?

Léone acquiesce et se dirige vers le bureau du gérant. Son cœur bat la chamade. La porte est ouverte. Assis à la renverse, les pieds sur le bureau, le gars fume une cigarette.

— Ah, c'est vous !

Il jette un regard sur sa montre.

— C'est bien d'être à l'heure.

Il l'invite à s'asseoir et la dévisage, un sourire au coin des lèvres.

— Alors, toujours envie de travailler avec nous ?

— Oui.

Il hoche la tête, enlève ses pieds du bureau et fouille dans la paperasserie éparpillée devant lui. Elle en profite pour l'observer. L'impression qu'elle a eue la veille se confirme. Ce type n'est pas à sa place dans cet endroit. Trop brouillon, trop nerveux. Elle le sent agacé par ce qu'il fait. Lui continue à retourner les papiers sans succès.

— Excusez-moi... Je cherche votre contrat...

— Je suis prise ?

Il lève la tête, étonné.

— Eh bien oui ! Comme celle qui vous a précédée.

— Je vous remercie.

— Pas la peine ! Je ne vous ai pas retenue pour votre bonne mine mais pour me faire gagner de l'argent.

— Comment ça ?

— En faisant correctement votre travail.

A le voir se donner un air de dur, Léone le trouve attendrissant. Il finit par mettre la main sur une feuille, la lui tend.

— Lisez, et si vous êtes d'accord, signez.

Le texte dactylographié décrit l'objet du travail, les horaires et les conditions de rémunération. Tout paraît correct. Elle s'apprête à signer.

— Vous avez bien lu ?

— Oui, pourquoi ?

Il hausse les épaules.

— Comme ça ! Pour éviter les discussions. Vous savez, les gens sont drôles. De nos jours, ils signent n'importe quoi les yeux fermés et après ils s'étonnent.

Leurs regards se croisent.

— Je devrais me méfier ?

Il sourit.

— Il faut toujours se méfier....

— Dites-moi exactement ce que j'aurai à faire.

Il soupire en lui désignant le contrat d'un hochement de tête.

— C'est écrit ! Du secrétariat, gérer les commandes et les stocks, répondre au téléphone. Pour le reste, vous verrez ça avec la patronne.

— C'est quoi... le reste ?

Il allume une cigarette, exhale la fumée.

— C'est elle qui vous en parlera.

Elle s'apprête à l'interroger de nouveau, puis y renonce. Maintenant qu'elle a un travail, elle ne va pas commencer à chipoter.

— Vous commencez lundi, OK ? dit-il en se levant.

— Merci monsieur.

— Je m'appelle David. Dans notre métier, on s'appelle par notre prénom.

Sur le pas de la porte, ils se serrent la main. Maintenant qu'elle voit ses yeux de près, Léone est frappée par leur pétillance.

— A lundi..., dit-il.

Elle se hâte de sortir. Sur le perron, elle allume une cigarette, jette un œil vers le ciel plombé, puis traverse la rue. Assise derrière la vitrine du café, Jeannine lui fait de grands signes.

Elle la rejoint à sa table.

— Alors, c'est bon ?

— Oui !

— Super ! Je suis contente de travailler avec toi.

— Moi aussi !

Elle commande un crème et écoute Jeannine lui raconter son entretien.

— Ah, je te jure, un drôle de vicieux ce David ! A la manière qu'il me reluquait, on aurait dit qu'il n'avait jamais vu une fille de sa vie ! Pas toi ?

— Non... pas vraiment.

— Eh bien, tu as eu de la chance !

Le bistrot apporte la tasse de café au lait. Léone avale le liquide à petites gorgées. Tandis que Jeannine continue de livrer ses impressions sur David, elle songe au dernier regard échangé avec lui. Non, ce n'est pas le genre dragueur.

— Bon ! On ne va pas passer la journée à parler de lui, dit soudain Jeannine. S'il lui vient l'idée de me mettre la main où je pense, je lui en retournerai une, et puis voilà !

Elle éclate de rire et demande l'addition au patron.

— Cette fois-ci c'est moi qui paye, dit Léone.

Jeannine accepte et fouille dans son sac à la recherche de son poudrier. Quand elle l'a trouvé, elle l'ouvre et se tamponne les joues et le nez.

— De la saloperie, cette poudre ! Il faut que je m'en remette plusieurs fois par jour !

Quand elle a fini, elle s'inspecte à nouveau dans le miroir, remet en place une mèche de cheveux, puis referme le boîtier qu'elle fourre dans son sac.

— Et si on allait fêter ça ? C'est moi qui invite !

Léone accepte.

— Où va-t-on ?

— Tu verras ! C'est à deux pas d'ici.

Elles sortent du café et se dirigent vers la rue Saint-Denis en flânant.

On approche de midi. Le froid est moins cinglant. Dans le ciel, des nuages gris se déchirent, se reforment, laissant parfois passer un rayon de soleil. Les gens pressés d'aller déjeuner courent, se croisent, se bousculent avant de s'engouffrer dans les cafés.

Bras dessus, bras dessous, Léone et Jeannine s'arrêtent parfois pour regarder une vitrine. Dans les renfoncements des portes cochères, des femmes attendent, l'air équivoque. Malgré la température, certaines ont entrouvert leur manteau, découvrant ainsi une jambe dénudée. Léone les regarde à la dérobée.

— Ce que je n'aimerais pas faire ça !

Jeannine hausse les épaules.

— Pourquoi ? C'est un boulot comme un autre. Ça rapporte et en plus on peut prendre son pied !

— Oh ! Te faire peloter et... par n'importe qui !

— Tu dis ça, mais en fait t'aimerais !

— Jamais !

— Raconte ce que tu veux ! Tu as déjà bien dû faire la pute comme nous toutes ! La seule différence avec ces filles, c'est que tu ne te faisais pas payer.

Léone songe aux hommes qu'elle a désirés, ceux avec lesquels elle a fait l'amour. Elle n'a pas l'impression d'avoir été une pute, non.

— Tu sais, reprend Jeannine, faut les connaître ces filles. Plus d'une t'en boucherait un coin !

— Tu en connais toi ?

La jeune femme ne répond pas. Elle prend Léone par le bras et l'entraîne pour traverser.

— On va aller chez mon pote Pierrot. Il tient un resto du côté de *France-Soir*. Chez lui, t'as le gratin comme la zone. Tu verras...

Après avoir traversé, elles remontent la rue Réaumur vers la Bourse. Soudain Jeannine s'immobilise devant une porte cochère et l'ouvre.

— C'est ici !

— Drôlement planqué ton resto ! s'étonne Léone.

Elles entrent, traversent un hall débouchant sur une cour pavée. Elles en font le tour et s'arrêtent devant une porte sur laquelle est placardée une enseigne, A la Bonne Franquette. Jeannine sonne et désigne à Léone les trois fenêtres protégées par des barreaux, à gauche de l'entrée.

— Derrière, c'est une salle à manger.

Léone s'en approche. Les vitres opaques l'empêchent de voir à l'intérieur.

— Ça ressemble davantage à une maison de passe qu'à un resto ! Le patron ne doit pas faire souvent de la réclame dans le journal !

— Il n'en a pas besoin.

La porte s'ouvre, laissant apparaître un grand costaud en bras de chemise. Il étreint Jeannine.

— Bon Dieu ! Ça fait un bail qu'on t'a pas vue, la môme ! T'as pas eu d'emmerdes au moins ?

Elle lui tapote la joue.

— T'inquiète pas, mon Pierrot ! Le temps passe plus vite qu'on marche, voilà tout !

Elle présente Léone. Le gars lui serre la main en la dévisageant. Son regard n'a rien de concupiscent. Il jauge plutôt la confiance qu'il peut lui accorder.

— Soyez la bienvenue !

Il s'efface pour les laisser entrer, ferme et pousse le verrou. Le corridor est long, étroit, et éclairé par une seule applique diffusant de la lumière tamisée. Ça fleure bon le poulet rôti et la pomme sarladaise. Un peu plus loin, derrière un comptoir, une jeune femme enregistre leurs manteaux. Pierrot prend Jeannine par le bras.

— Vous voulez aller en bas ou en haut ?

Jeannine l'embrasse sur la joue.

— En bas !

Elles le suivent dans un escalier en colimaçon. Les marches en pierre sont inégales, parfois glissantes. Léone se tient à la rampe et prend appui sur l'épaule de Jeannine. Elle n'est pas à l'aise. Cette descente lui rappelle ses angoisses d'enfant lorsqu'elle se rendait à la cave.

Elles débouchent dans une vaste salle voûtée. Les tables sont disposées autour d'une piste de danse. Sur chacune d'elles une petite lampe dispense une lumière discrète. A droite de l'escalier, un bar occupe tout un mur. Une porte ouverte laisse apparaître un coin de la cuisine où s'activent plusieurs personnes. Seules deux à trois tables sont occupées. Soudain, une sonnette retentit.

— Ils commencent à venir, dit Pierrot en leur tendant un menu. Mettez-vous où vous voulez, je passerai prendre votre commande tout à l'heure.

Jeannine choisit une table entre la piste et le mur du fond.

— D'ici, on pourra reluquer la salle !

Léone regarde autour d'elle. C'est la première fois qu'elle met les pieds dans un endroit pareil. Elle n'imaginait même pas que cela puisse exister.

— Fichu resto ! On dirait plutôt un dancing.

Jeannine allume une cigarette et en offre une à Léone qui accepte.

— On n'y danse que le soir.

— Ça fait longtemps que tu viens ici ?

— Assez, oui.

Elles consultent la carte. C'est simple. Deux menus au choix et une boisson pour un prix unique.

— Dis donc ! s'exclame Léone. Ça coûte bonbon pour une entrée, un plat et un dessert !

— C'est le prix de l'incognito. C'est le seul endroit du coin où l'on est tranquille.

— Qui vient ici ?

— Un peu de tout. Des hommes d'affaire, des politicards, des vedettes... Des truands aussi. Plus souvent avec leur maîtresse qu'avec leur régulière.

Deux couples entrent et s'assoient à l'autre bout de la salle. Jeannine jette un œil dans leur direction et se penche vers Léone.

— Tu vois le gars avec l'écharpe blanche, c'est un député. Je ne me rappelle plus son nom.

Léone éclate de rire.

— Comment tu sais ça, toi ? Tu n'es pourtant pas le genre à lire les journaux.

— Je le sais, c'est tout.

— Allez ! Ne fais pas de chichis ! Raconte !

Jeannine détourne le regard. Léone la dévisage. L'éclairage indirect souligne la finesse de ses traits. Avec sa bouche charnue, ses grands yeux rêveurs et son nez régulier, elle l'imagine très séduisante pour les hommes.

Jeannine éteint le mégot qui lui brûle les doigts.

— Pourquoi tu me regardes comme ça ?

— Je te trouve belle.

— C'est gentil.

— Alors, tu ne veux rien me dire ?

— Plus tard...

Léone n'insiste pas et regarde à nouveau autour d'elle. L'endroit est chaleureux. Les murs en pierre sont couverts de tableaux et de photos dédicacées, disposés en désordre. En partant, elle essaiera de voir si elle reconnaît quelques célébrités.

Plusieurs personnes arrivent, et en saluent d'autres, déjà assises. Le brouhaha des conversations enfle. Deux serveuses vont et viennent entre la salle et la cuisine.

Soudain, Pierrot s'approche.

— Alors, on sait ce qu'on va prendre ?

Elles commandent des œufs meurette, un bœuf mironton et un vin de Loire.

Pierrot note avec application puis s'adresse à Jeannine.

— C'est le coup de feu ! Je viendrai bavarder avec vous un peu plus tard.

Il leur adresse un clin d'œil et s'en va. Les deux femmes se remettent à discuter.

— Qu'est-ce que tu penses de notre futur patron ? demande Léone.

Jeannine hausse les épaules, dubitative.

— Un petit garçon étouffé par sa Maman. A ne pas approcher ! Ce n'est pas une femme qu'il cherche, mais une autre mère.

Léone éclate de rire.

— Avec moi, il n'y a pas de danger ! Ce n'est pas mon type.

— Moi, non plus. J'ai jamais voulu de môme, c'est pas maintenant que je vais m'y mettre. Et toi, tu as un gamin, je crois ?

— Oui. Un fils, Jacques.

Elle sort une photo de son portefeuille et la tend à Jeannine qui y jette un œil.

— Dis-donc, avec une bouille pareille il doit bien profiter de la vie !

— C'est vrai, je le gâte autant que je peux ! Je n'ai que lui...

— Tu veux dire que le père s'est fait la malle ?

— Oui.

— Tous les mêmes. J'ai connu ça. Mon père aussi s'est barré.

— Tu ne l'as jamais revu ?

— Si. Mais c'était un nom sur une tombe. Ma mère a été assez gourde pour lui en payer une.

— Il est mort il y a longtemps ?

— A la fin de la guerre, mais du mauvais côté.

— C'est-à-dire ?

— Il était pour les Boches. Il... Ah ! puis, je m'en fous.

— Et ta mère, elle vit encore ?

— Oui, en Bretagne. A la Libération, elle est partie s'installer là-bas pour être plus près de lui.

— Elle l'aimait toujours ?

— Je crois bien que oui ! Il y en a quelques femmes comme ça ! Un homme peut leur faire les pires crasses, elles continuent de dire que ce n'est pas sa faute.

— Tu lui en veux ?

— J'en veux aux deux ! Lui, pour être un salaud, elle, parce qu'elle a tout accepté. De toute manière, ce que je peux éprouver pour elle n'a pas grande importance, je ne la vois jamais.

Léone pense à Mécano, se demande ce qu'elle ferait s'il apparaissait dans cette salle et venait lui demander pardon. Elle ne sait pas.

— A quoi tu penses ?

— A lui...

Elle raconte alors son amour pour Mécano, sa fuite, les longs mois d'attente, puis elle conclut.

— C'est fini, maintenant. Je sais qu'il ne reviendra pas. Ce que j'espère, c'est retomber amoureuse d'un gars qui en vaille le coup, accepte le petit et s'en occupe avec moi. Ce n'est pas trop tard. Jacques est encore un bébé, il pourra l'aimer comme son vrai père.

Jeannine esquisse une grimace d'incrédulité.

— Moi, je serais toi, j'oublierais. Aimer un autre bonhomme, d'accord, mais laisse le gosse en dehors de ça. Un père, c'est comme une mère, ça se remplace pas. Pour peu que ça se passe mal, il trinquera encore plus.

— Tu es drôlement pessimiste.

— Non. Seulement, on répare pas les saloperies de la vie avec des rustines.

Elles se taisent. Léone se sent mal à l'aise. Les derniers mots de Jeannine l'ont dérangée. Comme si celle-ci ne l'avait pas comprise, l'avait jugée. Dans le tintamarre des rires et des conversations mêlé aux cliquetis et tintements des verres et des couverts, sa gêne s'accentue. Elle étouffe, prend peur.

— Je vais aux toilettes, dit-elle en se levant.

Elle traverse la salle comme une somnambule, résistant à une subite envie de s'évanouir. En gravissant l'escalier, ses jambes se dérobent une ou deux fois. Elle s'accroche fermement à la rampe, s'engage dans le couloir en frôlant le mur. Enfin, elle atteint la porte des toilettes, la pousse, referme, s'arc-boute contre le lavabo. Une vague odeur d'urine lui lève le cœur. Elle se hisse sur la pointe des pieds, ouvre un vasistas, respire profondément. Sa tête continue de lui tourner. Après quelques inspirations, elle s'adosse au mur. En face d'elle, un vieux miroir constellé de taches et de zébrures lui renvoie l'image de son visage, livide et creusé.

— Eh bien, ma vieille, qu'est-ce qui te prend ? Tu n'es pourtant pas enceinte.

Elle farfouille dans son sac à la recherche de sa brosse à cheveux, se recoiffe, se force à sourire. Ça va mieux ! En allumant une cigarette, elle se demande ce qui lui a pris... Peut-être n'a-t-elle pas supporté l'évocation de Mécano, les propos de Jeannine, l'atmosphère confinée de l'endroit, l'excès de vin ? Elle retourne dans la salle.

Arrivée à sa place, elle a retrouvé ses esprits. Les œufs sont servis.

— Ils viennent d'arriver, dit Jeannine qui a déjà commencé. Léone les trouve excellents.

— Tu connais la recette pour les faire ?

— La cuisine et moi, ma chérie, ça fait deux ! T'auras qu'à demander à Pierrot, il se fera sûrement un plaisir de te donner la recette.

A cet instant, un homme s'arrête à leur table.

— Jeannine ! s'exclame-t-il. Qu'est-ce que tu deviens ?

Ils s'embrassent. Jeannine fait les présentations.

— Léone, une amie... Émile, un vieux copain.

Ils se serrent la main, échangent un regard. Il paraît très long à Léone. Trop long pour être anodin. Elle lâche la main vigoureuse, affiche une mine indifférente pendant que le type entame une conversation avec Jeannine. Elle n'écoute pas. Nerveuse, elle allume une cigarette, jette un œil vers les autres tables, luttant contre l'envie de croiser à nouveau son regard. Ce n'est pas la peine ! Elle a déjà retenu les moindres détails de son visage carré et volontaire. La mêche de cheveux bruns, gominée, coiffée à gauche, les yeux enfoncés et vifs, le sourire carnassier dévoilant une dentition parfaite. Elle sait qu'il la désire...

L'émotion est forte, difficile à supporter. Il faut qu'il s'éloigne... Il se tourne vers elle, la regarde. Elle le sent, fait exprès de ne pas relever la tête.

— Je vais rejoindre ma table. Je viendrai prendre le café avec vous... Si ça ne dérange pas ton amie.

Léone lève les yeux, esquisse un vague sourire.

— Non, non, bien sûr !

Il s'éloigne.

— Qui c'est ? demande-t-elle.

Jeannine hausse les épaules.

— Ça va te faire rire, mais je n'en sais rien ! Un de ces gars qui traînent, qu'on croise, sans jamais savoir qui ils sont. Non, vraiment, je ne sais pas.

— Mais vous avez l'air de bien vous connaître pourtant ?

— Oh toi, ma chérie ! Va falloir que je te sorte ! Le monde de la nuit, tu le piges pas, ça se voit ! On se rencontre, on s'amuse, parfois on s'aime, puis on se sépare. Voilà !... Ce qu'on fait dans la journée n'intéresse personne. Ce qui compte, c'est de vivre différemment des autres.

Léone se sent nigaude.

— Tu vas voir, reprend Jeannine. Quand on traîne beaucoup la nuit, on voit la vie en drôlement plus gai !

Jusqu'au café, elles bavardent de futilités. Léone est incapable de se concentrer. Plus le temps passe, plus le moment de revoir Émile se rapproche. Cela l'effraie. Elle sent qu'elle va devoir se protéger de son regard pénétrant, du désir qu'elle y a perçu. Pour bien faire, elle devrait ficher le camp. Mais elle n'en a pas envie. Cet homme lui plaît, lui paraît honnête. Elle a besoin de séduire, de s'entendre dire qu'elle est belle, d'être désirée. Son corps appelle l'amour.

— Eh bien me voilà, comme promis !

C'est Émile. Léone lui adresse un sourire crispé quand il s'assoit à côté d'elle. Elle pousse ses jambes vers l'extérieur de la table pour éviter de toucher les siennes. Jeannine et lui se mettent à discuter de gens qu'elle ne connaît pas. Pour se donner une contenance, elle triture des miettes sur la table, se cache derrière la fumée de sa cigarette, se tourne vers la salle. C'est inutile. Elle le sent tout proche, l'entend, devine qu'il la regarde...

Soudain, elle tressaille. Il a posé une main sur sa cuisse tout en continuant de parler avec Jeannine ! Elle se retourne, s'apprêtant à lui envoyer une gifle, renonce. Sous son regard conquérant, elle se sent aussi inerte qu'un papillon épinglé.

— Qu'est-ce que tu en penses, ma chérie ? demande Jeannine.

— De quoi ?

— Émile propose que nous sortions ensemble demain soir.

Elle hésite. Il lui sourit.

— Oui... d'accord.

Il retire sa main.

— C'est bon ! On se retrouve ici vers vingt heures, ça ira ?

Léone et Jeannine acquiescent. Il se lève. En partant, il lance un clin d'œil à Léone. Elle se sent sourire.

— Drôlement chouette comme gars ! s'exclame Jeannine. Hein ?

Léone approuve puis range son paquet de cigarettes dans son sac.

— Il faut que je rentre, moi aussi. Ma mère m'attend avec le petit.

Elle veut régler une partie de l'addition, Jeannine refuse.

— File ! Tu payeras une autre fois.

Elles s'embrassent.

— A mon avis, dit Jeannine, avec lui on ne va pas s'ennuyer.

Léone approuve. Elle est contente d'avoir accepté le rendez-vous. Il n'est plus temps de tergiverser. Si elle veut donner un père à Jacques, partager une vie normale avec un homme, il faut bien en rencontrer !

Dès qu'elle a sonné, Julia lui ouvre et l'embrasse avec chaleur. Décontenancée par cet enthousiasme, Léone en oublie d'enlever son manteau. Julia l'entraîne vers le salon.

— J'ai une surprise pour toi ! Regarde !

Debout, Jacques avance en s'appuyant sur le rebord du canapé. Soudain, ses jambes flageolent, il lâche prise et tombe assis. Léone se précipite et le couvre de baisers. Elle ne cherche pas à retenir ses larmes.

— Il marche ! s'exclame-t-elle. Sacré bonhomme ! A dix mois !

Jacques gesticule en poussant de petits cris.

— C'est venu d'un coup ?

— Oui ! Je l'ai laissé une minute dans la chambre, assis sur le tapis, et je l'ai retrouvé debout à côté du lit !

Les deux femmes se le repassent, l'embrassent, tentent de le remettre debout. Mais à chaque fois, le petit refuse et se laisse choir.

— Il est fatigué, dit Julia, c'est l'heure de la sieste, je vais le changer et le coucher.

— Non, non, je m'en occupe.

Elle enlève son manteau, s'agenouille et allonge Jacques sur le canapé. Julia lui passe un linge propre et le talc.

— Je vous laisse, j'ai à faire dans la cuisine.

Léone caresse Jacques, l'embrasse, le chatouille. Une onde de bonheur la submerge. Elle est heureuse, vraiment heureuse ! Cette journée est à marquer d'une pierre blanche. Elle a trouvé un travail, croisé un homme qui lui plaît, et son fils marche !

Après l'avoir changé, elle l'emmène dans la cuisine. Attablée face à la fenêtre Julia est en train de dessiner le patron d'une robe à l'aide d'une craie. Léone éclate en sanglots.

— C'est idiot, dit-elle, je ne peux pas m'en empêcher.

Julia se tourne vers elle.

— C'est normal, ma fille ! Ça m'a fait la même chose pour tes frères et toi.

— Mais ça n'a pas de sens !

— Oh si ! C'est d'ailleurs avec toi que j'ai compris ce qui se passait. Un enfant qui marche ne dépend plus de nous de la même manière. On comprend qu'un jour, il va prendre son indépendance, nous échapper.

— Tu as peut-être raison.

— Et comment que j'ai raison ! Si tu savais combien de fois j'ai eu peur de te perdre depuis que tu es petite !

Léone s'approche d'elle et la prend dans ses bras en enfermant Jacques entre elles.

— Tu ne m'as jamais perdue, Maman.

— Peut-être... Mais j'ai toujours peur qu'il t'arrive quelque chose, que tu fasses des bêtises.

Comme Jacques s'est endormi, Julia va le coucher. Léone fait réchauffer du café et s'assoit. Des souvenirs lui reviennent en mémoire. Quelques années auparavant, c'est à cette place qu'elle faisait ses devoirs, rêvassait en regardant le coin de ciel dessiné par les toits environnants. C'est là aussi qu'elle jouait aux dominos avec sa mère et ses frères. Elle réalise qu'elle a réussi à chiper quelques instants de bonheur au temps qui passe. Cela lui donne l'envie de faire encore mieux, de s'appliquer à être heureuse le plus souvent possible. Pour que Jacques le soit aussi.

— A quoi tu penses ?

Julia est entrée dans la cuisine sans qu'elle l'entende.

— A rien...

Elle ment, mais cela lui semble tellement difficile de communiquer ce qu'elle ressent. Elle a peur de paraître ridicule. Surtout avec Julia qui n'est pas du genre à s'attendrir. Elle se lève pour prendre le café qui grésille déjà dans la casserole.

Julia sort les tasses. Elles se servent et s'assoient l'une en face de l'autre. Léone songe à Émile avec l'envie de le revoir.

— Dis Maman ? Tu peux garder Jacques demain soir ? Je sors avec une amie.

— Une amie seulement ?

Léone lui sourit. Julia la regarde avec tendresse.

— Tu sais, on n'apprend pas au vieux singe à faire des grimaces !

— Oui, c'est vrai. Il y aura aussi un copain de cette fille.

Julia boit son café, puis plonge dans la tasse un sucre qu'elle suce avec application. Une manie qu'Anna lui a transmise dans son enfance.

— C'est qui cette amie ?

— Jeannine... Une fille qui a été embauchée avec moi.

— Quoi ? Tu as trouvé du travail ?

Léone acquiesce.

— Je voulais te faire la surprise !

Elle lui raconte son entretien avec David, le travail qu'elle aura à faire et enfin Jeannine.

— Tu sais, c'est une sacrée fille. Avec elle je ne m'ennuierai pas.

— C'est bien, ma chérie... Et le gars, c'est qui ?

Léone hausse les épaules.

— Il est venu nous rejoindre au restaurant où Jeannine et moi fêtions notre embauche. Elle me l'a présenté comme l'un de ses amis.

Le silence s'installe entre elles. Léone évite le regard de sa mère. Comme si elle était redevenue une petite fille. Agacée, elle allume une cigarette. Julia se lève pour laver les tasses.

— Fais attention, ma fille !

— Évidemment Maman. Je ne saute pas au cou du premier venu.

Léone a répondu assez vivement. Elle aspire plusieurs bouffées pour se calmer. Ce n'est pas le moment de réveiller de vieilles querelles.

— Je peux bien faire la fête maintenant que j'ai trouvé un boulot ! reprend-elle.

Julia essuie les tasses et les range dans le placard. Léone cherche à croiser son regard, sans succès. Inutile de lui faire un dessin. Sa mère désapprouve ! Elle voudrait comprendre pourquoi.

— Ça a l'air de te contrarier ?
Occupée à nettoyer l'évier, Julia hausse les épaules.
— Ma foi, non.
— Tu parles ! Je te connais. Quelque chose te turlupine.
— Rien, je te dis...
— Bon, alors, tu es d'accord pour garder Jacques ?
— Oui, oui !
— Merci.
Léone se lève.
— Je vais faire un somme. Réveille-moi dans une heure.
Julia acquiesce et étale le patron de la robe sur la table pour reprendre son traçé.

Dans le salon, Léone enlève ses chaussures et s'allonge sur le canapé. Elle est furieuse contre Julia qui fait la gueule chaque fois qu'elle évoque un homme. Contre elle-même aussi, qui ne parvient pas encore à dire la vérité à sa mère. Toujours cette peur ancienne qui l'empêche de grandir ! Elle en a marre, voudrait se dégager de ce carcan, se sentir libre une bonne fois pour toutes.

Léone attrape son manteau, l'étale sur elle et se tourne vers le dossier du canapé pour avoir davantage d'ombre. Dès qu'elle a fermé les yeux, elle pense à Émile. Elle sait qu'il va jouer un rôle décisif dans sa vie. Apaisée, elle glisse dans le sommeil.

CHAPITRE 19

Quand le taxi stoppe devant la porte cochère, rue Réaumur, la pluie commence à tomber. Léone règle la course et court se réfugier dans l'entrée de l'immeuble. La mise en plis qu'elle s'est fait faire l'après-midi n'aura pas souffert. Elle traverse le hall et s'avance jusqu'à l'arche qui ouvre sur la cour. Le cliquetis des gouttes s'écrasant sur les pavés est de plus en plus fort. Elle relève son imperméable au-dessus de la tête, puis se précipite en espérant que Pierrot ne la fera pas poircauter trop longtemps.

Elle s'apprête à sonner quand la porte s'ouvre. Son cœur fait un bond. C'est Émile.

— Je vous guettais par le judas.

Incapable de prononcer un mot, elle entre et avec son aide, se défait de son imperméable.

— Je m'occupe du vestiaire, dit-il.

Elle le remercie et se rend aux toilettes. Juste pour retrouver son calme. La surprise a été trop forte. La porte refermée, elle s'y adosse et cherche à maîtriser les battements de son cœur. Enfin apaisée, elle se regarde dans le miroir.

— Mon Dieu, murmure-t-elle, quelle tête tu as !

Elle s'en veut de s'être montrée aussi vulnérable. Pourtant, elle s'était préparée durant l'après-midi. D'abord elle chercherait à comprendre quel genre d'homme c'est, puis elle lui tiendrait la dragée haute. Pas question de lui céder avant plusieurs jours ! Tu parles ! A voir l'état dans lequel elle est, peu de chances qu'elle lui résiste longtemps... Elle donne du volume à sa chevelure, se poudre et redessine sa bouche avec une nouvelle couche de rouge à lèvres. Satisfaite, elle fourre poudrier, brosse et rouge dans son sac et, mains sur les hanches, prend la pose devant le miroir.

— C'est bon, ma cocotte ! Prête à conquérir l'homme de ta vie.

Elle songe à Mécano, mesure combien les choses se présentent différemment avec Émile. Normal ! Avant elle n'était qu'une gamine.

Elle ouvre, croise le regard furibond d'une femme qui s'impatientait derrière la porte, et s'engage dans le couloir obscur, déjà bondé. Émile l'attend, appuyé à la rampe de l'escalier menant à la salle du bas. Il la détaille de la tête aux pieds. Se sentant déshabillée, elle détourne les yeux.

— Je passe devant, dit-il, c'est un vrai casse-gueule cette descente.

Elle le suit, tenant la rampe pour ne pas avoir à s'appuyer sur son épaule. A un moment, ils sont bloqués par ceux qui montent. Derrière, on pousse. Elle est plaquée contre le dos d'Émile. Elle aimerait se laisser aller contre lui, l'enlacer. Il se retourne, souriant.

— Toujours le même bordel ici !

Elle hoche la tête. Bien qu'elle soit sur la marche supérieure, leurs visages sont à la même hauteur. La cohue les rapproche encore. Leurs lèvres se rencontrent. Émile la presse contre lui. Elle ferme les yeux, appuie son ventre contre le sien, perçoit le renflement de son sexe. Qu'il fasse ce qu'il veut, elle est à lui.

— Eh avancez ! s'impatiente-t-on derrière eux. Vous vous bécoterez en bas !

Ils se détachent l'un de l'autre et reprennent leur descente. Le sang bourdonne aux oreilles de Léone, ses jambes flageolent. Elle n'a qu'une hâte, s'asseoir et boire n'importe quoi pourvu que ce soit fort !

Du fond de la salle, Jeannine leur adresse de grands signes. Ils la rejoignent. Émile se place entre les deux femmes et hèle une serveuse qui rapplique en ignorant les appels d'autres clients. Léone devine qu'il est ici chez lui. Il glisse un mot à l'oreille de la jeune fille qui s'éclipse. Le vacarme des conversations est assourdissant.

— C'est dingue ! s'exclame Jeannine. Il y a de plus en plus de monde ici !

— Normal, répond Émile, c'est là qu'on trouve les plus jolies filles de Paris.

Léone offre des cigarettes. Émile lui allume la sienne. Elle frémit en sentant la chaude pression de son autre main sur sa cuisse. Ne parvient pas à se concentrer sur ce que dit Jeannine. Trop de désir en elle, trop de bruit autour d'elle pour qu'elle comprenne quoi que ce soit. Elle hoche la tête, à tout hasard, rit aussi. Puis elle glisse une main sous la table pour arrêter celle d'Émile, de plus en plus entreprenante. Elle n'arrête rien, se contente d'accompagner la caresse. Ça bourdonne dans sa tête. Elle se sent asphyxiée par le plaisir qui croît. Elle n'a jamais ressenti ça. C'est d'autant plus excitant qu'autour d'eux personne ne se doute de quelque chose.

Soudain, Émile retire sa main. La serveuse est de retour. Elle pose une bouteille de champagne et trois flûtes sur la table.

— Vous avez de la chance. C'était la dernière et une autre table la voulait. Mais monsieur Pierrot a insisté pour qu'elle vous soit servie !

— Dom Pérignon ! claironne Émile en la débouchant.

— Qu'est-ce qu'il a de particulier ? demande Léone.

Jeannine éclate de rire.

— C'est le meilleur, ma chérie.

Léone jure intérieurement contre elle-même. Émile a dû la trouver sacrément godiche. Ce dernier remplit les flûtes et lève la sienne à la hauteur des yeux.

— Regardez comme il pétille.

Il lance un clin d'œil à Léone puis se tourne vers Jeannine.

— A votre réussite dans la fripe.

Ils trinquent. Émile et Jeannine boivent cul sec. Léone n'avale qu'une gorgée.

— Allez-y, l'encourage Émile, ce n'est pas du poison.

Léone s'exécute. La tête lui tourne aussitôt mais elle s'en fiche. Cette soirée sera celle de toutes les folies !

Émile les sert à nouveau en évoquant le lancement récent du microsillon 33 tours qui permettra d'écouter plusieurs chansons d'un même interprète. Il va d'ailleurs se payer un électrophone dès qu'il le pourra.

— Il faut en profiter ! Faire la fête ! Une nouvelle guerre nous pend au nez avec les Viets !

Jeannine hausse les épaules.

— Bah ! Des sauvages ! On va les écrabouiller.

— Je n'en suis pas si sûr ! Avec la dérouillée qu'on a prise à Cao-Bang...

— Vous connaissez l'Indochine ? demande Léone.

— Non.

Jeannine pousse Émile du coude.

— Pas le genre à aller patauger dans les rizières, hein !

— J'ai donné ailleurs ! réplique-t-il.

A son air pincé, Léone comprend qu'il est vexé. Ça lui déplaît. Il n'est certainement pas un lâche comme semble l'avoir suggéré Jeannine. Elle veut qu'il puisse le prouver.

— Contre les Boches ?

Il la regarde, sourit.

— Oui. Mais je ne tiens pas à en parler.

Ils sont interrompus par la venue de Pierrot. Il serre la main de chacun puis, à voix basse, entame une conversation avec Émile. Il est question d'une livraison qui n'est pas arrivée. Léone s'en désintéresse. La seule chose qui compte maintenant, c'est de se retrouver seule avec Émile. De faire l'amour avec lui, de s'enfouir dans ses bras et de ne plus bouger. Bien sûr, ça ne se fait pas ! Mais elle s'en fiche ! Son désir est trop impérieux pour pouvoir être refoulé.

— Ça va ma chérie ? demande Jeannine.

— Oui, oui !

— Eh bien mange ! C'est bon, tu sais.

Léone jette un coup d'œil sur son assiette. Elle n'a pas faim, veut échapper au brouhaha, au nuage de fumée stagnant au-dessus des têtes. Elle se tourne vers Émile, cherche à croiser son regard. Sans succès. Celui-ci est trop absorbé par ce que lui dit Pierrot. Elle le trouve beau, surtout de profil. Si elle osait, elle l'embrasserait. Elle avale un verre de vin, allume une cigarette, regarde Jeannine. Un vrai spectacle ! A voir la vitesse à laquelle elle engloutit son assiettée, on dirait qu'elle n'a rien avalé depuis une semaine.

— Eh, les mecs, s'exclame-t-elle soudain. Il y a deux femmes à votre table. Faudrait pas l'oublier !

— Ça va Jeannine ! réplique Pierrot, on a bientôt fini.

Elle se tourne vers Léone.

— Toujours pareils ces deux-là. Dès qu'ils commencent à jacter, c'est pire que des gonzesses.

Léone éclate de rire pour donner le change. En réalité, elle en a marre de faire tapisserie, de Jeannine et du bruit ! Sans compter cette douleur lancinante à la tête.

Elle se lève. Émile lui lance un regard interrogateur, presque inquiet.

— Je vais prendre l'air.

Elle saisit son sac, se dirige vers l'escalier. Cela provoque en elle une jubilation inconnue. C'est la première fois qu'elle défie un homme de cette manière. Sans hésiter, elle prend son manteau au vestiaire et sort.

Frigorifiée par le vent qui balaye la cour, elle relève son col et fait quelques pas dans l'obscurité. Elle se sent mieux, plus maîtresse d'elle-même. Parfois, elle jette un œil vers la porte du restaurant. Soudain, celle-ci s'ouvre. Émile regarde de tous les côtés. Léone exulte. Elle a gagné. Il l'aperçoit, s'avance. Sans un mot, il l'étreint, l'embrasse. Léone s'accroche à son cou, plaque son corps contre le sien. Dans ses bras, elle oublie le froid, les gens qui passent. Elle est heureuse, confiante, certaine de son pouvoir de séduction.

Quand leurs lèvres se séparent, Léone se blottit contre son torse. Il lui caresse les cheveux.

— Pourquoi tu t'es tirée comme ça ?

— Je n'aime pas cet endroit.

— Qu'est-ce que tu souhaites faire ?

— Ce que tu veux. Mais vite, j'ai froid.

Il la prend par la taille et l'entraîne vers la sortie.

— Allons nous mettre à l'abri dans ma voiture.

Ils marchent rapidement. Leurs pas accordés résonnent sur les pavés.

— Qu'est-ce que tu as dit à Jeannine ?

Il hausse les épaules.

— Qu'est-ce que tu veux que je lui dise ? Elle n'est pas tombée de la première couvée.

— Mais...

— Ne t'inquiète pas pour elle, va...

Léone n'insiste pas. Après tout, elle s'en fout. Ils passent le porche et se retrouvent rue Réaumur. Émile s'arrête, hésitant.

— Et si on allait à l'hôtel ? J'en connais un, pas très loin d'ici.

La proposition la surprend. Jamais elle n'a fait ça. Pour elle, l'hôtel c'est pour les putes ou les voyageurs, pas pour des amants. Pourtant, elle accepte.

Ils reprennent leur marche en direction du boulevard Sébastopol. Léone songe un instant à la tête que ferait Julia en la voyant suivre un inconnu à l'hôtel, puis elle oublie. Ce soir, elle est libre, amoureuse. Pas question de laisser quoi que ce soit contrarier son désir.

Un peu plus tard, ils débouchent sur une petite place vaguement éclairée par trois réverbères. Sur un banc, deux pochards parlent en se repassant une bouteille de vin.

— C'est là ! dit Émile en désignant une façade éclairée, de l'autre côté de la place.

Ils passent devant les clochards. L'un d'eux leur tend la bouteille.

— Eh les amoureux ! C'est ma tournée ! Un coup avec Raymond, c'est le bonheur assuré !

Émile fait non de la main.

— Tant pis, dit l'autre en éclatant d'un rire gras, z'auriez dû ! Une gorgée de jaja, c'était pas cher pour être heureux.

Émile et Léone passent la porte d'entrée de l'hôtel Sainte-Catherine. Le bureau d'accueil est désert. Émile actionne une clochette posée sur le comptoir. Léone regarde autour d'elle. Au mur, le papier peint représente des fleurs roses et bleues reliées entre elles par un lierre aux feuilles immenses. Le sol est recouvert d'un tapis d'Orient aux teintes sombres, très usé. La trame apparaît à certains endroits et les quatre coins rebiquent. Néanmoins, grâce à la lumière tamisée des abats-jour aux tons ocre et beige, l'ensemble paraît chaleureux.

Soudain, derrière le comptoir, une lourde tenture jaune sale se soulève. Apparaît une femme vêtue d'un peignoir rose matelassé, à la propreté douteuse.

— Oui ? C'est pour quoi ?

Une cigarette vissée aux coins des lèvres, elle les dévisage.

— Est-ce que vous avez une chambre ? demande Émile.

— Ça se pourrait. Pour une nuit, une semaine ?

— Une nuit.

Elle farfouille dans un tiroir, en sort une clé qu'elle tend à Émile.

— On paye d'avance !

Tandis qu'il s'exécute, Léone regarde la femme du coin de l'œil. Elle maîtrise difficilement le dégoût qu'elle lui inspire. Surtout à cause de sa peau, flasque et fripée, qui apparaît par l'échancrure du peignoir.

Cette dernière attrape prestement les billets que lui tend Émile et lui donne la clé.

— Chambre 42. Quatrième.

Sans les saluer, elle repasse derrière la tenture. Émile monte en premier. L'escalier en colimaçon est abrupt et sombre. Léone est mal à l'aise. En même temps, l'obscurité et le silence aiguisent son désir, la rendent de plus en plus impatiente d'arriver.

— C'est pas le luxe ici, dit-elle, histoire de rompre le silence.

— Non, mais c'est tranquille.

La chambre se trouve au bout d'un long couloir obscur, éclairé par une seule applique. Émile entre, elle le suit. La porte refermée, il l'enlace, la plaque contre le mur, écrase ses lèvres contre les siennes. Léone s'y attendait, le voulait. Impatiente d'être nue, elle déboutonne sa jupe qui glisse à ses chevilles. Maladroite, elle défait les attaches de son chemisier, tire sur le tissu lorsque l'une d'elles résiste. Émile dégrafe son soutien-gorge, mordille ses seins. Elle frissonne, se cambre, lui caresse les cheveux tandis qu'il s'agenouille et baisse sa culotte. Elle écarte les jambes, tend le ventre, appuie sur la tête d'Émile pour encourager ses caresses. La fraîcheur des lèvres et de la langue embrassant son sexe lui arrache des cris plaintifs. Son corps caressé, léché, ne lui appartient plus. Quand Émile l'a portée sur le lit, elle l'attire sur elle, le presse de la pénétrer plus profondément à chaque coup de rein. Elle veut être écrasée, étouffée, prisonnière consentante. Parfois, elle esquisse une résistance pour renforcer son étreinte et se sentir davantage en son pouvoir.

Soudain, une vague de chaleur irradie son ventre, enfle, se diffuse. Elle halète, perd pied, repousse, attire, étreint le corps d'Émile. Dans sa tête, ça hurle, explose, rugit. Un tremblement violent la secoue. Puis, elle sombre dans une semi inconscience cotonneuse.

Plusieurs fois, durant la nuit, ils se prennent et se déprennent. Ils parlent peu, dorment par intermittence, fument beaucoup. Vient le petit matin. Léone est éveillée par le klaxon d'une voiture. Elle se tourne vers Émile, admire son corps à moitié découvert. Elle a envie de le caresser mais préfère attendre que le désir devienne irrésistible. Elle ne se reconnaît pas. En ces quelques heures, il lui semble en avoir appris davantage sur elle-même que durant toute sa vie. Jusqu'à ce matin, elle ignorait ce qu'était la rage d'aimer le corps de l'autre. Elle pose la main sur le torse d'Émile. Il bouge, grogne sans se réveiller. Elle est émue. Il paraît tellement innocent, vulnérable.

L'envie lui vient de le prendre dans ses bras, de sentir sa tête contre ses seins, de le caresser. Il lui raconterait ses rêves, ses soucis, son propre désir. Elle l'écouterait, toute à la joie de le savoir amoureux d'elle. A son tour, elle lui confierait ses échecs, ses espoirs et son besoin de le revoir. Elle l'aime déjà ! Un coup de foudre, comme au cinéma. Son esprit surchauffé peut bien lui opposer des arguments raisonnables, elle ne les écoutera pas. Oui, elle ne le connaît pas. Oui, il n'est peut-être pas amoureux. Oui, Julia fera la gueule. Oui, ce n'est pas la même chose qu'avec Mécano... Oui... Oui... Oui ! Eh bien, malgré cela, ils s'aimeront, il acceptera Jacques, séduira Julia et effacera le souvenir de Mécano. Elle le caresse, s'allonge sur lui. Il a beau garder les yeux fermés, ne pas bouger, elle voit qu'il est réveillé. Elle s'unit à lui.

Il est près de midi quand ils s'éveillent. Léone se pelotonne dans les bras d'Émile.

— Belle nuit, hein ?

Il hoche la tête. Elle insiste.

— J'ai envie qu'elles soient toutes comme ça.

Il ne répond pas, se dégage et sort du lit.

— J'ai faim, dit-il en enfilant son pantalon, pas toi ?

— Si... si...

Tandis qu'ils s'habillent, chacun d'un côté du lit, elle rumine sa déception, se sent humiliée. Enfin quoi, ils viennent de passer la nuit à faire l'amour, et le voilà qui ne songe qu'à se remplir le ventre. Pas un mot de tendresse, pas un geste lui laissant supposer qu'il veut la revoir.

— Alors ça y est ! dit-elle. Maintenant que tu m'as sautée, chacun chez soi...

Il éclate de rire.

— Écoute, je ne t'ai pas forcée.

Elle hausse les épaules, retient ses larmes. Quelle idiote elle fait, avec son cœur de midinette. En enfilant sa jupe, elle se sent souillée, impatiente de se laver. En même temps, des bouffées de désir la perturbent.

— Je vais rentrer...

— Tu as bien le temps de prendre un verre ?

Elle hésite.

— Non.

Il s'approche, l'enlace, plonge son regard malicieux dans le sien.

— Allez...

Elle tente de résister. Cet homme va la faire souffrir. Elle le sait. Pourtant, elle accepte. Il sourit, sans masquer sa satisfaction d'avoir gagné.

Il l'invite dans une brasserie, à quelques rues de l'hôtel. C'est plein de monde, à cause du marché qui occupe la chaussée jusqu'à la place de la Bastille. Ils s'attablent au fond de la salle enfumée, derrière une cloison aux vitres dépolies. A côté d'eux, des vieux jouent à la belote.

Léone allume une cigarette. Sa main tremble. Elle a envie de percer le mystère d'Émile mais ne sait comment s'y prendre.

— Parle-moi un peu de toi... demande-t-elle d'une voix mal assurée.

Il sourit.

— A quoi bon ? Je ne te pose pas de questions, moi.

— Mais...

Son sourire s'élargit, provocateur.

— Mais quoi ?

Elle perd pied, ne sait quoi dire. Un serveur vient chercher leur commande. Émile demande un whisky d'un ton impatient.

— Et toi, tu veux quoi ?

— Rien. Un café.

Le serveur s'éloigne. Le silence s'installe entre eux. Leurs regards se croisent. Léone ne veut pas en rester là.

— Dis-moi au moins ce que tu fais dans la vie.

Il tourne la tête vers l'extérieur.

— De l'import-export. J'achète et je vends.

— Quoi ?

— N'importe quoi.

— Tu es marié ?

Il secoue la tête.

— Non ! Pas marié, pas d'enfant, pas de maîtresse, pas d'intérieur coquet. Merde ! Ce n'est pas parce qu'on a baisé ensemble qu'il faut que je te raconte ma vie !

Les joueurs de belote leur lancent des regards égrillards. Léone se recroqueville. Elle voudrait partir mais ne parvient pas à s'arracher de son siège.

— Je ne vis pas comme toi, reprend-il. Je ne cherche pas une gonzesse qui me foute le grappin dessus. T'entends ? Je veux qu'on me foute la paix !

Elle refoule ses larmes. Elle a mal. Mal d'avoir joui dans les bras de cet homme, d'avoir laissé ses rêves l'égarer, d'avoir fait confiance.

Soudain, il lui prend la main. Elle ne la retire pas.

— Je n'ai pas voulu te faire de la peine. Simplement, je ne suis pas un mec pour midinette. Si tu piges ça, on pourra peut-être s'entendre.

Le serveur apporte leurs consommations. Émile avale son verre d'un coup, en commande un autre.

Le barman acquiesce d'un air morne et s'en va.

Léone allume une cigarette, boit une gorgée de café. C'est amer mais cela lui fait du bien.

— On se reverra ?

Il hausse les épaules.

— Bien sûr. J'ai pas l'habitude de laisser passer un bon coup.

Léone se crispe. C'est plus fort qu'elle. La gifle part. Émile renverse son verre.

— Pauvre con ! lâche-t-elle.

Sans attendre, elle attrape son sac, et s'en va. Émile, l'air stupide, se masse la joue. A côté de lui, les joueurs de belote pouffent de rire.

Elle court, sans rien voir, ni entendre. Une seule idée en tête : fuir ce quartier, ce salaud et sa propre honte.

Rue de Rivoli, elle hèle un taxi qui passe à petite allure, s'engouffre dans la voiture, donne l'adresse de Julia.

— Z'avez le diable aux trousses ou quoi ! s'exclame le chauffeur.

Elle ne répond pas, s'affale sur le siège, allume une cigarette. Elle veut retrouver sa mère, son fils, la quiétude de l'appartement. Oublier cette merde !

Heureusement c'est dimanche, ça roule bien. Le conducteur garde ses réflexions pour lui. Elle lui en est reconnaissante et lui laisse un bon pourboire.

Dans l'escalier, elle se sent mieux. Les murs peints en faux-marbre, les marches encaustiquées, les odeurs de cuisine la rassurent. En arrivant en haut, elle reprend son souffle, se détend, sonne avec insistance. Julia ouvre.

— Ah ! c'est toi ! Qu'est-ce qui te prend d'être aussi impatiente ?

Léone ne répond pas. Elle balance son sac sur la commode de l'entrée et s'enferme dans la salle de bains.

Aussitôt, elle se déshabille et s'installe sous la douche. Le jet puissant et brûlant la détend. Au bout d'un long moment, elle saisit le savon et frotte son corps avec frénésie, comme pour effacer sa honte.

Quand elle a fini, elle rejoint Julia qui joue avec Jacques dans le salon. D'un pas incertain, celui-ci avance vers Léone en poussant des cris de joie. Elle le prend dans ses bras, le presse contre elle à l'en étouffer.

— Mon petit chéri, murmure-t-elle, tu es le seul homme de ma vie.

Julia ne la questionne pas. Elle lui propose de rester dormir avec eux. Léone refuse. Le lendemain matin elle doit être au travail à huit heures. Il lui sera plus facile de s'y rendre de chez elle.

CHAPITRE 20

La nuit est tombée depuis longtemps quand Léone ferme le rideau du magasin de confection. Elle est la dernière. Jeannine est partie faire des courses. David et Rachel, sa mère, ont quitté Paris ce matin pour un voyage d'affaires. Elle n'a pas envie de rentrer chez elle, ni d'aller chez sa mère.

Tentée d'aller boire une bière en face, elle traverse et entre au café des Sports. Elle sait qu'elle s'y trouvera bien. Depuis trois semaines qu'elle travaille au magasin, elle a pris l'habitude d'y déjeuner et s'est liée avec Michel, le patron.

Elle s'installe au fond de la salle, un peu à l'écart de la table de billard où quelques habitués viennent tromper leur solitude.

Michel lui apporte un demi. Ils s'embrassent.

— Alors, ma belle ! Ça gaze les affaires ?

— Avec Noël, ça marche pas mal !

Il s'en va. Léone le regarde s'éloigner, se dandinant, le dos légèrement voûté. Drôle de bonhomme ! Bourru quand il ne vous connaît pas, il devient un saint-bernard dès qu'il vous a adopté. C'est ce qui s'est passé avec Jeannine et elle. Au bout de quelques jours, à les voir manger chez lui tous les midis, il a fini par les prendre en amitié et à leur offrir un verre par-ci, par-là. Depuis, pas question qu'un gars viennent les charrier, sinon il a affaire à lui.

Elle boit quelques gorgées, se laisse imprégner par l'ambiance chaleureuse. Elle aime les commentaires des joueurs de billard, la lumière douce qui éclaire le tapis, les affiches de la SNCF sur les murs. Un jour Michel lui a avoué qu'il en faisait collection.

— Une manière de voyager pour pas cher, avait-il expliqué en riant.

Elle aussi aimerait partir, mais beaucoup plus loin que Saint-Tropez ou Saint-Malo. Ça ne la quitte pas, cette envie. Maintenant elle sait pourquoi. Pas drôle d'être seule, sans pouvoir réaliser ne serait-ce qu'un bout de rêve !

Pourtant, elle a plutôt de la chance. Son travail est intéressant, David et sa mère sont charmants, la payent correctement et Jeannine la couve comme une grande sœur. Sans parler de Julia qui semble la comprendre de mieux en mieux, de Jacques qui grandit sans problème. Oui, mais malgré cela, elle n'est pas heureuse. Émile lui manque. Pas un soir sans qu'elle espère le voir à la sortie du magasin. Pas une nuit sans guetter le téléphone. Pas un jour où elle n'attende que Jeannine l'invite de sa part à la Bonne Franquette.

Seulement, il est resté silencieux et elle se retrouve seule, avec son amour en veille.

Heureusement, son travail l'absorbe. La voilà vendeuse et cela la passionne. Au début, quand David le lui avait proposé, elle avait refusé, sous prétexte qu'elle en serait incapable. Entre taper à la machine, reporter des chiffres sur un livre de compte et persuader un client d'acheter un tissu imprimé plutôt qu'un autre, il y avait une marge.

Mais David n'avait pas cédé. Mieux ! Il avait demandé à sa mère de la convaincre et Léone s'y était mise.

Ils avaient eu raison d'insister. Aujourd'hui, elle jouit de la confiance des clients, et le chiffre d'affaires ne cesse d'augmenter. D'après David, elle a le commerce dans la peau et parviendrait même à plumer un juif, ce qui dans sa bouche équivaut à une bénédiction.

Soit, elle réussit bien. Mais ce n'est pas cela qui fera revenir Émile.

Elle finit sa bière et se lève. Le meilleur moyen d'oublier, c'est de marcher et de se laisser enivrer par le spectacle de la rue.

Quand elle s'engage dans la rue Quincampoix, elle songe à dîner au café de l'Avenir. Peut-être le patron lui dira-t-il quelque chose sur Émile ? Mais la peur de s'entendre annoncer une catastrophe l'y fait renoncer. Elle va rentrer, manger un bout de fromage et écouter la radio. Pas de quoi en faire une maladie. Dans Paris, des milliers de femmes vivent ainsi.

Pour éviter d'être harponnée par la concierge, elle traverse le couloir de l'immeuble sans allumer et n'actionne l'interrupteur qu'au premier étage. Il y a des soirs où elle n'a pas envie de discuter. Surtout avec madame Girodet qui la soûlerait encore avec ses remarques sur les autres locataires.

Elle monte, farfouillant dans son sac à la recherche de ses clés. Arrivée sur le palier, elle sursaute, étouffe un cri. Émile est appuyé au chambranle de sa porte. Elle essaie de parler, n'y parvient pas, ouvre. Il la suit. Il ne lui laisse pas le temps de se défaire de son manteau. Déjà, il l'enlace et l'embrasse. Elle résiste sans conviction, puis se laisse faire...

Son corps frustré de caresses lui échappe. Il se cabre, se tend, se love sous les baisers d'Émile. Puis, ce dernier la prend avec force. Le plaisir lui faisant perdre la notion du temps et des choses, il ne lui reste plus qu'à gémir sous ses coups de reins et à entendre ses mots de pardon et d'amour.

Plus tard, ils fument une cigarette dans la semi-obscurité de la chambre. Par la fenêtre ouverte leur parvient le vacarme des Halles. Léone est heureuse. Émile a changé, elle le sent. Elle n'aura pas besoin de le questionner. Il va parler...

Effectivement, alors qu'elle revient de la cuisine avec deux tasses de café, la lampe de chevet est allumée. Adossé au montant du lit, Émile lui sourit.

— Pardonne-moi. Je me suis conduit comme un salaud.

— Pourquoi tu es revenu ?

— Je t'aime.

— La dernière fois, tu avais pourtant l'air certain du contraire.

Il hausse les épaules.

— Tu m'as... impressionnée, voilà !

Elle rigole.

— Je ne suis pourtant pas la première que tu culbutes.

Il boit une gorgée de café.

— C'est vrai. Mais avec toi, ça n'a pas été la même chose. Je m'en suis vite aperçu.

— Comment ?

— Ce que je sais ? Tu me manquais.

Léone insiste.

— C'est-à-dire ?

Il la regarde, lui caresse le visage.

— Tu sais, moi... Je ne sais pas causer d'amour.

Ils se taisent, éteignent. Il veut lui refaire l'amour mais elle le repousse.

— Qu'est-ce que tu attends de moi ?

Il croise ses mains derrière la nuque.

— On pourrait se mettre ensemble et voir si ça colle.

— Tu sais, je ne suis pas seule.

— Quoi, tu es maquée ?

— Mais non ! Allonge-toi et écoute-moi.

Collée contre lui, elle caresse son torse, presque imberbe.

— Une femme qui n'est pas seule n'est pas forcément avec un homme...

— Une femme ?

Elle éclate de rire.

— Ce que tu es con !

— Tu as un enfant !

— Gagné ! Ça te dérange ?

— Pas du tout. J'aime les mômes. J'ai été élevé dans une famille nombreuse.

Léone se réjouit. Un obstacle majeur vient d'être levé.

— Merde alors ! s'exclame-t-il, j'aurais jamais pensé que tu en avais un. T'as l'air tellement jeune !

— J'ai vingt-quatre ans. Et toi ?

— Trente-cinq.

— Ah, un vieux !

— Tu vas voir, le vieux !

Il tente de l'attraper. Elle lui échappe, s'enferme dans le cabinet de toilette en riant. Il frappe à la porte.

— Est-ce que tu sortirais si je t'invitais à manger un morceau ?

— Oui ! Je meurs de faim et en plus, je sais où nous allons aller.

Ils descendent main dans la main. Avec son galure rabattu sur les yeux, Léone lui trouve un air de gangster.

— J'en suis peut-être un, plaisante-t-il, qui sait ?

— Au cœur tendre alors !

En bas, ils croisent madame Girodet qui sort les poubelles. Elle jette un œil gourmand vers Émile.

— Alors les jeunes ? On va s'amuser ?

Léone lui présente Émile. Elle le regarde.

— Ma foi, il est bel homme. Vous avez bon goût, ma petite Léone.

Puis elle s'adresse à Émile.

— Vous, je vous préviens ! Vous avez intérêt à la rendre heureuse ! Elle le mérite, cette petite.

Émile sourit. Léone répond à sa place.

— C'est ce qu'il fait, madame Girodet.

Celle-ci hoche la tête, l'air incrédule.

— Oh ! C'est toujours la même chose avec les hommes. Au début, ils sont tout beaux, tout gentils, mais après... Vous m'excuserez monsieur, mais j'en ai suffisamment connus pour savoir ce qu'ils valent !

Émile éclate de rire.

— J'essaierai de vous donner tort.

— Oh, oui ! Je l'espère !

Ils s'en vont. La concierge les regarde s'éloigner. Avant de disparaître au coin de la rue, ils se retournent pour la saluer.

Le café de l'Avenir est rempli de monde. Le patron, affairé derrière son bar, leur fait signe d'aller s'asseoir au fond. Ils s'installent à côté de la cuisine.

— C'est mon coin préféré, dit Léone. On y est tranquille. Quand le patron aura un peu de temps, il viendra nous rejoindre. Il est adorable et il a le pouvoir de deviner l'avenir.

Émile hausse les épaules.

— Qu'est-ce que c'est que ces conneries ? L'avenir, tu parles ! Si on pouvait le prévoir, je ne serais pas là à m'emmerder...

Il s'interrompt. Léone le dévisage.

— Avec moi ?

Il lui caresse la joue, l'embrasse.

— Cesse donc de dire des conneries. Je pensais au boulot...

— C'est dur ?

Il hausse les épaules.

— Ça dépend des jours...

— Raconte.

Émile gratte plusieurs allumettes pour allumer sa cigarette. Il tire une bouffée. Finalement, il répond en regardant dans le vide.

— J'aime pas en parler. C'est déjà assez chiant toute la journée. Si en plus, il faut en reparler le soir.

— Comme tu voudras.

Bien qu'elle soit déçue, Léone le comprend. Elle aussi n'aime pas évoquer son travail. Il faut voir comme cela l'énerve quand Julia lui pose des questions.

— Et toi, ça marche ? Jeannine m'a dit que tu faisais des étincelles.

— Tu l'as revue ?

— Évidemment ! Il arrive qu'on se croise.

— A la Bonne Franquette ?

— Eh oui ! C'est un vrai oiseau de nuit.

— Toi aussi ?

— Moins, maintenant. On se lasse.

Ils sont interrompus par l'arrivée du patron. Léone lui présente Émile. Les deux hommes se serrent la main. Léone observe le bistrot. A le voir dévisager Émile, elle comprend mieux pourquoi elle est mal à l'aise chaque fois qu'il lui parle. Ses yeux, d'un bleu très clair, semblent voir très loin en l'autre, au-delà de la seule apparence. C'est dérangeant. Émile finit par détourner le regard.

Quand elle invite le patron à s'asseoir, il refuse. Plus tard, peut-être. Pour le moment, il a trop de travail. Elle devine qu'il existe une autre raison à son refus.

Servis rapidement, ils mangent, flirtent, rient et boivent beaucoup. Léone ne voit pas le temps passer, ni la salle se vider. Grisé, Émile se raconte davantage. Il se dit Breton, engagé volontaire dans les Forces Françaises Libres, chargé de renseignements en Algérie pour le compte de Londres. Léone écoute, vibre, frémit au récit des dangers qu'il a affrontés. Quelques phrases plus tard, il est non seulement beau, plein de mystère, mais aussi un héros. Elle est heureuse, a envie de lui, le presse de rentrer. Il résiste pour la taquiner, puis finit pas céder. Ils demandent l'addition. Le patron, engagé dans une conversation animée avec des clients, met du temps à venir. Léone se lève pour régler. Émile proteste. Elle insiste. Pas de raison que ce soit toujours les hommes qui payent.

Le patron la rejoint à l'autre bout du comptoir.

— Combien je vous dois ? demande-t-elle.

— Rien.

— Mais...

— Rien, je vous dis.

Elle hésite, cherche à déchiffrer dans ses yeux les raisons de sa froideur. Sans succès.

— Allez, bonsoir... finit-il par dire. Soyez prudente.

Elle rejoint Émile. Son sourire la réconforte. Elle est impatiente de se retrouver dans ses bras.

En quelques jours la vie de Léone s'est métamorphosée. Jamais elle n'a vu le temps passer aussi vite. Tous les soirs, Émile l'attend au café des Sports, la sort dans des restaurants, l'emmène au cinéma ou danser. Il lui fait l'amour dans des lieux et aux moments les plus inattendus, presque au vu et au su de tout le monde. Elle aime ça, en redemande. Elle est tellement épanouie qu'un midi elle invite Jeannine pour la mettre dans la confidence. Elles vont au café des Sports, s'installent au fond de la salle, près du billard.

Aussitôt qu'elle lui a avoué être amoureuse d'Émile, Jeannine commande du champagne.

— Faut fêter ça ma vieille ! C'est tellement rare d'être amoureuse !

— Tu ne t'en doutais pas ?

— Tu parles ! Depuis le soir où vous vous êtes tirés ensemble, je me suis dit qu'il y avait anguille sous roche.

Léone se rapproche.

— Qu'est-ce que tu en penses ? demande-t-elle à voix basse.

— Je suis heureuse pour toi.

— Oui, mais d'Émile ? Tu le connais bien ! Il m'a dit que vous vous voyiez ici ou là.

Jeannine allume une cigarette, regarde Léone à travers le nuage de fumée qu'elle vient d'exhaler.

— Ça ma cocotte, c'est pas une question à me poser. C'est pas moi qui le lutine.

— Tu as un avis, non ?

— Même si j'en avais un, je ne te le donnerais pas. Ce qui compte, c'est ce que tu ressens !

Léone ne veut pas que Jeannine botte en touche. Elle insiste.

— Je ne fais pas une connerie, au moins ?

— Aimer en est une, ma chérie ! Alors, ne me demande pas de te décerner une médaille. Quant à savoir ce que vaut Émile, je n'en sais rien. Contrairement à ce que tu crois, je ne le connais pas plus que ça ! Il est beau gars, c'est sûr. Pour le reste, c'est un homme...

Michel apporte le champagne puis regagne son comptoir. Les deux femmes trinquent.

— A toi et Émile ! lance Jeannine.

— A tes amours !

— Ils se font rares ces derniers temps. Parlons plutôt de vous. Vous avez des projets ?

— Je crois qu'on va finir par vivre ensemble. Il est tout le temps fourré à la maison.

— Vous ne perdez pas de temps ! Ça m'étonne de lui.

— Pourquoi tu dis ça ?

— Je ne sais pas. Je trouve que ça ne lui ressemble pas ! Enfin... Profites-en !

Michel leur apporte deux saucisses-lentilles, le plat du jour.

— Eh les filles ! J'aimerais bien boire une coupe avec vous. Qu'est-ce qu'on fête ?

Jeannine éclate de rire.

— De quoi je me mêle ! C'est une affaire de gonzesses.

— Une affaire de gonzesses ! Je t'en ficherai moi !

Michel retourne au bar en maugréant.

Elles se remettent à papoter.

— Tu sais, dit Léone, je voudrais que ça reste entre nous. David n'arrête pas de vouloir me tirer les vers du nez et...

— T'inquiète, ma chérie ! Je suis plus fermée qu'une tombe du Père-Lachaise. Remarque, ça ne m'étonne pas qu'il veuille savoir. A la manière dont il te regarde, sûr qu'il a le béguin pour toi.

— Tu crois ?

— Si tu ne t'en es pas aperçue, c'est que tu as de la chiasse dans les yeux.

— On est copains, c'est tout !

— Toi, peut-être, mais pas lui. Je te le garantis.

Léone le sait, mais ne veut pas le reconnaître. Trop lourd à porter, le désir d'un homme quand on ne peut pas y répondre.

De fil en aiguille, elles en viennent à parler du travail, reconnaissent avoir une bonne place et que Rachel, malgré son ton brusque, a un cœur en or.

C'est l'heure de retourner au magasin. Léone s'en réjouit. Cet après-midi, d'importants détaillants vont passer des commandes pour Noël. C'est le travail qu'elle préfère. Et puis, ce soir, Émile lui a promis de l'emmener à l'appartement qu'il habite à Pantin.

Quand elles arrivent, Rachel demande à Léone de la suivre au premier étage. Celle-ci lui emboîte le pas, vaguement inquiète. Elle n'a rien à se reprocher, mais Mamie Chiffon, comme la surnomment affectueusement les employés, semble de mauvaise humeur.

A cause de son poids, celle-ci grimpe difficilement les marches. Arrivée en haut, elle reprend son souffle.

— Je devrais manger moins de pâtisseries, dit-elle à Léone avant d'entrer dans la petite pièce qui lui sert de bureau.

Un capharnaüm où s'entassent livres d'échantillons, rouleaux d'imprimés, vêtements. Avant d'atteindre l'unique table recouverte de commandes, factures, livres de comptes et autres publications, on doit enjamber plusieurs piles de journaux. Seul le téléphone, posé sur un suspensoir, est accessible. Il paraît d'autant plus étrange dans cette pièce qu'il sonne sans arrêt, et que Rachel ne le décroche jamais. Comme elle l'a expliqué à Léone, celui qui appelle est un emmerdeur pressé qui veut tout, tout de suite, sans savoir ce qu'il veut vraiment. Le mieux, c'est encore qu'il se dérange.

Elle ferme la porte, s'assoit sur son fauteuil à bascule et dégage un coin de la table d'un revers de bras.

— Tiens, ma belle ! Pose tes jolies fesses ici et écoute-moi. Il y a plusieurs jours que j'ai envie de te causer mais je n'en ai pas trouvé le temps. Comme tu le sais, j'ai confiance en toi. Depuis que tu t'occupes des clients, ça tourne comme jamais. T'es toujours à l'heure et je suis sûre que t'as pas la main qui traîne dans le tiroir-caisse.

Elle s'arrête, fouille dans ses poches.

— Merde ! Pas de clopes ! File-m'en une.

Léone lui tend son paquet. Rachel en allume une et tire une bouffée sans recracher la fumée.

Ses petits yeux verts, à moitié dissimulés derrière de lourdes paupières, n'arrêtent pas de bouger.

— David ne t'a rien dit de particulier ?

— Qu'aurait-il dû me dire ?

— Je ne sais pas, moi. Il ne t'a jamais fait de gringue par exemple ?

— Non.

— Jamais ?

— Non, non, vraiment.

Rachel se tait, jette un regard vers la fenêtre avant de fixer à nouveau Léone.

— Je sais que tu es maligne. T'as bien dû t'apercevoir qu'il en pinçait pour toi, non ?

Léone sait que c'est inutile de biaiser avec Mamie Chiffon. Elle a la réputation de lire dans le cerveau des autres.

— Bah ! répond-elle, il est gentil avec les filles, comme tous les garçons. C'est normal.

De ses gros doigts, Rachel tapote sur la table.

— Ta, ta, ta ! J'ai pas les yeux dans ma poche. Il est amoureux de toi, oui !

Léone se tait, attendant la suite. Rachel se penche vers elle.

— Il est amoureux de toi mais il a tort. D'abord parce que je sais que t'es déjà en mains, mais surtout parce qu'il n'est pas fait pour toi. Je le connais mon oiseau ! Paresseux comme une couleuvre, panier percé, à peine intelligent... Tout le portrait de son père.

Léone s'apprête à protester mais Rachel lève la main pour lui imposer le silence.

— Je sais ce que tu vas me dire. David est charmant, généreux et patati et patata. Garde ta salive, va ! Je voudrais te demander un service.

— Si je peux...

— Écoute avant de t'emballer. Voilà, je souhaiterais que tu le sortes.

— Mais...

— Laisse-moi finir ! Ce que j'ai dit à son propos je le pense, mais ce n'est pas trop grave tant que je suis là pour remplir sa gamelle. Non, il y a autre chose...

Elle se mord les lèvres, détourne le regard.

— Je peux te faire confiance ?

— Évidemment !

— Voilà, c'est difficile à dire, mais j'ai peur qu'il vire à la jaquette !

Incrédule, Léone sourit.

— Eh oui, ma belle ! reprend Rachel, il n'arrête pas de sortir, découche, et je le vois jamais avec une femme. Alors moi, je me pose des questions !

Cette fois-ci, Léone éclate de rire.

— Je ne comprends pas. Vous me dites qu'il est amoureux de moi, et en même temps qu'il serait ...

— Justement ! Faut que je sache.

Léone est abasourdie. C'est au tour de Rachel de rire.

— Comprends-moi bien, ma chérie ! Je ne te demande pas de coucher avec lui mais de le faire causer. T'as le nez assez fin pour te rendre compte, non ?

— Je vais voir ce que je peux faire, mais tout cela est idiot !

Rachel s'extrait de son fauteuil.

— Je te remercie, ma grande. Déjà que le père était un raté, si le fils est pédé, je crois que j'y survivrai pas.

Léone sort du bureau avec soulagement et dévale les escaliers, impatiente de s'occuper des clients. En bas, elle croise David qui lui décoche un sourire. Elle le lui rend. Lui, pédé ! pense-t-elle, autant dire que je suis gouine !

Il est sept heures. Le magasin s'est vidé. Il ne reste que deux ou trois acheteurs en train de sélectionner des tissus quand le téléphone sonne. Jeannine passe le récepteur à Léone.

— Émile !

Celle-ci s'en empare, le cœur battant.

— Salut. Je ne vais pas pouvoir venir ce soir. Le travail, tu comprends ?

Silence.

— Tu ne peux pas t'arranger ?

— Non, non, je t'assure... C'est un gros poisson.

Elle est déçue. Elle tenait tellement à découvrir l'appartement de Pantin, à dormir dans son lit.

— Bon...

— Si tu veux, je peux venir te rejoindre chez toi, mais tard.

— C'est vrai ?

— Bien sûr !

Elle masque sa bouche pour ne pas être entendue.

— Je t'aime... j'ai envie de...

Émile éclate de rire.

— A tout à l'heure !

Il raccroche. Rassérénée, Léone regarde sa montre. Avant de rentrer, elle a le temps de passer chez Julia et d'embrasser Jacques.

CHAPITRE 21

Léone vient de rentrer. Sans Émile, l'appartement lui semble vide. Son écharpe accrochée à la patère, sa chemise chiffonnée jetée sur la chaise la rassurent. Comme si elle commençait à craindre qu'il s'en aille... Mais comment pourrait-il avoir envie de partir alors qu'ils sont si heureux ?

Elle se prépare à manger. Cela l'ennuie de savoir qu'il rentrera tard. En même temps elle est plutôt contente. Il doit être sérieux et travailleur. Un argument qui fera mouche sur Julia quand elle lui parlera de lui.

Elle s'installe à table quand le téléphone sonne. D'un bond, elle est dans la chambre et décroche. C'est Marlène.

— Incroyable ! Que deviens-tu ? Je te croyais perdue pour toujours.

Marlène éclate de rire.

— Ça a bien failli, ma poule ! L'Italie est le pays du soleil et des séducteurs. Mais Paris a fini par me manquer... et toi aussi !

Aussitôt, les voilà installées dans l'une de ces conversations dont elles ont le secret, sautant du coq à l'âne, se racontant des broutilles, mélangeant passé et présent.

Marlène évoque son errance après la mort de Lucien, le chagrin difficile à circonvenir, puis son retour à la vie grâce à la bonne humeur des Italiens. Léone parle de son coup de foudre pour Émile.

Mais il se fait tard. Elles conviennent de se revoir très vite.

— Pourquoi pas pour le réveillon de Noël puisque tu es seule ? propose Léone. Comme ça tu feras la connaissance d'Émile.

Marlène accepte, enthousiaste.

Après avoir raccroché, Léone sifflote. Enfin, la vie se montre plus clémente à son égard. Non seulement, elle est amoureuse mais sa meilleure amie est de retour !

Elle n'a plus faim. Une trop grande joie lui coupe l'appétit. Elle remet sa tambouille au garde-manger, allume une cigarette et s'allonge. Il n'est que dix heures. Émile n'est pas prêt d'arriver. Pour tromper son impatience, elle allume la radio, cherche une station qui diffuse de la musique, puis se laisse aller. Sans s'en apercevoir, elle plonge dans un sommeil profond.

Elle ne l'a pas entendu rentrer, pas même s'allonger auprès d'elle. Quand elle prend conscience de son corps chaud et enveloppant, elle a l'impression que c'est la continuité d'un rêve.

— Il est tard ? demande-t-elle.

— Deux heures.

— Ça a marché ?

— Comment ça ?

— Avec ton client ?

— Ah oui ! Très bien. Et toi, ta journée ?

Elle raconte l'entretien qu'elle a eu avec Rachel à propos de David. Émile éclate de rire.

— Tu ne vas tout de même pas sortir avec lui ?

Elle sourit.

— Tu ne serais pas un peu jaloux, par hasard ?

— Moi ? Tu plaisantes... Un nabot pareil.

— Tu exagères. Il est très gentil.

Il ne répond rien, affiche une mine renfrognée qui la fait rire. Elle l'embrasse.

— Quand je suis rentrée j'ai trouvé la maison bien vide. Ça m'a donné une drôle d'envie... Tu sais quoi ?

— Non.

— Que tu t'installes ici.

Il se retourne vers elle, l'air incrédule.

— Tu es sérieuse ?

— Evidemment ! Tu es heureux ?

— Et comment ! J'osais pas t'en parler, mais j'en avais vachement envie, moi aussi.

— Je peux t'aider à déménager ton appartement de Pantin si tu veux.

Il détourne le regard.

— Non, ce ne sera pas utile. Je m'arrangerai.

— D'accord. Je passerai juste voir où tu habitais.

Il ne répond pas, se lève pour faire chauffer du café. Léone allume une cigarette. L'embarras d'Émile ne lui a pas échappé. C'est clair, il n'aime pas qu'elle fourre son nez dans son passé.

Cependant elle comprend. Elle-même n'aimerait pas ça. Il revient. Elle éclate de rire en le découvrant nu, une tasse de café dans chaque main.

— Aide-moi ! Sinon je renverse tout sur le lit.

Elle ne bouge pas.

— Allons ! Quand on est fort comme toi, on sait se débrouiller.

Après avoir bu, ils éteignent et s'enlacent. Léone est heureuse. Elle a oublié Mécano. Une nouvelle vie commence.

Avant de sombrer dans le sommeil, elle propose à Émile d'inviter Marlène, ses frères, Jeannine et David pour le réveillon de Noël. Il accepte. Par contre, il refuse de convier des membres de sa famille.

— Pas question ! Je suis fâché avec eux.

— Qu'est-ce qui s'est passé ?

— Rien...

Convaincue de l'apprendre bientôt, elle n'insiste pas.

Mercredi soir. C'est l'anniversaire de Jacques. Déjà un an ! Impatiente de le retrouver, Léone s'échappe de son travail plus tôt que d'habitude.

Après être passée par un magasin de jouets pour lui acheter un ours en peluche, elle saute dans un taxi.

Arrivée à la Villa des Roses, elle s'arrête chez le fleuriste, choisit des marguerites, les fleurs préférées de Julia, et monte quatre à quatre jusqu'à l'appartement. Sa mère lui ouvre. Elle lui tend le bouquet.

— Je voulais te remercier pour tout ce que tu fais pour Jacques.

— Mais c'est normal, ma chérie ! Je suis sa grand-mère. Enfin, merci tout de même.

Elles entrent dans la cuisine, s'assoient. Léone se détend, appréciant l'odeur du rôti qui mijote.

— Jacques dort encore, dit Julia. Je l'ai emmené faire un tour au square et ça l'a sonné.

Puis, elle raconte les progrès du petit qui commence à papoter et se montre confiant avec tout le monde. Léone est fière de lui. En même temps, elle songe à Émile. Ce matin, il s'est levé plus tôt que d'habitude pour aller déménager son appartement à Pantin. Elle lui a demandé si elle pouvait venir, mais il a refusé. Cela l'a agacée, elle a insisté et ils ont fini par se chamailler. Rien de grave. Avant de partir, il l'a enlacée.

— Je t'aime, lui a-t-il dit. Maintenant que je commence une nouvelle vie avec toi, je veux rompre avec ce que j'ai vécu avant, c'est tout.

Ces quelques mots continuent d'avoir un effet apaisant sur elle.

Elle est certaine qu'avec Jacques ils pourraient former une belle famille. Et qui sait, peut-être souhaitera-t-il un jour avoir un autre enfant ?

Julia s'est levée pour arroser le rôti. Léone allume une cigarette.

— Maman ?

— Oui ?

— Il faut que je te parle.

— Je t'écoute, ma fille.

— Je crois que j'ai rencontré l'homme qui me convient...

Julia se retourne.

— L'autre ne t'a pas suffit ?

Le ton est tranchant. Léone se sent perdre pied. Toujours cette putain de peur vis-à-vis de sa mère. Elle cherche ses mots.

Julia s'assoit en face d'elle. Elle a les lèvres pincées. Ses yeux sont immobiles et froids. Les mains à plat sur la table, elle attend.

Léone se râcle la gorge.

— Il s'appelle Émile, je l'aime et nous allons vivre ensemble.

Julia ne cille pas.

— Maman, je t'en prie, essaie de comprendre.

— Comprendre ! Mais comprendre quoi ? Une gamine qui se laisse faire un gosse par le premier venu et qui s'apprête à recommencer ? Non ! Ne compte pas sur moi pour t'approuver. Maintenant ta vie, c'est Jacques, et rien d'autre.

Léone cherche quoi répondre, mais les mots lui échappent.

— Comprendre, reprend Julia. Ah, tu en as de bonnes ! Comment veux-tu qu'on te comprenne ? Dieu sait encore quel salaud tu as dégoté !

Elle va et vient dans la cuisine, déplace des objets, soulève le couvercle de la cocotte, ouvre un placard, en sort un verre qu'elle emplit d'eau et l'avale d'un trait.

Léone se ressaisit. Pas question qu'elle laisse échapper son bonheur. Tant pis pour les dégâts !

— Émile est un gars bien. Notre décision est prise et je voulais te le présenter.

— Certainement pas ! Je ne veux jamais voir ici un de ces sales types qui...

— Ce n'est pas un sale type.

— Très bien ! Eh bien vas-y ! Parle-moi de lui !

— Qu'est-ce que tu veux que je te dise ?

— Je ne sais pas moi. Quel âge a-t-il ? Qu'est-ce qu'il fait dans la vie ? Où habite-t-il ?

Léone se rend compte qu'elle ne sait rien de lui et s'énerve.

— Drôle de manière de parler de lui ! Ce n'est pas parce que tu sauras tout ça que tu changeras d'avis !

Julia s'assoit.

— Peut-être mais au moins ça me rassurerait.

Léone soupire. Sa mère n'a pas changé. Toujours les mêmes préoccupations !

— Il a trente-cinq ans. Il travaille dans l'import-export et habite à Pantin.

— Et il vend quoi ?

— Des tas de choses.

— C'est quoi des tas de choses ?

— Mais je n'en sais rien, moi !

Sourire de Julia.

— Bien, tu ne sais pas. Et à Pantin, tu es allée chez lui ? C'est comment ?

Léone cherche à échapper au regard de sa mère.

— Je n'y suis pas encore allée ! Mais ça va venir.

— Tu ne sais même pas où il habite, ce qu'il fait et te voilà à m'annoncer que vous allez vivre ensemble. Évidemment, c'est lui qui vient chez toi ?

Léone acquiesce. Julia secoue la tête, l'air effondré.

— Ma pauvre fille ! Ce que tu peux être bête ! Tu ne marches pas avec ta tête mais avec ton cul ! Cet individu est en train de te mettre le grappin dessus, tu m'entends ? Ça se voit comme le nez au milieu du visage !

Léone se lève.

— Ça suffit, Maman. Cessons de parler de lui, ça vaudra mieux.

— Je le crois aussi ! En tout cas, je ne tiens pas à le voir. Et je te préviens ma fille ! Si toi tu n'as pas envie de protéger Jacques, moi je le ferai.

— Ça veut dire quoi ?

— Ça veut dire ce que ça veut dire.

— J'aime cet homme. Je sais que je vais être heureuse avec lui et rien ne m'empêchera d'aller jusqu'au bout. Pas même toi ! Il va s'installer à la maison et je reprendrai Jacques.

Julia hausse les épaules.

— Fais ce que tu veux, ma fille. C'est ta vie. Mais ne viens pas te plaindre.

Léone quitte la cuisine. Elle s'assoit sur le canapé du salon, plongé dans l'obscurité. Elle sait que sa mère n'a pas entièrement tort. En même temps, elle ne veut plus écouter ses arguments de modération. Elle est heureuse avec Émile. Et il faudrait qu'elle y renonce sous prétexte qu'elle ne sait pas tout de lui ? Foutaises ! Sa mère a eu l'occasion de vivre ce qu'elle voulait. A elle maintenant !

Regonflée, elle se lève, pénètre dans la chambre, allume. Jacques est réveillé. Elle s'approche de lui. Il lui fait un grand sourire, tend les bras. Elle le prend, le serre contre elle, l'embrasse.

— J'espère que je te comprendrai mieux qu'on ne me comprend.

Jacques se met à pousser de petits cris.

— Tu as faim, mon chéri ! C'est normal quand on vient juste d'avoir un an.

Elle le change. Julia les rejoint.

— Tiens, dit-elle, ne lui remets pas son pyjama. Je voudrais qu'il essaie ce chandail.

— C'est toi qui l'a tricoté ?

Julia acquiesce. Léone habille Jacques et le met debout.

— Comme tu es beau ! s'exclame-t-elle en le ramenant à la cuisine.

Tandis que Julia le prend sur ses genoux, Léone défait l'emballage de la peluche qu'elle a achetée. Jacques s'en empare, pousse des cris de joie et la jette par terre. Léone la ramasse et la lui redonne. Il recommence, heureux de voir les deux femmes rire et l'encourager. Bouleversée par l'innocence de son enfant, Léone a envie de pleurer. Ce petit est toute sa vie ! C'est promis, songe-t-elle, je vais te reprendre. Bientôt nous vivrons ensemble et tu auras un Papa. Tu vas voir comme nous allons être heureux tous les trois.

C'est la veille de Noël. Ce matin, il neige sur Paris. De la fenêtre de son appartement, Léone regarde les passants qui vont et viennent dans la rue. Tous marchent avec précaution, penchés en avant pour éviter les chutes. Certains glissent et battent des bras pour se rattraper, d'autres s'arrêtent et tapent du pied pour décoller la neige de leurs semelles. Des enfants courent en se lançant des boules de neige.

Sur la chaussée, le passage des véhicules a tranformé la neige en gadoue. La circulation est intense, avec son cortège de klaxons et d'invectives.

Le plus beau, c'est l'immense verrière de la Halle, recouverte d'une couche de neige dont la blancheur contraste avec le gris plombé du ciel. Léone la voit comme un territoire vierge, inaccessible aux hommes. Un lieu de liberté où seules les corneilles ont accès.

Elle se sent heureuse. Pour la première fois de sa vie, elle va recevoir des amis pour fêter Noël. Cela lui donne l'impression d'être devenue indépendante, maîtresse de sa vie, et c'est très agréable.

Elle tient tellement à ce que tout soit réussi qu'elle a demandé à Rachel de lui accorder sa journée. Une vraie journée, pour avoir le temps de préparer le repas, de décorer l'appartement, de s'habiller.

Elle songe à ses frères, Jeannine, David et Marlène, imagine leurs sourires d'approbation quand elle leur présentera Émile. Neuf heures sonnent à Saint-Germain-l'Auxerrois. Il est temps qu'elle aille faire ses courses !

Heureusement, la veille au soir, avec l'aide d'Émile, elle a établi la liste des achats à effectuer. Celui-ci a insisté pour participer et lui a refilé un gros billet. Elle a refusé, mais il n'a rien voulu entendre.

Évidemment Julia lui dirait que posséder autant d'argent est une preuve de malhonnêteté.

Marre de sa mère ! En descendant les escaliers elle peste contre elle. Avec sa morale, son air rabat-joie ! Heureusement qu'elle lui a proposé d'emmener Jacques à la campagne pour les fêtes. Comme ça, elle n'a pas eu à l'inviter !

Cependant, il avait fallu qu'il y ait encore un drame quand elle avait refusé de les accompagner. Debout au milieu de la cuisine, Julia l'avait prise à partie.

— Ça m'aurait étonnée. Tu préfères t'amuser plutôt que de t'occuper de ton fils.

Léone avait haussé les épaules.

— Si tu veux, je le garde.

— Oh non ! Si c'est pour qu'il dorme au milieu du bruit et qu'il respire la fumée de cigarettes, certainement pas.

— Alors ?

— Alors ? Je trouve que si tu étais une bonne mère et que tu avais le souci de la famille, tu viendrais avec nous. Ta grand-mère est seule, et elle ne va pas tarder à nous quitter.

Cette réflexion avait énervé Léone. Toute la mauvaise foi de sa mère y était résumée.

— Ah ! tu t'y entends pour me culpabiliser. A t'écouter je ne suis qu'une traînée sans cœur qui ne pense qu'à s'amuser.

Julia avait coupé court d'un air méprisant en se réfugiant dans sa couture.

Léone s'engage dans la rue Rambuteau. Les magasins n'ont plus le même aspect. Dans les vitrines, les guirlandes multicolores, les sapins, les Pères Noël donnent l'impression que le monde s'est pacifié. Léone a envie de sourire, elle retrouve ses sensations d'enfant.

Alors qu'elle s'arrête devant chaque devanture, elle se souvient.

C'était à la campagne. Elle devait avoir une dizaine d'années. Ce jour-là, probablement en décembre, il neigeait à gros flocons et faisait un froid de canard. Julia lui avait interdit de sortir ainsi qu'à ses frères. Dans la neige, prétendait-elle, leurs chaussures prendraient l'eau et se déformeraient. Et elle n'avait pas de quoi leur en racheter des neuves ! Bien sûr, Maurice n'avait pas mouftté et s'était mis à lire sur le canapé. Antoine, quant à lui, jouait aux osselets, assis par terre.

Léone, elle, regardait par la fenêtre, rêvant d'aller courir dans le champ d'en face, et d'y façonner des bonhommes de neige.

Mais comment pouvait-elle y arriver sans encourir les foudres de Julia ? Un vrai dilemme. Si elle sortait, elle prenait une râclée, si elle restait à la maison, elle était malheureuse.

Il ne restait qu'une solution, trouver un bon prétexte. Dieu qu'elle avait réfléchi ! Elle pouvait proposer d'aller chercher du bois, mais la réserve de bûches, à côté de la cheminée, était suffisante pour tenir toute la journée. Elle pouvait aussi suggérer qu'il fallait du lait, du pain ou n'importe quoi, pour se rendre chez Anna. Mais rien ne paraissait convaincant.

Alors, elle s'était tout bonnement échappée sachant qu'elle serait dénoncée par Maurice. Tant pis pour la tournée que lui refilerait sa mère ! Quelques minutes de marche dans la neige valaient bien ça !

Curieusement, Julia ne l'avait pas grondée. Elle avait même envoyé ses frères la rejoindre et le soir, elle l'avait complimentée pour ses bonhommes de neige. Avec eux, avait-elle dit, on a l'impression d'être bien gardés.

Le réveil sonne. Dix-neuf heures ! Elle se félicite d'avoir eu cette idée pour ne pas être en retard. Un dernier coup d'œil sur la table, placée au milieu de la cuisine. Le couvert est mis, le sapin est décoré. Elle allumera les bougies au dernier moment. Dans le four, la dinde est en train de rôtir. La purée de marron est prête.

Elle se déshabille, se regarde dans la glace, se trouve jolie. Elle a minci, sa peau semble s'être raffermie, ses cheveux ont retrouvé leur éclat. Elle choisit la seule robe noire et droite qu'elle possède. Un appel au peuple, comme lui dit Émile. Il a raison. Avec elle, ses formes n'ont plus de secret pour les autres. Elle s'en fiche ! Quand on est belle, amoureuse et aimée, on peut tout se permettre. Bien sûr, Maurice pensera qu'elle n'est qu'une allumeuse. Et alors ? Cela lui donnera peut-être des idées pour se dégotter une femme un peu gironde.

Elle est en train de se coiffer quand la sonnette retentit. Elle va ouvrir, en tirant sur sa robe pour qu'elle ne découvre pas trop ses jambes.

C'est Émile, les bras chargés de cadeaux. Une pellicule de neige recouvre son chapeau et son manteau.

— Oh, le Père Noël ! s'exclame-t-elle.

Ils s'étreignent.

— Un Père Noël qui a envie de toi.

Tout en l'embrassant, il se défait de son manteau, puis remonte la robe de Léone. Pas besoin de discours. Ils font l'amour, debout, à toute allure, comme elle aime. Puis ils rient en se découvrant l'un l'autre. Elle, avec sa robe relevée, lui avec son pantalon tirebouchonné aux chevilles.

— Vite ! Il faut se préparer ! dit-elle. Ils vont bientôt arriver.

Tandis qu'ils se fagotent, il lui raconte la difficulté qu'il a eue à faire des achats. Partout du monde, de l'énervement, une circulation d'enfer. Elle le taquine.

— Qu'est-ce que tu m'as offert ?

— Tu le découvriras en même temps que les autres...

Ils entament une bouteille de champagne, quand la sonnette retentit.

CHAPITRE 22

Ils sont tous là avec des bouteilles et des cadeaux, à rire de bon cœur.

— On s'est retrouvés dans l'escalier ! explique Marlène.

Aussitôt attablés, ils lèvent leurs verres en l'honneur du Père Noël, de la nouvelle année, et de n'importe quoi !

— Cela n'a aucune importance ! s'exclame Antoine, pourvu qu'on ait l'ivresse !

A la demande générale, il attrape son accordéon et se met à jouer une chanson à succès. Dès les premières notes, les autres entonnent les paroles.

Léone boit verre sur verre, fume cigarette sur cigarette. Elle observe ses invités. Jeannine et Marlène sont belles, épanouies. Les hommes, en bras de chemise, ont l'humour à fleur de lèvres. David, qui paraît tellement coincé au magasin, n'arrête pas de raconter des histoires juives qui les font plier de rire.

Léone pense aux propos de Rachel. Elle est à côté de la plaque. Son fils est un homme séduisant qui s'intéresse aux femmes. Il n'y a qu'à voir les regards qu'il jette à Marlène. Cela la rassure. Elle n'aura nul besoin de le dégrossir.

Antoine est égal à lui-même. La cigarette vissée au coin des lèvres, il demeure l'éternel adolescent qui fait semblant de s'émerveiller de tout. Léone est la seule à ne pas être dupe. Un jour, il lui a expliqué que c'est un truc à lui pour émouvoir les gonzesses. Comme ça, elles oublient sa petite taille.

Cependant, il ne devrait pas s'inquiéter. Avec son sourire d'angelot, il paraît beaucoup plus attirant que Maurice, plus beau pourtant, mais tellement rabat-joie.

C'est lui qui paraît le plus mal à l'aise. Il boit beaucoup, ne cesse de se trémousser sur sa chaise comme s'il était sur le point de partir.

Émile, déjà gris, n'arrête pas de caresser la cuisse de Léone sous la table. Pour elle, c'est le plus séduisant de tous ! Elle se demande comment il a pu s'intéresser à elle. Dieu qu'il a dû en faire tomber des filles ! Elle aimerait tellement qu'il lui raconte sa vie amoureuse passée...

Elle est interrompue dans ses pensées par Marlène qui la presse de servir le dîner.

— Sinon, ma vieille, je vais tomber ivre morte !

— Pas grave, réplique David, ce sera dans mes bras.

Et tous d'éclater de rire.

La dinde fait l'unanimité, le gâteau aussi. Ils en sont aux digestifs quand Maurice demande la parole d'une voix mal assurée. Jamais Léone ne l'a vu aussi éméché. Elle se crispe. Les autres, joyeusement, font le silence. Maurice se tourne vers Émile.

— Dis-donc toi, c'est bien beau de faire le joli cœur avec ma sœur. Mais je suis l'aîné. Et avant que je bénisse votre affaire, faudrait me dire ce que tu fais dans la vie. C'est que tu comprends, je veux pas qu'elle se fasse avoir ma petite sœur.

Émile sourit.

— Tu n'as pas à t'inquiéter. Elle est entre de bonnes mains.

— T'en sors pas par une pirouette, s'exclame Maurice, tu as très bien...

Léone l'interrompt.

— Ce n'est vraiment pas le moment. On est là pour s'amuser, pas pour causer boulot.

L'atmosphère s'est tendue. Piqués au jeu, les autres insistent.

— C'est vrai, quoi ! Dis-nous ce que tu fais ! demande David.

— Eh oui, renchérit Marlène, on voit bien que tu en pinces pour elle. Mais on veut être sûrs qu'elle va être heureuse.

Émile lève la main pour imposer le silence.

— C'est bon, dit-il, la voix cassée par l'alcool et les cigarettes. Je suis dans l'import-export.

— Dans quoi ? demande Maurice, agressif.

— Je vends et j'achète tout et n'importe quoi ! Des savonnettes, des frigidaires, des voitures. Tout, quoi !

Maurice ricane. Bien qu'il ait les yeux injectés, la face rubiconde, Léone sent qu'il retrouve sa lucidité. Si elle n'intervient pas, il va foutre la soirée en l'air.

— Écoute, Maurice ! On s'en fiche de ce que fait Émile. De toutes façons, ça me regarde !

— Ça regarde aussi tes frères ! Tu as assez fait de conneries comme ça, à faire blanchir les cheveux de Maman !

Les autres se taisent. En un instant, on est passé de la plaisanterie à une explication de famille. Léone jette un regard implorant à Antoine. Celui-ci continue de pianoter sur son accordéon, lui arrachant quelques notes gémissantes.

— Merde ! Dis-lui que ce n'est pas ses oignons !

Antoine lui sourit.

— Ne t'inquiète pas petite sœur ! Il va bientôt fermer sa gueule, je te le promets !

Il se tourne vers son frère.

— C'est pas parce que tu n'arrives pas à te lever une gonzesse que tu vas nous faire chier ce soir ! Léone a peut-être fait des conneries mais tu en as fait de belles, toi aussi ! Tu veux qu'on en parle ?

Maurice ne répond pas. Un lourd silence règne dans la pièce. Marlène sirote son verre, les yeux baissés. David se lève pour aller aux toilettes. Jeannine dévisage Émile dont le visage s'est durci.

— Je préfère que tu te tires d'ici, dit celui-ci d'une voix sourde.

Léone éclate en pleurs.

— C'est pas vrai !

— C'est bon, dit Maurice, je m'en vais. Mais je t'aurai prévenue, Léone. Sa gueule ne me revient pas. Sûr qu'il est le roi de l'embrouille.

Il se lève difficilement, s'appuie sur le dossier de sa chaise et titube jusqu'au perroquet où est accroché son manteau. Personne ne dit rien. On entend Léone qui renifle.

— Moi, les frimeurs, je les repère toujours ! reprend Maurice en s'habillant. Ils ont une jolie gueule mais ils valent pas un clou...

Il sort et claque la porte. Les commentaires vont bon train. Chacun interroge Léone et Antoine pour savoir qui leur a foutu un frère pareil. La tête appuyée sur l'épaule d'Émile, Léone ne répond pas. Antoine demeure évasif.

— Il a toujours été comme ça. Peut-être qu'il est jaloux !

— C'est pas le tout, s'exclame Jeannine. On va pas passer le réveillon là-dessus. Allez musique, maëstro ! lance-t-elle à Antoine.

Celui-ci enchaîne avec *La Java bleue*. Léone chantonne, mais le cœur n'y est pas. Pour elle, la soirée est gâchée. Il ne lui reste qu'à faire bonne figure.

Avec le temps, l'ambiance redevient agréable, mais un tantinet plus sérieuse. On ne plaisante plus, on ne rit plus pour un rien, on parle ou l'on écoute. Marlène raconte son Italie, David son Israël et ses guerres. Jeannine les captive avec sa jeunesse entre coups de cul et mauvais coups, tandis qu'Antoine leur dit son rêve de devenir musicien professionnel. Même Émile se laisse aller aux confidences. Léone constate avec plaisir qu'il se dévoile un peu plus que d'habitude. A ce qu'il dit, il est né quelque part du côté de Brest dans un village au nom barbare, a travaillé aux chantiers navals, fait la guerre en Algérie comme engagé volontaire dans les Forces Françaises Libres, chargé de renseignements pour le compte de Londres. A la Libération, il a pris un emploi de magasinier dans une entreprise de Pantin, jusqu'à ce qu'il se lance dans l'import-export. S'il est seul aujourd'hui, c'est que ses parents sont morts et qu'il est fils unique.

Léone ne comprend pas. Ne lui a-t-il pas dit qu'il était fâché avec sa famille ? Elle s'apprête à le questionner, puis se ravise. Peut-être n'a-t-elle pas compris ce qu'il lui a raconté ? Et s'il balance des salades, il a certainement ses raisons.

Il est trois heures quand Antoine donne le signal du départ.

— Je vais me coucher, dit-il.

— Ça m'étonnerait ! plaisante Léone, tu vas aller finir la nuit dans un dancing quelconque, oui !

Il ne répond pas mais lui adresse un clin d'œil. Elle sait qu'il veut lui signifier quelque chose mais ne devine pas quoi. Tout s'éclaire quand Jeannine se lève à son tour en demandant à Antoine de la raccompagner. Léone se réjouit, trouvant qu'ils vont bien ensemble.

David et Marlène restent, histoire de vider un dernier verre. Ils évoquent l'incident créé par Maurice. Léone se surprend à en rire.

— Je m'en fous ! Ce n'est pas lui qui m'empêchera d'être heureuse.

Émile approuve, le visage fermé.

— Il a de la chance d'être ton frère, marmonne-t-il, sinon...

Marlène jette un regard de connivence à Léone.

— Il y a toujours un canard boîteux dans les familles...

Elle se lève, suivie de David. Ce dernier rappelle à Léone qu'elle doit être au magasin le lendemain matin. Un instant, elle y croit.

— C'était pour rire ! lance-t-il en dévalant les escaliers, demain dodo !

La porte refermée, le silence prend possession de l'appartement. Un curieux silence que Léone et Émile ont du mal à rompre. Comme si parler risquait de les entraîner trop loin.

En débarrassant la table, elle regarde Émile à la dérobée. Assis sur le rebord du lit, il fume en triturant sa cigarette. Elle le sent nerveux, prêt à éclater. Une crainte, inconnue d'elle, l'envahit.

Émile lui paraît presque dangereux. Pour dissimuler son trouble, elle se refugie devant l'évier et se met à laver la vaisselle. Elle s'en veut d'être aussi imaginative. Cette peur n'a pas de fondement. Sans doute la fatigue ? Émile apparaît dans l'encadrement de la porte. Elle le sent dans son dos.

— C'est peut-être pas le moment de faire ça, non ?

— Je n'ai pas envie de me retrouver devant un monceau de vaisselle demain matin.

Elle se rend compte que sa voix n'est pas assez assurée pour le convaincre. Il insiste.

— Laisse ça, et viens te coucher !

Elle se retient de répliquer. Pas question qu'il se fâche et s'en aille. Il la rend heureuse. Elle veut le garder, ne pas tout gâcher. D'ailleurs, il a raison. On ne fait pas la vaisselle à quatre heures du matin, après un réveillon.

Elle ferme le robinet et passe dans la chambre. Il est allongé, en slip, une cigarette aux lèvres. Il lui lance un regard froid.

— Ne me refais jamais ce coup-là.

Elle demeure debout au pied du lit.

— Quel coup ?

— D'inviter ton con de frère.

Elle hausse les épaules, l'air insouciant.

— Ce n'est pas grave...

— Si c'est grave ! Je t'ai prévenue. Je ne veux pas qu'on vienne foutre son nez dans mes affaires, c'est clair ?

Elle se déshabille.

— Écoute, je n'ai pas envie de le revoir non plus.

Il se glisse sous les couvertures. Elle vient le rejoindre, se colle contre lui.

— Ne te mets pas martel en tête ! Je lui dirai deux mots un de ces jours.

— Tu ne lui diras rien. Je ne veux pas que tu le revoies.

Elle va pour protester, mais il est déjà allongé sur elle, l'embrasse, la caresse.

Elle s'abandonne, l'encourage, le veut en elle. Pour effacer le malentendu, oublier sa stupide peur, jouir.

Plus tard dans la nuit, elle est réveillée par le vacarme des camions de livraison qui vont et viennent en bas de l'immeuble. Dans son rêve, dans son cauchemar plutôt, c'était... Elle ne se souvient plus, se tourne vers Émile. Grâce à la clarté de la verrière des Halles, elle s'aperçoit qu'il a les yeux grands ouverts.

— A quoi tu penses ?

— Je vais m'en aller !

Elle se relève sur un coude.

— Comment ça ?

— Je ne veux pas me retrouver dans la merde comme ce soir. Si je vis ici, je veux être maître chez moi !

Léone éprouve une violente douleur au creux du ventre.

— Mais...

— Mais quoi ? Ce soir c'est le frérot, demain ce sera l'autre, et bientôt ta mère ! Ah non ! J'ai pas largué ma famille pour rien !

Soudain, elle se souvient.

— Mais tu as dit tout à l'heure qu'ils étaient morts.

Il ricane.

— Oui ! Ils sont morts pour moi.

Léone relève son oreiller, s'assoit contre le montant du lit. Elle sourit, rassurée. C'était donc ça ses parents morts, une manière de parler.

Il allume une cigarette, lui passe le paquet, puis se lève.

— Qu'est-ce que tu fais ? demande Léone.

— J'ai soif.

Il revient de la cuisine avec un verre de whisky.

— Tu bois ça à cette heure-ci ?

Il ne répond pas. Léone se tourne vers lui.

— Ne t'en va pas ! J'ai besoin de toi. Je sais qu'on peut être heureux tous les deux.

— On le sera si des emmerdeurs ne viennent pas se mêler de notre vie.

Ces mots sonnent juste dans la tête de Léone. Il a raison. Elle s'est trop gâché la vie en écoutant Pierre, Paul ou Jacques. En s'inquiétant de ce que pensent sa mère, ses frères, les autres. Elle aussi ne veut plus qu'on l'emmerde. Elle aussi veut être libre et vivre sa vie, en faisant ses choix et en les assumant. Fini de laisser passer les trains, de courir après des chimères. Elle fera tout pour qu'Émile reste, même si le prix à payer c'est de ne plus revoir Maurice, de se fâcher avec sa mère et avec la terre entière. Pour elle, pour son fils, pour donner un peu de sens à sa vie, elle veut cet homme auprès d'elle. Et peu importe si elle ne sait rien des filles qu'il a eues avant elle, et des conneries qu'il a pu faire dans sa vie ! Émile, elle l'a dans la peau, dans la tête, partout.

— Je veux que tu restes.

Il l'embrasse.

— Je vais profiter des fêtes pour emménager.

Elle l'enlace, s'allonge sur lui.

— Je sais que tu as raison. Il n'avait pas à te demander quoi que ce soit. Personne n'en a le droit. Pas même moi.

Le sourire d'Émile s'élargit. Elle pose sa tête sur son torse.

— Il y a une bonne solution pour avoir la paix, murmure-t-elle.

— Laquelle ?

Léone sent son cœur s'emballer. Une angoisse affreuse lui fouaille les entrailles. C'est fou ce que ça fait mal ! Mais elle a envie d'aller jusqu'au bout. Pour ne pas être le dindon de la farce, une fois encore. Pour que l'homme qu'elle tient dans ses bras ne s'en aille pas, comme Mécano. Pour se sentir protégée, être respectée, dire merde à ceux qui ne vivent pas comme elle. Pour être appelée madame, être prise au sérieux. Pour tellement de choses...

— Il suffirait de se marier.

Émile se redresse, la dévisage.

— Tu es sérieuse ?

— Evidemment ! Au moins les choses seront claires. Et ma famille me foutra la paix !

— Mais je ne connais même pas ta mère.

Léone éclate de rire.

— Ce n'est pas le plus difficile. Je te la présenterai quand elle reviendra de la campagne.

Émile se lève, saisit une bouteille de champagne à moitié pleine qui traîne sur la table et remplit deux verres.

— Un peu chaud, mais il fera l'affaire.

Ils trinquent, en renversent un peu sur le lit.

— C'est bon signe, s'exclame Émile, on dit que ça porte bonheur !

Ce 14 janvier, Léone se sauve du magasin pour rejoindre la Villa des Roses. Elle est impatiente de revoir son fils, d'annoncer à Julia la nouvelle de son mariage. En même temps, la discussion qu'elle a eue avec Mamie Chiffon à l'heure du déjeuner la préoccupe.

Léone avait demandé à lui parler seule à seule dans le bureau du premier étage. Elles y étaient montées. Comme d'habitude, Rachel s'était écroulée dans son fauteuil en soupirant sur ses kilos en trop. Puis, elle avait sorti un bonbon de sa poche, en jurant que c'était le dernier.

— Bien, je t'écoute ma fille, avait-elle dit, sitôt coincée entre les bras du fauteuil.

Léone lui faisait face, assise sur des rouleaux de tissus.

— Je vais me marier.

Rachel l'avait regardée de ses yeux fouineurs.

— T'es bien sûre de ce que tu fais ?

— Oui ! J'ai rencontré le gars qu'il me faut.

— Tu sais que je t'aime beaucoup, ma chérie. Alors laisse-moi te dire ce que j'en pense. Je suppose que le type en question, c'est celui qui vient t'attendre au café d'en face ?

— Vous l'avez déjà vu ?

Rachel avait avalé un nouveau bonbon.

— Évidemment. En allant prendre mon café. Je n'ai pas les yeux dans ma poche. Sûr qu'il est bien balancé le coco, mais... je crois bien que c'est tout ce qu'il a !

Léone s'était raidie, prête à griffer. Rachel s'était mise à rire.

— Oh, je sais ce que tu penses ! De quoi elle se mêle celle-là ? Eh bien je me mêle de ton bonheur, ma fille, que ça te plaise ou non ! Des gars comme lui, j'en ai vu des centaines dans ma vie. Beaux, bien sapés, le cheveu gominé, le regard ténébreux planqué derrière leur galure, le sourire en coin genre Gabin. Ça, pour en voir, j'en ai vus ! Je sais même les balivernes qu'ils débitent aux gamines qui tombent dans leurs filets. T'as de beaux yeux tu sais, et tout le tintouin. Des gars qu'ont toujours de l'argent ! Avec lesquels tout paraît possible. Alors normal, ça leur tourne la tête à ces petites vierges ! Elles croient que c'est arrivé, comme au cinéma. Et alors pour les pauvrettes, c'est à ce moment que tout commence...

Léone s'était levée, retenant sa colère. Après tout, c'était elle qui avait demandé l'entretien. Rachel l'avait dévisagée.

— Les hommes, il faut regarder leurs mains, ma fille. Rien que les mains. Elles te diront toujours à qui tu as à faire, sans risque d'erreur. Et moi, les siennes je les ai vues... Et puis, un gars qui a le temps d'attendre une femme qui travaille, c'est qu'il n'a pas grand-chose à faire.

Au bord des larmes, Léone s'était énervée.

— Pourquoi vous me dites ça ? C'est un type formidable. C'est...

La gorge nouée, elle n'avait pu continuer. Rachel s'était extirpée de son fauteuil et l'avait étreinte contre son imposante poitrine.

— Écoute-moi, ma petite Léone. Je t'ai dit ce que j'avais à te dire. Maintenant, tu fais ce que tu veux. Dans le fond, peut-être que je me suis trompée. Quoi qu'il en soit, tu n'en feras qu'à ta tête, hein ?

— Oui...

Rachel lui avait alors caressé les cheveux, puis avait redressé son visage pour la forcer à la regarder en face.

— Dans ce cas, ma fille, ne pleure pas. Si tu es certaine de ce que tu veux, fais-le ! Et fiche-toi de ce que je viens de te dire comme de ce que te répèteront les autres. La seule différence entre eux et moi, c'est que je t'aiderai si jamais, un jour, tu en as besoin. Maintenant, file !

— Il faut que je voies ma mère et...

Rachel lui avait posé la main sur la bouche.

— Tu n'as pas d'explications à me donner. Même si c'était pour aller faire les magasins, je te laisserais partir.

Léone avait essuyé ses larmes, puis l'avait embrassée.

— Je fais toujours le contraire de ce que je devrais faire.

Rachel avait souri.

— C'est pour ça que je t'aime, ma petite fille !

Elle était sortie, marmonnant en yiddish.

Dans le bus qui l'emmène vers le boulevard de la Chapelle, Léone est assise à l'avant, là où il fait chaud. Dehors, le froid est tel que les vitres sont recouvertes de buée. Elle essaie de calmer la colère qui ne l'a pas quittée depuis son départ du magasin. Une colère dirigée contre tout le monde et personne. Elle en a plein le dos qu'on la juge, qu'on la mette en garde, qu'on lui donne des conseils. Qu'est-ce qu'il a Émile ? Il est beau, il gagne de l'argent, il la baise bien ! Voilà ce qu'il a ! De quoi rendre jalouse la terre entière. Et c'est pour ça qu'ils font la gueule.

Elle, elle sait qui il est. Depuis qu'il s'est installé, c'est le bonheur. Comme jamais elle n'aurait osé le rêver. Il est arrivé le 27 dans l'après-midi avec une fourgonnette empruntée à des copains. Elle n'était même pas remplie, tellement il possédait peu de choses. Deux grandes valises en carton bouilli, pleines de vêtements, trois cartons dans lesquels, disait-il, il gardait des papiers et des souvenirs personnels, et des sacs en papier contenant des bricoles. Elle s'était étonnée qu'il n'ait aucun meuble. Il lui avait répondu que là où il habitait, c'était meublé et qu'il n'avait rien à lui.

— Au moins, avait-elle dit, ce ne sera pas difficile de ranger tes affaires. Dans mon armoire, je pourrais en mettre encore deux fois plus.

Ils avaient ri et monté les paquets. Puis, il était parti rendre la voiture en lui précisant de ne rien déballer. Il préférait s'en occuper lui-même.

Les jours avaient alors succédé aux jours. Le matin il partait plus tard qu'elle, le soir il était là, ou pas, cela dépendait de ses rendez-vous.

Au jour de l'an, il l'avait emmenée dans une élégante brasserie de la place Clichy avant de l'entraîner au sous-sol pour danser et s'amuser avec les clients. En rentrant, ils avaient fait l'amour jusqu'au petit matin, et l'après-midi ils étaient allés au cinéma. Qu'y a-t-il de particulier dans tout cela ? Rien. Elle n'y voit que l'histoire d'un homme et d'une femme qui s'aiment. Cette conviction lui donne une sacrée assurance. Tant mieux, parce qu'elle va en avoir besoin face à Julia !

Quand elle arrive à l'appartement, sa mère est en train de finir des ourlets de rideaux qu'on lui a commandés. Elles s'embrassent. Julia fait la tête. Il n'y a qu'à voir l'empressement qu'elle met à reprendre sa tâche.

— Ça a été les vacances ? demande Léone.

— Oui...

— Tout le monde va bien ?

— Anna a demandé de tes nouvelles et a regretté de ne pas te voir.

Léone se prépare un café.

— Jacques dort ?

— Oui. Mais tu peux le réveiller. Tu le reprends n'est-ce pas ?

— Oui.

— Ses affaires sont prêtes.

Le silence s'installe, insupportable. Léone se sert une tasse et en propose une à Julia, qui refuse. Elle dégage un coin de table et remue son café. Elle sait que sa mère ne va pas tarder à lui adresser des reproches. Le tic-tac de la pendule, accrochée au-dessus de l'évier, l'agace. Elle se sent incapable de parler. Pourtant, elle doit lui annoncer qu'elle va se marier.

Julia relève la tête de son ouvrage et la toise.

— Dis-donc, j'ai vu Maurice. Tu es contente de ce qui s'est passé l'autre soir chez toi ?

— Qu'est-ce qu'il t'a encore raconté ?

— Oh, simplement qu'il s'est fait jeter comme un malpropre alors qu'il posait une question anodine.

De colère, Léone balaie l'air de sa main, et renverse sa tasse. Le café imbibe le rideau sur lequel Julia est en train de travailler. Celle-ci jaillit de son siège.

— Pauvre gourde ! Tu ne peux pas faire attention ! Comment je vais rattraper cette tache ?

Léone se lève pour prendre une lavette, mais Julia est déjà devant l'évier en train de passer le tissu sous l'eau.

Léone allume une cigarette.

— Je n'ai pas fait exprès.

Julia hausse les épaules.

— Tu ne fais jamais rien exprès ! Comme de ne pas venir à la ferme pour les fêtes ou de t'exhiber avec un gigolo en jouant les maîtresses de maison. Mais qu'est-ce que j'ai fait au Bon Dieu pour avoir une fille pareille ?

Léone ne ressent aucune colère, plutôt de l'amusement. C'est grotesque ! Sa mère continue de l'engueuler comme si elle était une petite fille ! Elle rigole, mi par envie, mi par provocation.

Julia se retourne, le regard furibond.

— Oh, tu peux rire ! Ce n'est pas ça qui va te mettre du plomb dans la tête.

Léone s'appuie contre l'encadrement de la porte.

— Écoute, Maman. Je me fiche de ce que Maurice t'a raconté. Il pourrait te dire n'importe quoi, tu le goberais. Ce qui devrait t'intéresser davantage, c'est que je suis heureuse, comme jamais je ne l'ai été.

— Heureuse... tu parles ! Sais-tu seulement ce que c'est ?

— Maintenant oui, et pas grâce à toi !

Julia arrête de frotter le rideau. La flèche a porté. Léone en tire une certaine satisfaction et décide qu'il est temps de tout dire.

— Je vais me marier, Maman.

Julia ne réagit pas, puis soudain elle se met à pleurer, sans bruit. Léone écrase sa cigarette, se rapproche d'elle, la prend par les épaules.

— Il fallait bien que ça arrive un jour.

Julia secoue la tête.

— Pas comme ça ! Pas comme ça !

— Mais enfin Maman, tu ne le connais même pas ! Vois-le au moins ! Ne t'arrête pas à ce qu'a pu t'en dire Maurice. Tu te feras ton opinion. Je t'assure que c'est un gars bien.

— C'est bien ma fille ! Je le verrai. Venez quand vous voulez.

Léone l'embrasse.

— Donne-moi une chance, Maman. Je l'aime. Je suis certaine d'être heureuse avec lui. Il ne fait aucune difficulté pour avoir Jacques à la maison.

Julia s'assoit.

— Sers-moi un café, s'il te plaît.

Elle s'essuie les yeux, se mouche et reprend.

— Tu n'imagines pas ce que c'est dur. Dans quelques minutes, tu vas partir avec Jacques, rejoindre un homme que je ne connais pas. Et puis tu vas...

Elle ne parvient pas à terminer. Elle hoquète comme un enfant. Léone ne sait quoi dire, quoi faire. Sa mère lui semble si vulnérable. Dans un élan incontrôlé, elle s'assoit à côté d'elle, prend ses mains dans les siennes.

— Maman... Tu pourras venir à la maison quand tu voudras. Je te laisserai Jacques aussi. Ça ne change pas grand-chose. Tu vas enfin pouvoir en profiter, ne pas être toujours retenue à la maison.

— C'est bon ! Va chercher le petit et partez. J'ai besoin de me retrouver seule.

Léone se lève, va réveiller Jacques. Quelques minutes plus tard, elle s'en va, le petit dans un bras, un sac dans l'autre.

Sur le palier, Julia la regarde descendre l'escalier.

— Ne t'inquiète pas Maman. Tout va bien se passer. On se revoit bientôt avec Émile.

CHAPITRE 23

Léone s'assoit après avoir baissé le rideau du magasin. Enfin la fermeture ! La journée a été plus rude que d'habitude. David lui propose de prendre un verre avec Jeannine, mais elle refuse. Elle a rendez-vous avec Marlène dans une brasserie des grands boulevards.

Assise derrière la caisse, Rachel fait les comptes.

— C'est drôle, ma petite fille, je ne t'ai jamais vue autrement qu'en train de courir. Même dans le magasin ! Je me dis que si je faisais la même chose que toi, je perdrais enfin du poids.

Soudain, elle explose.

— Qui a pris ma boîte de bonbons ?

Léone, David, Jeannine et les autres employés du magasin éclatent de rire. Entendre hurler Rachel à la recherche de ses bonbons est devenu un rituel.

— Maman, répond David, personne ne te l'a piquée. Elle est dans ta poche.

En s'habillant, Léone songe qu'elle est heureuse ici. Jamais rien ne pourra la faire changer de maison. Après avoir embrassé tout le monde, elle se précipite dehors. Le boulevard Bonne-Nouvelle est à deux pas.

La salle du café est bondée. Léone aperçoit Marlène assise au fond. Elle lui fait signe et la rejoint en se faufilant entre les tables. Elles s'embrassent.

— Quelle joie de te revoir ! s'exclame Léone. Ça fait si longtemps !

— N'exagère pas ! On s'est vues il y a à peine un mois.

— J'ai l'impression que ça fait une éternité.

Léone s'installe, observe son amie.

— Toujours aussi belle !
Marlène hausse les épaules.
— Je préfèrerais que ce soit un homme qui me le dise. Mais je n'arrive pas à m'attacher.
Léone sourit.
— Eh bien moi, c'est tout le contraire. Tu sais quoi ? Je vais me marier avec Émile.
Marlène secoue la tête, l'air effondré.
— Ma pauvre chérie ! Tu as perdu la tête ou quoi ? D'accord, il est bien foutu, mais de là à se mettre à la colle, il y a un pas.
— Je suis heureuse. Les bans sont publiés. La cérémonie aura lieu à la mairie de Pantin, le 20 février. Tu es la première à le savoir. Tu viendras, n'est-ce pas ?
Marlène lui prend la main.
— Bien sûr que je serai là !
— Tu voudras bien être l'un de mes témoins ?
Marlène éclate de rire.
— Témoin, moi ? Quelle drôle d'idée ! Enfin, si ça te fait plaisir, pourquoi pas !
Léone l'embrasse.
— Merci ! Tu ne peux pas savoir ce que je suis heureuse.
Le serveur vient prendre les commandes. Elles optent pour un chocolat. Dès qu'il est parti, elles reprennent leur bavardage, évoquant l'attitude de Maurice lors du réveillon, la drôlerie de David pour lequel Marlène avoue une certaine attirance. Enfin, Léone raconte sa nouvelle vie.
— Tout a changé ! Non seulement je vis avec quelqu'un mais j'ai Jacques avec moi tous les soirs. Tu te rends compte ?
— Mais comment vous tenez dans ton appartement ?
— On a réduit l'espace de la cuisine pour faire de la place au petit. Evidemment, ça ne peut pas durer bien longtemps. Mais on a déjà prévu de déménager.
Marlène allume une cigarette.
— Et ton fils ? Qui le garde pendant que tu travailles ?
— Ma concierge. Le jour où je suis revenue avec Jacques, je lui ai demandé si elle connaissait quelqu'un. Elle m'a dit qu'elle était prête à le faire. Un miracle !
— C'est bien ma chérie ! Ça réconforte de te voir aussi joyeuse.
Le garçon revient avec les tasses de chocolat. Marlène insiste pour régler.
— J'imagine que ça ne doit pas être simple de joindre les deux bouts.
— Au contraire ! Émile paye tout.

Marlène fouille dans son sac et finit par dénicher son porte-monnaie.

— C'est curieux, remarque le serveur, par les temps qui courent on a de plus en plus de mal à les trouver. A croire qu'ils se planquent.

Les deux femmes rient, puis sirotent leur chocolat en silence. Léone regarde les autres consommateurs. Elle voudrait se lever et leur annoncer qu'elle a trouvé l'homme de sa vie et va rattraper vingt-quatre ans d'échecs.

— Tu n'es pas étonnée qu'il ait autant d'argent ? demande Marlène.

Léone hausse les épaules.

— Je ne veux pas m'en inquiéter. Je le serais beaucoup plus s'il n'en avait pas, crois-moi !

— Tu as raison. Profites-en !

Puis, elle se rapproche d'elle.

— Dis-donc, et au lit comment il est ?

Léone pouffe de rire.

— Du tonnerre ! Avec lui j'ai toujours envie...

— Raconte.

— Je ne sais pas. Il m'électrise. Il suffit qu'il m'effleure pour que je sois dans tous mes états.

— Tu fais attention ? C'est peut-être un peu tôt pour avoir un autre môme ?

— T'inquiète, je connais la musique. Et toi, tu es en mains actuellement ?

Marlène rejette une bouffée de cigarette en soufflant vers le plafond. Elle sourit, l'air lointain.

— Ma foi... peut-être... Mais je n'arrive pas à me décider. Je l'ai rencontré en Italie et depuis il n'arrête pas de me courir après. C'est vrai qu'il est pas mal, mais moi tu sais, les hommes ne sont pas le centre de ma vie. Je suis trop indépendante...

Elle s'interrompt et se tourne vers Léone.

— Tu repenses parfois à Lucien ?

— Bien sûr. Tu es retournée au cimetière ?

Marlène secoue la tête.

— A quoi bon... De toute manière, il aurait été le premier à trouver ça ridicule.

Elles se taisent, absorbées par leurs pensées. Léone revoit le visage de Lucien, se souvient du désir inouï qu'elle éprouvait à son égard. Grâce à lui, elle a l'impression de mieux se connaître. Comme s'il l'avait déniaisée sans qu'elle s'en rende compte. Elle le regrette vraiment. Même si ce fut bref, ce fut unique.

Elle jette un œil à sa montre.

— Il faut que je rentre ! Ce soir, j'ai mes deux hommes. Et madame Girodet doit être aux cents coups !

Elles se lèvent précipitamment, se retrouvent sur le trottoir balayé par un vent glacial.

— Tu veux venir manger un morceau avec nous ? demande Léone.

— Non, une autre fois. Je te téléphone.

Léone, qui pensait prendre le bus, se ravise. Elle hèle un taxi en maraude.

Quand elle arrive, madame Girodet se tient devant sa loge.

— Mon Dieu ! Vous m'attendiez ?

— Mais non ! Je m'apprêtais à sortir les poubelles. C'est pas la peine de courir, ma petite Léone. J'allais pas le laisser sur le paillasson.

— Je suis désolée pour le retard.

La concierge hausse les épaules.

— Ça peut arriver. De toute manière, il s'est endormi. Il a bien mangé, tout va bien. Entrez donc !

La loge comprend deux petites pièces séparées par une cloison à moitié vitrée. Sur le mur couvert de papier à fleurs, on a punaisé des reproductions de tableaux. Quelques photos, jaunies par le temps, sont alignées avec soin sur le manteau de la cheminée. Une table en merisier, brillante d'encaustique, occupe le centre de la pièce. Elle est recouverte d'un napperon en dentelle, sur lequel est disposé un plat rempli de fruits. On sent que madame Girodet est maniaque. Tout est propre et bien rangé.

Léone passe dans la seconde pièce, plus étroite. Un lit et une imposante armoire normande occupent toute la place. Jacques dort, le pouce à la bouche. Pour le préserver d'une chute, la concierge a mis un pelochon en travers du matelas. Léone se penche pour l'embrasser. Il ne réagit pas. Elle s'apprête à le lever quand madame Girodet lui propose de prendre l'apéritif.

— C'est pas la peine de vous biler, chuchote-t-elle, monsieur Émile n'est pas encore arrivé. Je l'aurais entendu.

Sentant que ça fait plaisir à la concierge, Léone accepte. Elles repassent dans la pièce principale.

— Quittez votre manteau, vous serez plus à l'aise.

Léone s'exécute et s'attable. Madame Girodet sort plusieurs bouteilles du buffet.

— Qu'est-ce que vous prendrez ? Moi, c'est toujours un petit pineau des Charentes.

Léone préfère un martini.

La concierge étale deux napperons sur la table. Elle dispose un verre sur chacun d'eux et les remplit. Léone la sent fière de recevoir quelqu'un et soupçonne que cela doit être rare.

— Il est vraiment gentil votre gamin ! Et facile avec ça ! Toujours souriant. Un vrai petit ange !

— Je suis contente qu'il ne vous cause pas trop de soucis.

Elles trinquent.

— Je suis vraiment heureuse pour vous, ma petite Léone. Monsieur Émile est quelqu'un de bien. Toujours aimable. Et beau avec ça, hein ?

Elle pouffe, comme une adolescente qui viendrait de dire un gros mot. Léone sourit. Cette femme lui est sympathique.

— Ça fait longtemps que vous êtes ici ?

— Bientôt vingt-cinq ans, répond la concierge en se rengorgeant. Dieu que j'en ai vu passer dans cet immeuble ! De tous les genres. Si vous saviez aussi ce que j'ai pu entendre...

— Vous avez toujours été seule ?

Madame Girodet tourne la tête vers les photos.

— Ma foi non ! J'ai eu un mari, et un bon par-dessus le marché. On tenait la loge ensemble les premières années, mais voilà, la mort me l'a enlevé.

— Je suis désolée.

— Oh, ne le soyez pas ! C'est la vie, et ça fait si longtemps maintenant. Quinze ans, au mois de mars prochain. Le pire, c'est que c'est arrivé devant la porte ! Fauché par une voiture.

— Ça a dû être terrible !

— Ça, pour être terrible, ça l'a été ! Je m'en souviens comme si c'était hier. Je préparais la soupe quand c'est arrivé. Il était allé chercher un camembert, rue Rambuteau. Soudain, j'ai entendu des cris. Je suis sortie. Mon pauvre Gustave était là, allongé sur la chaussée, le crâne ensanglanté.

Elle baisse la tête comme si elle allait pleurer, mais les larmes ne viennent pas. Elle se lève, saisit une photo et la tend à Léone. Avec son sourire et ses yeux pétillants, l'homme a l'air d'un brave type.

— Il était beau, lui aussi, hein ?

Léone approuve.

— Et dire qu'il avait réchappé à deux guerres ! La vie est drôlement faite.

Léone termine son verre. Elle est impatiente de monter. Émile doit arriver et elle n'a rien préparé à dîner. Elle se lève.

— Il faut que j'y aille, madame Girodet.

— Je comprends. Une gentille femme doit soigner son intérieur. Ils aiment ça, les hommes.

Le bébé dans les bras, Léone quitte la loge.

Arrivée à l'appartement, elle couche Jacques sur leur lit et referme la porte de communication avec la cuisine.

Après avoir mis le poste de radio en sourdine, elle s'attable et entame une soupe qu'elle vient de faire réchauffer. Son esprit vagabonde, accompagné par *Milord*, la chanson d'Edith Piaf. Elle chantonne, souriante. Son Milord à elle, c'est Émile... Un milord qu'elle va bientôt épouser. Elle se voit en mariée descendant un perron imaginaire de mairie. S'interroge sur la robe qu'elle va choisir. Imagine que Maurice ne viendra pas à la cérémonie. Espère que la rencontre entre Julia et Émile se passera bien. Voudrait trouver un nouvel appartement dans le quartier.

Quand elle a fini sa soupe, elle allume une cigarette. Déjà vingt-deux heures. Le temps passe vite. Pour s'occuper, elle lave la vaisselle qui traîne. Pense à nouveau à sa robe de mariée.

Soudain, le cliquetis familier d'un trousseau de clés ! Elle se précipite et ouvre. Émile est sur le palier, un gros bouquet de roses entre les mains. Elle l'embrasse.

— Il ne fallait pas...

— Il y avait un gars qui déballait un arrivage pour demain. Il a bien voulu m'en vendre quelques-unes.

— Je vais te faire réchauffer quelque chose. J'ai déjà dîné.

— Ce n'est pas la peine, j'ai mangé un morceau avec un client. Sers-moi plutôt un coup à boire.

Elle lui remplit un verre de vin, et arrange les fleurs dans un vase. Lui, enlève sa veste. Alors qu'il veut l'accrocher, elle lui échappe des mains. Il jure. Son portefeuille est étalé sur le sol. Une liasse de grosses coupures s'est répandue autour.

— Mon Dieu ! s'exclame Léone.

Il s'est accroupi et ramasse rapidement les billets.

— J'ai fait une bonne affaire, explique-t-il d'un ton rogue.

Léone est fascinée. Jamais elle n'a vu autant d'argent.

— Mais qu'est-ce que tu peux bien faire pour gagner tout ça ?

— T'occupe !

Il se relève, range le portefeuille, accroche sa veste. Léone sent qu'il n'est pas à l'aise. Ses gestes sont brusques, il évite son regard. Elle se rappelle la question de Marlène à ce sujet. Décide d'en savoir plus.

— Écoute, Émile, c'est ridicule, mais ça m'inquiète de te voir avec tant d'argent.

Il hausse les épaules, s'assoit et boit une gorgée de vin. Soudain, il frappe du poing sur la table.

— Je t'ai déjà dit de ne pas te mêler de mes affaires !

— Calme-toi, le petit dort à côté.

— Ça va ! Ça va !

Il s'est radouci mais elle voit bien qu'il retient sa colère.

Elle termine d'arranger le bouquet, le dispose sur la table. Cependant elle n'est pas satisfaite, sent sa confiance prête à chavirer, ne le veut pas.

— Ce n'est pourtant pas sorcier de m'expliquer ce que tu fais.

Il relève la tête et lui sourit.

— C'est simple. Aujourd'hui, j'ai réussi à refourguer une voiture neuve. L'argent, c'est mon pourcentage.

Elle le dévisage, cherchant à déceler un mensonge dans son regard. Mais elle ne voit que ses yeux verts, très beaux, exprimant de l'amusement.

— Tu es sûr ? Tu ne fais pas du marché noir ?

Il éclate de rire.

— Du marché noir ? Mais ça n'existe plus ! Allez ! Ne pense plus à ça. Il n'y a rien de louche dans ce que je fais. Trinquons plutôt à notre mariage.

Elle se sert du vin et choque son verre contre le sien.

— Tiens, dit-il en se levant, je vais te donner tout de suite de quoi te choisir une jolie robe de mariée.

Il compte cinq billets qu'il pose sur la table. Léone n'ose les toucher. C'est plus que ce qu'elle gagne en un mois.

— Mais c'est beaucoup trop !

Il vient derrière elle, l'enlace par le cou.

— Ce n'est jamais trop pour une jolie femme comme toi.

Elle se sent faiblir. Mon Dieu ! Son odeur, la douceur de sa peau, la pression de ses mains sur ses seins. Elle ferme les yeux, oublie l'argent. Si Jacques n'était pas là, elle l'entraînerait dans la chambre...

Quand elle ouvre à nouveau les yeux, elle revoit les billets, s'en saisit. Il l'embrasse.

— Surtout, murmure-t-il à son oreille, choisis la robe qui te plaît le plus. Je veux que tu sois la plus belle, ce jour-là.

Ce dimanche, Émile et Léone s'apprêtent à rejoindre Julia dans un café proche de chez elle, le Petit Riquet, au carrefour Marx-Dormoy.

Malgré l'insistance de Léone, elle n'a pas voulu recevoir Émile dans son appartement de la Villa des Roses.

— On verra plus tard, lui a-t-elle dit. Vous n'êtes pas mariés. Il ne fait pas encore partie de la famille.

Soucieux de plaire à sa future belle-mère, Émile arbore un costume anthracite, une chemise blanche en nylon et une cravate dans les tons bleu. Il s'est coiffé avec soin, fixant ses mèches rebelles avec de la gomina. Pour l'occasion, il s'est même offert un nouveau panama noir. Il se regarde une dernière fois dans la glace. Léone siffle d'admiration.

— Sapé comme ça, on peut dire que tu as de l'allure !

— Tu n'es pas mal non plus, réplique-t-il en lui donnant une tape sur les fesses.

Après un dernier coup de brosse pour faire bouffer davantage sa chevelure, Léone prend Jacques dans ses bras et sort.

— Je vais laisser le petit à madame Girodet.

Émile en profite pour fumer une cigarette et avaler un verre de vin en regardant par la fenêtre. Cette entrevue le rend nerveux. Depuis le temps qu'il entend parler de Julia, de son caractère impossible et de son don de percer la personnalité des autres ! Enfin ! Il n'aura qu'à jouer la carte de la séduction. C'est ce qui marche le mieux avec les belles-mères. Après un dernier coup d'œil vers le ciel plombé, il se décide à descendre.

Il se réjouit de voir Léone l'attendre sur le trottoir. Il n'aura pas à simuler des manières d'homme bien élevé avec cette vieille bique de Girodet.

Ils prennent un taxi rue Rambuteau et arrivent à Marx-Dormoy un quart d'heure plus tard. Avant de descendre de la voiture, Léone remet en place la cravate d'Émile.

— Ne t'inquiète pas ! Je suis certaine que tu vas lui plaire !

A peine a-t-elle posé un pied sur le trottoir qu'elle aperçoit Julia, assise derrière la vitrine du café. Elle lui fait signe mais celle-ci ne répond pas. Toute vêtue de noir, le visage fermé, elle les regarde s'approcher.

Durant ces quelques secondes, l'angoisse contracte le ventre de Léone. Elle devine que la partie est loin d'être jouée.

Pourtant, Julia se lève pour les accueillir, embrasse Léone et serre la main d'Émile.

Ils s'assoient. Comme le silence menace de s'installer, Léone prend aussitôt la parole.

— Maman, voici Émile...

Julia adresse un sourire forcé à ce dernier.

— Je suis contente de vous connaître, dit-elle d'un ton froid, Léone m'a beaucoup parlé de vous.

Émile incline la tête, un sourire aux lèvres.

— Moi aussi. Depuis le temps, j'avais hâte de vous rencontrer. Et je dois dire que j'étais un peu inquiet. Léone m'a tellement répété que vous n'étiez pas commode, que...

Cette dernière l'interrompt.

— Oh, n'exagère pas Émile, tu...

— Je n'ai pas à être commode, réplique Julia, la vie ne l'est pas.

— C'est vrai, concède Émile, surtout par les temps qui courent.

Le garçon vient prendre les commandes. Julia opte pour un chocolat, Léone pour une bière, Émile pour un martini.

Julia dévisage Émile qui allume une cigarette.

— Écoutez, dit-elle, ma fille est majeure et je n'ai pas à lui donner mon autorisation pour se marier. Mais je n'ai pas non plus à vous tomber dans les bras sous prétexte qu'elle vous a choisi. Je n'ai rien pour vous, ni contre vous. Je préfère laisser le temps faire les choses.

Émile opine.

— Vous avez raison. Pour ma part, je souhaite que ça se passe ainsi.

— Dans ce cas-là, tout va bien.

Julia se tourne alors vers Léone et lui demande des nouvelles de Jacques. Cette dernière lui répond, mais elle a la tête ailleurs. Ce qu'elle craignait est arrivé. Sa mère n'a fait qu'un seul effort, venir ! Émile la rassure en lui faisant un clin d'œil.

— Tu sais, reprend Léone, la cérémonie aura lieu le 20 février. On a décidé d'inviter peu de gens en dehors de la famille. On emmènera tout le monde au restaurant.

— Qui y aura-t-il ?

— Toi bien sûr, Antoine, Maurice, Marlène, Jeannine et David.

Julia se tourne alors vers Émile.

— Et vous, vous aurez de la famille ?

— Eh non, malheureusement ! Je suis fâché avec eux.

Julia le dévisage.

— Qu'est-ce qui s'est passé ?

Émile hausse les épaules.

— Oh, des histoires de famille ! Vous avez dû en connaître vous aussi ?

— Ce n'est pas rare, en effet. Et vous ne vous êtes jamais rabibochés ?

— Non. Et je crains que cela n'arrive jamais.

— C'est triste.

— Oui. J'aurais préféré qu'ils soient là...

Julia jette un coup d'œil vers la rue, puis avale une gorgée de chocolat.

— Qu'est-ce que vous allez faire de Jacques ?

— On le laissera chez madame Girodet.

— Vous ne partez pas après le mariage ?

Léone éclate de rire.

— Où veux-tu qu'on aille ? Nous avons du travail, on ne peut pas s'en aller comme ça !

Julia hausse les épaules.

— Pourquoi pas ? De mon temps, on le faisait bien. Même pour aller dans le canton voisin. Avec ton père on est partis au chef-lieu durant trois jours. On est restés à l'hôtel et on s'est promenés. Mais c'est vrai que les temps ont changé.

Elle se tourne à nouveau vers Émile.

— Et vous ? Que faites-vous dans la vie ?

— Je travaille dans l'import-export.

— C'est quoi ça ?

— Du commerce avec l'étranger.

— C'est quoi votre maison ?

— Je travaille seul.

Léone croise le regard de Julia. Elle tente d'y déchiffrer une lueur de satisfaction. Sans succès.

— Tu as des nouvelles de Maurice ?

— Plus souvent que de toi ! Il passe me voir régulièrement, lui.

— Il va bien ?

— Je crois, oui. Mais je le trouve fatigué. Il a trop de travail.

Léone allume une cigarette. Ce qu'elle veut, maintenant, c'est partir, laisser derrière elle cette atmosphère étouffante, retrouver la vraie vie, là-bas aux Halles, avec Jacques et Émile. Bien sûr, elle aurait préféré que Julia fût plus accueillante. Mais ce sont des rêves, comme toujours lorsqu'il s'agit de sa mère. Celle-ci répond au désir de Léone en se levant.

— Bien, il est temps que j'y aille. Vous devez avoir beaucoup de choses à faire.

Elle serre la main d'Émile.

— Au-revoir, monsieur. Evidemment, vous êtes le bienvenu à la maison.

Émile l'ayant remerciée, elle embrasse Léone.

— Si tu as besoin d'aide pour de la couture ou pour autre chose, dis-le moi.

Ils se séparent sur le trottoir. Léone et Émile sautent dans un taxi en station. Durant le trajet du retour, ils n'échangent aucune parole. Avant d'arriver, elle lui prend la main.

— Ne t'inquiète pas. Ça finira par s'arranger. Elle était intimidée.

Émile ne répond pas. Il se contente de lui sourire.

CHAPITRE 24

Il est près de onze heures quand le cortège de tractions noires et rutilantes s'arrête devant la mairie de Pantin.

Le ciel est chargé de nuages. Par intermittence, le soleil fait de timides apparitions. Une bise glacée balaye la place. Les arbres sont défeuillés. Des enfants font du patin à roulettes à côté de la fontaine désamorcée. Au sommet de celle-ci, deux pigeons, engoncés dans leur plumage, dodelinent de la tête.

Le bâtiment de la mairie se fond dans la grisaille, avec ses murs sales, son drapeau bleu-gris-rouge pendant au-dessus de la porte d'entrée.

Aidée par Émile, Léone descend de la traction. Elle se sent belle, heureuse. Elle l'est. Marlène et Jeannine ne cessent de lui faire des compliments, tandis qu'Émile la couvre de regards admiratifs.

Maurice et Julia affichent une mine sévère. Léone sait que sa mère ne changera pas. Surtout après la conversation qu'elle a eue avec elle quelques jours auparavant.

Elle était passée la voir à la Villa des Roses pour lui demander de raccourcir l'ourlet de la robe de mariage qu'elle venait d'acheter. Debout sur un tabouret de la cuisine, elle attendait que sa mère, agenouillée, eût fini de régler le revers.

— Qu'est-ce que tu penses d'Émile, Maman ?

Julia s'était relevée et avait fait tourner Léone sur elle-même pour voir si le pli était bien droit.

— Il est bel homme, c'est certain.

Léone était descendue du tabouret.

— Maman, je ne te demande pas ça. Je veux savoir comment tu le trouves. Je ne sais pas moi... s'il t'inspire confiance.

Julia avait soupiré.

— Tu veux savoir ? Eh bien non. Voilà.

— Qu'est-ce que tu lui trouves de travers, à lui aussi ?

— Rien ! Mais si tu me demandes s'il m'inspire confiance, c'est non !

Léone s'était assise, hésitant entre pleurer ou s'énerver.

— Je sais que tu désapprouves le fait que je me marie...

— Non, pas que tu te maries. Le bonhomme.

— Mais enfin, donne-moi une bonne raison pour être aussi catégorique !

— Le flair, ma fille !

Elle oublie tout ça en grimpant l'escalier de la mairie au bras d'Émile. Maintenant, la seule chose qui la préoccupe c'est de ne pas fondre en larmes quand elle répondra oui au maire.

En entrant dans la salle des mariages, c'est la déception. D'autres couples attendent leur tour en compagnie de leurs familles. Léone préfère demeurer dans le couloir et fumer une cigarette avec les autres.

Antoine plaisante.

— Si on ne mettait pas dans la tête des gens qu'ils doivent absolument passer devant monsieur le Maire pour être heureux, il y aurait moins de monde.

Jeannine rigole.

— Ça pourrait bien t'arriver avant longtemps !

— Celle qui m'y prendra n'est pas encore née !

— A voir ! réplique David. Je suis prêt à parier.

— Merde alors, s'impatiente Émile. Si j'avais su que c'était aussi long, j'aurais pris rendez-vous pour l'ouverture.

— C'est fait exprès, dit Marlène. Pour laisser le temps aux indécis de ficher le camp.

Un huissier les appelle. La petite troupe s'avance. Un adjoint au maire, rubicond et avenant, les accueille. D'un air solennel, il parle de la République, des obligations de chaque époux, et de plein d'autres choses. Léone n'entend rien. Elle parvient difficilement à maîtriser le tremblement de ses mains. Elle se sent à la fois heureuse et tenaillée par la peur. Pour se rassurer, elle jette un regard à Émile qui lui sourit. Le discours interminable prend fin. C'est la fameuse question.

— Oui, répond-elle une première fois.

Sa voix est trop faible. Elle recommence, luttant contre les larmes qu'elle sent perler à ses paupières. Pas question de pleurer avant qu'Émile ait répondu à son tour. Voilà ! C'est fait. Elle pleure.

Embrassades, accolades, félicitations, signature des registres.

Tout se passe si vite qu'elle se retrouve sur le perron de la mairie, le visage mouillé de larmes, sans s'être rendue compte de rien. Le froid l'aide à retrouver ses esprits.

Encore quelques effusions, quelques rires, puis ils montent dans les voitures pour aller déjeuner au Wepler, place Clichy. Les mariés ont pris place dans la Citroën 11. Antoine conduit vite, une main appuyée sur l'avertisseur. Derrière, les autres klaxonnent à qui mieux mieux. Sur leur passage, des passants leur adressent des signes de la main.

Léone a appuyé sa tête sur l'épaule d'Émile. Il discute avec Antoine de la guerre d'Indochine, dont on dit qu'elle a vraiment commencé. Léone n'écoute rien, sinon les battements de son cœur.

La brasserie, avec sa large devanture et ses rideaux de velours rouge, a chic allure. Léone remercie Émile d'avoir choisi un si bel endroit.

Leur table est au fond de la salle, un peu à l'écart. Un maître d'hôtel explique que c'est mieux pour fêter le mariage dans l'intimité.

Ils s'assoient. Julia se retrouve à côté de Léone. Antoine et Maurice, placés en face d'elles, se disputent le privilège de choisir le vin. Marlène, à la gauche d'Émile, s'escrime à faire marcher son briquet à essence.

Les premières bouteilles sont apportées. Émile sourit, tend son verre à tous les goulots, embrasse Léone, répond aux uns et aux autres avec complaisance.

Léone n'est pas la dernière à boire, ni à rire aux plaisanteries de David.

— Ce n'est pas possible, dit-elle, tu les apprends ou quoi ? C'est jamais les mêmes !

Émile a bien fait les choses. Le repas est excellent, les vins également. On ne voit pas le temps passer. Au dessert, il veut faire une déclaration. On l'écoute sans pour autant cesser de lancer des boutades.

— Je voudrais vous dire et surtout à Léone que c'est un des plus beaux jours de ma vie, que je...

Mais il s'arrête, incapable d'aligner deux phrases. Tout le monde rit, l'applaudit. On demande un discours à Léone qui refuse.

— Quand j'en serai revenue d'avoir la bague au doigt !

— Eh bien, on peut attendre, fait remarquer Marlène.

A cet instant, les serveurs apportent le gâteau surmonté d'une figurine de mariés. On découpe, on se sert, on apprécie. C'est qu'on ne mange pas de la meringue glacée tous les jours !

Julia qui a à peine bu et mangé, refuse d'en prendre. De temps en temps l'un ou l'autre la questionne, mais elle répond du bout des lèvres, explique qu'elle se sent perdue au milieu de tous ces jeunes. On la rassure. Mais autant parler à un mur, rien ne la déride. Pas même l'humour de David. Parfois, Léone se tourne vers elle, s'inquiète de savoir si elle va bien.

— Oui, oui ! Ne t'en fais pas, répond-elle, profite de tes amis et de ton mari.

Maurice cache son antipathie envers Émile en buvant plus que de raison. Au moment du café, l'inévitable se produit. Il se lève brusquement et va vomir aux toilettes. Julia le rejoint. A table, on charrie cet épicier qui ne sait pas boire.

— Il n'a jamais tenu l'alcool, explique Antoine, quand il a trop bu, soit il sort des conneries, soit il dégueule.

Personne ne fait de commentaires surtout que Maurice revient, blanc comme un linge, en s'appuyant sur le bras de Julia.

— On va y aller, dit celle-ci, le pauvre garçon a besoin de récupérer.

Chacun proteste, Léone tente de la retenir mais il n'y a rien à faire. Elle a déjà pris son manteau, embrasse sa fille et salue les autres avant de sortir en soutenant son fils.

Léone suit des yeux ce couple étrange, reconnaît le pas souverain de sa mère. D'après Anna, cette manière de marcher daterait du jour où Julia a perdu Alfred. Comme un témoignage visible qu'il lui faudrait se débrouiller seule.

Léone rassure Émile. C'est toujours pareil avec sa mère. Il faut qu'elle gâche les rares instants de joie que la vie lui offre. Émile n'en fait pas une histoire. Au contraire, il lève son verre en l'honneur de Julia.

— C'est toujours comme ça avec les belles-mères, lance-t-il, mais il suffit de leur faire un peu de gringue et ça finit par s'arranger.

Antoine éclate de rire.

— Pour ça mon vieux, tu risques de te casser les dents.

Plusieurs semaines passent, d'un bonheur sans nuages. Léone est fière d'être mariée. Elle l'est tellement qu'elle ne peut s'empêcher de tripoter son alliance, de l'admirer, de la montrer à ceux qu'elle croise.

Parfois, elle se demande si quelque chose a changé en elle, si le regard que les autres portent sur elle s'est modifié. Mais non, rien n'a changé, hormis ce sentiment nouveau d'être un peu plus femme, d'avoir des responsabilités.

Elle fait ce qu'elle peut pour être parfaite à ses propres yeux, mais aussi pour plaire à Émile. Chaque moment passé avec lui, est une occasion de lui faire plaisir.

Comme ils sortent beaucoup, ils requièrent souvent madame Girodet. Celle-ci est contente de les voir s'amuser et surtout d'avoir le petit dans sa loge. « Ça me fait une présence », explique-t-elle.

Ils dînent dans des restaurants chics dont Léone ignorait l'existence, dansent jusqu'à l'aube. Elle découvre le Paris de la nuit, se familiarise avec cette faune interlope qui semble vivre à contre-courant des autres, et d'elle en particulier, qui continue à se lever tôt le matin pour aller travailler. Elle se fout d'être fatiguée, répétant que c'est maintenant ou jamais qu'elle doit en profiter.

Plusieurs fois, ils retournent à la Bonne Franquette où Pierrot les accueille avec beaucoup d'égards. Elle ne compte pas les tournées gratuites et les repas qu'il leur offre. Émile et lui paraissent liés comme les deux doigts de la main. Souvent, au restaurant, les deux hommes s'isolent pour parler affaire. Léone ne s'en mêle pas. Entre elle et Émile, un accord tacite fait qu'elle ne le questionne jamais sur ses activités. Bien sûr, elle voit Émile sortir de sa poche des liasses impressionnantes de billets. Mais pourquoi s'en inquiéterait-elle ? Il n'a pas l'air d'un braqueur ou d'un perceur de coffres-forts.

Parfois, ils y retrouvent Jeannine, toujours accompagnée d'un homme différent. Les deux femmes en profitent pour se dire des choses qu'elles n'évoqueraient jamais au travail. Jeannine confie à Léone qu'elle est incapable de ne pas séduire, mais qu'elle ne peut jamais s'attacher. Tout est bon, répète-t-elle, pourvu qu'ils ne viennent pas s'installer. Elle admire le couple que Léone forme avec Émile, mais cela ne l'attire pas. Un soir, plus éméchée que d'ordinaire, elle la met même en garde.

— Lui ou un autre, méfie-toi, quand ils en ont plein le dos, ils te larguent sans une larme.

Léone rigole. Elle n'y croit pas.

— Émile n'est pas comme ça. Sinon il ne m'aurait pas épousée et il aurait refusé de s'occuper de Jacques.

C'est au tour de Jeannine de s'esclaffer.

— Ma pauvre chérie, comme tu es naïve ! Un homme qui te veut est capable de tout.

Ça s'arrête là. Normal. Léone vogue sur un nuage. Émile, qu'elle présente comme son mari sur un ton plein de fierté, est tellement différent des hommes dont lui parle son amie. En existe-t-il beaucoup qui offrent autant de fleurs, de robes et de plaisirs à leur femme ? Non. Émile est unique, attentif, gai, plein d'humour. Et ce ne sont pas les grincheux qui feront changer Léone d'avis.

Même sa mère, qu'elle revoit de temps en temps et qui oublie de demander de ses nouvelles.

Ce soir, alors qu'elle revient de son travail en bus, elle se sent heureuse. Quelle que soit l'heure à laquelle Émile rentrera, elle l'accueillera, l'écoutera, l'aimera.

Elle lui dira qu'elle ne peut s'empêcher de penser à lui chaque fois que le téléphone sonne, qu'elle regarde parfois vers le café des Sports pour s'assurer qu'il n'est pas venu l'attendre, qu'il lui arrive d'avoir envie de faire l'amour rien qu'en pensant à lui, ou encore qu'elle souhaite avoir un enfant de lui. Elle en a d'autant plus envie qu'Émile se montre gentil avec Jacques. Certes, il s'en occupe peu mais jamais il ne récrimine quand le petit se met à pleurer, jamais il ne fait une remarque quand elle sort le promener au square des Innocents.

A Rambuteau, elle descend du bus et se précipite à la boulangerie pour acheter une baguette. Elle se sent prête à faire des sourires à tout monde, à embrasser la terre entière. Après avoir repris Jacques chez madame Girodet, elle grimpe à l'appartement.

Émile n'est pas encore rentré. Mais c'est tellement habituel qu'elle ne s'en inquiète pas. Fatiguée, elle prépare un repas froid. Ainsi, quelle que soit l'heure à laquelle il arrivera, il pourra manger. Elle donne son biberon à Jacques, le lave, joue un peu avec lui et le couche. Quand il est endormi, elle se contente d'une tranche de pâté et va se mettre au lit.

Elle allume une cigarette, met la radio en sourdine et s'apprête à lire un magazine de mode prêté par Mamie Chiffon. C'est le moment de la journée qu'elle préfère. La chambre est silencieuse. Seuls lui parviennent les bruits familiers des autres appartements.

Après avoir tendu l'oreille vers la cuisine pour s'assurer que Jacques dort, elle ouvre son magazine. Mais les mots se mettent à danser devant ses yeux, et sans s'en rendre compte, elle s'endort sans même éteindre la lumière.

Il est trois heures du matin quand elle est tirée de son sommeil par le claquement de la porte, violemment refermée.

— C'est toi ? demande-t-elle, le cœur battant.

— Qui veux-tu que ce soit ? répond Émile d'une voix anormalement éraillée.

Jacques s'est mis à pleurer. Elle se lève. Après l'avoir pris dans ses bras, elle se tourne vers Émile, encore vêtu de son manteau et affalé sur une chaise. A son haleine, Léone comprend qu'il a pris une sacrée muflée.

— Mais enfin, qu'est-ce qui te prend de faire autant de raffût ? demande-t-elle.

Il hausse les épaules et balaye l'air de sa main, comme s'il voulait la voir disparaître.

— La ferme ! Tu vois bien que je ne suis pas dans mon assiette !

— Ce n'est pas parce que tu as bu que tu dois te conduire comme ça. Quand on ne tient pas le coup, on lâche le goulot à temps !

Il ricane.

— Va te coucher et fous-moi la paix !

Jacques pleure de plus en plus fort. Émile se lève, s'agrippe à la table pour ne pas tomber, puis se passe la tête sous l'eau. Pendant ce temps, Léone tente de calmer le petit, sans y parvenir. Soudain, Émile se redresse, le visage ruisselant.

— Mais bon Dieu, il va fermer son clapet ce môme, oui ou merde ?

Prise entre le désir d'en découdre et celui de calmer Jacques, Léone se réfugie dans la chambre. Luttant contre les larmes, la peur, elle lui chuchote des mots gentils, le caresse. Mais il n'y a rien à faire, il continue de pleurer. Alors, le berçant toujours, elle revient dans la cuisine. Émile est en train de se servir un verre de vin.

— Mais enfin ! s'exclame-t-elle, tu ne vas pas remettre ça ?

Il rigole.

— Je soigne le mal par le mal. Paraît que c'est la meilleure manière de dessoûler.

Affligée par ce spectacle, elle préfère retourner se coucher avec Jacques. Malgré sa colère, elle parvient à s'endormir avec son fils blotti contre sa poitrine. Son sommeil est agité. Elle s'éveille plusieurs fois, sent qu'Émile n'est pas venu se coucher, s'en fiche, s'interdit de l'appeler, se rendort.

Au petit matin, quand les premières lueurs du jour la réveillent, Émile n'est toujours pas venu s'allonger. Elle se lève. Il n'est plus dans la cuisine. Après avoir vainement cherché un message rassurant, elle éclate en pleurs.

Le plus dur, c'est de ne pas comprendre, d'éprouver la douloureuse impression que quelque chose lui échappe, qu'elle s'est trompée. C'est de subir l'assaut de questions auxquelles elle est incapable de répondre. Pourquoi ce changement soudain chez Émile ? Cette violence ? Cette fuite ? Pourquoi, alors que tout allait bien ?

Maintenant, c'est l'angoisse devant l'absence, le vide, le silence. Et la jalousie qui s'éveille, s'installe, et la dévore. Ce sont des images affreuses que produit son cerveau en déroute. Émile dans les bras d'une autre femme, sans visage, sans nom, mais forcément belle.

D'un coup de colère elle balaye ces bêtises, se lève, s'habille. Évidemment, il se trouve dans un hôtel du coin, à cuver son vin et sa mauvaise humeur. Il reviendra ce soir. Ils s'expliqueront, elle pardonnera et la vie reprendra comme avant. Facile à dire... Tandis qu'elle s'habille, l'inquiétude mêlée de colère et d'amertume revient en force, la brise. Se maquiller, préparer le petit, lui donner à manger, le descendre à madame Girodet exigent d'elle un effort épuisant. Au lieu de prendre le bus pour rejoindre son travail, elle préfèrerait remonter se coucher, pleurer et attendre le retour d'Émile.

Un détour par le café des Sports, un petit noir avalé brûlant et sans sucre lui redonnent un brin d'énergie pour sourire à Rachel et David, plaisanter avec Jeannine, conseiller ces dames élégantes en quête de conseils pour décorer leur intérieur.

Puis vient l'heure du déjeuner. Son Golgotha à elle, où elle doit faire bonne figure devant les autres, joyeux et insouciants. Jeannine raconte sa dernière conquête, la veille au soir, dans un bar de son quartier. David débite ses histoires juives.

Triste après-midi, où, à peine distraite par son travail, elle ne cesse de retenir ses larmes en ressassant les mêmes questions. David et Jeannine se sont aperçus qu'elle n'est pas dans son assiette, mais elle les envoie paître dès qu'ils l'interrogent.

Vient enfin la fermeture. Ce soir elle ne traîne pas. Pressée de rentrer, elle saute dans un taxi. Dès qu'elle en descend, elle jette un coup d'œil vers l'appartement. Pas de lumière. Le peu d'espoir qu'elle avait réussi à entretenir durant cette journée s'effiloche, submergé par les affres de sa jalousie. Depuis le temps, il n'est forcément plus seul ! Avec une femme, des copains, peu importe ! Il ne s'agit plus d'une jalousie d'épouse trompée mais de jalousie à l'état pur. Durant cette journée, il a vu d'autres personnes qu'elle, leur a parlé, a fait quelque chose avec elles. Autant de moins pour elle ! Elle ne supporte pas cette fuite qui lui rappelle trop celle de Mécano.

Dans la loge, madame Girodet est en train de jouer avec Jacques. Ce dernier se précipite dans les bras de Léone.

— Ça a été un petit garnement aujourd'hui, raconte la gardienne, pas moyen de le faire dormir, de l'occuper. Une pile électrique !

— Ce sont ses dents, explique Léone.

Contrairement à son habitude, elle prend Jacques et se sauve en prétextant un coup de téléphone urgent à donner. Elle grimpe les escaliers quatre à quatre. Dans ses bras, le petit se débat parce qu'il voudrait monter à pied.

Un coup d'œil dans l'appartement et elle sait qu'Émile n'est pas revenu. Elle accuse le coup, s'assoit, laissant Jacques gambader. Tout l'indiffère. Il ne lui reste plus qu'à lutter contre sa peur. Celle de tout perdre, d'avoir été et de s'être trompée, de se retrouver face à elle-même. Celle de devoir reconnaître qu'Émile est un salaud. Celle de ne pas savoir quoi faire.

Plus tard, allongée dans l'obscurité, elle voit passer la nuit, blanche, peuplée de fantômes. Dans sa tête tout se confond, s'entremêle, s'emmêle. Elle se revoit enfant pleurer l'absence de son père, revit ses premières amours à l'école, se promène dans Paris au bras de Mécano, s'engueule avec sa mère, met Jacques au monde. Elle se raconte son histoire avec Émile, s'attarde sur les meilleurs souvenirs, pleure en songeant qu'elle est victime d'une malédiction. Mais nom d'un chien ! Pourquoi fichent-ils tous le camp ?

Elle se calme, allume une cigarette. Se dit qu'Émile n'est pas parti. Il reviendra, c'est sûr, elle le sent.

Huit jours ont passé. Un chemin de croix durant lequel elle a donné le change. Maintenant, c'est fini. Elle lit l'interrogation dans les yeux des autres. Curieusement, au magasin, personne ne parle plus d'Émile. On a compris que quelque chose s'était passé, mais on n'ose pas l'évoquer.

Huit jours d'horreur. Surtout ce dernier dimanche, où elle est restée terrée dans l'appartement avec Jacques, n'osant même pas sortir pour faire des courses. Tour à tour effondrée, inquiète, pleine d'espoir, elle a retourné dans tous les sens les quelques affaires laissées par Émile, espérant y découvrir la clé de l'énigme. Mais les rares vêtements, les deux ou trois bibelots trouvés dans un carton, les quelques cartes postales signées de gens anonymes n'ont livré aucun secret. Tout cela, c'était comme la peau morte d'un fantôme.

Elle se dit qu'elle devrait prévenir la police, puis y renonce. Si jamais il revient, elle est certaine qu'il lui en voudra. Alors, elle s'active, lave et relave, range, joue avec Jacques, écoute la radio, parcourt le journal qu'elle achète au kiosque du coin. Une question ne la quitte jamais : pourquoi ce départ précipité ? Elle a beau revenir en arrière, revivre en souvenir les dernières journées passées avec lui, aucun indice ne vient expliquer son absence.

Ce soir, comme les autres, elle passe à la loge reprendre Jacques. Cette fois-ci, madame Girodet ne la laisse pas s'enfuir.

Elle a sorti deux petits verres et une bouteille de pineau des Charentes.

— Alors, monsieur Émile est parti en voyage ?

Léone prend Jacques dans ses bras, pour masquer sa confusion.

— Oui... oui...

— Ah, je m'en doutais ! C'est sûr qu'avec son métier, il est toujours par monts et par vaux.

Elle emplit les deux verres, en fixant Léone. Celle-ci le sent et joue avec le petit pour éviter de croiser son regard. Le manège dure un moment, mais il faut bien que Léone lâche Jacques pour trinquer. Les verres tintent. Madame Girodet continue de dévisager Léone.

— Vous allez bien ? Je vous trouve pâlotte depuis quelques jours.

Léone secoue la tête, sourit.

— C'est ma mauvaise période.

— Ah , je comprends.

Elles boivent en silence. Le tic-tac de la pendule est obsédant. Assis par terre, Jacques gazouille en jouant avec une peluche et capte leur attention. Madame Girodet ne tarit pas d'éloges à son endroit. Il est gentil, beau, malin. Elle ne pourrait plus s'en passer. Puis elle ressert un verre à Léone qui ne refuse pas. Dans cette pièce où chaque meuble est impeccablement ciré, où chaque objet a une place immuable, elle se sent à l'abri, presque sereine.

— Vous savez, ma petite Léone, reprend madame Girodet, je ne suis pas tombée de la dernière pluie. Quelque chose vous chiffonne.

— Non... non...

— Il n'est pas parti en voyage, c'est ça ?

Léone veut répondre mais n'y parvient pas. Sa gorge, trop contractée, lui fait mal. Ses yeux la brûlent. Elle tente de résister, puis se laisse aller. Trop longtemps qu'elle résiste. Des larmes coulent le long de ses joues. Madame Girodet rapproche sa chaise, prend sa main dans les siennes.

— Faut tout me dire ! J'aime tellement pas vous voir malheureuse ! Des jours et des jours que je retourne ça dans ma tête, à me dire qu'il a pris le large...

Alors, Léone raconte, se raconte. Ce ne sont que bribes de phrases, lambeaux d'émotion, souffrances balbutiées. Tout en parlant elle a mal, et pourtant, au fil de ce monologue hésitant, elle se sent mieux. Ce poids sur la poitrine, cette chape qui emprisonnait son cerveau desserrent leur emprise. Au détour d'une phrase, elle sourit.

Madame Girodet ne la presse pas de questions. Elle se contente de la relancer quand elle cherche un mot, une idée, un souvenir. Allongé sur le sol, Jacques ne bronche pas. Il joue, continuant de babiller.

Soudain, Léone n'a plus rien à dire. Libérée de son fardeau, elle fume sa cigarette avec plaisir, redemande un petit verre de pineau. La concierge la sert, s'en verse une larme, comme elle dit, puis l'avale d'un coup.

— Vous savez ma petite Léone, dit-elle en reposant soigneusement son verre sur le napperon, je pourrais vous donner de bons conseils, vous dire de faire ci ou ça. Je pourrais aussi juger monsieur Émile. Mais à quoi bon ! Les gens sont comme ils sont. Je crois que la seule chose qui reste à faire dans ces cas-là, c'est de serrer les fesses et de se raccrocher à l'essentiel. Le vôtre, c'est le petit. Protégez-le !

Léone acquiesce, se penche vers Jacques, le prend dans ses bras.

— Vous avez raison, il n'y a que lui qui compte !

Elle se lève. Avant de partir, elle embrasse madame Girodet avec plus de chaleur que d'ordinaire.

— Merci...

— Il n'y a pas de quoi. Gardez courage. Vous avez la vie devant vous.

CHAPITRE 25

13 mars. Léone n'est pas allée au travail. Trop fatiguée. Elle a besoin de dormir, de faire le point, d'oublier, de comprendre, elle ne sait plus.

Ce matin elle a rassemblé ce qui lui restait de courage pour descendre Jacques chez madame Girodet, puis elle s'est recouchée. Le sommeil n'est pas venu. C'était sans importance. Allongée sous la pesante couverture, le regard tourné vers le ciel, elle s'est reposée.

Midi sonne à Saint-Germain-l'Auxerrois. Elle est debout et s'apprête à se laver, quand on frappe à la porte. Croyant qu'il s'agit d'Émile, elle se précipite pour ouvrir. C'est Julia. Léone s'efface pour la laisser entrer.

— Comment as-tu su que j'étais ici ?

— On m'a téléphoné.

— Qui ça, on ?

— Peu importe ! Il faut que je te parle.

Honteuse de se présenter à sa mère en chemise de nuit à cette heure-ci, Léone s'enferme dans le cabinet de toilette.

— J'en ai pour une minute.

Elle s'habille avec fébrilité, à la limite de la panique. Si sa mère est venue jusque-là, c'est que c'est grave. Elle s'interroge sur le « on » qui a téléphoné, ne trouve pas d'explication, sort.

Pour se donner une contenance, elle se prépare un café.

— Alors, Maman, qu'est-ce qui se passe ?

Julia n'y va pas par quatre chemins.

— A ne pas avoir de tes nouvelles, je commençais à m'inquiéter. Maintenant, j'ai compris.

Léone se retourne, toutes griffes dehors.

— Qu'est-ce que tu as compris ?

— Qu'il est parti, lui aussi.

— Ne te mêle pas de ça !

— Oh si, ma fille, je vais m'en mêler, et plus que tu ne le crois. Je veux bien que tu fiches ta vie en l'air mais je ne permettrai jamais que Jacques en fasse les frais. Je me doutais bien qu'il y avait quelque chose qui ne tournait pas rond chez ce type.

— Émile !

— Chez ce sale type...

— Tu sais toujours tout, toi !

— Cette fois-ci, oui ! Et je vais te dire, je l'ai su quand tu me l'as présenté.

— Tu ne sais rien ! Tu lui as fait la gueule, parce qu'une fois de plus, tu ne voulais pas que j'ai un homme dans ma vie.

— Crois ce que tu veux, mais dès le lendemain, j'ai mené ma petite enquête.

Léone ricane.

— Tu te prends pour Sherlock Holmes, maintenant !

— Tu te souviens de monsieur Guillaume, le voisin du dessous, à la Villa ?

Léone hausse les épaules.

— Si je m'en souviens ! Avec son regard de fouine, ses oreilles décollées et son gros bide, il est inoubliable.

— Il est peut-être laid, mais c'est un honnête homme. D'ailleurs ce n'est pas un hasard s'il travaille à la police.

— Et alors ?

— Alors je lui ai demandé s'il voulait bien s'informer sur ton... mari ! Et voilà ce qu'il a trouvé...

Elle tend une feuille rose à Léone. Celle-ci s'en saisit avec brusquerie. Il s'agit d'un casier judiciaire au nom d'Émile. C'est tellement incroyable qu'elle s'assoit. Elle lit et relit : *23/02/40, Alger, escroquerie, 3 mois de prison... 23/12/41, Brest, vols, 1 an et 1 jour de prison... 05/03/42, Brest, vols, 2 ans de prison, 08/05/45, Cherbourg, métier de souteneur, 3 mois de prison, 1000 fr. d'amende, 5 années d'interdiction de séjour.*

Elle n'ose relever la tête de peur d'affronter le regard de sa mère. Lisant à nouveau, elle essaie de reconnaître Émile dans ce portrait. Ce n'est pas possible ! Et pourtant si. Malgré son esprit qui refuse l'évidence, sa mère est là dans la cuisine, le papier rose jure sur le formica jaune, le nom d'Émile est inscrit en haut de la feuille. L'envie la prend de la chiffonner, de la lacérer, de la jeter dans la poubelle. Au lieu de cela, elle éclate en pleurs.

— J'espère que tu sais ce qu'il te reste à faire ! reprend Julia avant de se lever. Je prend le petit chez la concierge.

La tête vide, le corps douloureux, Léone ne réagit pas. Que sa mère fasse ce qu'elle veut, elle s'en fiche. Il n'y aurait qu'elle, elle se balancerait par la fenêtre. Son absence de sensations lui rappelle l'état dans lequel elle se trouve lors d'un enterrement. Rien d'étonnant : il s'agit bien d'une mort. Et quelle mort ! La sienne, celle d'Émile, celle de leur amour, ou plutôt du sien. Elle n'existe plus à ses propres yeux, pas plus qu'à ceux des autres. Sa solitude est palpable. Elle doit disparaître complètement.

Huit jours plus tard, la police la convoque au quai des Orfèvres pour l'informer qu'Émile vient d'être arrêté à Paris pour proxénétisme et qu'il se trouve en détention à la Santé.

Quand elle sort du bureau du commissaire, elle songe rendre visite à Émile, puis se l'interdit. A quoi bon l'entendre implorer son pardon, raconter n'importe quelle histoire pour se justifier ? Non. Sa décision est prise. Elle va introduire immédiatement une demande de divorce comme on le lui a conseillé quelques minutes auparavant. Et ce ne sera pas sa seule décision.

Dès demain, elle va informer Mamie Chiffon qu'elle cesse de travailler chez elle. Puis elle se rendra au bureau de recrutement de l'armée de terre, dont une publicité, accrochée dans la salle d'attente de la PJ, vantait l'engagement de femmes dans les contingents d'Indochine.

Maintenant, elle en est convaincue, son avenir s'accomplira là-bas, loin de cette merde parisienne, de ceux qui ne l'ont pas aimée, ou mal. Loin de son petit Jacques, qui n'y est pour rien, mais dont elle est certaine qu'il saura attendre son retour auprès de Julia.

Elle va signer, sans en parler à qui que ce soit, pas même à sa mère qu'elle placera devant le fait accompli. Ce sera son pied de nez à la vie, plutôt non, son bras d'honneur.

CHAPITRE 26

Affectée à la 153ᵉ compagnie de quartier général, Léone arrive à Saigon le 11 août 1951 par avion militaire. Avec elle, quelques autres femmes mais surtout des hommes. De ceux qui vont aller au casse-pipe. Mais qu'importe ! L'insouciance leur tient lieu de gilet pare-balles. Grisés par l'exotisme et le côté aventureux de leur démarche, ils passent leur temps à s'en raconter de bien bonnes. Eh bien quoi ! Ils ne vont pas commencer à pétocher. Cette guerre, leur a-t-on menti, est une guerre facile. Ce ne sont pas ces Viets, ignares et nu-pieds, intoxiqués par l'idéologie communiste, qui pourront les effrayer. Eux, ils appartiennent à la valeureuse armée française, avec son aviation, ses canons, son héroïsme.

Léone a moins peur que les autres.

— Normal, dit son voisin, c'est pas les bonnes femmes qui iront à la castagne.

Rires gras des autres mâles.

— Non, renchérit un autre, c'est dans nos lits qu'elles viendront ! Léone rit avec eux. Elle connaît la chanson. Bien entendu que cela se passera comme ça ! Cela s'est toujours passé ainsi. Il n'y a pas de raison que ça change.

Elle jette un coup d'œil sur ces hommes. Cette fois-ci, se dit-elle, elle fera attention. Tu parles ! Encore l'une de ces pensées, sans conviction, qui traversent si souvent son cerveau. Pourquoi changerait-elle, soudain ? Jamais, chez un homme, elle n'a su discerner le vrai du faux. Elle n'a qu'une certitude. Leur but est le même. Il n'y a guère que la manière d'y parvenir qui change. Après...

Elle songe à tous ceux auxquels elle a voulu faire confiance. Triste tableau. Pas un qui n'ait rempli ses promesses. Mécano qui s'est tiré, Lucien qui a fait la même chose à sa façon, puis Émile, le salopard ... En ce qui le concerne, elle est plutôt fière d'elle. Dès le lendemain de son incarcération, elle a entamé une procédure de divorce qui s'est soldée à son avantage. Désormais la voilà libre !

Elle fouille dans son sac à la recherche d'une cigarette, tombe sur la photo de son père qui a dû s'échapper de son portefeuille. Elle la regarde sans la sortir du sac pour que son voisin ne la voit pas.

Lui aussi s'est débiné. Cependant, c'est différent. Elle n'a pas eu le temps de l'aimer. Elle la glisse dans son portefeuille sous celle de Jacques. Debout entre elle et Julia, ce dernier sourit, confiant. C'était quelques jours avant son départ. Elles étaient allées le promener au square de la Madone.

Une drôle de journée ! Julia, qui n'avait toujours pas avalé son engagement comme PFAT, lui avait fait l'une de ces scènes dont elle a le secret. Oh, elle n'avait pas gueulé, non ! Cela avait été bien plus subtil. Sa colère rentrée s'était exprimée à coups de regards sévères, de silences, de réflexions vachardes lâchées au détour de phrases anodines.

Malgré tout elles avaient réussi à faire bonne figure pour que le petit ne s'inquiète pas trop. Sur un ton de connivence un peu forcé, elles lui avaient expliqué que Maman devait partir très loin pour le travail, mais qu'elle reviendrait bientôt. Apparemment, Jacques avait accepté leurs explications. Apparemment... Elle sent bien qu'elle se rassure. Au fond, elle a bien perçu l'inquiétude de son petit. Suffisait de voir le regard qu'il lui lançait parfois, son exigence pour qu'elle le porte, le câline, joue avec lui dans le bac à sable.

Elle préfère refermer le portefeuille et contempler l'immensité nuageuse sur laquelle l'avion semble glisser.

Ils atterrisssent bientôt à Saigon. Le voyage lui a semblé plus rapide que prévu. A la descente du zinc, elle est surprise par la chaleur lourde et moite qui la fait aussitôt transpirer. Elle n'aime pas cela, surtout que cela laisse des auréoles sur le chemisier de l'uniforme. Au-dessus de leurs têtes, la grisaille, sans nuage.

Sur le tarmac brûlant, on sépare les hommes et les femmes. Elles sont une dizaine et se rassemblent en bon ordre, leur barda au pied. Autour d'elles le ballet assourdissant des avions civils et militaires qui atterrissent ou décollent, celui des jeeps, des camions de ravitaillement. Partout, des civils ou des soldats marchent d'un pas pressé.

Une femme lieutenant arrive en courant, leur ordonne de la suivre jusqu'au bâtiment de l'aéroport où un capitaine les attend.

Il est au milieu du hall, à faire les cents pas les mains derrière le dos. Elles se remettent en ligne, au garde-à-vous. L'officier arrête son va-et-vient, se campe devant le groupe et dévisage chaque femme.

Le type est grand, un peu voûté. Il a revêtu son uniforme d'été, short et chemise blanche à manches courtes, immaculés. Avec ses jambes filiformes découvertes, il paraît encore plus grand. Sa poitrine est couverte de barrettes multicolores.

— Avec autant de décorations, il a dû faire au moins vingt guerres ! chuchote Léone à sa voisine.

Elles pouffent de rire. Le capitaine s'en aperçoit, les foudroie du regard mais continue son laïus, imperturbable.

— N'oubliez pas, mesdames, qu'ici, c'est la guerre. Tout ce que vous avez appris...

Évidemment que c'est la guerre ! Léone n'écoute plus. Elle est beaucoup plus intéressée par la foule jacassière qui les entoure. Pour la plupart des auxiliaires indochinois, en costume traditionnel, tunique et pantalon. Pendant ce temps, le capitaine termine sa harangue d'un ton sérieux. Léone tend à nouveau l'oreille.

— ... affectées à l'état-major, vous ne serez probablement jamais sur le théâtre des opérations. Cependant, votre place est essentielle. Vous êtes des soldats au même titre que vos camarades combattants.

Voilà, c'est fini. L'officier tourne les talons, rejoint sa jeep. Les femmes s'entassent dans un camion militaire dont le chauffeur ferme les bâches.

— Question de sécurité ! explique-t-il.

Bousculade pour prendre la place la plus proche de l'ouverture. Chacune veut sentir, entendre, dévorer des yeux cet Eldorado dont on leur a rebattu les oreilles à Paris. Combien de fois, durant leur formation, ont-elles entendu des militaires, des hommes d'affaires, des responsables de plantation leur vanter ce pays ! Combien de fois leur a-t-on dit que s'il n'y avait pas la guerre ce serait le paradis sur terre. Comme avant, aux premiers temps bénits de la colonisation.

D'un commun accord, elles se succèdent devant l'interstice de lumière pour jeter un œil dehors. C'est le tour de Léone.

Le camion file sur une route rectiligne de terre rougeâtre, soulevant un épais nuage de poussière. De chaque côté, une végétation luxuriante et enchevêtrée de palmiers et autres essences que Léone ne connaît pas.

Sur les bas-côtés de la chaussée, des files ininterrompues de coolies, de pousse-pousse, de cyclistes et d'animaux. La plupart des piétons ont la tête dissimulée sous des chapeaux coniques et portent sur l'épaule de lourdes charges suspendues à des palanches. Des chiens et des cochons courent ici et là, en liberté.

C'est au tour d'une autre fille de prendre la place. Léone se retire, accepte la cigarette que lui offre sa voisine. Soudain, l'un des chauffeurs ouvre la lucarne de communication avec la cabine.

— Eh les gonzesses, préparez-vous ! On arrive à la caserne dans cinq minutes !

Des exclamations de joie lui répondent. Chacune se recoiffe, se regarde une dernière fois dans son miroir de poche, ajuste son uniforme. Puis elles se taisent, partageant la même angoisse faite d'impatience et de peur devant l'inconnu.

Comme le dit l'une d'entre elles lorsque le camion s'immobilise :

— Cette fois-ci, on y est !

On leur ouvre la bâche. Elles descendent au milieu d'une cour cernée de bâtiments imposants, aux murs fraîchement recouverts de crépi blanc.

Léone accepte la main que lui tend le chauffeur. Il lui sourit.

— C'est peinard ici ! Tu verras ! Surtout pour vous les femmes ! Crois-moi, tu as choisi la belle vie.

Quelques minutes plus tard, avec trois de ses compagnes, elle s'installe au deuxième étage, dans l'une des cambuses réservées au personnel féminin.

A l'exemple des autres, elle range ses affaires en silence. Ce n'est pas l'heure de parler. Au contraire, c'est le moment de mettre ses souvenirs à distance, de penser à ceux qu'on aime, de se demander une dernière fois, et vainement, si l'on a pas fait une bêtise en venant s'exiler sur cette terre inconnue et au beau milieu d'une guerre.

Léone qui a mis son cœur en ordre songe à la réflexion du chauffeur.

Eh bien oui, ce sera peinard ! C'est ainsi qu'elle voit son avenir, au cœur de Saigon, de la guerre et de ce peuple qu'elle a senti grouillant, omniprésent, insaisissable lors de son transfert de l'aéroport. Tout de suite, elle a eu envie de s'y immerger, de le comprendre, de s'approprier sa tranquille nonchalance. Elle est heureuse. Enfin, son désir se réalise. L'aventure est là, et bien là cette fois. Et par contrecoup, elle prend conscience du mal qui la rongeait à Paris : l'ennui.

Elle se fiche du manque de confort du dortoir, des toilettes rudimentaires, de la chaleur et des moustiques qui font déjà râler certaines de ses compagnes. Elle a enfin trouvé cet ailleurs qui la hantait depuis son enfance. Et elle se met à fredonner *La Vie en rose*...

Marcelle, sa voisine s'étonne :

— Toi, au moins, tu as le moral.

— Oh oui ! s'exclame Léone. Et crois-moi, je l'ai pour longtemps.

Maintenant qu'elle a fini de déballer ses affaires, elle place la photo de Jacques sur la table de nuit, en appui contre trois romans policiers qu'elle a achetés à Paris et qu'elle n'a même pas lus.

— Tu ne laisses rien derrière toi ? reprend Marcelle.

Silence de Léone. Pourquoi biaiser avec ce qu'elle ressent ?

— Oh si ! Une vie de merde.

Elle éclate de rire. Marcelle sourit sans joie, puis elle saisit la photo de Jacques entre Léone et Julia.

— C'est ton fils ?

Léone acquiesce.

— Il est beau !

Léone se tait. Elle préfère ranger ce qui est déjà rangé, plier ce qui est déjà plié. Surtout ne pas penser. La tristesse, mais aussi l'inquiétude de n'avoir pas fait le bon choix sont encore trop vives.

Heureusement, l'appel la sauve. Elles vont être accueillies par leurs officiers et recevoir leur ordre de mission.

Pour certaines, c'est l'affectation dans les unités plus exposées de Can Tho, Nha-Trang, Da-Nang.

Léone, elle, est nommée ici, secrétaire auprès du responsable de l'intendance.

D'autres filles la charrient. C'est la planque, ma poulette ! Aucun risque de prendre une balle dans la peau. Pas de solitude, de températures insupportables, de peur.

Léone s'en fiche. Rien que d'avoir quitté Paris et sa merde, c'est déjà l'aventure.

L'après-midi est consacré à la prise de contact avec son supérieur, le colonel Lemoine. L'homme lui plaît. La cinquantaine alerte, un sourire constant aux lèvres, il la questionne sur sa vie, avec simplicité, comme un ami, un père avec sa fille, peut-être ? Confiante, Léone lui raconte ses échecs sentimentaux, son ras-le-bol de Paris, son envie de dépaysement.

— Pour cela, vous serez servie ici ! dit-il. C'est le seul pays au monde que j'ai connu où rien n'est pareil qu'ailleurs. Mais si on se prend à l'aimer, alors on ne peut plus s'en passer. Une vraie drogue...

A son tour, encouragé par une question de Léone, il explique qu'il est arrivé dans les bagages de De Lattre, préférant l'Indochine plutôt qu'un poste tranquille au ministère.

Léone s'étonne.

— Mais ça paraît tranquille ici aussi.

— Je ne vais pas jouer les rabat-joie, mais je crois devoir tempérer votre enthousiasme. Nulle part ici, nous ne sommes en sécurité. Les Viets mettent la pression dans les villes comme ailleurs. Il n'y a pas un soir sans qu'une bombe explose, sans qu'un terroriste jette une grenade dans un café ou un restaurant. Non, je crois que l'on ne vous a pas assez mises en garde à Paris. C'est la guerre, ici, une vraie guerre.

D'un geste las, il saisit une pile de feuilles dactylographiées et la lui tend.

— Regardez !

En lisant, un frisson la parcourt. Ce ne sont que des avis de décès à envoyer aux familles. Elle relève la tête, croise son regard.

— Pour la seule journée d'hier, dit-il.

Elle repose les feuillets. Ils se taisent quelques instants, puis le colonel lui explique son travail. Il s'agira de taper ce qu'il lui donnera, rapports, comptes-rendus, directives, d'accueillir les visiteurs et de prendre des lettres en sténo. Il se lève.

— Vous commencerez demain. Je vous attendrai à huit heures. D'ici là, quartier libre. Faites connaissance avec la caserne, votre nouvelle famille. J'appelle le lieutenant Murlin, mon adjoint, pour qu'il vous serve de guide.

Il lui sert la main et la raccompagne à la porte.

— Si vous avez besoin de quoi que ce soit, n'hésitez pas.

Elle le remercie et se retrouve dans le petit bureau qu'elle occupera. Tout est parfaitement rangé. Une housse grise recouvre la machine à écrire. Elle l'enlève pour connaître sa marque. Une feuille est glissée dans l'enrouleur. Quelques lignes sont tapées dessus. *A celle qui me succédera... Que chaque matin, elle pleure toutes les larmes de son corps avant de se mettre au travail. Cela lui évitera d'avoir à le faire quand elle tapera les rapports d'opération et les avis de décès. A part cela, l'ambiance est au poil et le colonel très sympa... Bonne chance. Perrine.*

Léone sourit. Ces mots lui font regretter de ne pas avoir connu cette femme.

Soudain, la porte s'ouvre. C'est le lieutenant Murlin. Ils se saluent, se serrent la main.

L'après-midi passe rapidement. Avec lui, elle visite les recoins de la caserne, apprend ce qu'on doit savoir à propos des repas, des horaires, du courrier, de la blanchisserie.

Vers six heures, il l'invite au mess pour prendre son premier verre indochinois.

Elle se retrouve au milieu d'un groupe de trois officiers. Jean Murlin, un autre lieutenant, Louis Albertini, et un capitaine, François Moreau.

Détendus, ils se racontent leurs faits d'armes, parlent de la situation politique en métropole où l'on vient d'apprendre la nomination de Pleven à la présidence du Conseil. Tout le monde est d'accord pour accorder peu de crédit à ce changement. Ce qui leur importe, c'est de savoir s'il saura imposer un budget plus conséquent pour la guerre d'Indochine. Léone écoute sans prendre part à la conversation. Les subtilités de la politique lui échappent. Lorsqu'ils ont épuisé le sujet, ils s'intéressent à elle, lui demandent de leur parler de Paris, l'interrogent sur sa vie. Pourquoi diable a-t-elle échoué ici ? Elle raconte tout, sans chichis. Ils l'écoutent, rient souvent, la questionnent avec gravité, sans se prendre au sérieux. Parmi eux, Léone se sent bien, en sécurité. C'est drôle, ces hommes ne ressemblent pas à ceux qu'elle a rencontrés. Elle les trouve plus drôles et plus sincères. Elle le leur dit. Ils échangent un regard amusé. Le capitaine Moreau répond.

— Comme on ne sait jamais si ce n'est pas notre dernière journée, mieux vaut rire, non ?

Elle approuve, s'inquiète de la réalité du danger. Du coup, leurs visages se ferment. Cette fois-ci, c'est Murlin qui prend la parole.

— Il est partout, même ici.

Devant l'air interrogateur de Léone , il continue.

— On ne peut vivre sans les autochtones. Ça rentre, ça sort. L'un d'eux pourrait déposer une bombe...

— Mais ils sont fouillés, j'imagine ?

Ils haussent les épaules.

— Ce n'est pas ça qui peut les arrêter.

L'heure tourne. Le capitaine se lève. Il serre la main de Léone.

— J'ai été heureux de faire votre connaissance.

Quand il est sorti, les deux autres se détendent.

— Bon, ce n'est pas le tout, lance Albertini, qu'est-ce qu'on fait ce soir ?

Ils évoquent plusieurs restaurants, hésitent, puis se décident pour La Pagode, dans le quartier chinois de Cholon. Murlin se tourne vers Léone.

— Ça vous dirait de venir avec nous ?

— Oui, bien sûr, mais je ne sais pas si je peux...

Il hausse les épaules.

— C'est un ordre !

Ils éclatent de rire, puis conviennent de se retrouver à la sortie de la caserne vers huit heures.

De retour au dortoir, Léone trouve Marcelle allongée, apparemment endormie. Elle étale son tailleur militaire blanc sur le lit, puis se déshabille. Il fait tellement chaud que c'est un plaisir. Pour un peu, elle se placerait devant la fenêtre pour profiter du courant d'air.

Après s'être débarbouillée au lavabo, elle revient s'asseoir sur le lit, se regarde dans son miroir de poche et s'étale une légère couche de rouge sur les lèvres. Ce soir, elle veut être belle. Eh, c'est qu'on ne la lui fait pas ! Avec ces officiers qu'elle vient de quitter, elle se doute bien qu'elle devra à nouveau entrer dans la spirale de la séduction.

A mesure que le rendez-vous approche, elle reconnaît cette excitation face à l'inconnu, cette joie de ne pas savoir de quoi sera faite la minute suivante. Elle veut en profiter. Et la voilà qui se met à siffloter.

Marcelle s'éveille et s'étonne :

— Tu es bien joyeuse.

Léone a envie de l'envoyer paître. Elle se retient.

— Pourquoi ne le serais-je pas ? On ne m'a pas forcée à venir ici.

— Tu as bien de la chance !

— Pourquoi ? Tu n'as pas eu le choix, toi ?

— Non. C'était ça ou crever d'ennui.

Léone garde le silence. Crever d'ennui... Ces mots résonnent dans sa tête, dans sa chair. Certes c'est l'une des raisons qui l'ont fait fuir Paris, mais pas seulement ! Crever d'ennui... Mais aussi crever de ne pas s'être inventé une raison de vivre. Mari, enfant, famille, travail, rien de cela n'a pu la retenir. Son destin, son plaisir, sa sensation d'exister, c'était autre part qu'elle devait les trouver ! Ici, peut-être ?

La meilleure façon de le savoir, c'est de se dépêcher de rejoindre les autres. Elle sort en hâte du dortoir sous le regard envieux de Marcelle.

CHAPITRE 27

Quand Léone sort de la caserne, ils sont là, à l'attendre. Les deux lieutenants, Jean et Louis, mais aussi une vietnamienne.

Louis la présente à Léone.

— Suen, mon amie. Elle nous sert de guide quand on va dans les quartiers mal famés.

Malgré elle, Léone dévisage la jeune femme. De sa vie, elle n'a vu un visage dont les traits soient aussi fins, un corps si bien dessiné, une telle grâce dans la manière de se tenir. Consciente de se montrer impolie, elle détourne le regard. En même temps, elle se sent vulnérable, moins certaine de son pouvoir de séduction.

Jean propose de faire un tour à pied dans la ville, histoire de la faire découvrir à Léone. Ils se mettent en marche.

Louis se rapproche de Léone.

— Elle est belle, Suen, hein ? C'est ma petite amie.

— Vous avez de la chance. C'est vraiment une jolie femme.

Il esquisse un sourire de fierté.

— Elle n'est pas seulement belle...

— Il y a longtemps que vous la connaissez ?

— Depuis que je suis là. Je l'ai rencontrée dans une réception. Elle travaille pour Balland, un Français qui possède une plantation d'hévéas dans la banlieue de Saigon. Oh, vous aurez l'occasion de le connaître. Il reçoit souvent des militaires chez lui.

Ils s'engagent dans une rue obscure.

— La rue Blanchy ! annonce Jean.

— C'était qui celui-là ? demande Louis.

— On s'en fout.

Léone marche devant, aux côtés de Jean. Au milieu de la foule agitée et anonyme, où tout le monde se ressemble, elle ne sait plus où donner de la tête.

Les échoppes, des restaurants pour la plupart, sont violemment éclairées par des chapelets de lampes multicolores. Aux devantures pendent des canards, des carcasses de porc, et des morceaux de chair sanguinolente, sans qu'on puisse deviner de quel animal il s'agit.

Les gens mangent sur des tables basses disposées le long du trottoir, ou accroupis autour de braseros sur lesquels ils font griller des brochettes de viande.

Ici et là, des gamins ou des adultes, souriants, les interpellent.

— *Phap ! Phap !* crient-ils en leur faisant signe de manger.

Étourdie par le va-et-vient de la foule, le brouhaha des conversations et la circulation où se mêlent voitures à moteur et à chevaux, cyclo-pousse, vélos, elle s'appuie sur le bras de Jean.

— Ça va ? lui demande-t-il.

— Ça va ! Je me sens juste un peu chose. C'est tellement nouveau pour moi.

— Bah ! Encore quelques jours et vous serez habituée.

Elle lui sourit.

— C'est surtout aux odeurs que je ne me fais pas.

Il lui offre une cigarette qu'elle accepte.

— C'est le meilleur moyen que j'ai trouvé pour respirer autre chose.

Ils éclatent de rire, puis attendent Louis et Suen. Quand ils sont à nouveau réunis, Louis propose de prendre des cyclo-pousse.

— J'en ai marre de me faire bousculer par tous ces niakés.

— Ce ne sont pas des niakés, le reprend Suen, mais des Vietnamiens.

Louis éclate de rire, mais son rire sonne faux. Il enlace son amie et l'embrasse.

— Tu as raison, mon petit cœur.

Suen se laisse faire, de mauvaise grâce. L'espace d'un instant, Léone a croisé son regard d'une fixité absolue, comme si elle se trouvait ailleurs. De toute évidence, elle n'aime pas Louis.

Chaque couple a pris un cyclo-pousse. Jean lance un ordre bref au coolie qui se juche sur les pédales pour appuyer dessus de tout son poids.

— Vous parlez vietnamien ? demande Léone.

— Suffisamment pour me faire comprendre. De toute manière, la plupart de ces gars-là parlent français.

Tandis que leur cyclo-pousse se fraye un passage dans la circulation, Léone regarde avec le même étonnement mêlé d'excitation la foule grouillante qui emplit les trottoirs, les devantures éclairées au néon.

Ils passent devant l'hôtel du général de Lattre, le siège du gouverneur, puis ils contournent la cathédrale avant de longer le jardin botanique.

Ici et là, Léone aperçoit des terrasses de café qui ressemblent à celles de Paris.

— Depuis le temps qu'on est dans ce pays, explique Jean, c'est normal qu'on y ait importé notre manière de vivre. Si ça vous tente, je vous y emmènerai un jour.

Ils s'engagent dans la rue des Marins, en direction de Cholon. Jean se retourne pour vérifier que l'autre cyclo les suit. Il fait signe à Louis qui lui répond.

Comme la circulation est moins dense, le cyclo roule assez vite.

— C'est agréable, s'exclame Léone, je commençais à avoir chaud.

— Ne vous plaignez pas trop. Aujourd'hui c'est tolérable.

Ils gardent le silence. Léone se sent épanouie, en accord avec elle-même. Chaque coin de rue, chaque visage croisé, chaque odeur représente bien une parcelle de cette grande aventure qu'elle désirait.

Enfin de la nouveauté, du plaisir, de l'excitation ! Elle se cale contre le siège, décidée à s'offrir à cet exotisme enveloppant, aux effluves nouveaux, aux palabres incompréhensibles, à ce vacarme feutré, cette chaleur qui donne envie d'être nue. Déjà, elle se sent la captive consentante de ce pays, de son charme, de sa violence aussi, qu'elle ne sait pas encore déchiffrer.

A ses côtés, Jean vient d'allumer une cigarette. Il se tourne vers elle.

— Vous avez l'air bien.

— Je le suis, c'est vrai.

Elle se met à raconter qu'elle rêvait de l'Indochine depuis l'enfance, qu'en feuilletant les pages du dictionnaire, elle avait pataugé dans les rizières, imaginé la baie d'Along, le cap Saint-Jacques, descendu le Mékong. Elle explique comment elle a été appelée par ce pays, au fil de ses rencontres. Un pilier de bistrot lui racontant sa guerre du Tonkin, une sœur lui rapportant comment elle y soignait les blessés, ou encore cette fille rencontrée sur un quai de gare et qui s'apprêtait à venir ici.

Jean l'écoute jusqu'à ce qu'ils arrivent. Alors qu'elle s'apprête à descendre du cyclo-pousse, il la retient par le bras.

— C'est drôle ! A vous entendre, on croirait que votre venue ici était écrite.

— Et pourquoi pas ? réplique-t-elle en sautant du marchepied.

Ils se retrouvent tous les quatre sur le bord du trottoir. D'après

Suen, la Pagode est à quelques minutes à pied. D'autorité, elle prend Léone par le bras et l'entraîne.

— Je suis heureuse de vous connaître, dit-elle. Vous me plaisez !

Léone ne peut s'empêcher de rougir. Suen, consciente de son embarras, éclate d'un rire cristallin, plein de gaieté.

— Oh ! ne vous méprenez pas ! Je voulais dire que j'aimerais être votre amie.

Léone en a envie, elle aussi, mais ne sait comment le dire. Elle croise le regard de Suen.

— Pas la peine de répondre, dit celle-ci. Vos yeux verts l'ont déjà fait. Merci...

Entourées d'une foule dense et bavarde, elles marchent bras-dessus, bras-dessous, jetant des coups d'œil derrière elles pour vérifier que les hommes sont toujours là.

Suen explique à Léone qu'elles se trouvent dans le quartier chinois de Saigon où se traitent la plupart des affaires.

— Mais le soir, ajoute-t-elle, ça devient le lieu préféré de la mafia et de la pègre. Un jour, nous irons jouer au casino, le Grand Monde, vous comprendrez ce que je veux dire.

Toujours des échoppes, des boutiques, des restaurants. Parfois, Suen s'arrête devant un étalage, estime la qualité d'un tissu ou d'un objet. Elle entame alors une discussion animée avec le vendeur, puis elle entraîne Léone un peu plus loin en riant.

— Tous des voleurs !

— Mais vous vouliez acheter quelque chose ?

— Pensez-vous ! Juste marchander, pour le plaisir.

Lassés de les voir flâner, Jean et Louis passent devant.

— On va directement au restaurant, dit le premier.

— Oui, c'est ça ! On vous rejoint, répond Suen.

Elle continuent d'avancer, se frayant un chemin dans la foule. Parfois, Léone croise le regard insistant d'hommes ou de femmes. Elle ne peut s'empêcher d'éprouver un certain malaise, voire de la crainte, mais elle ne dit rien à Suen pour ne pas paraître ridicule.

Soudain, son regard est attiré par un étalage où sont exposées toutes sortes d'objets en ivoire, statuettes, plaquettes gravées, bracelets et colliers.

L'un de ces derniers lui plaît particulièrement. Il est constitué de figurines d'animaux, reliées par une chaîne en or.

— Tu le veux ? demande Suen.

— Ça doit être cher ! Je ne crois pas avoir assez sur moi.

Elle commence à fouiller dans son sac, mais Suen a déjà rejoint le fond de la boutique, le collier à la main. Léone préfère l'attendre. Quand elle revient, la jeune femme le lui passe au cou.

— C'est combien ?

— Rien ! Je te l'offre. Il te portera chance, tu verras. Ce sont les représentations des animaux de l'astrologie chinoise. Ils vont te protéger, chacun leur tour.

Léone l'embrasse.

— Merci !

Elles reprennent leur chemin. Spontanément, Léone a pris le bras de Suen. Oui, elle aura de la chance. Mais pourquoi le dire au futur ? Elle en a déjà !

Quand elles arrivent au restaurant, les hommes sont déjà attablés, entamant une bouteille de rosé. Léone est surprise par le silence qui règne dans la salle.

Le contraste est saisissant avec l'extérieur. Ici, les convives parlent à voix basse. Les serveuses vêtues de manière identique, chemisiers blancs et jupes longues noires, semblent glisser sur l'épais tapis bleu nuit.

Son regard s'attarde sur les estampes et les tableaux accrochés aux murs tendus de soie mauve. La plupart représentent des scènes de culture en rizière.

Jean lui tend le menu.

— Les plats sont écrits en vietnamien et en français.

— Pour moi, ça ne change rien ! Même en français, je ne sais pas ce que c'est ! Je n'ai jamais mangé dans un restaurant comme celui-ci.

Suen lui adresse un clin d'œil.

— Ce n'est pas grave ! Je vais choisir pour toi.

Quelques instants plus tard, le patron, un Vietnamien ventripotent en costume noir, s'approche de la table. Il sert la main de Jean et salue la tablée avec obséquiosité, distribuant force sourires aux uns et aux autres. Son français est impeccable.

— C'est gentil à vous, monsieur Murlin, d'amener une nouvelle cliente, surtout aussi charmante.

— Elle est plus que charmante, N'Guyen, elle est belle.

— C'est vrai, monsieur Murlin, mais....

— Arrêtez vos salamalecs, coupe Louis, et dites-nous plutôt ce qu'on doit prendre. Je meurs de faim.

L'homme ne se formalise pas d'avoir été interrompu et propose divers plats à la vapeur. Léone échange un regard avec Suen. Elles se sont comprises. Louis a du mal à dissimuler son agressivité envers les Vietnamiens. Elle s'étonne que Jean n'ait pas cherché à atténuer l'incorrection de son camarade par un mot gentil.

Quand le patron est reparti avec la commande, la conversation s'engage sur les dernières nouvelles du conflit. Selon Jean, il semblerait que les communistes et quelques groupes nationalistes aient passé une sorte d'alliance tacite pour combattre les Français.

— Je suis convaincu que les attentats des semaines passées ne sont pas à mettre au seul compte du Viêt-minh. Rien qu'à la manière dont ils s'y prennent, on peut voir la différence.

Louis hausse les épaules.

— Je me fous que ce soient des nationalistes, des communistes, ou je ne sais qui. Pour moi, c'est la même chose ! Ce sont tous des salopards et il me tarde d'aller en zigouiller quelques-uns.

— Tu repars quand ? demande Suen.

— Dans huit jours, ma petite pagode ! Tu es triste, hein ?

La jeune femme se contente de sourire.

— C'est drôle, dit Léone, je sais que je viens d'arriver, mais je ne parviens pas encore à me dire que c'est la guerre. A aucun moment, je n'ai eu l'impression d'être en danger.

Louis éclate de rire.

— Ah ! Va falloir qu'on affranchisse la bleusaille.

Il approche son visage de celui de Léone et lui désigne les autres convives.

— Tu vois ces gens, dit-il à voix basse, ils ont l'air tranquilles, hein ? Apparemment, tu as l'impression d'être dans un restaurant peinard, comme à Paris et tu bouffes sans souci. Eh bien, tu te fourres le doigt dans l'œil, ma petite ! Si ça se trouve, avant la fin du repas, il y en a un qui va venir jeter une grenade ou nous zigouiller à la mitraillette. Tu vois mon pistolet ?

Elle regarde son holster.

— Eh bien, il est prêt à l'emploi. Chaque fois que je sors de la caserne, j'enlève le cran de sûreté.

Jean se met à rire à son tour.

— Ne vous inquiétez pas, Léone ! Il dit cela pour vous impressionner. En réalité, ici nous sommes en sécurité.

— J'aimerais bien savoir pourquoi ? s'étonne Louis.

Jean s'apprête à répondre quand Suen lui coupe la parole.

— Tu n'es vraiment pas malin, petit Français ! Si tu connaissais un peu mieux les niakés, comme tu dis, tu saurais qu'ici nous sommes dans un établissement de la mafia et qu'aucun terroriste, même communiste, n'oserait venir y jeter une bombe. D'ailleurs, N'Guyen les finance certainement.

Vexé, Louis hausse les épaules et avale d'un trait son verre de vin.

— Tu as raison, dit Jean, mais au-delà du seuil de cette porte, rien ne nous protège.

— Mais alors pourquoi se balader dans les rues ? demande Léone.

Jean la regarde intensément. Pour la première fois depuis le début de l'après-midi, elle distingue une lueur d'amertume dans ses yeux.

— Parce que si l'on ne le faisait pas, ce serait avouer notre défaite.

D'un commun accord, ils décident de parler d'autre chose, et la conversation part dans tous les sens, ponctuée d'éclats de rire, d'anecdotes, de souvenirs partagés.

Léone raconte sa vie à Paris, son travail chez Mamie Chiffon, Julia, Jacques. Suen évoque la plantation de Bien Hoa et Balland, son patron tyrannique.

A la demande de Léone, Jean décrit Perrine, la secrétaire qui l'a précédée. Il s'agissait d'une Bretonne, forte en gueule mais efficace. Elle est retournée au pays pour épouser le Bigouden de son cœur. Enfin, Louis parle de sa passion du tu sac, le poker local.

— Tiens, à la fin du dîner, je vous emmène au casino.

— On n'a pas le temps, dit Jean. On doit être de retour à minuit.

— Merde, c'est vrai, tu as raison !

Suen pose sa main sur celle de Louis.

— Si je comprends bien, je dors toute seule cette nuit ?

Louis lui adresse un clin d'œil.

— Mais non, mon petit saké ! Tout est prévu ! Pierrot est de garde et il me doit une courte-échelle.

— C'est quoi, ça ? demande Léone.

— Une manière de s'arranger pour faire le mur sans se faire remarquer. Mais chut, c'est un secret.

Derniers éclats de rires. Ils règlent l'addition que N'Guyen vient de leur apporter, se lèvent et prennent congé.

Avant de se séparer, Suen insiste pour qu'ils viennent à la plantation lors d'une prochaine permission.

La circulation est moins dense qu'à l'aller. Fatiguée, légèrement enivrée, Léone se cale au fond de la nacelle. Elle ne cherche pas à parler, ni à regarder autour d'elle. A côté d'elle, Jean demeure silencieux.

Soudain, alors qu'ils s'engagent dans la rue Catinat, le grondement sourd et lointain de plusieurs explosions la font se dresser sur son siège.

— Qu'est-ce que c'est ?

Jean n'a pas bronché.

— Un attentat, probablement. Il y en a tous les soirs.

Quelques minutes plus tard, sirènes hurlantes, des voitures de l'armée et des ambulances leur coupent la route.

— Qui était visé, à votre avis ?

— Je ne sais pas. C'est assez éloigné, répond Jean. On nous le dira à la caserne.

Puis il replonge dans ses pensées. Léone le contemple à la dérobée. Malgré son calme apparent, il paraît plus tendu. Elle allume une cigarette. Fumer l'aidera peut-être à juguler la peur qui s'est immiscée au creux de son ventre.

Quelques minutes plus tard, le cyclo-pousse les dépose devant la caserne. Des véhicules remplis d'hommes en armes sortent en trombe. Les plantons expliquent à Jean qu'on vient de faire sauter un dépôt de carburant du côté du port.

Dans la cour, des soldats courent dans tous les sens, l'arme au poing.

Jean croise le capitaine Moreau qui lui demande de le suivre. Avant de s'éloigner, il salue Léone.

— Allez vous coucher ! A demain matin.

— Merci pour la soirée.

Il lui sourit et rejoint le capitaine déjà installé dans une jeep. Celle-ci démarre aussitôt.

Léone demeure un instant au milieu de la cour. Cette fois, elle comprend que la guerre est proche, tapie dans l'ombre, prête à tuer.

La peur s'installe en elle. Il lui faut réagir tout de suite, ne pas se laisser tétaniser par l'engourdissement. Elle se met alors à courir pour rejoindre son dortoir.

Un peu plus tard, allongée sur son lit, elle garde les yeux ouverts vers la fenêtre où se dessine un coin de ciel noir sans étoile. Paris, Julia, Jacques lui traversent l'esprit sans causer de douleur.

Demain, elle leur écrira. Elle leur dira qu'elle les aime et ne mentira pas. Puis elle finit par s'endormir avec le dernier sourire que Jean lui a adressé. Comme une promesse d'avenir.

CHAPITRE 28

Léone est heureuse et le montre. Sa nouvelle vie à Saigon lui paraît facile. Cela se résume à vivre français au milieu d'un peuple étranger tout en lui faisant la guerre pour préserver les avantages de la colonisation. Et cela, sans complexes, ni culpabilité.

Plus d'un mois qu'elle est ici. Son travail n'est pas foulant. Beaucoup de machine à écrire, de bavardages et de café à distribuer.

Elle tape à la perfection. Sans doute grâce à son apprentissage chez le Corbeau. Cent mots minute ! Une bombe qui fait l'admiration de tout le monde, y compris du colonel Lemoine.

Ils s'aiment bien tous les deux et papotent de la France, de leur famille et de la dureté des temps. Comme il pourrait être son père, elle a confiance en lui et se raconte. Selon les jours, il la plaint ou la félicite pour son choix, tente de lui prodiguer quelques conseils, la rassure. D'après lui, la guerre ne s'éternisera pas. Sa conclusion devrait intervenir dans un an au plus tard. Alors, qu'elle ne prenne pas de risques et elle rentrera saine et sauve au pays.

Elle est d'accord, Léone. Pas question de réserver à Jacques le même sort que le sien. Déjà qu'il n'a pas de père, pas la peine qu'il n'ait pas de mère. Promis ! Elle n'ira pas au-devant des balles.

Pour s'en rappeler, elle a posé la photo du petit sur son bureau. Entre deux lettres, deux rapports, elle s'arrête de taper, le regarde, lui parle. Il est sa raison de rester en vie.

En attendant, elle veut en profiter. Saigon constitue une halte dans sa vie. Pour faire le vide en elle, se laver de la merde dans laquelle elle a baignée depuis tant d'années, se refaire une santé afin d'affronter de nouveaux défis. Comme celui de partir vers cette Afrique qui l'attire sans qu'elle sache pourquoi. Elle y emmènera sa mère et Jacques, à la Pointe-Noire, pour y monter une librairie.

Le colonel sourit quand elle lui raconte ce projet.

— Mais enfin ! Pourquoi l'Afrique et surtout pourquoi une librairie, alors que là-bas, ils ne savent ni lire ni écrire ?

Léone hausse les épaules et s'en sort par une pirouette.

— Eh bien, ce sera l'occasion de leur apprendre !

Elle ne dit pas qu'il s'agit surtout de mettre de la distance entre elle et ses frères, les amants de pacotille, et un passé douloureux qui a laissé des cicatrices.

Les journées passent, au cours desquelles se précise l'attirance qu'elle exerce sur Jean. Le beau lieutenant brun aux yeux noirs lui fait une cour assidue. De plus en plus pressant, le bonhomme. Sans doute parce qu'il s'attend à tout moment à être affecté dans un poste éloigné, là où la guerre fait rage.

Demain, après-demain peut-être, elle sait qu'elle se laissera séduire et prendre. La solitude, la chaleur, le danger qui rôde forment de bons alibis.

C'était couru d'avance. La veille, Jean l'a invitée à dîner. Et pas n'importe où ! A l'hôtel Continental, fleuron de la présence française, le palace du colonialisme où se retrouvent toutes les coteries locales.

C'est la première fois qu'elle pénètre dans un lieu pareil où tout respire l'argent, la facilité et le vice, revêtus de respectabilité.

En poste depuis plusieurs mois, Jean connaît tout le monde. En entrant, Michel, le maître d'hôtel, l'a accueilli comme un habitué et lui a proposé une place près d'une fenêtre donnant sur le théâtre.

En se rendant à leur table, il salue plusieurs personnes d'un air de connivence. A ses côtés, Léone se sent gauche, mal à l'aise. Évidemment, ce n'est pas sa vie à la ferme ou dans un deux pièces des Halles qui peut l'avoir préparée à affronter ce beau linge. Mais elle a un atout : elle est belle. Cela aide. Il n'y a qu'à voir les regards des hommes qui évaluent ses formes, ceux des femmes qui repèrent ses défauts.

Jean a du style. Il sait avancer la chaise pour qu'elle s'assoie, commander le champagne à la bonne température, allumer la cigarette qu'elle porte à sa bouche. Le souvenir d'Émile traverse son esprit. Elle sourit. Le contraste est trop fort pour que ce soit réel.

Jean n'y va pas par quatre chemins. A peine assis, il entreprend de la séduire.

— Vous êtes belle quand vous souriez !

Elle le remercie, consciente d'être peu dégourdie. Sans doute s'attendait-il à une répartie plus excitante, en rapport avec l'environnement luxueux, les toilettes soignées, la distinction des convives ? Un autre monde, d'autres codes. Il lui faudra les apprendre, elle apprendra.

Jean la questionne sur sa vie avec cet accent d'intérêt si particulier que les hommes empruntent quand ils veulent mettre une femme dans leur lit. Un zeste de sérieux, enrobé d'humour. Cela ne la décontenance pas. Même Émile, le salaud, agissait de même, à sa manière.

Elle ne biaise pas, raconte tout d'un trait. Pour déblayer le terrain, pour qu'il sache quelle femme il serrera dans ses bras ce soir. Pour qu'il existe une once de vérité dans ses étreintes et les mots d'amour qu'il lui susurrera à l'oreille.

Il écoute sans broncher, son regard noir et profond rivé au sien. Jamais il ne l'interrompt ou fait un commentaire. Il sourit quand il le faut, hoche la tête, compatit. Le genre d'homme à parler avec ses yeux.

Léone ne lui épargne rien. Elle a vraiment envie de cracher cette merde qui lui encombre la tête. Elle veut s'en débarrasser, se retrouver vierge de son passé pour mieux profiter du présent.

Tout y passe... L'enfance, la montée à Paris, son mariage raté, sa mère tyrannique, ses frères indifférents, son fils. L'apéritif se prolonge. Le champagne commence à produire son effet. Quand le maître d'hôtel vient prendre les commandes, elle est incapable d'un choix. Jean décide à sa place.

— Ne vous inquiétez pas ! J'ai composé un menu vietnamien, accommodé au goût français.

Elle reprend son récit. Il ne réagit pas. Juste cette remarque, en guise de conclusion, quand elle s'est tue.

— Et vous avez choisi de tout abandonner...

Ce dernier mot résonne dans sa tête comme une accusation. Oui ! Elle a abandonné ceux qu'elle aimait, Jacques surtout. Elle le sait, nom de Dieu. Mais qu'on la laisse tranquille. Elle n'aurait pas pu faire peau neuve, y voir clair, choisir son futur sans s'arracher à eux. Cette fuite était nécessaire. La meilleure garantie pour un nouveau départ.

— Il le fallait, réplique-t-elle vivement. J'avais besoin de faire le point avec moi-même.

Jean hoche la tête, le regard compréhensif.

— En gros, vous avez choisi une guerre pour en fuir une autre ?

— Oui.

— C'est bien. Seulement, celle qu'on fait ici est autrement plus dangereuse. On peut y laisser sa peau.

Léone hausse les épaules.

— J'ai peut-être tort, mais j'ai l'impression que je ne risque pas grand-chose.

— Détrompez-vous ! Dans ce pays, dans cette ville, le Viêt-minh a des soldats partout. Dès qu'on est blanc, on devient une cible. Faites attention.

Elle sourit, confiante. Ce n'est pas à Saigon que sa propre mort sera au rendez-vous. Elle a trop de projets, trop de futur dans les tripes !

Le dîner se prolonge. C'est au tour de Jean de se confier d'un ton assuré et serein. Une enfance heureuse. Célibataire. Des études brillantes au lycée Henry IV. St Cyr. L'école des officiers, et la guerre. Un parcours d'une seule traite, sans heurts ni drames.

— Les fées se sont penchées sur mon berceau, conclut-il.

Léone est tranquillisée. Enfin un type qui ne va pas lui faire endurer un épisode de la tragédie humaine. Elle se laisse prendre la main. Il est bien élevé, Jean... Jean Murlin de Trémarec, comme elle a pu le voir sur les dossiers. Un gars de la haute...

— Tiens ! propose-t-il. Si nous allions faire un tour de la ville en cyclo-pousse ?

Évidemment, Léone accepte.

La nuit est chaude. La même foule grouillante, indisciplinée. Mêlés à elle, de nombreux Français ne cèdent en rien aux Vietnamiens. Ils rient, chantent, s'embrassent. Drôle de pays, drôle de guerre, songe Léone.

Jean hèle un cyclo-pousse, donne quelques consignes brèves en vietnamien. Le jeune conducteur, en short et chemisette, pèse de tout son poids sur les pédales pour arracher l'engin du bord du trottoir. Elle est fascinée qu'un corps aussi gracile puisse développer une telle puissance.

— Pourquoi leur parlez-vous avec autant de rudesse ?

— Pour les tenir en respect ! Sinon ils font ce qu'ils veulent.

Léone tourne la tête. Elle ne connaît pas la ville, ne dispose d'aucun repère. Partout la même agitation, des échoppes éclairées avec des néons multicolores. Puis défilent les étals d'un marché, au-dessus desquels pendent des chapelets de petites lampes, comme si c'était Noël. Ici et là, au bord des trottoirs, des filles aux postures équivoques.

Parfois, au hasard d'un ralentissement, elle croise le regard d'un passant qui traverse, celui d'un cycliste qui les double. Certains lui paraissent peu amènes. Pour un peu, elle aurait peur. Heureusement qu'il y a ces Français insouciants, mêlés aux Vietnamiens, et Jean, à côté d'elle, qui a posé son bras sur son épaule. Il se rapproche d'elle en commentant chaque rue, chaque bâtiment. Les mêmes noms qui reviennent. Boulevard Bonnard, rue Mac-Mahon, rue Catinat. Comme si l'on ne pouvait sortir de ce périmètre.

Elle s'en étonne. Il rigole.

— C'est le centre-ville ! Tous les restaurants et les bars que fréquentent les Français se trouvent par ici. Mais attendez un peu. Je vous ferai connaître d'autres endroits, plus éloignés.

— Plus dangereux ?

— Peut-être moins, au contraire. Les Viêt-minh préfèrent mener des actions spectaculaires là où vivent les Français, pour montrer qu'ils sont maîtres du terrain.

Léone se laisse aller, écoute les propos de Jean d'une oreille distraite, ne voit plus grand-chose. Le désir s'est éveillé. Languissante, elle s'offre à l'air chaud et lourd, aux odeurs nouvelles, au brouhaha indéchiffrable, aux caresses de plus en plus précises de Jean. Une émotion enivrante la saisit, lui donnant l'impression d'être réconciliée avec elle-même, d'avoir raison d'être là.

Elle accepte tout. L'impatience de Jean, la sienne, le regard amusé du jeune conducteur qui ne cesse de se retourner vers eux.

Brusquement, Jean lui lance un ordre bref. Le gamin change de direction.

— Où va-t-on ? demande Léone.

— A l'hôtel, répond Jean en se penchant vers elle pour l'embrasser.

Elle en veut encore et encore, des baisers ardents comme celui-ci. Comme une revanche sur ses amours à la sauvette, ses échecs avec Mécano et Émile, ses espoirs déçus, et le reste ! Et tout à l'heure, elle veut une jouissance qui soit la première, comme si elle était vierge.

L'hôtel est situé dans une ruelle adjacente à la rue Catinat. Une rue sans nom, étroite et sombre.

Quand ils descendent du cyclo-pousse, le gamin fait des commentaires en leur décochant des regards pleins de sous-entendus. Jean le renvoie en lui donnant un bon pourboire.

Ils passent une porte à peine visible entre deux petits restaurants dont les tables encombrent le trottoir. Les hommes et les femmes qui mangent là, pour la plupart des vieux, les suivent du regard en gloussant.

Au bout du corridor, à peine éclairé, ils sont accueillis par une vieille Vietnamienne au sourire édenté, le visage ridé comme une pomme de reinette en mars.

Jean engage la conversation avec elle. Visiblement il connaît l'endroit. Léone devrait lui demander s'il les amène toutes là, mais elle s'en fout. Il est beau, sain, lui offre de faire l'amour. Qu'importe son passé amoureux ! De toute manière, il doit être plus réussi que le sien !

Elle est surprise par le décor de la chambre. Un fouillis d'objets aux couleurs criardes, vases, plats et autres bibelots, des murs recouverts d'une peinture verte écaillée, un paravent en teck noir pour dissimuler le lavabo et sur lequel sont peints des flamants roses au milieu d'une rivière. Enfin, une moustiquaire trouée, suspendue au-dessus d'un lit fatigué. Et pourtant, c'est chaleureux.

Mais ce n'est pas le moment de s'intéresser au décor. Jean l'a déjà enlacée, l'embrasse, la dénude. Pour une fois, elle ne fait que recevoir, le laisse mener son affaire à sa guise. Non parce qu'elle n'a pas envie de lui, mais plutôt pour éprouver le plaisir de la soumission. Un art, à entendre les réflexions des uns et des autres, qui serait l'apanage des femmes d'ici.

Il sait s'y prendre, le bougre ! Évidemment elle n'est pas la première femme à laquelle il fait l'amour. Il connaît les caresses subtiles qui les font en redemander davantage. Elle n'a plus qu'à jouir et elle aime cela. Surtout dans la moiteur de cette chambre où, par la fenêtre grande ouverte, lui parviennent des odeurs, un vacarme, des mots qu'elle ne connaît pas.

Vient le temps de la somnolence, des pensées qui s'effilochent, des rêveries à la lisière du réel. Écrasée par le corps abandonné de Jean, Léone se rend compte qu'elle s'endort, se refuse une dernière cigarette. Elle est heureuse de se sentir en paix dans une ville en guerre.

Elle se réveille en pleine nuit, la peau moite, effrayée par un cauchemar dont elle ne se rappelle rien. Elle est nue, découverte, et pourtant elle crève de chaud. L'air lui paraît immobile. Elle jette un coup d'œil vers Jean qui dort sur le dos, sereinement.

Dehors, le même tintamarre, les mêmes odeurs de cuisine, âcres, acides, remontant des restaurants.

Elle est satisfaite. Jean est un bon amant et elle commence à aimer ce pays, sans savoir pourquoi. Peut-être est-ce là qu'elle aimerait vivre ? Elle pense à Jacques, à Julia qui doit le dorloter, à Émile dans une cellule de prison. En même temps, elle éprouve la sensation de ne plus faire partie de cette vie parisienne qu'elle regarde comme un film. Un mauvais film. Cela l'énerve. Elle ne supporte pas cette soudaine indifférence face à son passé. Cela va trop loin. Elle aime son fils, sa mère...

Vite, une cigarette. Réveiller Jean, entendre sa voix, susciter son désir. Qu'il se passe quelque chose pour échapper à cette angoisse de l'oubli. Mais l'homme a le sommeil lourd. Il grogne, se retourne pour se replonger dans ses rêves.

Elle se retrouve seule face à ses fantômes. Des fantômes envahissants. Ils l'ont suivie, l'habitent. Comment dormir quand on sait que les fuir ne sert à rien, pas plus que de les regarder en face ?

Dans la touffeur de cette chambre, elle sait qu'elle prend le problème à l'envers. Qu'elle confond plaisir et amour, qu'elle vit le premier sans pouvoir atteindre l'autre.

Avec Jean comme avec les autres. Il a beau être intelligent, bon amant et plus ému par elle qu'il ne veut le laisser entrevoir, il ne fera pas exception à la règle. Elle le sait déjà.

Elle a envie de le secouer. Pour lui confier sa souffrance avec l'espoir qu'il comprendra et saura trouver les mots et les gestes pour la réconcilier avec elle-même. Mais elle hésite. S'il dort en paix, c'est qu'il fait la guerre, la vraie, et qu'il se prépare à d'autres batailles. Elle renonce, en songeant qu'ici, ses nuits seront plus difficiles que ses jours.

L'a-t-il sentie ? Entendue ? Il se réveille, se tourne vers elle et pose son bras sur sa poitrine. Ses yeux brillent dans la semi-obscurité.

— Dis moi que tu m'aimes ! dit-elle, même si ce n'est pas vrai.

Il se rapproche. Ne comprend pas. Elle devine les idées qui se bousculent dans sa tête. Il ne manquait plus que ça. Ce n'est pas parce qu'ils font bien l'amour que c'est de l'amour.

Il se met à parler, d'un voix douce et égale. Il a juré de ne jamais dire je t'aime à une femme avant d'être revenu des rizières et de marcher dans les rues de Paris. A quoi cela servirait-il ? Il a assez vu de copains, amourachés de femmes d'importation qui les ont raccompagnés au pays, allongés dans des cercueils. Non ! Seul pour mourir, deux pour vivre. Pas d'alternative.

Puis il se tait, songeur. C'est bien joli les décisions de l'esprit, il faut que le cœur suive. Et là, ça coince. Parce que Léone, il a beau dire, elle n'est pas comme les autres. Dans son uniforme blanc des PFAT, c'est une lumière, un rire, une joie. De la beauté et un tempérament de feu. Pas comme ces jaunettes qui se donnent du bout des lèvres. Non ! Avec Léone, c'est du tumulte, de la braise, avec le regard de l'impudeur.

— Allez ! Dis-le que tu m'aimes, répète-t-elle. Même si tu mens je te croirai.

Il ne dit rien. Eh bien, puisque c'est comme ça, elle va l'aider. Elle sait comment faire avec les mâles. C'est facile. Ils confondent tout ! Elle empoigne son sexe dressé, le caresse, l'impatiente. C'est ça qui va lui redonner la parole. Cela ne manque pas. Il commence par bafouiller, puis plonge.

— Oui ! Je crois que je pourrais t'aimer.

Léone rigole, l'attire sur elle.

— Je ne t'ai pas demandé de la bouillie pour chats. Dis, je t'aime ! C'est simple, non ? Peu importe que tu aies oublié demain. Moi aussi, j'aurai oublié !

Jean a envie de faire l'amour. Il commence à l'entreprendre. Elle résiste. Soudain, ce qui n'était qu'une plaisanterie prend un tour tragique. La chaleur devient oppressante. Le silence, inquiétant. Dehors, des cris anonymes ressemblent aux appels des morts du champ d'honneur. Dire je t'aime devient l'enjeu d'une guerre de jambes en l'air.

Léone veut de la passion. Et s'il faut la créer, elle la créera ! Pour cela, elle ira chercher au plus profond de cet homme, fouillera ses entrailles, le videra de sa sève jusqu'à ce qu'il abandonne et s'avoue enflammé, consumé, torturé par son désir. Jusqu'à ce qu'il crache tous les mots d'amour qu'il pourra. Des plus bêtes aux plus beaux. Pour que ça vaille le coup, nom d'un chien ! Pour qu'elle puisse y croire, à nouveau.

Jean se débat, cherche à esquiver, en se réfugiant uniquement dans l'acte d'amour. C'est qu'il en a, lui aussi, des murs à franchir, des frontières à traverser, des interdits à bafouer. Il vient de la haute. Où l'amour est une chose secrète, digne de silence. Chez lui, même si on est ému, voire bouleversé, l'amour ne se dit pas.

Seulement il s'agit de Léone. Pas d'une femme ordinaire qui se contenterait d'une peau mouillée de sueur, collée à la sienne. Ce qu'elle veut c'est l'osmose, la fusion, l'unique. La bataille dure, entrecoupée de silences, de rires, de gestes qui font perdre le cap. Puis, c'est l'accalmie.

— Je peux te dire que je t'aime, argumente-t-il, mais à quoi bon ? Pour ne pas y croire...

— Dis-le, répète-t-elle. C'est comme ça qu'on commence à y croire...

— Je t'aime.

Elle s'ouvre. Ils jouissent. Elle sait qu'il n'oubliera pas. Lui comprend qu'il a libéré les vannes, que ses sentiments vont déferler un peu plus chaque jour. Il a perdu sa bataille. Elle a gagné la sienne.

CHAPITRE 29

De cette nuit naissent d'autres jours et d'autres nuits qui se ressemblent. En tant qu'officier affecté au quartier général, Jean a tout loisir d'appeler Léone dans son bureau et de s'y enfermer, seul avec elle.

— C'est trop facile ! Il fait si chaud, lui dit-elle en souriant, quand il la plaque contre le mur pour l'embrasser.

Mais tout a changé. Désormais, il dit *je t'aime* sans qu'elle le lui demande. Il pense à l'avenir, en parle, le rêve. Cependant, plus lui l'évoque, moins il signifie quelque chose pour Léone. Elle n'aime pas Jean, elle en est certaine. S'il éveille le désir en elle, il n'éveille pas l'amour. Celui qu'elle a éprouvé pour Émile ou pour Mécano.

Plus que de la traverser, des souvenirs la déchirent. Alors, c'est l'impression d'un manque absolu, avec la certitude d'avoir commis une erreur au départ.

Ce soir dans le dortoir, allongée nue sur son lit, elle sent la peur qui l'enveloppe, lui serre la gorge, l'empêche de bouger. Une peur amplifiée par le tintamarre de la pluie de mousson qui s'abat sur Saigon depuis deux jours.

Des visages lui apparaissent. Surtout celui de Jacques, sa promesse d'avenir. Elle se jure, tel un exorcisme, qu'elle le retrouvera et le mènera au bout de sa vie. Mais elle en a bien conscience, ce ne sont que des mots lancés à la face du destin. Pourquoi jurer alors qu'elle se trouve au centre d'une ville inconnue, cernée par la guerre ? Curieux paradoxe qu'elle a du mal à supporter, surtout quand quelqu'un pointe le doigt dessus.

Comme Marcelle, la veille, venue parler avec elle alors qu'elle préparait du café pour les officiers.

— Quelle idée de venir faire la guerre en Indochine alors qu'un bambin a besoin de toi ? Et si tu mourais ici ?

Léone s'était emportée.

— Je ne mourrai pas ici ! Je le sais ! On ne meurt que dans les rizières, sur les plateaux, dans la jungle, pas dans la rue.

Marcelle avait haussé les épaules.

— Tu dis n'importe quoi. C'est pourtant toi qui remplis les avis de décès. Tu vois bien que certains meurent à deux pas d'ici.

Tremblante, Léone avait renversé du café sur son uniforme blanc. Alors, elle avait raconté que sa mère était voyante et qu'elle n'avait rien vu de ce genre dans les lignes de sa main. Elle mentait. Mais que faire d'autre quand on se trouve face à l'évidence ?

C'est vrai, chaque jour elle tape des lettres du genre : *Votre fils a trouvé une mort courageuse au cours d'une embuscade à...* Même des femmes meurent. La preuve ! Deux jours auparavant, un convoi de PFAT se rendant à l'aéroport a été décimé par une bande de Viets, aussitôt évaporés dans la forêt avoisinante. Bien sûr que cela peut lui arriver, à elle aussi.

Ce matin, elle reçoit une lettre de Julia qui lui parle surtout de Jacques. Avec des mots de mère. De ces mots qu'elle n'a pas eu pour elle, sa propre fille. Ils sont à la campagne, à la ferme d'en bas. Paraît-il qu'il demande souvent après sa Maman. Cependant, d'après Julia, il n'est pas inquiet. Il joue, s'intéresse aux animaux, et mange comme quatre. Elle lui écrit même son poids : 10 kg 500.

Léone pleure, assise à son bureau. Elle lit des nouvelles de son fils et ne peut le voir que sur une photo trompeuse. Déjà elle sait que ce n'est plus lui. Il a grandi, prononce davantage de mots, s'amuse avec de nouveaux jouets.

Elle a envie de le serrer dans ses bras, de lui répéter qu'elle l'aime. Qu'elle est en Indochine pour mieux le retrouver plus tard. Mensonge ! Elle est là pour mieux se retrouver, elle.

Le colonel entre dans le bureau, voit ses yeux embués, pose une main sur son épaule.

— Mauvaises nouvelles ?

Elle secoue la tête. Il approche une chaise, s'assoit à côté d'elle.

— Je sais peu de chose de votre vie, Léone, et je ne cherche pas à en savoir davantage. Mais si un jour vous voulez me parler, n'hésitez pas.

Elle est émue. Ces mots, cette tendresse, c'est ce qu'elle n'a jamais pu avoir d'Alfred, son propre père. Elle fait un effort pour se contrôler, se mouche, s'essuie les yeux.

— Excusez-moi.

Il lui sourit.

— On n'a pas à s'excuser quand on souffre.

Il lui tend des documents. Des morts, encore des morts.

— Ils sont plus nombreux que d'habitude, dit-il, gêné. Il y a du grabuge en ce moment.

— Pourquoi ?

Il hausse les épaules, puis s'en va.

Heureusement, ce soir, elle a une permission et Jean va venir la prendre en voiture vers 17 heures, en compagnie d'un ami. Ils vont passer la soirée dans un club français à la périphérie de Saigon, sur les bords du Vam Co Tay. Là-bas, ils retrouveront Suen et Balland. Louis ne sera pas là. Il est parti en début de semaine avec son unité, du côté de Tay Ninh.

Elle se réjouit de retrouver Suen qu'elle n'a pas revue depuis son arrivée, et cela l'aide à se remettre au boulot.

Elle tape vite, encore plus vite, toujours plus vite. Le cliquetis s'enfle au point de ressembler à un tir de mitraillette. Une image juste, songe-t-elle. Surtout quand il s'agit d'aligner des noms de héros anonymes, tombés n'importe où, bardés de médailles et de citations.

Quand elle sort de la caserne, la pluie a cessé. La fin d'après-midi est chaude et humide. Pas un souffle de vent. Elle fait les cents pas devant les grilles. Elle se sent bien, prête à toutes les extravagances. Les deux plantons lui sourient. Elle leur lance un clin d'œil.

La jeep surgit du coin de la rue. Jean klaxonne. Il freine brutalement. Elle monte. Comme l'habitacle est haut, elle a relevé sa jupe, découvrant ses jambes. Sifflement admiratif du passager, regard de braise de Jean qui démarre sur les chapeaux de roues. La virée s'annonce joyeuse, comme elle les aime.

Lancés à pleine vitesse sur une route défoncée, à la sortie de Saigon, Jean présente son copain à Léone. Il s'appelle Roger, élève des crocodiles du côté de Co Cong.

Il lui serre la main, la dévisage d'un œil lubrique.

— Dis-donc, lance-t-il à Jean, tu ne m'avais pas dit qu'elle était si bien roulée !

— Je te connais, va ! Tu n'élèves pas des crocodiles pour rien. Ils te ressemblent.

Rire de Roger qui tente d'allumer une cigarette.

— Pourquoi tu roules si vite ?

— Pour aller plus vite que les balles !

La pluie reprend alors qu'ils s'engagent sur une route goudronnée. Jean accélère encore davantage, klaxonnant sans arrêt pour faire dégager cyclistes, piétons, animaux et attelages en tous genres qui encombrent la chaussée. De chaque côté, des rizières s'étendent à perte de vue. Les mêmes scènes d'hommes et de femmes courbés, pataugeant dans l'eau à mi-mollet ou guidant des attelages de buffles. Ce qui frappe Léone, c'est le contraste des tons verdoyants de la végétation avec le gris plombé du ciel. Une sacrée palette de couleurs, qu'elle aimerait avoir le temps de peindre, un jour...

Quand ils arrivent, le jour commence à décliner. Le Cacatoes se trouve au bout d'une impasse cernée de palétuviers, palmiers et bambous enchevêtrés.

A la guirlande de lampes multicolores surplombant l'entrée, on sait qu'on débarque dans un lieu de plaisir. Un endroit très fréquenté, à en juger au nombre de voitures stationnant dans la cour. Suivie des deux hommes, Léone se précipite vers l'entrée, son sac sur la tête. C'est inutile ! On ne lutte pas contre une pluie de mousson. Lorsqu'elle entre dans le hall, elle est trempée. Sa veste et sa jupe de coton lui collent à la peau. A voir le regard de ses compagnons, elle devine que ses formes n'ont plus de secret pour eux. Elle éclate de rire.

— Eh bien quoi ! dit-elle, arrêtez de me regarder comme ça. On dirait que c'est la première fois que vous voyez une femme à poil.

Elle tire sur sa veste, secoue les pans de sa jupe puis s'avance vers la jeune hôtesse que lui présente Jean.

— Lam Phuong, la patronne.

Elles se serrent la main. Léone la félicite pour sa jolie robe en soie rouge, fendue jusqu'en haut de la cuisse.

La jeune femme pouffe de rire, la main devant la bouche.

— Vous aussi vous êtes très belle ! dit-elle d'une voix fluette et aiguë. Un peu mouillée peut-être ? Voulez-vous vous changer ?

Léone accepte et la suit à l'étage supérieur. Les deux hommes rejoignent le bar.

Lam Phuong ouvre une porte au bout d'un passage couvert.

— Ma chambre, dit-elle en s'effaçant pour laisser passer Léone.

La pièce est meublée simplement. Un lit surmonté d'une moustiquaire, une commode en bois clair et une armoire de style normand qui surprend Léone. Lam Phong étouffe un rire.

— Ce sont des Français repartis en métropole qui me l'ont laissée.

Elle en sort un costume traditionnel vietnamien, pantalon noir en soie et veste dans les tons rouges avec des entrelacs compliqués de fils dorés.

— Vous ne voulez pas que je mette ça ? s'exclame Léone.

— Pourquoi pas ? Vous êtes mince et cela ira bien avec votre chevelure.

Léone commence à se déshabiller. Lam Phuong se retourne.

Quand elle est prête, elle se regarde dans la glace de l'armoire.

— Mais j'ai l'air ridicule, là-dedans.

— Au contraire. Je suis certaine que vous allez séduire de nombreux hommes.

Léone hésite, mais l'envie de surprendre l'emporte.

— Et mon uniforme ?

— Ne vous inquiétez pas ! Il sera sec et repassé quand vous repartirez.

Quand elle pénètre dans la salle du bar, agencé à la française, les regards se tournent vers elle. Ici et là quelques sifflets d'admiration se mêlent à des applaudissements. Les femmes, pour la plupart des Françaises, ne bronchent pas. En croisant le regard de certaines d'entre elles, Léone devine même une pointe d'hostilité. Soudain, venue d'un coin plus isolé de la pièce, Suen surgit devant elle et l'embrasse.

— Comme tu es belle ! Une vraie Vietnamienne !

Elles s'étreignent. Dans les bras de la jeune femme, Léone éprouve le même trouble que lors de leur première rencontre. Ce corps à la fois gracile et musclé dégage une telle sensualité qu'il a quelque chose d'excitant. Elles rejoignent Jean, Roger et deux inconnus qui les attendent au bar. Suen fait les présentations.

— Léone... Marc, médecin-chef à l'hôpital de Can Tho, et Georges Balland, mon patron.

Léone sert la main de chacun, avec un peu plus d'insistance pour le médecin-chef. Sa carrure, ses cheveux noirs coiffés en brosse, son regard vert, lui rappellent Mécano. Jean l'amène à leur table. Celle-ci est placée devant une baie vitrée. La vue est féerique. Un gazon impeccablement entretenu court jusqu'à une rivière fangeuse qui semble s'écouler au ralenti. Sur l'autre rive, l'horizon est bouché par une jungle touffue et verdoyante, qui empiète sur l'eau.

La conversation tourne autour de la guerre, des prochaines opérations. On suppute des actions d'éclat de l'armée française sous l'impulsion de De Lattre, dont on dit qu'il est très malade.

Ici, comme ailleurs, Léone s'en est aperçue dès son arrivée à Saigon, les discussions se déroulent selon un code que Jean a défini de *colonial*. En début de soirée, les hommes parlent toujours entre eux, ignorant les femmes. C'est pourquoi elle se retrouve seule avec Suen. Celle-ci lui confie ce que Louis a écrit dans sa dernière lettre. Il paraît que là où il se trouve, du côté de Hoa Binh, c'est l'horreur. Le temps est mauvais, le Viêt-minh ne relâche pas la pression, les accrochages sont permanents et meurtriers.

— J'ai très peur, conclut-elle. Il est tellement remonté contre les communistes qu'il est capable de toutes les imprudences.

Léone n'a pas oublié ses interrogations sur leur couple. Ici, dans cette ambiance feutrée, elle ose poser la question qui lui brûle les lèvres depuis leur première rencontre.

— Tu l'aimes ?

Suen la dévisage, l'air étonné, comme si la question paraissait incongrue.

— Tu es bien une Française, toi ! C'est une chose qu'on ne demande jamais ici.

— Pourquoi ?

— Ça ne se fait pas, c'est tout ! Aimer ? Comment veux-tu répondre à une telle question ? Nous devions nous rencontrer c'est tout.

— Mais...

— Je sais, tu ne comprends pas comment lui et moi c'est possible.

Elle s'interrompt, allume une cigarette américaine à filtre, exagérément longue.

— Louis est le contraire de moi. Il est aussi brutal et mal élevé qu'un homme peut l'être. Je n'en ai jamais rencontré un comme lui qui méconnaisse autant notre culture et nos coutumes. Mais il a d'autres qualités. Il est fidèle, franc, direct, puis...

Elle hésite, se rapproche de Léone.

— ... il fait très bien l'amour !

Les deux femmes éclatent de rire.

— Qu'est-ce qui vous rend si joyeuses ? demande Georges.

— Rien, réplique Suen, des histoires de femmes !

— Dans ces cas-là, c'est qu'elles parlent de cul.

Roger éclate d'un rire gras.

— Il suffit de les laisser quelques instants ensemble, et ça y est ! C'est parti.

Jean sourit, sans plus. A sa manière de regarder ailleurs, Léone sent qu'il est gêné.

— Si on s'intéressait un peu plus à elles, peut-être parleraient-elles d'autre chose ? suggère Marc.

Les regards convergent vers lui, comme s'il venait de rompre un tabou.

— J'ai dit une bêtise ? demande-t-il, l'air faussement surpris.

— Pas du tout ! enchaîne Léone. Je vous approuve complètement. Et si l'on parle tant de cul comme vous le dites, monsieur — elle s'est alors tournée vers Georges —, au mieux c'est parce qu'on s'emmerde, au pire c'est parce que vous ne nous satisfaisez pas.

Georges rit bruyamment en lui décochant un regard noir.

— Oh ! Oh ! Pour une PFAT, vous avez de la répartie.

Cette remarque énerve Léone encore davantage. Derrière ces

mots, elle reconnaît la mauvaise réputation que l'on prête aux femmes militaires, injustement à ses yeux.

Selon certains, ces femmes venues de métropole ne seraient que des aventurières à la recherche de plaisir, d'exotisme et autres distractions.

— Je ne vois pas ce que vous voulez dire à propos des PFAT. Seraient-elles des imbéciles, des lâches, des putes ? Si je suis ici, c'est pour gagner de l'argent, mais c'est aussi pour servir notre pays. Le travail que je fais, comme d'autres de mes camarades, peu d'hommes, et en tous cas pas vous, seraient capables de le faire. Par respect pour leur mémoire, je vous épargnerai la liste de celles que nous avons enterrées. Tout cela pour que certains puissent continuer leurs affaires, ou se livrer au trafic de piastres !

Elle se lève et se dirige vers le bar. Son cœur bat la chamade, mais elle est satisfaite. Elle vient de formuler ce qui la gênait. Ce contraste si fort, si insupportable, entre les soldats morts dont elle tient la comptabilité quotidienne, et ces planqués, enrichis de n'importe quelle manière et sûrs de leur fait.

Juchée sur une chaise haute, elle commande un martini et allume une cigarette.

Jean vient la retrouver. Il lui passe le bras autour de la taille.

— Qu'est-ce qu'il t'a pris ?

Elle répond sans le regarder.

— Je ne comprends pas comment tu peux fréquenter des hommes aussi répugnants !

Il hausse les épaules.

— Écoute, ce que tu as dit est vrai, mais cela n'y changera rien. A leur manière des hommes comme Balland servent le pays et nous aident à gagner la guerre.

Elle lui lance un regard méprisant.

— Ne me prends pas pour une gourde. Tu as très bien compris ce que j'ai voulu dire.

— C'est vrai, mais ce n'est pas nécessaire pour autant de gâcher la soirée. Regarde-les, ils ont déjà oublié.

— Pas moi !

Elle se rend compte qu'elle n'aimera jamais Jean. Pire, son attitude décevante a sonné le glas de leur liaison. Elle ne sait pas pourquoi. Bien sûr, sa lâcheté l'a révoltée, mais c'est trop facile. Non ! Jean n'est pas un lâche. Il existe d'autres raisons, mais elles se révéleront plus tard.

En attendant, elle doit s'accommoder de cette révélation brutale : elle n'a plus envie de faire l'amour avec lui, de partager l'avenir commun dont il lui parle de plus en plus souvent.

Elle tourne la tête, pour éviter de croiser son regard.

Jean se retire. Elle lui en est reconnaissante. Il sait se montrer bien élevé, ne pas provoquer de dispute. Si elle ne le désire plus, elle gardera un bon souvenir de lui.

Songeuse, elle regarde tomber la nuit au-dessus de la jungle. Le ciel ressemble à une immense robe en soie gris-bleu, dont les déchirures laisseraient apparaître d'autres tissus roses ou mauves.

Léone se sent en communion avec ce nouveau monde, en paix avec elle-même.

— Vous ne venez pas dîner avec nous ?

Elle sursaute. C'est Marc. A nouveau ce trouble, tant sa ressemblance est grande avec Mécano. Pour un peu, elle croirait aux balivernes de réincarnation dont les Vietnamiens sont si friands.

— Non, ça m'a coupé l'appétit. Je préfère boire.

— Je peux m'asseoir à côté de vous ?

Elle accepte. Il commande un whisky et allume une cigarette. Léone le regarde à la dérobée.

— Vous n'avez pas un frère quelque part en France, par hasard ?

— Non. Seulement deux cousins. Pourquoi ?

— Vous ressemblez tellement à quelqu'un que j'ai connu, que c'en est incroyable !

Ils boivent en silence. Un peu grisée, Léone engage à nouveau la conversation.

— Alors vous êtes médecin à Can Tho ? C'est comment là-bas ?

Il hausse les épaules.

— L'horreur, comme dans tous les hôpitaux. Quand ce ne sont pas des militaires estropiés, mourants, ce sont des civils en charpie.

— Ça se bat beaucoup par là ?

— Le delta du Mékong est un terrain de prédilection pour la guérilla.

Léone ne fait pas de commentaires. La guerre, elle ne l'a pas encore vue, ni entendue. Elle ne l'a devinée qu'au travers de l'appréhension des hommes qu'elle côtoie quotidiennement.

Chez Marc, c'est différent. Dans son regard, sa manière de se tenir, sa voix, aucune trace de peur. Chez lui, l'enthousiasme domine.

— Comment devient-on docteur ? demande-t-elle.

— Aussi loin que je me souvienne, j'ai toujours voulu soigner les autres. Cela a commencé avec les oiseaux blessés que je ramenais à la maison, puis plus tard avec ma manie d'inventer des remèdes pour n'importe qui, dès qu'il était malade. Cela faisait rigoler ma grand-mère qui me disait : « Mais comment sais-tu que la fougère bouillie peut guérir un rhume ? » J'ignorais quoi répondre. Je le savais, c'est tout.

— Et pourquoi exercer dans l'armée ?

— C'est bien là où on a le plus de chance de trouver des gens à guérir, non ? Surtout quand c'est la guerre.

Ils sont interrompus par Jean.

— Allez, sois gentille ! Reviens ! Nous allons passer à table...

Elle croise le regard de Marc. Elle y voit un encouragement et se décide à les suivre. Finalement, entre lui et Suen, elle passera sans doute une bonne soirée.

CHAPITRE 30

Novembre s'annonce primordial pour l'issue de la guerre. Une accélération des opérations est sur toutes les lèvres. On parle même d'une bataille d'envergure dans les prochains jours, sans qu'on sache avec précision dans quelle région elle aura lieu. Léone est tendue. La liste des morts s'allonge chaque jour. Mais sa mauvaise humeur est aussi à mettre sur le compte de sa propre vie. Depuis la soirée au Cacatœs, rien ne va plus entre elle et Jean.

Ce soir-là, au long de la route qui les ramenait à Saigon, ils n'avaient cessé de s'engueuler. Jean lui avait reproché sa sortie devant les autres, ses regards insistants pour Marc et son comportement de gamine avec Suen.

C'est vrai. Elles avaient passé leur soirée à se raconter des bêtises, à rire sous cape, à agacer. Mais, nom d'un chien, il n'y avait pas de quoi en faire un fromage !

Voyant que Jean s'égarait en justifiant ses reproches par le fait qu'il l'aimait et qu'elle devait être « présentable », elle avait fini par mettre les points sur les i.

— Écoute Jean, ne te fais pas d'illusions. En aucune façon je ne veux me retrouver maquer avec un homme, même s'il est gentil comme toi. Alors cesse de tirer des plans sur la comète et satisfais-toi du cul, comme le disent si élégamment tes amis.

Pour la première fois depuis le début de leur rencontre, elle avait vu Jean se mettre en colère, parlant aussi vite qu'il conduisait.

— Mais merde, ce n'est pas parce qu'un mec a dit une connerie que tu dois tout remettre en cause entre nous !

— Ce n'est pas la question.

— Je sais ! La question c'est que tu me largues pour un beau docteur.

Faussement surprise, elle s'était emportée.

— Je n'en ai rien à foutre de ce type ! Ce qu'il y a, c'est que je ne t'aime pas et que je veux qu'on arrête. Voilà la question !

Cette discussion stérile avait duré jusqu'à ce qu'il la plante devant la caserne.

— Puisque c'est comme ça, lui avait-il lancé, je vais aller me taper une Viet. Au moins, elle, elle ne fera pas de chichis !

Depuis, ils s'étaient évités, jusqu'à cet après-midi où il était entré dans son bureau pour l'inviter à dîner au Continental. Elle avait accepté, espérant que l'idée de leur séparation avait fait son chemin, et qu'ils se quitteraient bons amis.

Elle passe par le dortoir pour quitter son uniforme kaki, et enfiler une jupe et un corsage civils, autorisés pour sortir de la caserne.

Lucienne, l'une de ses compagnes de chambre, lui annonce qu'elle a reçu une lettre. Léone reconnaît l'écriture de Julia. Elle s'assoit sur le bord du lit et ouvre l'enveloppe avec impatience. Dix jours qu'elle n'a pas eu de nouvelles de Jacques. *Ma chérie, d'abord une triste nouvelle. Ta grand-mère Anna est morte vendredi dernier d'un arrêt du cœur. Je suis descendue en voiture avec Antoine et Jacques, sans laisser le petit à la garde de madame Girodet comme tu me l'avais recommandé en cas d'urgence. J'ai préféré t'écrire quand tout était fini pour ne pas trop t'inquiéter…*

Léone ne parvient pas à aller plus loin. Elle pleure. Des souvenirs, des sensations anciennes, des odeurs qui la rattachent à sa grand-mère lui reviennent en mémoire avec une netteté étonnante.

Une sensation de vide la saisit, l'aspire, lui fait mal. Elle aimait Anna de toutes ses forces, depuis toujours. Cette femme avait été son refuge lorsque petite, elle avait peur. Plus tard, elle était devenue un rempart face aux colères de Julia.

Elle entend sa respiration d'asthmatique, sa voix pleine d'autorité, et son rire quand elle se moquait d'Auguste. Une sacrée paire tous les deux. Toujours comme chien et chat, mais tellement amoureux.

Elle s'essuie les yeux. En passant, Lucienne dépose un baiser sur son front.

— Je me doute que c'est une mauvaise nouvelle. Je sais ce que c'est... Je ne vais pas t'embêter avec des discours. Si tu as besoin de quelque chose, n'hésite pas. En attendant, saoule-toi.

Elle sort. Léone est émue par cette complicité. C'est vrai que Lucienne sait ce que c'est. Un mois auparavant, l'homme de sa vie, un sergent, a été fauché par un tir de mitrailleuse, du côté de Da Nang. Le jour où elle l'a appris, elle a pleuré un bon coup, selon sa propre expression, puis elle n'en a plus reparlé, en demandant à ses camarades d'en faire autant. Une sacrée fille, cette Lucienne !

Il faut bien terminer la lettre. Léone se mouche et se remet à lire. Tout y passe. La toilette d'Anna, la robe du dimanche qu'elle souhaitait porter pour le grand voyage, la mise en bière, la levée du corps, la messe et la foule immense qui l'a accompagnée...

Le chapitre funèbre achevé, Julia parle de Jacques. Toujours les mêmes mots d'admiration, la même sollicitude maternelle qui fait tant souffrir Léone. Puis viennent les nouvelles des uns et des autres. Antoine serait en passe de se stabiliser avec une musicienne, ce qui inquiète Julia. Comme elle le dit, encore une bonne à rien... Maurice s'apprête à racheter une épicerie mais demeure célibataire. Enfin, ce sont quelques lignes sur la concierge de la Villa des Roses, très malade, sur la machine à coudre qui a rendu l'âme, alors que Julia venait de recevoir la commande de plusieurs robes pour le mariage d'une voisine.

Comme dans ses précédentes lettres, sa mère se plaint de son absence, ressasse son chagrin de n'avoir pas été prévenue, puis l'assure de ses prières quotidiennes au Seigneur pour qu'elle ne soit pas trop exposée.

Léone pose la lettre sur le lit, respire profondément. Bien sûr, elle pourrait rester dans la chambre et broyer du noir en pensant à Anna. Mais à quoi cela servirait-il ? Pleurer ne la fera pas ressusciter. Non, elle va rejoindre Jean et dégager l'avenir. Désormais, elle ne veut plus d'aventures sans lendemain, de faux espoirs, de mensonges avec elle-même.

Elle s'habille sobrement, se maquille et descend. Comme le Continental n'est pas très éloigné de la caserne, elle décide de s'y rendre à pied.

Pour une fois, en remontant la rue Catinat, elle demeure indifférente à la foule, aux lumières des terrasses et des échoppes, aux regards des hommes. Elle pense à Jean, à ce qu'elle lui doit. Avoir pu s'installer dans sa nouvelle vie sans difficulté, comprendre ce pays mystérieux, et quelques nuits magiques. Beaucoup pour un homme qu'elle ne connaît que depuis quelques semaines. Elle ne sait pas ce qu'elle va lui dire, imagine que ce sera difficile. Que dit-on à un homme qu'on quitte ?

Elle n'a pas répondu à cette question quand elle pénètre dans la salle du restaurant où l'accueille Michel, le maître d'hôtel. Pas besoin qu'il la guide. Jean est assis à sa table habituelle, proche de la fenêtre d'où l'on aperçoit la place, noire de monde à cette heure de la soirée.

Elle l'embrasse sur la joue et s'assoit.

Il a le sourire triste, mais conserve cette rigueur dans le maintien qui le caractérise. Pas le genre à s'effondrer, à avoir des gestes ou des mots de faiblesse. Elle le sait et cela la rassure. Habitué à ne pas perdre de temps en bavardages, il va à l'essentiel.

— Tu as bien réfléchi ?

— Oui.

— Tu veux qu'on se sépare ?

— Oui.

Pensif, il hoche la tête plusieurs fois, puis la regarde intensément.

— C'est bon. Je ne comprends pas ta décision, ne l'accepte pas, mais je la respecte. Comme il me sera difficile de travailler à tes côtés, je vais demander ma mutation dans un régiment opérationnel dès demain.

C'est au tour de Léone d'opiner en silence. La décision de Jean l'inquiète. Elle sait trop le danger qui existe lorsqu'on s'éloigne des zones protégées comme Saigon.

— Tu n'es pas obligé d'aller au-devant des balles, tu sais. Tu pourrais simplement changer de service.

Il ne répond pas, lui tend le menu. Elle le parcourt mais aucun plat ne la tente. Elle n'a pas faim. La mort d'Anna, cette séparation, la fuite annoncée de Jean au-devant d'une mort possible, ça fait beaucoup pour avoir envie de se bâfrer.

— Je n'ai pas faim...

— Moi, non plus.

Il lui prend la main. Son regard a repris de l'assurance.

— J'ai une faveur à te demander.

— Laquelle ?

— Veux-tu passer cette dernière nuit avec moi ?

Cela ne correspond pas à l'idée qu'elle se fait d'une séparation. Pourtant, elle accepte. Il la remercie, puis ils se lèvent sous le regard étonné du maître d'hôtel venu prendre les commandes.

Jean lui dit quelques mots à l'oreille en lui glissant un billet dans la main, puis ils sortent.

Alors qu'elle devrait souffrir, être déboussolée, Léone se sent plutôt bien.

Elle prend même le bras de Jean comme le ferait n'importe quelle femme amoureuse, et se laisse emmener au hasard des ruelles animées.

Ils se taisent jusqu'au petit hôtel où ils ont passé leur première nuit.

— Une manière de boucler la boucle, dit-il en l'entraînant à l'intérieur.

Le hasard fait bien les choses. Leur chambre est libre. La vieille tenancière leur adresse un sourire entendu quand ils montent.

La porte refermée, Jean prend aussitôt Léone dans ses bras, l'embrasse, la sert contre lui, la déshabille avec fébrilité. Elle se laisse faire, se prend au jeu, puis l'encourage. Leur étreinte est forte, rapide, asphyxiante. Contrairement aux autres nuits, Léone jouit à répétition, en redemande. Ce soir, elle veut retenir la vie qui semble fuir entre ses mains. Elle est à fleur de peau, pressent quelque chose de plus essentiel, de plus tragique aussi, derrière leur impatience. Comme son destin qui l'attendrait. Ils ne dorment pas de la nuit. Ils se taisent, fument, écoutent ensemble les bruits de la rue, évoquent des camarades vivants ou disparus.

Cela dure jusqu'aux premières lueurs du jour, quand la rumeur de la ville qui s'éveille succède au silence nocturne. Ils se rhabillent, échangent un baiser, puis repartent vers la caserne.

Avant d'y pénétrer, Léone lui caresse la joue. Ignorant ce qui leur arrive, les plantons les regardent avec envie.

— Merci pour tout, dit-elle.

Il esquisse un sourire en lui tendant un paquet.

— Promets-moi de ne l'ouvrir que s'il m'arrive malheur.

Elle est saisie d'un mauvais pressentiment, refuse. Il insiste. Elle accepte.

Trois jours ont passé. Jean part à Hoa Binh. La veille, il a expliqué à Léone qu'il allait s'y passer quelque chose d'essentiel pour l'issue du conflit et qu'il voulait en être.

Avant de disparaître avec son barda sur l'épaule, il promet de lui écrire. Elle s'en fiche ! Ce qu'elle veut surtout, c'est qu'il rentre vivant. Elle ne supporterait pas d'avoir à recopier son nom sur un avis de décès.

Il rigole.

— Vas où tu veux...

— ... Meurs où tu dois !

A Saigon, ce 15 novembre, l'armée française est en liesse. A Hoa-Binh, sous l'impulsion de De Lattre, le Roi Jean, les troupes de la République ont infligé une terrible défaite aux Viêt-minhs de Giap. Pour les plus optimistes, la France a gagné la guerre, pour les autres, les réalistes, c'est au moins la garantie d'un répit, voire d'un futur règlement du conflit.

Comme ses camarades, Léone se réjouit. Pourtant, ce soir elle n'a pas le sourire. Elle déprime, comme cela arrive souvent à ceux qui se trouvent expatriés ici. Elle a envie de rentrer en France, de retrouver Jacques, Julia, et Paris. Que ne donnerait-elle pour respirer l'odeur des Halles, traverser les étals sous les quolibets affectueux des négociants, manger un morceau au café de l'Avenir ?

Marcelle et Lucienne s'aperçoivent qu'elle n'est pas dans son assiette et décident de la prendre en main.

— Viens ! Profitons de la perm' exceptionnelle. On va te sortir, Ça te changera les idées !

Léone accepte, sans se défaire de son malaise. Toujours ce mauvais pressentiment, sans contenu.

Pourtant, dès qu'elle est dehors, elle retrouve sa bonne humeur.

— Où va-t-on ? demande Lucienne.

— Au Majestic, propose Marcelle. On trouvera bien des militaires en goguette pour nous payer le coup.

— Ah non ! Pas encore des hommes ! s'exclame Lucienne. Y en a marre.

Léone approuve. Elle n'a pas le cœur à se faire draguer. Pourquoi ne pas passer une soirée entre femmes ? Pour une fois, elles n'auraient pas besoin de plaire !

Marcelle rechigne, puis finit par se ranger à leur avis. Heureuses d'être ensemble — c'est la première fois depuis qu'elles occupent le même dortoir —, elles décident d'aller à Cholon dans un restaurant vietnamien. Un vrai ! Là où l'on ne met ni nappes, ni couverts sur les tables. Là, où elles sont certaines de ne pas rencontrer d'autres Français.

— Ça peut être dangereux ? s'inquiète Marcelle.

Les deux autres éclatent de rire.

— Tu n'as pas compris que c'est notre meilleure protection ? Les Viets balancent leurs bombes à la terrasse des cafés français, pas au cœur du quartier chinois.

Le quartier de Cholon. Une sorte de banlieue de Saigon, où la présence française est moins visible, si ce n'est par l'architecture de certaines maisons ou bâtiments, comme le marché couvert. Ici, peu de soldats en uniforme, seulement des Européens, la plupart du temps en short et chemisette, tenant au bras de ravissantes Vietnamiennes.

Les trois femmes pénètrent sous le marché couvert, populeux et bruyant. Malgré les ampoules éclairant les étals et les kiosques où se nichent des monceaux de nourriture, d'aromates, de tissus et d'objets hétéroclites, il fait sombre. On avance au jugé, à moitié porté par la foule, étourdi par le vacarme des discussions, souvent âpres, entre acheteurs et négociants. Pour Léone, c'est un monde inquiétant mais excitant. Ici, plus de repères. Les odeurs, la langue, les comportements n'ont rien de commun avec ce qu'elle a connu aux Halles. On se bouscule, on crie, on s'interpelle avec nervosité, voire agressivité.

Séparées par la foule, les trois femmes essayent de rester proches les unes des autres. Mais cela devient de plus en plus difficile dans le dédale des allées, étroites et sombres.

Soudain, emportée par le flux humain, Léone se sent arrachée à ses compagnes, entraînée dans une allée où elle ne veut pas se rendre. Elle lutte vainement pour rejoindre Lucienne qu'elle aperçoit à quelques mètres. Saisie par l'angoisse, elle l'appelle mais l'autre ne l'entend pas. Tout à coup, elle sent son sac à main glisser dans son dos, veut le retenir, n'y parvient pas. Elle appelle au secours, se retourne, cherche le visage du voleur. Inutile. Les regards qu'elle croise sont inexpressifs, indifférents.

Immobilisée, étouffée, elle se débat, lance des injures. Mais déjà la pression de la foule s'est atténuée. Comme par miracle, Léone peut à nouveau avancer. Hoquetante, tremblante, elle se dirige vers la sortie. Dès qu'elle est dehors, elle éclate en pleurs.

Lucienne et Marcelle la rejoignent quelques minutes plus tard, s'étonnent de la trouver dans cet état.

— On m'a volé mon sac ! explique-t-elle.

Les deux femmes l'entourent aussitôt. Marcelle lui tend un mouchoir, Lucienne lui allume une cigarette.

— Tu avais beaucoup de choses dedans ?

— Mes papiers, des lettres, de l'argent et puis... Oh ! je ne sais plus.

Marcelle l'embrasse.

— Ne t'en fais pas. Les papiers tu peux les faire refaire, et l'argent on peut t'en prêter ! Il n'y a que les lettres, mais ça...

Lucienne la prend par le bras.

— Ma vieille, tu n'as plus qu'à retomber amoureuse pour en recevoir d'autres !

Léone hausse les épaules.

— Ce n'est pas trop grave, il y avait juste la dernière lettre de ma mère. Non. Ce qui me fait le plus chier, c'est la photo de Jacques que je garde tout le temps avec moi.

— S'il n'y a que ça, ce n'est pas une catastrophe, dit Lucienne. Envoie un télégramme à ta mère, elle t'en expédiera une plus récente. Comme ça, tu verras comme ton petit a grandi.

Léone esquisse un sourire.

— Merci ! Sans vous je ne sais pas comment j'aurais réagi.

Marcelle la prend par le bras.

— Tu n'as pas à nous remercier. On va aller dîner comme on l'avait prévu, mais au Continental. C'est moi qui invite.

Léone hésite, elle a envie de retourner à la caserne, de se sentir protégée.

— Qu'est-ce qui te prend ? s'exclame Lucienne. Tu ne vas tout de même pas te laisser impressionner par ces petits merdeux ? Surtout pour un sac à main. Marcelle a raison. On y va !

Dans la vaste salle du restaurant, les tables sont occupées par des militaires et des civils blancs au milieu desquels on remarque à peine quelques Vietnamiens en costume occidental. Michel, le maître d'hôtel, demande aux trois femmes d'attendre le temps de leur trouver une table. Il les installe au bar et leur fait servir des martinis.

— C'est offert par la maison, dit-il en disparaissant.

Elles se mettent à discuter, repèrent les militaires qu'elles reconnaissent, et s'amusent en faisant des commentaires sur eux.

— A croire que la caserne s'est donnée rendez-vous ici, constate Lucienne.

— Ça fait chier, renchérit Marcelle, il y en a certainement qui vont nous demander de les accompagner en boîte.

— Dis plutôt que tu aimerais que ça arrive.

Léone écoute à peine. Elle vient d'apercevoir le colonel Lemoine qui la salue d'un hochement de tête. Il dîne en compagnie de plusieurs officiers. A voir leurs visages fermés, cela a l'air sérieux.

Comme l'attente se prolonge, elles prennent un autre martini et trinquent à la victoire avec leurs voisins, des sous-officiers de marine qu'elles ne connaissent pas.

Les gars paraissent optimistes. D'après eux, pas de doute, Hoa Binh est un sérieux revers pour Giap. Encore une victoire comme celle-ci et les cocos pourront aller se rhabiller. Ils commandent une autre tournée en l'honneur du Roi Jean, un sacré général qui a des couilles.

Michel revient et entraîne les trois femmes vers une table du fond. Une situation qui permet de voir la salle sans être sur le passage.

Avant de s'asseoir, Marcelle commande une bouteille de champagne bien fraîche.

— Le meilleur, Michel !

— Tu es folle ! se récrient les deux autres.

— Vos gueules, les mouettes ! C'est moi qui invite, je vous dis. La France a perdu un sac à main mais a gagné une bataille.

Léone éclate de rire avec ses deux compagnes. Cette virée entre femmes la réjouit. Entre elles, pas d'effort à faire pour alimenter la conversation ou intéresser l'autre. N'importe quelle saillie, aussi bête soit-elle, les amuse. Pas de rivalité pour paraître plus belle ou plus intelligente que la voisine.

En choquant sa flûte de champagne contre celles de ses camarades, elle se jure de vivre à fond, sans se préoccuper du danger.

— Ce soir, on mange français les filles, propose Marcelle. D'accord ?

Oui, ce soir elles vont commander de la viande bien rouge, des frites, du fromage et boire du bon vin !

Venu prendre la commande, Michel les félicite.

— Vous avez raison, c'est la meilleure manière de se rappeler le pays.

Avant de s'en aller, il demande des nouvelles de Jean.

— Il ne lui est rien arrivé j'espère ?

Léone le rassure. Aux dernières nouvelles, il était du côté de Da Nang, à la tête d'une compagnie.

— Si vous le voyez, ajoute le maître d'hôtel, dites-lui bien le bonjour de ma part. C'est l'un des rares militaires qui connaisse les bons vins.

— Eh bien, servez-nous ce qu'il aurait pris, dit Marcelle.

Le repas est un moment de bonheur. Tout est bon, cuit à point, plein de ces saveurs françaises qu'aucune des trois femmes n'a oubliées.

C'est l'occasion pour chacune de se raconter, de dire d'où elle vient, où elle va. Autant de confidences écoutées avec un quasi recueillement par les autres. Lucienne, la Bretonne, est là pour ses frères et sœurs. Avec l'argent qu'elle envoie à sa mère, ils pourront avoir une vie plus décente que la sienne. Marcelle a perdu ses parents, très jeune, et a grandi de famille d'accueil en famille d'accueil. A chaque fois elle se tirait parce qu'on voulait la sauter ou en faire une bonniche.

Au moment du café, carrément soûles, fumant cigarette sur cigarette, les confidences se font plus intimes. Elles parlent de leurs amours déçues, de ceux qui les ont plaquées, de ceux qui sont morts emportant leurs espoirs dans la tombe. Léone évoque Mécano, Lucien et Émile. Lucienne raconte la mort de Philippe dont elle aurait souhaité avoir un enfant. Marcelle se souvient de Gilbert, un barman de Marseille qui n'a rien trouvé de mieux que se faire trouer la peau lors d'un règlement de compte dans son bistrot.

Aucune ne pleure. Normal, remarque Lucienne, les larmes sèchent plus vite que le chagrin.

Elles ont tellement parlé qu'elles gardent le silence en retournant à la caserne.

Mais un peu plus tard, alors qu'elles se couchent et se souhaitent bonne nuit, elles savent que ce dortoir sera leur rempart contre leur peur, leur souffrance et leur solitude.

CHAPITRE 31

Cet après-midi, la nouvelle a fait le tour des bureaux. Le Roi Jean est parti pour la France et d'après les mieux informés, il est peu probable qu'il reviendra. On le dit atteint d'un cancer et d'une sorte de désespoir inguérissable depuis la mort de son fils Bernard, à la bataille de Ninh Binh, quelques mois auparavant.

Pour tous les militaires, du bidasse au gradé, cette annonce prend l'allure d'une catastrophe. En effet, depuis qu'il avait pris son poste de commandant-en-chef de l'armée d'Indochine, de Lattre avait non seulement réussi à redonner confiance au contingent, mais il avait aussi été l'artisan de quelques succès sur les Viets.

Comme tout le monde, Léone est affectée. A force d'entendre vanter les louanges de ce général, croisé une fois ou deux, elle aussi avait fini par le considérer comme l'homme providentiel, le seul capable d'enrayer la progression communiste.

Elle tape l'un de ces interminables rapports sur la situation militaire transitant chaque jour par son bureau, quand le colonel entre et vient s'asseoir à côté d'elle. Cela lui arrive rarement.

Il allume une cigarette et se cale contre le dossier de sa chaise.

— Ça va, Léone ?

— Oui, mon colonel...

Il garde le silence, tire une bouffée, regarde par la fenêtre, vers le ciel plombé qui fait ressortir la blancheur des murs de la caserne.

— Les choses vont changer, je crois. Je voulais en parler avec vous...

— C'est à dire...

— Maintenant que de Lattre est parti, ça va se tirer dans les pattes au niveau de l'état-major, et il y a peu de chance que je conserve mon poste.

Léone ne masque pas sa déception. Travailler avec lui a été une expérience exaltante. Il a toujours été attentif envers elle, affectueux. Grâce à ses conseils, elle a appris à travailler de manière efficace, à comprendre les tenants et les aboutissants de cette guerre. Surtout, elle a pris confiance en elle-même.

— Le général Salan va assurer l'intérim, reprend-il, et je n'ai pas beaucoup d'atomes crochus avec lui...

— Qu'allez-vous faire ?

— Attendre de voir qui va être nommé. Je me prépare déjà à demander une affectation sur le terrain. J'ai besoin d'action, de me sentir plus proche des hommes... Mais ce n'est pas pour parler de moi que je suis là. Je voulais savoir si vous souhaitiez être mutée dans un autre service ?

Léone allume une cigarette pour se donner le temps de la réflexion. Son travail lui plaît, la vie en caserne est agréable, ses rapports avec les membres de l'état-major sont satisfaisants.

— Je ne me suis jamais posé la question, mon colonel...

Il hoche la tête plusieurs fois puis lui sourit.

— Je comprends. Cependant, s'il vous venait un désir particulier, parlez-m'en avant mon départ pour que je puisse intervenir.

— Vous semblez inquiet ?

— Je le suis, Léone. On gagne une guerre que si l'on a la volonté de la gagner. De Lattre l'avait, Salan, je ne sais pas. Vous savez, depuis que je suis militaire, je n'ai connu que la guerre. En France, en Afrique, maintenant en Indochine. La seule leçon que j'en tire c'est que les batailles sont gagnées grâce à la volonté de ceux qui commandent, à la crainte qu'ils inspirent à l'ennemi. Regardez de Lattre ! Giap a reconnu qu'il était un adversaire de taille. Enfin...

Il écrase sa cigarette, s'apprêtant à se lever. Leurs regards se croisent.

— Je tiens à vous remercier, mon colonel.

Il la dévisage, surpris.

— De quoi ?

Elle se sent rougir, ne sait plus quoi dire, perd pied.

— Je ne sais pas. De tout.

Il éclate de rire.

— Ne me remerciez pas, Léone. Vous avez fait un excellent travail, et dans la bonne humeur malgré le côté morbide de certaines de vos tâches. C'est vrai que je vous aime bien. Durant ces quelques semaines, vous avez été la fille que j'aurais aimé avoir.

— Vous avez des enfants ?

— Non, je n'en ai pas eu le temps.

— Et votre femme ? demande-t-elle en faisant référence à la

photo qu'elle a vue sur son bureau. Il hausse les épaules et tourne à nouveau son regard vers le ciel.

— Elle est morte pendant la guerre, fusillée par les Allemands pour faits de résistance. A l'époque, je me battais en Afrique. Je ne l'ai su qu'à la Libération. Je n'ai jamais pu l'oublier.

— Je suis désolée.

Il se lève, lui donne une tape sur l'épaule.

— Ne le soyez pas, Léone. Mais voyez-vous, en souvenir d'elle, j'aimerais que vous sortiez indemne de cette guerre et que vous puissiez vous consacrer à votre petit garçon. Ne prenez pas de risques inutiles.

— Je vous le promets, mon colonel.

Il sort.

Léone referme derrière lui, s'assoit à son bureau et regarde la photo de Jacques que Julia lui a envoyée.

— C'est promis, mon petit chéri, murmure-t-elle, je reviendrai vivante.

Le téléphone sonne. Suen l'appelle de Bien Hoa. Léone est heureuse de l'entendre.

— Balland t'invite à dîner samedi prochain, à la plantation.

Léone hésite. D'accord pour revoir Suen, mais devoir échanger des mondanités avec un type pour lequel elle n'éprouve aucune sympathie, certainement pas.

Suen éclate de rire.

— Tu as tort, tu sais.

— Pourquoi ?

— Il y aura quelqu'un d'autre avec qui, à mon avis, tu n'auras pas besoin de te forcer pour faire la conversation.

Léone a compris. Son cœur s'emballe.

— Marc ?

— Gagné, ma chérie ! Alors, tu viens ou pas ?

C'est au tour de Léone de rire. Bien sûr qu'elle va venir !

Quand elle a raccroché, sa tristesse a disparu.

Alors qu'elle pense à Marc, des souvenirs de moments partagés avec Mécano s'interposent. Troublée, elle se remet au travail. Pourquoi faut-il que ce dernier s'impose avec autant de force, si longtemps après ?

Quand elle descend en gare de Bien Hoa, Léone est épuisée. Le voyage a été éprouvant. La chaleur, la lenteur du convoi et le caquetage incessant des passagers vietnamiens, lui ont mis les nerfs en pelote.

Heureusement, elle aperçoit Suen, agitant les bras dans sa direction. Vêtue d'un costume traditionnel vietnamien, Léone la trouve encore plus belle qu'en robe.

Quand elles se sont rejointes, la jeune femme l'étreint avec force.

— Tu as fait bon voyage ?

— Oui, mais j'ai hâte de boire quelque chose de frais.

— Encore une demi-heure de piste et ce sera possible.

Elles traversent l'esplanade où une foule, dense et jacassière, mêlée de paysans et de femmes ployant sous les faix, d'enfants à moitié nus, va et vient dans tous les sens.

— On est loin de l'ordre qui règne à Saigon ! s'exclame Léone.

— Tu es à la campagne, ici. Et puis en plus, c'est jour de marché.

Elles rejoignent la ruelle adjacente où est garée la jeep de Balland. Suen prend le volant.

— C'est toi qui conduit ? s'étonne Léone.

— C'est ce que j'ai de mieux à faire si je veux rester en vie. Les coolies de la plantation conduisent comme des pieds.

Elle démarre sur les chapeaux de roues, puis, à la sortie de la ville, s'engage sur une piste étroite, en terre battue, cernée d'une intense végétation.

Léone admire la maîtrise avec laquelle Suen négocie les virages, évite les nids-de-poule, contrôle les dérapages sur le sol boueux, tout cela sans jamais ralentir.

— Dis-donc ! Tu pourrais en remontrer à nos chauffeurs de l'armée. Moi qui croyais que ce serait une balade.

— La règle sur ces pistes, c'est de ne jamais ralentir. Les arbres cachent parfois de mauvaises surprises.

— Lesquelles ?

— Des communistes, des bandits et même des tigres. Tu as le choix. Etre violée, tuée, ou dévorée.

Léone la regarde, incrédule. Suen éclate de rire.

— Tu ne me crois pas ?

— Si ! Si !

Soudain, la végétation s'éclaircit, cédant la place à une forêt d'hévéas, clairsemée et lumineuse. Beaucoup plus rassurante. Suen ne ralentit pas pour autant. Elle traverse en trombe un village sur pilotis, évite de justesse des enfants en train de jouer au milieu de la piste, avant de s'engager sur une route rectiligne et plus carrossable.

Léone en profite pour allumer une cigarette. Elle en offre une à Suen.

— Si tu conduisais comme ça à Paris, on aurait vite fait de te supprimer ton permis.

— Tu as eu peur ?
— Non, enfin un peu.
Suen sourit.
— Si un jour je vais à Paris, c'est Louis qui conduira.
— Il t'a proposé de venir avec lui ?
— Oui ! Si tout va bien, en avril, pour sa permission annuelle.
— Pourquoi si tout va bien ?
En même temps qu'elle a posé la question, Léone a rougi. Suen la dévisage.
— C'est toi qui me demande ça ?
— Excuse-moi, c'est idiot. Tu as des nouvelles de lui ?
— Oui, je reçois des lettres, mais je ne sais pas où il est. La censure...
— Tu veux que j'essaie de le savoir à Saigon ?
— Non, non, surtout pas ! C'est bête, mais j'ai l'impression que si je l'ignore, ça le protège.
Elles arrivent à la plantation, un hameau de quelques maisons, dont une plus luxueuse, sur pilotis. Suen klaxonne. Georges et Marc, installés sous la véranda, se lèvent pour venir les accueillir.
— Alors, bon voyage ? demande Georges.
Léone opine mais elle cherche surtout à croiser le regard de Marc. Celui-ci s'avance, lui serre longuement la main. Déjà elle se perd dans ses yeux verts, sourit à son sourire, voudrait être seule avec lui.
Georges invite les deux femmes à monter prendre un verre. Une domestique vietnamienne s'empare du sac de Léone pour l'emporter dans sa chambre.
Un peu plus tard, la conversation bat son plein. Le départ de De Lattre, les politiques parisiens qui ne savent pas ce qu'ils veulent, l'attitude ambiguë des Américains soutenant les Français comme la corde soutient le pendu.
Léone est assise entre Georges et Marc, dans un confortable fauteuil en bambou. Elle écoute à peine.
— Qu'en pensez-vous Léone ? demande Georges.
Elle bafouille, s'excuse. Les autres éclatent de rire.
— De faire une belote après le dîner !
— Oh oui ! Ça me rappellera mon enfance, dans le café que tenait ma mère.
Encouragée par Marc, elle raconte le Grand Café du Balcon. D'abord les clients faisant d'interminables parties qu'elle suivait en rentrant de l'école, puis sa passion pour l'Indochine qui date de cette époque. Enfin, elle les fait rire avec cet ivrogne qui racontait tous les jours sa guerre du Tonkin.

— Il me faisait tellement peur avec ses Pavillons noirs décapitant leurs ennemis et entassant leurs têtes sanguinolentes pour effrayer la population ! Je ne l'oublierai jamais.

— Ça n'a guère changé, remarque Georges. Si vous tombez entre les mains d'une bande ou d'une autre, pfuitt ! Plus de tête !

A cet instant, un Européen au physique de brute, le fusil à la main, accède à la véranda et vient les rejoindre.

— Ah ! Gunther ! s'exclame Georges, je vous présente mes amis, Marc et Léone.

L'homme les salue d'un hochement de tête.

— C'est mon régisseur, notre assurance-vie aussi.

Il éclate de rire et reprend.

— Il dirige ma petite armée personnelle de pieds-jaunes.

— ... de Vietnamiens, le coupe Suen.

— ... de Viets, vous avez raison. Je ne sais pas comment il s'y prend mais nous n'avons jamais de problèmes ici. Alors, qu'est-ce que tu veux ?

— Patron, dit Gunther, j'ai fait mon tour. Rien à signaler. Mais j'ai quand même mis des gars en sentinelle. Je referai une ronde cette nuit...

— Merci, Gunther. On se voit demain matin.

L'homme acquiesce et tourne les talons sans un mot.

— Pas rassurant, votre bonhomme, dit Marc.

— Avec lui on est tranquilles ! Encore plus sauvage que ces salopards de communistes !

— Où l'avez-vous trouvé ? demande Léone.

Georges sourit, mais au regard qu'il lui lance, elle comprend qu'il n'a pas apprécié sa question.

— Je lui ai sauvé la mise en France pendant la guerre.

Brusquement, il se lève en les invitant à passer dans la salle à manger.

Ils s'apprêtent à s'installer, lorsque Georges fait le signe de la croix et commence à réciter tout haut le bénédicité... *Seigneur bénissez ce repas que nous allons prendre et donnez du pain à ceux qui n'en ont pas...* Décontenancée, Léone échange un regard amusé avec Marc. La prière terminée, ils s'assoient. Suen rejoint le domestique et lui glisse quelques mots à l'oreille.

— Vous êtes croyant ? demande Léone.

Georges sourit, l'air moqueur.

— Pas du tout. C'est un rituel que j'observe en souvenir de ma mère.

Léone sent qu'il se moque d'elle. Percevant son désarroi, Georges continue :

— N'essayez pas de comprendre, sinon je serais obligé de raconter ma vie, et ce serait assommant pour tout le monde, moi le premier.

Suen vient s'asseoir, suivie par le domestique. Celui-ci commence à servir le vin. Georges le hume, apprécie sa couleur.

— Un excellent bordeaux 1938. Profitez-en ! Il n'y en a pas de meilleur à Saigon.

Comme les autres, Léone en boit une gorgée. C'est vrai qu'il est bon, mais elle s'en fiche ! Elle veut comprendre pourquoi Georges l'a invitée. Pourquoi, depuis la première fois qu'ils se sont rencontrés, il la provoque en se montrant grossier, presque méprisant. En même temps, elle hésite à s'engager dans une partie de bras de fer avec lui. Il fait partie de ces hommes sur lesquels les femmes n'ont pas de prise.

Ce dernier change le cours de la conversation en interrogeant Marc sur son travail. Celui-ci explique les difficultés auxquelles il se heurte à l'hôpital de Can Tho. Pas assez de médecins, d'infirmières, de médicaments et un matériel désuet.

— Pourquoi ce merdier ? demande Georges. Les seuls blessés de notre valeureuse armée ne sont pas si nombreux !

Marc s'apprête à répondre mais Léone le coupe.

— Pourquoi vous moquez-vous de l'armée ? Je crois qu'effectivement elle est valeureuse.

Il secoue la tête, l'air effondré.

— J'ironise parce que notre armée est une bande de pieds nickelés incapables de foutre une correction à des paysans soûlés au saké.

— Vous exagérez peut-être un peu ? intervient Marc. Nous remportons tout de même des batailles... Celle de Hoa Binh par exemple.

— Vous pouvez invoquer toutes les victoires que vous voulez. Nous avons perdu la guerre, docteur !

Il se tourne vers Suen.

— N'est-ce pas ?

Celle-ci ne répond pas.

— Eh bien ? reprend Georges, vous ne voulez pas décevoir nos amis français ?

— Je n'aime pas parler politique.

L'ambiance s'est tendue. Léone observe son amie. Elle la sent sur ses gardes, presque apeurée, se demande ce qui lie ces deux êtres, tellement dissemblables. Les seules relations de travail n'expliquent pas tout. Suen est à leur table, ce qui ne serait pas le cas si elle n'était qu'une employée. Et puis, il y a les regards qu'ils échangent, faits de connivence mais aussi de haine.

— Il ne s'agit pas de politique, reprend Georges, mais d'évidence historique. Vous le savez, Suen.

Voyant son amie de plus en plus mal à l'aise, Léone va répondre quand Marc réplique :

— Pardonnez-moi, Georges, mais comment pouvez-vous avoir un avis si tranché sur l'issue de la guerre alors que vous ne vous battez pas, que vous n'y connaissez rien en stratégie ? Ici, à part quelques bandes isolées qui viennent vous asticoter, vous ne percevez rien de la réalité de ce conflit. Et je ne pense pas que Suen soit mieux placée pour en parler.

Léone est soulagée. Elle attendait que Marc exprime la limite au-delà de laquelle Georges ne devait pas s'aventurer. Ce dernier l'a compris. En guise de réponse, il balaie l'air de la main, puis fait signe au domestique de servir.

— Rien que des plats français, histoire de vous rappeler le pays !

Deux servantes vietnamiennes font le tour de la table en proposant du rôti de porc découpé en tranches, et des légumes variés.

Pour détendre l'atmosphère, Marc évoque sa passion pour la cuisine, raconte que c'est l'un de ses rares loisirs à Can Tho. Il se met à comparer certaines recettes avec Georges.

Léone n'écoute pas. Elle dévisage Suen qui se tait. Elle voudrait croiser son regard pour lui faire comprendre qu'elle compatit.

Suen se tourne vers elle. Léone tressaille. Ses yeux sont tellement inexpressifs qu'ils font penser à ceux d'un corps sans vie.

La jeune femme se lève.

— Je ne me sens pas bien. Je vais me coucher.

— Comme vous voudrez, dit Georges, indifférent.

Marc la salue.

— Je t'accompagne, propose Léone.

— Non, non, ce n'est pas la peine. On se verra demain.

Elle leur adresse un vague sourire, et sort.

Le silence s'installe. Les deux hommes allument un cigare en attendant le café. Il fait très chaud malgré la porte et les fenêtres grandes ouvertes.

Léone échange des regards complices avec Marc, écoute la cacophonie nocturne de la forêt proche, songe au mystère régnant dans cette maison.

Elle a envie de questionner Georges, de le pousser dans ses retranchements, de l'humilier peut-être ? Pour venger Suen, elle-même, et les femmes qui ont souffert de sa tyrannie.

Elle renonce. Une telle discussion serait inutile. Elle se lève à son tour, explique qu'elle a sommeil. Avant de sortir sous la véranda, elle échange un dernier regard avec Marc.

CHAPITRE 32

Dehors une domestique vietnamienne, surgie d'on ne sait où, la conduit vers sa chambre, située à l'étage supérieur.

Sa porte donne sur une véranda identique à celle du dessous. Elle demande à la servante où se trouve Suen. Celle-ci sourit en faisant signe qu'elle ne comprend pas, puis se retire avec force courbettes. Léone n'insiste pas. Tant pis, elle se débrouillera sans elle !

Elle ne rentre pas, allume une cigarette et s'appuie à la balustrade. Face à elle, la nuit opaque dissimule la forêt, les autres maisons, mais surtout une vie intense qui se manifeste au travers d'incessants chuintements, ululements, clapotis et craquements.

Une vague crainte saisit Léone. Sans doute cette peur de l'obscurité héritée de son enfance. Elle se raisonne. La propriété semble bien gardée. Les Viets ne sont pas présents par ici. Elle aura toujours le temps de se cacher.

Le mieux, c'est de bouger. Sans hâte, elle arpente la véranda circulaire, avec l'espoir de trouver une fenêtre éclairée. Elle finit par en repérer une, sur l'autre versant de la maison. Elle s'approche, jette un coup d'œil au travers de la moustiquaire.

Vêtue d'une chemise de nuit, Suen est en train de lire sur son lit. Avertie d'une présence, elle tourne la tête. Léone hésite, puis frappe doucement à la porte.

— C'est moi, Léone.

Suen vient lui ouvrir et referme précipitamment. Son regard a retrouvé sa pétulance, mais elle semble inquiète.

— Georges sait que tu es là ?

— Non. Je ne lui ai rien dit.

Suen tire les rideaux, éteint le plafonnier. Seule sa lampe de chevet demeure allumée.

— Je n'ai pas envie qu'il vienne.

Léone s'assoit sur le rebord du lit, feuillette le livre que Suen lisait. *Le Rouge et le Noir* de Stendhal. Léone le pose sur la table de nuit.

— Tu connais ? demande Suen en venant s'asseoir en tailleur, face à elle.

— Non.

— Dommage, c'est un excellent roman.

— Je n'en lis jamais.

— Moi, j'ai toujours lu. A Saigon, au lycée français, on ne cessait de me dire qu'il le fallait pour devenir une bonne Française.

Elle éclate de rire et reprend :

— Je crois que les professeurs nous prenaient un peu pour des idiots. Non ?

— Évidemment ! Tu n'es pas française.

— Plus que tu ne le crois.

— Comment ça ?

Suen ne répond pas, se retourne et saisit un paquet de cigarettes, posé sur le cosy. Elle en offre une à Léone qui refuse.

— Je suis née à Saigon. Mon père était professeur de français et ma mère s'occupait de moi. Quand j'ai terminé mes études, je suis entrée ici comme secrétaire, assistante, un peu tout quoi ! Cela n'a pas créé de difficultés. Georges était un ami de mes parents, ils se voyaient souvent, s'appréciaient. Puis un jour, il y a un an, tout a basculé. Mes parents ont rejoint les maquis vietminh. Ils ont voulu que je les suive mais j'ai refusé. Du coup, je suis restée ici, sous la protection de Georges.

— Tu ne les as jamais revus ?

— Non. Ils ont disparu, mais ils ont promis qu'un jour ils reviendraient me chercher pour me faire enrôler de force.

Léone allume une cigarette. Les questions se bousculent dans sa tête.

— Pourquoi as-tu refusé de faire comme eux ?

Suen rigole.

— Simplement parce que je ne suis pas communiste et que je sais que leurs promesses sont du vent. Peut-être aussi parce que je baigne dans la culture française depuis mon enfance et que je me sens très proche de ton pays.

— C'est pour cela que tu as peur ?

— Ah ? Tu t'en es aperçue ?

— Oui ! A table.

— C'est vrai, j'ai peur. De la menace de mes parents, mais aussi de Georges, de moi-même. Plus les jours passent, plus je me sens perdue, incapable de penser correctement. C'est pour cela que j'ai envie de partir en France, d'oublier.

— Tu crois qu'avec Louis, ce sera facile ?

Suen hausse les épaules.

— Avec lui ou un autre, quelle importance ? Ce qui m'importe, c'est de foutre le camp !

Elle a du mal à dissimuler la colère rentrée qui l'agite. Léone la prend dans ses bras.

— Qu'est-ce qu'il t'a fait, Balland ?

— Rien de particulier.

— Il n'a jamais essayé de coucher avec toi ?

— Si bien sûr ! Il l'a même fait, mais je l'ai bien voulu. Ce n'est pas un mauvais type. Seulement parfois, à sa manière, il me fait payer le fait de me protéger.

Elle se laisse aller contre la poitrine de Léone. Celle-ci lui caresse les cheveux. C'est la première fois qu'elle sent chez quelqu'un une souffrance aussi palpable, une telle fragilité.

— Pourquoi ne pas partir maintenant ?

— Pour aller où ? Avec qui ? Pour quoi faire ? J'attends Louis. J'espère qu'il tiendra parole, c'est tout.

Suen se colle contre Léone, l'enlace, puis se met à pleurer doucement.

— Tu es certaine de l'aimer au point de le suivre en France ?

— Je m'en fous d'aimer ! Ce que je veux, c'est m'éloigner d'ici, oublier !

Elle se redresse, essuie ses yeux d'un revers de la main.

— Je ne sais pas quoi faire. Je me sens autant Vietnamienne que Française. Je voudrais vivre en paix, insouciante, comme avant. Mais avec ces salauds de communistes, ce n'est plus possible. Je les hais, je hais mes parents. Je hais les hommes qui ont profité de moi. Je hais le monde entier.

Elle sanglote à nouveau. Léone la reprend dans ses bras.

— Allons, Suen, ce n'est pas grave. Il faut garder la tête froide.

La tête froide ! En son for intérieur, Léone rigole. Cela lui va bien de prodiguer de tels conseils. C'est vraiment l'hôpital qui fait l'aumône à la charité. A la manière dont elle a conduit sa vie, elle ferait mieux de se taire.

— Aide-moi... murmure Suen.

— Je vais essayer. En attendant, couche-toi, et dors ! Demain, on y verra plus clair. D'accord ?

Suen se glisse sous sa couverture. Léone l'embrasse. Elle veut s'en aller mais la jeune femme la retient.

— Tu vas rejoindre Marc ?

Léone sourit.
— Peut-être.
— Tu as de la chance, c'est un type formidable.
Léone éteint la lampe de chevet.
— Je t'aime depuis le premier jour, dit Suen. J'ai confiance en toi.
Léone sort, referme la porte. Elle respire profondément, a envie de pleurer, de foutre une baffe à Balland, de ficher le camp de cette plantation. Elle fait quelques pas, allume une cigarette, s'appuie à la balustrade. En bas, dans la lueur que projette la maison, elle voit passer Gunther qui retient un chien agressif. Il est suivi de plusieurs hommes en armes, silencieux. Léone se sent déprimée. Ce n'est pas la peine de s'attarder, ni d'aller retrouver Marc. La vie est décidément trop conne...

Son cœur fait un bond quand elle aperçoit de la lumière dans sa chambre. Elle est certaine de ne pas avoir allumé. Elle s'approche sur la pointe des pieds, jette un œil par la fenêtre. Nouvelle émotion. Marc est assis sur son lit, en train de fumer.
Elle entre. Il se redresse d'un bond.
— Pardonnez-moi, je...
Inutile de parler. Elle se rapproche de lui, l'enlace et l'entraîne sur le lit.
— Éteins, dit-elle, j'ai besoin d'obscurité.
Il l'embrasse longuement. Elle s'abandonne, confiante. C'est un vrai baiser, sans fébrilité, ni caresses. Elle est heureuse. Enfin un homme qui sait attendre, qui l'aime avant de lui faire l'amour. Sa délicatesse est communicative. Elle aussi veut prendre son temps. Avant de s'offrir à lui, elle voudrait pouvoir se débarrasser du fatras qui encombre sa tête, de son chagrin rentré, de sa colère.
Leurs lèvres se séparent. Elle demeure blottie dans ses bras.
— J'en avais envie depuis notre première rencontre, avoue-t-elle.
— Moi aussi.
Ils se taisent, conscients qu'ils ont la nuit devant eux. Peut-être davantage, espère Léone. Elle est tellement émue qu'elle se laisse aller à pleurer. Il s'en aperçoit.
— Qu'est-ce qu'il y a ?
— Tellement de choses.
Même si elle ne le voit pas, elle sait qu'il sourit.
— Prends ton temps, dit-il, on a peut-être toute la vie devant nous.
Toute la vie ! Ces quelques mots font un bien immense à Léone.

Elle essuie ses larmes, prend une cigarette, lui en offre une qu'il accepte. Ils fument en silence puis elle se met à parler. D'autant plus facilement qu'il fait noir. Elle raconte les impressions désagréables qu'elle a éprouvées durant le repas, puis sa visite à Suen qui lui a fichu un sacré bourdon.

Il ne fait aucun commentaire. Parfois, il exerce une pression de la main sur son épaule pour lui faire comprendre qu'il écoute. Les mots appelant les mots, elle repart à Paris, évoque Julia, son fils, déroule sa vie à l'envers, dans le désordre. Ce qui compte c'est qu'il sache tout, qu'il comprenne qu'elle lui fait confiance et qu'elle souhaite la sienne.

Le temps passe. Il est deux heures du matin, trois heures peut-être. Il n'a rien dit. Tout juste si parfois il a bougé, ou lui a posé un baiser sur la joue. Enfin, elle a fini. Plus rien à dire, si ce n'est cette remarque à propos de Mécano, qui vient comme une conclusion.

— Tu lui ressembles tellement que j'en ai peur.

— Pourquoi avoir peur ?

— Parce que je l'ai aimé avec tant de force. Parce que j'en ai trop souffert pour accepter que cela recommence.

Il s'appuie sur son coude, lui caresse le visage.

— Rien ne recommence jamais. Chaque histoire d'amour ne ressemble à aucune de celles qui l'ont précédée. En revanche, elles s'en enrichissent.

— Tu crois ?

Il acquiesce d'un hochement de tête.

A nouveau le silence entre eux. Dehors, le vacarme de la forêt s'est encore amplifié. Ça court, ça crie, ça caquète, ça craque...

L'un contre l'autre, ils écoutent. Léone n'a plus peur, sent que son désir d'amour devient de l'amour. La tête appuyée contre la poitrine de Marc, elle entend battre son cœur à l'unisson du sien.

— Je te remercie de m'avoir fait confiance en me racontant ta vie, dit-il. J'avais besoin qu'un jour, une femme me parle comme toi. Sans essayer de me séduire. Je t'aime comme tu viens de te raconter, sans falbalas.

Il a dit je t'aime ! Léone est étonnée. Ces mots devraient l'effrayer. Pas cette fois-ci. De la part de Marc, elle les accepte.

— Moi aussi, j'en ai bavé, reprend-il. Comme toi, je n'ai pas eu de père, mais en plus, si j'ose dire, je n'ai pas eu de mère.

— Mon Dieu...

— Ne me plains pas. D'une certaine manière, ça a simplifié les choses. On dit qu'avoir des parents est une chance. Je veux bien le croire. Mais ne pas en avoir n'est pas forcément un drame. Il a fallu que je me débrouille, avec ce qui m'était donné. La grand-mère qui m'a élevé en a fait bien plus que certains pères et mères pour leurs propres enfants. C'est grâce à elle si je suis devenu ce que je suis. Non seulement elle m'a appris à aimer mais aussi à me défendre, à ne jamais renoncer devant l'adversité, à croire en la vie, malgré les saloperies dont elle est capable à notre égard. Comme elle le répétait souvent, on ne renonce que devant la mort. Et encore ajoutait-elle, je ne le crois pas. Il y a une autre vie après, ailleurs...

Léone l'écoute, retient ses questions. Elle le doit. Il s'est tu lorsqu'elle parlait.

— Grâce à elle, j'ai appris l'effort, ce qui explique que malgré notre pauvreté, je suis devenu médecin. Je le dois aussi à d'autres gens, que j'ai pu aimer librement, puisqu'ils ne m'avaient pas été imposés. Des gens formidables qui ont cru en moi, m'ont aidé, encouragé et soutenu. Tu vois ? C'était comme si la vie culpabilisait d'avoir été aussi injuste à mon égard et me donnait beaucoup plus qu'à certains, pourtant privilégiés.

Il se tait, allume une cigarette. En rejetant la fumée, il s'amuse à faire des ronds que Léone perçoit dans la pénombre.

— Ta grand-mère est morte ?

— Oh, depuis longtemps ! Mais pour moi, elle ne l'a jamais été. Je crois bien qu'il n'y a pas eu un jour de ma vie depuis sa disparition où je n'ai pas pensé à elle. Souvent, je me demande ce qu'elle ferait à ma place, si elle approuverait tel ou tel choix.

Il s'interrompt, rit de bon cœur, éteint sa cigarette.

— D'ailleurs, je ne suis pas certain de toujours faire ce qu'elle souhaiterait !

Il se retourne vers Léone.

— Comme de t'embrasser par exemple, et te dire que je t'aime !

Elle éclate de rire avec lui. Cette fois-ci, il ne retient plus son désir. Il l'embrasse, la déshabille, la caresse. Etourdie par un tourbillon de sensations, de désirs et d'espoirs mêlés, elle s'offre à lui, l'attire, le guide, le reçoit. Il ne lui fait pas l'amour, ils font l'amour, corps à cœurs. Léone sent venir son plaisir, le maîtrise. Elle attend Marc, qui l'attend aussi. Pour eux, il ne s'agit pas seulement de jouir, mais aussi de partager ce quelque chose d'indéfinissable qui les a réunis. De plus fort que les mots, les gestes, le passé ou l'avenir. Comme une osmose, unique et définitive. Alors qu'il se donne, alors qu'elle l'accueille, pas de cris, de déchaînements, de mots à l'oreille. Rien qu'une étreinte violente et silencieuse qui les arrache à la vie. Comme si chacun devait mourir pour renaître avec l'autre.

Le jour commence à se lever. Léone s'éveille. Quand elle ouvre les yeux, il est là, penché au-dessus d'elle, souriant.

— Marc... dit-elle, à court de mots.

Il lui pose un doigt sur la bouche.

— Chut ! Je t'attendais pour aller nous promener.

Elle approuve. Ils s'embrassent, se lèvent, s'habillent, sortent. Dehors, les premières brumes de chaleur flottent au-dessus du sol. Le silence tranche avec le vacarme nocturne. Plus de cris, de bruits étranges. Seulement le grognement de quelques cochons qui paissent, un peu plus loin.

Ils s'apprêtent à pénétrer dans la forêt quand ils entendent une cavalcade derrière eux. C'est Gunther.

Il arrive à leur hauteur, essoufflé, un fusil mitrailleur à la main.

— Vous êtes fous ou quoi ?

Instinctivement, Léone s'est réfugiée sous le bras de Marc.

Gunther pointe son arme vers la forêt.

— C'est bourré de Viets, continue-t-il, des pillards ! S'ils vous prennent, vous êtes morts ! Vous comprenez ?

Léone et Marc gardent le silence. L'homme les dévisage, excédé.

— Il n'y a que là que vous êtes en sécurité, reprend-il en désignant le hameau. Vous comprenez ?

— Bien sûr, répond Marc. Nous ne savions pas. Nous sommes désolés.

L'autre hausse les épaules.

— C'est surtout monsieur Georges qui l'aurait été en retrouvant vos têtes plantées au bout d'un piquet.

Il rebrousse chemin en bougonnant. Léone et Marc lui emboîtent le pas.

— Dites-moi, demande Marc, ils ont déjà attaqué le village ?

L'autre se retourne.

— Non, jamais. S'y risqueront pas. Par contre, les cocos, eux ils le feront !

— Pourquoi ? demande Léone.

Gunther s'arrête, et éclate de rire.

— Pourquoi ? Mais parce que je le sais !

— Je ne comprends pas ? s'étonne Marc.

Gunther sort un énorme cigare de sa poche et l'allume. En même temps, il scrute la forêt. Léone l'observe. Malgré son physique disproportionné, son visage disgracieux, son air revêche, elle ne parvient pas à le trouver antipathique. Comme si cela n'était qu'une façade derrière laquelle se dissimulait un autre homme, plus fragile.

— C'est difficile à expliquer, dit-il, mais c'est comme ça ! Ils viendront.

Ils font quelques pas jusqu'au perron. Gunther les regarde, l'air amusé.

— Amoureux ?

Ils acquiescent.

— C'est bien ! Mais pour en profiter, faut rester vivants, hein ?

Il éclate d'un rire à l'aune de son physique, énorme, sonore, sans fioriture.

Soudain, il regarde sa montre.

— C'est l'heure du café ! Si vous voulez, il y en a pour vous.

Ils acceptent et le suivent jusqu'à une maison en bambou montée sur pilotis, à l'entrée du village.

Il s'arrête au pied de l'escalier.

— Mon mirador ! De là, je peux tout voir.

Ils grimpent à l'étage et débouchent sur une terrasse recouverte par le toit de chaume. Une ouverture sans porte donne accès à l'intérieur.

— *Meine Zimmer* ! dit-il en les faisant entrer.

La pièce, éclairée par deux larges fenêtres, est quasiment vide. Contre l'un des murs pleins, un lit pliant sur lequel est étalée une courtepointe, un cageot recouvert d'une feuille de journal en guise de nappe, une malle militaire en fer dont la peinture kakie est écaillée. Contre l'autre mur, une cuisinière à bois en fonte noire et un banc sur lequel Gunther a posé son fusil. Au milieu de la pièce, un tapis en coco élimé.

Léone propose à Gunther de l'aider à préparer le café. Il refuse.

— A force de vivre seul, je fais tout moi-même.

Elle s'assoit sur le lit. Marc s'est penché à la fenêtre.

— C'est vrai que d'ici, rien ne peut vous échapper.

Gunther le rejoint, lui explique comment cela se passe en cas d'alerte. Léone allume une cigarette et regarde autour d'elle. Elle ne comprend pas comment Georges peut laisser cet homme dans un tel dénuement alors qu'il assure sa sécurité. Encore une autre facette désagréable du bonhomme.

Son attention est attirée par une photo posée sur le cageot. C'est Gunther en uniforme SS. Elle s'en saisit. Il semble moins rustre qu'aujourd'hui. Sans doute l'uniforme...

Gunther s'est retourné.

— J'avais beaucoup plus d'allure, à cette époque, n'est-ce pas ?

Léone repose la photo précipitamment.

— Oui. Enfin... façon de parler !

— Oui. Je sais. J'étais un beau salaud.

Marc s'est approché, regarde la photo à son tour.

— Vous étiez SS pendant la guerre ?

Gunther tend à chacun un verre rempli de café fumant.

— Désolé, je n'ai pas de sucre. On n'en a jamais ici.

Il va s'accoter à la fenêtre, l'œil rivé vers l'extérieur.

— Oui, j'étais sergent SS, à Paris. Pour surveiller ceux de la Wehrmacht. Les pantouflards, les traîtres. J'y ai passé deux ans, jusqu'à ce que je me rende compte des horreurs que nous commettions. Je ne supportais plus les cris qui remontaient des sous-sols, les regards désespérés de ceux qu'on arrêtait et qui allaient mourir. J'en avais marre de cette saloperie pour un idéal qui n'était plus le mien. C'est vrai, j'y avais cru un moment. Hitler semblait l'homme de la situation, celui qui allait résoudre les maux de l'Allemagne.

Il s'interrompt, boit une gorgée de café.

— Je ne sais pas pourquoi je vous raconte ça, tiens !

— Vous en avez besoin, dit Marc. Ici, on est tous comme vous. Il y a des jours où c'est plus fort que tout. Il faut qu'on se confie à quelqu'un.

Il sourit.

— Vous avez raison. Enfin bref, un soir, j'ai déserté. En costume civil, je me suis sauvé dans les rues de Paris, sans savoir où j'allais. Il faisait tellement froid, qu'à un moment je suis entré dans un café, dans le quartier de la gare du Nord. C'est là que j'ai rencontré monsieur Georges. Il m'a payé un coup à boire. Je lui ai tout raconté. Il m'a planqué jusqu'à la fin de la guerre. Comme je n'avais pas de famille, je l'ai suivi ici en 1946. Depuis, je m'occupe du domaine.

Léone et Marc gardent le silence, échangent un regard. Que dire face à un tel destin ? Gunther fait partie de ces personnages étonnants, sans racines, comme on en rencontre en Indochine. Par contre, songe Léone, ce récit lui a rendu Georges plus sympathique. Elle ne le comprend pas mieux, mais elle sent qu'il est plus intéressant qu'elle ne le croyait.

Il faut partir. Elle doit être à la caserne avant dix heures.

En bas de l'escalier, ils prennent congé de Gunther. Main dans la main, ils rejoignent le bâtiment principal. Sur la terrasse, Georges est en train de prendre son petit déjeuner en compagnie de Suen.

Il les accueille, un sourire entendu aux lèvres.

— J'ai toujours pensé qu'ici, c'était un lieu propice à l'amour ! dit-il. Dommage que vous ne partiez pas ensemble, ce matin.

— Un jour, nous le ferons, réplique Marc.

Léone remercie Georges de son invitation. Il leur serre la main.

— Vous serez toujours les bienvenus. Enfin... si les Viets nous foutent la paix.

— Vous avez Gunther, dit Léone.

Il hausse les épaules, l'air fataliste.

— Si seulement c'était suffisant...

Suen s'est levée. Elle lance un ordre à une domestique qui disparaît. Puis elle se tourne vers Marc et Léone, le regard pétillant d'ironie.

— Peut-être devriez-vous aller dans vos chambres, voir si elle n'y oublie rien ?

Ils sourient et montent. Là-haut, sous la véranda, ils s'enlacent. Il lui caresse les cheveux.

— On se revoit le plus rapidement possible, d'accord ?

— Oui, et on trouve tous les moyens d'être le plus souvent ensemble.

Elle sent qu'elle va pleurer. Il s'en rend compte, l'étreint plus fortement.

— Et puis, un jour, nous serons réunis.

Elle ne peut plus parler. C'est trop difficile. Promis ! songe-t-elle. Elle va tout faire pour le rejoindre, vivre avec lui, le rendre heureux.

Le bagage de Léone à la main, la domestique passe devant eux en gloussant et disparaît dans l'escalier.

— Il faut y aller, dit Marc, ton colonel va s'inquiéter.

— Et toi ?

— Je pars en voiture, un peu plus tard.

Ils s'embrassent à nouveau, se détachent difficilement l'un de l'autre.

— Accompagne-moi jusqu'à la gare, supplie Léone.

— Non. Sinon je monte dans le train avec toi.

— Oui ! Oui ! Oui !

— Non ! Non ! Non !

Ils éclatent de rire. Un dernier baiser, puis ils descendent. Georges a disparu. Suen attend Léone au volant de la jeep.

— Dépêche-toi, sinon tu vas rater ton train.

Léone hausse les épaules.

— A la vitesse à laquelle tu conduis, ça m'étonnerait !

Elle échange un dernier regard avec Marc, sa main quitte la sienne. Elle descend les marches du perron, va s'asseoir à côté de Suen qui démarre.

Jusqu'au bout de l'allée menant à la forêt, elle demeure tournée vers la maison et fait des signes à Marc qui lui répond.

Maintenant, elle en est convaincue. Si elle désirait tant venir en Indochine, c'était pour le rencontrer.

CHAPITRE 33

Ce soir, c'est le réveillon de Noël. Dans le dortoir, c'est l'effervescence. Léone, Lucienne et Marcelle se font belles, à grand renfort de fond de teint, de rimmel et de crèmes. Elles échangent leurs produits, s'entraident pour remonter une fermeture Éclair, donner un coup de brosse, ou apprécier l'allure qu'elles ont dans leurs uniformes.

En même temps, elles chantonnent, papotent, rient. La fête va avoir lieu dans le mess des officiers, en présence des huiles de Saigon. Il paraît même que Salan fera une apparition.

Léone chante plus fort que les autres. Depuis sa rencontre avec Marc, rien n'est pareil. Le travail, les horaires, les astreintes, les jours de pluie, tout lui paraît léger. C'est qu'elle aime maintenant, comme elle le répète à la cantonade. Il ne s'agit plus d'une amourette de pacotille, d'une vague histoire de cul. Non, c'est de l'amour. Du vrai, du solide, du beau. De cet amour qui fait bicher les femmes, les rend belles et souriantes, les fait écrire ou téléphoner tous les jours, les inquiète pour un rien, les fait rêver en technicolor. De cet amour qui fait oublier les attentats, les morts d'hier et de demain, la guerre.

Léone est heureuse, le confie à qui veut bien l'entendre. Les rabat-joies, les tristes, les difficiles peuvent aller se rhabiller.

Les filles qui l'entourent sont formidables. Tout juste si elles ne seraient pas plus amoureuses de Marc qu'elle ne l'est elle-même. Pas un jour sans que l'une d'elles demande de ses nouvelles, veuille lire l'une de ses lettres, compatisse aux horreurs qu'il endure dans son putain d'hôpital, n'encourage Léone à se tirer de la caserne pour aller le rejoindre.

Pour être chouettes, elles sont chouettes ! Comme ce soir, où elles la harcèlent pour savoir le cadeau qu'elle va lui offrir, ou la charrient en prévenant qu'elles l'auront à l'œil pendant la fête.

— Oh ! répond-elle, vous pourrez toujours me surveiller, vous vous ferez mal aux yeux. Il ne se passera rien et avec personne.

Rires de connivence, de joie, d'espoir. Sans doute ses amies souhaiteraient-elles aussi en lever un, pour la vie.

C'est l'heure d'y aller. Un dernier regard dans l'œil des autres, une jupe qu'on défroisse, un bas qu'on remonte, une mèche qu'on replace, et les voilà qui dégringolent les escaliers. Elles traversent la cour de la caserne en se tenant par le bras. C'est promis, elles passeront ce réveillon ensemble ! Pas question de se séparer, sauf si un beau gars emballe l'une d'entre elles.

Quand elles arrivent au mess, la salle est pleine à craquer. Des hommes, des femmes, de toutes les armes, de tous les grades. Dans la semi-obscurité, on se bouscule, on se salue, on plaisante. Il fait très chaud. Le brouhaha des conversations se mêle aux accents sirupeux d'une chanson diffusée par haut-parleur. Des couples de danseurs évoluent là où ils le peuvent. Après avoir joué des coudes, embrassé telle ou tel, les trois femmes arrivent au fond de la salle et s'assoient à une table libérée par un groupe d'officiers.

— Qui va chercher à boire ? demande Lucienne.

Les deux autres refusent en rigolant. Comment apporter des verres pleins en traversant cette foule compacte ? Elles demandent à leurs voisins. L'un d'eux se dévoue.

— J'apporterai des bières en bouteilles, rien d'autre.

Elles acceptent, se passent le briquet pour allumer leurs cigarettes et font des commentaires sur les danseurs.

Léone a très envie de danser. Quand elle le dit, ses deux compagnes la mettent en boîte.

— Pas question, ma vieille ! Si tu veux te trémousser, tu n'as qu'à aller le rejoindre à Can Tho.

Le soldat revient avec les bières.

— J'ai même pu attraper trois verres ! lance-t-il, triomphant.

Il engage la conversation. Il s'appelle Thierry, parle de son affectation à Hanoï, de sa permission qui doit durer jusqu'au début de l'année prochaine. Les femmes entendent mal et la conversation se tarit. Alors, il invite Marcelle à danser qui accepte sans se faire prier.

Soudain, Léone aperçoit Louis en train de se frayer un passage entre les danseurs. Elle l'appelle en vain et se lève pour aller le rejoindre.

Il est heureux de la voir et l'embrasse avec effusion.

— Viens ! On va danser ce slow !

Léone se laisse entraîner.
— Tu aurais pu me dire que tu étais revenu.
— Je suis là depuis hier soir seulement.
— Et Suen ?
Il hausse les épaules.
— Je lui ai téléphoné mais cela ne répond jamais.
Bousculés, étouffés, déséquilibrés, ils dansent un bon moment en silence. Léone se sent bien. Elle ne regrette qu'une chose. Que les bras qui lui enserrent la taille ne soient pas ceux de Marc. Pour elle, danser, c'est le plus beau prélude à l'amour.
— Qu'est-ce que tu fais ce soir ? demande Louis.
— Je ne sais pas. Avec les copines, on avait prévu de rester ici toute la soirée. Et toi ?
Il hausse les épaules.
— Après plusieurs semaines de rizière, je me sens un peu déphasé ici !
— Pourquoi tu ne vas pas rejoindre Suen ?
— Trop loin ! Je repars après-demain ! En plus elle ne doit pas être là-bas...
Quand il se séparent, elle croise son regard. Il a l'air triste, Louis. Trop triste pour qu'elle le laisse seul.
— Viens avec nous, je suis avec Lucienne et Marcelle.
Il secoue la tête.
— Non, je vais aller en ville.
Curieux comme il a dit cela vite, sans conviction.
— Tu veux que je vienne avec toi ? demande Léone.
Il lui sourit.
— Vrai ? Tu ferais ça ?
— Évidemment.
Elle l'entraîne à sa table, le présente à Lucienne et Marcelle et annonce qu'ils vont au restaurant. Devant leurs mines ironiques, elle explique qu'ils ont des choses à se raconter.
— Tant pis, s'exclame Lucienne d'un ton mélodramatique, nous ne seront pas assez fortes pour nous défendre devant les mecs !
— Au contraire, tant mieux ! renchérit Marcelle qui semble très intime avec Thierry.
Léone et Louis sortent. Dans la cour déserte, plongée dans la nuit, le silence est presque effrayant.
— On va où ? demande Léone.
— Où nous mèneront nos pas, réplique Louis qui a retrouvé le sourire.
Ils retrouvent la ville en fête. Ici et là sur la place de la Cathédrale, dans les jardins de la résidence du gouverneur, à la

devanture de certains magasins, des sapins et des guirlandes lumineuses évoquent la fête.

— Je ne savais pas que les Vietnamiens fêtaient Noël, s'étonne Léone.

— Ce n'est pas le Vietnam, ici ! C'est la France. Et puis, il y a beaucoup de Viets catholiques.

En remontant la rue Catinat, ils choisissent d'entrer dans un restaurant local. Louis est ravi.

— Au moins, là, on n'entendra pas des cantiques de Noël.

Le restaurant est quasiment désert. Aucun serveur ne se précipite vers eux. Les quelques Vietnamiens qui dînent là leur lancent un regard indifférent. Ils choisissent une table au fond de la salle, dissimulée par un paravent en bois sculpté.

Accrochés aux murs, quelques objets traditionnels, un chapeau conique, un éventail, et quelques reproductions jaunies constituent le décor. Ils consultent un menu posé sur la table. La traduction en français est tellement mauvaise qu'ils rient à chaque mot. Leur choix fait, ils allument une cigarette. Léone observe Louis. La tristesse qu'elle a saisie dans son regard est encore présente.

— Ça va ?

Il sourit, sans conviction.

— Pas vraiment.

— Je vois. Qu'est-ce qu'il y a ?

Il secoue la tête.

— C'est Noël ! C'est pas le moment de s'épancher.

Elle lui prend la main.

— Écoute ! C'est normal quand on revient de mission. On ne se sent pas très bien.

Il garde le silence, tire sur sa cigarette, regarde autour de lui, sans intérêt.

— J'en ai marre ! lâche-t-il. Marre de ces morts, de l'inutilité de cette guerre, de ces odeurs, de leurs regards de faux-jetons. Marre...

Il ne termine pas sa phrase et se met à pleurer discrètement. Léone lui caresse la main. Voir un grand gaillard comme Louis en train de chialer la bouleverse, la ramène à sa propre fragilité qu'elle tente souvent de dissimuler.

— Laisse-toi aller ! Ça te fera du bien et à moi aussi.

Le visage mouillé par les larmes, il sourit et s'essuie les yeux d'un revers de manche.

A cet instant, un Vietnamien âgé s'approche de leur table en traînant des pieds. Son visage ridé respire la bonté. Mais ce qui frappe Léone, c'est son regard, inhabituel, presque incongru.

Contrairement à ceux qu'elle a rencontrés, il a les yeux verts foncés, inquisiteurs. Comme deux billes de jade. En appui sur le bord de la table, il les dévisage.

— Vous ne fêtez pas Noël ?

Son français est parfait. A leur tour, ils le regardent, surpris.

— Non, répond Léone. Nous avons préféré être au calme.

Il opine et s'intéresse à Louis.

— Ne soyez pas malheureux ! La guerre vous épargnera.

— Ah ! Et comment vous le savez ? s'étonne Louis.

Le vieil homme sourit.

— Parce que je le sais.

Léone le regarde intensément, cherche à qui il lui fait penser. Il se retourne vers elle, la dévisage à son tour. Son regard pétille. Il rit.

— Vous êtes amoureuse, vous ! Hein ?

Elle acquiesce d'un hochement de tête.

— Je le vois ! Je le vois ! Profitez-en !

Il s'arrête de rire, aussi brutalement qu'il avait commencé.

— Vous avez choisi vos plats ?

Tandis qu'ils passent leur commande, Léone continue de le dévisager, curieuse et inquiète. Elle n'aime pas qu'on lise en elle comme dans un livre ouvert.

— Vous parlez drôlement bien français !

Il se remet à rire.

— J'ai servi dans l'armée française. Oh, il y a bien longtemps...

Il s'éloigne sans leur laisser le temps de réagir. Louis hausse les épaules.

— Je me demande comment il sait que je vais en réchapper ! Tu es amoureuse, toi ?

Elle hésite, puis se jette à l'eau. Parler de Marc ce sera un peu le faire exister ce soir, lui offrir une place à leur table. Elle explique tout. Leur rencontre au club, leurs retrouvailles chez Balland, et leur impatience de se revoir. Quand elle a terminé, Louis sourit.

— Tu as de la chance.

— Pourquoi ? Toi aussi tu es amoureux. Et Suen de toi !

Il hausse les épaules.

— Tu parles ! Si seulement c'était vrai.

— Mais c'est vrai ! J'ai parlé avec elle quand j'étais à la plantation. Et même avant, au club. Elle t'aime. Elle n'attend qu'une chose, c'est que tu l'emmènes à Paris. Elle en rêve !

Il triture ses baguettes, un vague sourire aux lèvres comme s'il se remémorait de bons souvenirs.

— Elle m'aime à sa façon.

— Tout le monde aime à sa façon.

— Peut-être. Mais je ne sais pas comment dire... Je la voudrais toute à moi, plus en attente. Qu'il n'y ait que moi !

— Sa situation n'est pas simple. C'est normal qu'elle soit prudente. Quand un homme qu'on aime passe ses journées à se battre, on se réserve une porte pour le chagrin si ...

— Ce n'est pas ça... Ah ! Et puis, laisse tomber. J'irai mieux à la fin de cette fichue guerre.

Une jeune fille vient les servir. Elle ne prononce pas un mot, se contentant de sourire. Quand elle est partie, Louis revient sur la journée que Léone a passée à la plantation. Il l'interroge sur Balland.

— Il n'a pas été trop odieux ?

Léone rigole.

— Odieux ? Le mot est faible ! Pourtant, je lui a trouvé des côtés sympathiques. Ce qu'il a fait pour Gunther par exemple, et pour Suen.

— Quand on le connaît on le comprend mieux. Ce qui est déroutant, c'est qu'il aide sans cesse les gens et s'arrange pour qu'on le déteste.

— Tu sais pourquoi ?

— Je crois que j'ai pigé. C'est un joueur. Il m'a confié un jour qu'il aimait toujours agir à contre-temps, histoire de rompre la monotonie de sa vie. Il a aimé des femmes par exemple, qu'il a quittées. Il a sauvé Gunther alors que résistant il aurait dû le dénoncer. Aujourd'hui, il protège Suen en sachant qu'il compromet sa tranquillité, peut-être même sa vie.

— Tu es jaloux de savoir Suen à ses côtés ?

— Jaloux ? De qui, de Georges ? Tu plaisantes !

Il éclate de rire.

— Ça ne servirait pas à grand-chose. De toute manière, je n'ai pas le droit de l'être. Quand on ne sait jamais si on ne va pas laisser sa peau dans un trou paumé, mieux vaut prendre la vie comme elle vient. Au jour le jour.

Louis appelle pour qu'on leur serve du café.

— On n'en fait pas, dit le vieux Vietnamien.

Ce n'est pas grave. Ils vont aller en boire un au Continental. Louis paye et refuse que Léone partage.

— C'est mon cadeau de Noël.

Le vieil homme les accompagne jusqu'à la porte du restaurant.

— C'est gentil d'être venus chez moi, dit-il. C'est rare que des Français poussent cette porte.

Alors qu'il s'apprêtent à sortir, il retient Léone par le bras avec une vigueur inattendue.

— Profitez maintenant de ce que la vie vous apporte. Tout de suite. On ne sait jamais ce que l'avenir vous réserve.

— Oui. Ne vous inquiétez pas.

Il rit à nouveau et referme la porte.

— C'est drôle cette insistance, s'étonne-t-elle. Ça m'angoisse toujours, ces types qui savent tout sur vous.

Louis hausse les épaules.

— Bah ! Ils sont tous pareils. C'est leur manière de se montrer gentils. En fait, tous des faux-culs !

Ils remontent la rue Catinat et s'engagent dans une ruelle. Il fait doux. Une foule compacte et mélangée, gaie et jacassière, déambule le long des trottoirs. Ça marche, ça traverse, ça roule dans tous les sens. Des odeurs de viande grillée s'échappent de certaines devantures ouvertes sur l'extérieur. Léone prend le bras de Louis. Elle est heureuse de l'avoir découvert différent de ce qu'elle croyait. Heureuse de cette complicité inattendue qui les a réunis. Heureuse de penser à Marc, de l'imaginer dans son hôpital en train de fêter Noël en pensant à elle. Pour la première fois depuis longtemps — depuis toujours ? —, elle se sent habitée par un homme en étant pacifiée. Sans éprouver d'inquiétude quant à l'avenir, sur la réalité de leurs sentiments réciproques. Elle sait que c'est l'amour parce que ni son cœur ni son imagination ne s'emballent. Elle peut dire j'aime, je suis aimée, avec certitude.

— Qu'est-ce que tu souhaiterais faire ? demande Louis.

Elle ne sait pas, s'en fiche.

— Ce que tu veux.

— Ça te dirait d'aller jouer quelques piastres ?

Elle éclate de rire.

— Mais je n'ai jamais joué.

— C'est l'occasion de commencer. Tu verras ! Ça fait oublier beaucoup de choses.

— Mais je n'ai rien à oublier !

Il hausse les épaules.

— Tant mieux, mais je n'en suis pas si certain.

Il arrête un cyclo-pousse et donne l'adresse du Grand Monde à Cholon.

Quand ils arrivent devant l'imposante façade du casino, peinte en jaune, une foule mêlée de Vietnamiens et d'Occidentaux fait la queue pour y pénétrer. Ça s'impatiente, ça se bouscule, ça s'invective. Mais pas question de passer avant d'avoir été fouillé à l'entrée par des hommes et des femmes aux mines patibulaires. L'endroit n'a pas très bonne réputation. C'est le temple du jeu, celui de toutes les arnaques, de toutes les folies, de tous les désastres. Ici, on se fout que vous soyez asiatique ou occidental. Ce qui compte, c'est l'argent que vous laisserez sur le tapis.

En attendant leur tour, Louis raconte à Léone des histoires épouvantables de Français venus se ruiner ici. On lui a même raconté que certains s'étaient suicidés après avoir tout perdu.

— Et tu m'amènes ici ?

Il hausse les épaules.

— Ce serait dommage que tu sois venue d'aussi loin sans connaître ça !

Après avoir été fouillés, ils pénètrent dans l'enceinte, noire de monde, où se succèdent des rangées de kiosques proposant des jeux de toutes sortes, le tu sac, le ba quan, ou le mê hué. Ici et là sur des estrades rudimentaires, des acrobates et des jongleurs, très agiles, se donnent en spectacle, tandis que sur d'autres scènes, des troupes de théâtre populaires racontent des histoires de reine, de roi et de dragons avec force cris et coups de cymbales. Au fond, deux cinémas permanents proposent des films d'aventures tournés à Hong-Kong. Installées entre les kiosques, de petites échoppes offrent à boire et à manger pour quelques piastres.

Léone et Louis évoluent comme ils le peuvent à travers la foule compacte et bruyante. On se pousse pour arriver jusqu'aux tables de jeux, on crie sa mise, on tend ses billets avec l'espoir qu'un croupier les saisisse. Dans les yeux exorbités de ceux qui n'ont pas encore joué, on devine le fol espoir de gagner. Il y en a qui sortent de la fournaise, les larmes aux yeux, pensant trouver quelques piastres par miracle, en retournant leurs poches. D'autres prient, invoquant les dieux pour qu'ils leur donnent de la chance.

Prise dans la bousculade, son sac serré contre la poitrine, Léone suit Louis en s'accrochant à son bras. A un moment, il l'entraîne vers une table de tu sac, son jeu préféré et se met à parier. Un croupier bat et distribue les cartes chinoises avec une dextérité époustouflante.

Bousculée, abrutie par le tumulte des voix, Léone tente vainement de comprendre les règles. Comme les autres joueurs, Louis perd sa contenance, crie, tempête, rage, exulte selon qu'il perd ou qu'il gagne.

— Tu veux jouer ? demande-t-il à Léone.

— Je n'y comprends rien.

— Ce n'est pas grave ! Mise ! Si je gagne, on partage.

Elle sort quelques dizaines de piastres qu'elle tend à Louis. Il parie à nouveau, pousse des cris à l'annonce du résultat, saisit une liasse de billets que lui tend un autre croupier.

— On a gagné ! hurle Louis en jouant des coudes pour les sortir de l'étau humain.

Quand ils se retrouvent dans l'allée, il lui prend la main et l'entraîne vers le fond de la cour.

— Viens ! On va jouer tout ça à la roulette.

Ils pénètrent dans l'une des baraques qui abritent ce jeu. La clientèle y est moins dense, plus élégante et silencieuse. Pour la plupart, ce sont des fonctionnaires occidentaux, des planteurs, et des militaires élégamment vêtus. Parmi eux les Vietnamiens sont rares mais à leurs costumes impeccablement coupés et aux mises importantes qu'ils jouent, on devine qu'ils sont très riches. Léone et Louis s'assoient autour de la table, en saluant deux ou trois militaires. Louis se penche vers Léone.

— Ne mise pas trop fort si tu veux que ça dure un peu.

— Ça ne risque pas ! Avec ce que j'ai sur moi !

Il lui passe quelques billets.

— C'est ce que tu as gagné tout à l'heure.

C'est le moment de jouer. Léone joue 100 piastres sur le 18. La roue tourne. Elle gagne !

— Bravo ! lui lance Louis, pour un coup d'essai, c'est pas mal.

A l'aide de son râteau, le croupier pousse une pile de plaques vers elle. Subitement, Léone a trop chaud. Son cœur se met à cogner. Elle s'énerve. Pose quelques plaques sur le 5. Elle gagne à nouveau. Cette fois-ci, c'est trop. L'argent qu'elle vient de gagner représente plus que sa solde mensuelle. Elle rejoue le 5, perd, s'énerve, s'inquiète de reperdre, se dit qu'elle va arrêter, mais ne peut s'empêcher de miser à nouveau. Sur le 17, au hasard. Une fois encore, elle gagne et empoche une pile de plaques. Excitée, tremblante, elle allume une cigarette.

A côté d'elle, Louis lui conseille de s'arrêter.

— Garde ta chance pour une prochaine fois.

Elle hésite. Pourquoi s'arrêter ? Qui sait ? Peut-être va-t-elle encore gagner ? Dans ce cas elle pourra envoyer beaucoup plus d'argent que d'habitude à Julia... Et Jacques en profitera. Ce dernier argument l'aide à se lever.

— D'accord on rentre, dit-elle en tendant les plaques à Louis.

Tandis qu'il va les changer, elle sort, respire profondément, essaie de compter ce qu'elle a gagné, n'y parvient pas. Qu'importe ! Cela fera un beau mandat pour sa mère et son petit chéri !

Louis revient, lui tend les billets. 20 000 piastres ! Elle veut lui en donner. Il refuse.

— Tu paieras le retour.

Ils sortent de l'enceinte rapidement, hèlent un cyclo et s'y installent. Assise dans la nacelle, Léone retrouve son calme en continuant à retourner dans sa tête le montant de son gain.

Dès demain, elle expédiera l'argent à Julia. Trois fois ce qu'elle lui envoie d'ordinaire.

— C'est drôle, dit-elle, je ne croyais pas que jouer procurait de telles sensations.

Louis éclate de rire.

— De gagner surtout ! Mais gaffe ! N'y retourne pas. Je ne sais pas comment tu as fait ton compte, mais ...

— Mais quoi ?

— Je n'en sais rien. J'ai la frousse quand on gagne au jeu.

— Cela ne t'arrive jamais ?

— Si bien sûr ! Mais pas comme ça.

Arrivés à la caserne, Louis propose à Léone d'aller s'en jeter un dernier au mess, où la fête bat son plein. Elle refuse, préférant aller se coucher. Ils s'embrassent. Léone le remercie pour cette bonne soirée.

— Tu parles ! Sans toi je crois bien que je me serais emmerdé comme un rat mort. Allez, à bientôt. Je ne sais pas quand je reviendrai mais je m'arrangerai pour te prévenir.

Léone le regarde s'éloigner espérant que la guerre ne le ravira pas à Suen. Quand il a pénétré dans le mess, elle rejoint l'escalier qui mène à son dortoir. En gravissant les marches, elle est heureuse de se retrouver au calme, de sentir ses nerfs s'apaiser. Dommage que Marc ne soit pas là. Elle s'allongerait contre lui et s'endormirait aussitôt, satisfaite de sa vie.

Au cas où l'une de ses camarades dormirait, elle pénètre dans le dortoir sans bruit. Il n'y a personne. Elle allume et aperçoit aussitôt deux paquets cadeaux sur son lit et une enveloppe à son nom.

Salut, petite Léone. Dommage pour toi, mais tu as raté le Père Noël ! Enfin comme il n'est pas vache, il t'a laissé quelques babioles. Gros baisers. Lucienne et Marcelle.

Léone défait les paquets, découvre un portefeuille en cuir dans l'un, un poudrier dans l'autre. Elles se sont souvenues du vol de son sac à main. Emue, Léone a envie de pleurer, se laisse aller.

La lumière la gêne, comme si quelqu'un pouvait la voir. Elle éteint, s'allonge, laisse ses pensées divaguer. Jamais elle n'a été aussi gâtée par la vie. Curieusement, cela l'inquiète. Comme si tout allait trop vite, comme s'il était urgent qu'elle ait sa part de bonheur. Comme si elle allait mourir demain.

Elle chasse cette idée, songe à Marc, à l'avenir qu'elle rêve de partager avec lui, puis s'endort.

CHAPITRE 34

Mi-janvier. Cela fait près d'une semaine que le général de Lattre est mort à Paris. Personne ne sait ce qui peut arriver. Même le colonel Lemoine, d'habitude si affable, paraît plus anxieux. Plusieurs fois par jour, il harcèle Léone pour savoir s'il peut obtenir un rendez-vous auprès de l'une ou l'autre des huiles de l'état-major, et en particulier Salan, le général en chef par intérim, surnommé le Mandarin.

Dans le service, la nervosité est d'autant plus palpable, que les nouvelles du front sont mauvaises. Du côté de la Rivière Noire, Giap a lancé des opérations meurtrières et la liste des tués ne cesse de s'allonger. Des dizaines chaque jour.

Léone n'a pas le cœur à s'amuser. Comme Lucienne et Marcelle, elle a organisé son existence entre les quatre murs de la caserne. Plus question de sorties, de permission. Toutes les énergies sont mobilisées.

Heureusement, comme elle le dit à ses copines, elle a la chance d'avoir sa minute de bonheur quotidienne en téléphonant à Marc. C'est peu, mais c'est déjà ça.

Ce matin, alors qu'elle arrive à son bureau, le colonel demande à la voir.

Elle est contente de le retrouver un peu plus souriant que d'habitude.

— Ça y est ! commence-t-il immédiatement. J'ai vu le Mandarin, hier soir.

— Ça s'est bien passé ?

— Si on veut. Comme je vous l'ai dit je ne m'entends pas très bien avec lui. Peu importe. Ce qui compte, c'est que j'ai obtenu ce que je voulais. Le temps de me trouver un remplaçant et je pars sur le théâtre des opérations.

— Mais...

Il lève la main, imposant le silence à Léone.

— Je sais ! Vous vous inquiétez pour la suite des événements. C'est la raison pour laquelle j'ai voulu vous voir dès ce matin. Je veux connaître vos projets, si vous en avez, pour vous aider à vous organiser.

Léone se tait. Bien sûr qu'elle a des projets, un en particulier ! Rejoindre Marc à Can Tho et vivre avec lui. Mais avant de parler de cela, elle voudrait dire au colonel combien elle a été heureuse, ici, sous son commandement.

Il éclate de rire.

— Eh bien, Léone ? D'habitude vous êtes plus loquace !

Elle rit à son tour.

— C'est pas ça, mon colonel. Je voulais vous dire que je suis très...

— Je sais, Léone. Moi aussi. J'ai passé de bons moments ici et je n'ai eu qu'à me féliciter de vos services. A ce propos, j'ai demandé votre promotion au grade de sergent. Et ne me remerciez pas. Vous l'avez mérité.

— Merci quand même, colonel !

— Bien ! Mais cela ne me dit pas ce que vous souhaitez faire. Rester ici, être affectée ailleurs ?

— Eh bien voilà, mon colonel... J'aimerais être affectée à la garnison de Can Tho.

Il la dévisage, surpris.

— Pourquoi Can Tho ?

Elle ne peut s'empêcher de rougir, regarde ses pieds, ne sait comment s'expliquer. Elle a tellement peur de paraître ridicule.

Il vient s'asseoir à côté d'elle.

— Vous savez, il n'est pas nécessaire d'être extra-lucide pour deviner ce qui peut vous attirer dans un trou pareil du delta, infesté de Vietminhs et de moustiques.

Elle relève la tête, croise son regard compréhensif.

— Vous êtes tombée amoureuse d'un homme cantonné là-bas. N'est-ce pas ?

Elle acquiesce d'un hochement de tête.

— Eh bien, grands dieux ! Pourquoi autant de timidité ! C'est normal. Vous êtes jeune, belle, dynamique. Tout ce qu'il faut pour plaire à un homme.

Elle sourit.

— C'est vrai. C'est difficile d'en parler. Vous connaissez l'opinion qu'on a de nous, les PFAT...

— Je sais et je le réprouve. Vous, pas plus que celles que j'ai rencontrées, n'avez à rougir d'être militaires. L'armée a besoin de vous et aucun homme ne saurait rendre les services que vous rendez. Oubliez cela et dites-moi plutôt ce que vous prévoyez de faire.

Complètement rassurée, elle raconte sa rencontre avec Marc, son attirance pour lui, leurs projets d'avenir. Quand elle a terminé, le colonel garde le silence. Il allume une cigarette, en propose une à Léone et reprend.

— Je peux vous poser une question personnelle ?

— Bien sûr !

— Vous êtes sûre de vous... et de lui ?

— Autant qu'on peut l'être, mon colonel, mais je voudrais lui parler plus sérieusement maintenant que les choses se précisent.

— Vous avez raison.

Il se lève, retourne derrière son bureau, décapuchonne son stylo.

— Écoutez, je ne sais pas combien de temps encore je vais occuper mon poste. Mais il est probable que la nomination de mon successeur ne va pas tarder. Il faut faire vite. Préparez-moi un ordre de mission à votre nom et partez dès ce soir. Je vous donne vingt-quatre heures. A votre retour, vous me direz ce qu'il en est. Si ça se présente bien, je téléphonerai à Can Tho pour tout arranger.

Léone n'en revient pas. Revoir Marc dès ce soir... Se retrouver dans ses bras. Évoquer leur avenir ensemble. Cela lui paraît presque irréel. Bouleversée, elle demeure assise, silencieuse. Le téléphone sonne. Le colonel s'apprête à décrocher, la regarde l'air amusé.

— Eh bien ? Vous avez l'intention de rester là jusqu'à ce soir ?

Elle se lève d'un bond, le salue et sort.

Elle allume une cigarette, rêvasse en regardant le ciel par la fenêtre. Puis, elle saisit la photo de Jacques, se met à lui parler dans sa tête. Tu vois, mon petit chéri ! Tout arrive. Je suis amoureuse. Je vais revenir en France avec lui. Je le sens. J'en suis sûre. Et tu auras un Papa formidable...

L'entrée d'un lieutenant, convoqué par le colonel, la tire de sa rêverie. Elle l'introduit, revient s'asseoir, tape l'ordre de mission. Plusieurs fois, elle s'apprête à appeler Marc, mais le téléphone sonne sans arrêt pour des affaires courantes. Enfin, elle prend la ligne, prie pour que la communication s'établisse avec Can Tho. Sinon, elle passera par le service des transmissions... Ça sonne. On décroche. Une femme... Léone se présente, demande Marc. Attente.

— Allô ?

— C'est moi !

— Comment vas-tu ?

— J'arrive ce soir !

— Quoi ?

Léone raconte tout. Il propose de venir la chercher. Ce ne sera pas nécessaire. Elle va s'arranger pour venir avec l'une des navettes militaires.

— Je ne reste pas, dit-elle avec regret. Il faut que je libère la ligne. Je t'aime.

— Je t'aime aussi. Arrive vite !

Léone raccroche. Son cœur bat la chamade. Aussitôt, elle s'informe d'un éventuel transport vers Can Tho dans la journée. Son interlocuteur confirme qu'il y en a un en fin d'après-midi, mais exige un ordre de mission pour le couvrir en cas de pépin. Elle en a un. Dans ce cas-là, pas de problème. Départ à cinq heures.

Le convoi est plus important qu'elle ne s'y attendait. Trois camions bâchés sous escorte. A l'heure dite, elle grimpe dans le véhicule de tête. Plusieurs jeeps de reconnaissance armées stationnent devant, moteur au ralenti.

Léone connaît bien Paul, le chauffeur, pour l'avoir croisé plusieurs fois dans la caserne. Sergent, il fait partie des têtes brûlées. Soldat de métier, rescapé de plusieurs missions pendant la deuxième guerre mondiale, il est de tous les coups réputés dangereux.

— Alors, petite, on se paye une virée touristique ?

Elle rigole.

— Pour ça, il y a mieux que votre bahut.

— Peut-être ! Mais il n'y a rien de plus sûr !

Il allume deux cigarettes et en passe une à Léone. Ils traversent Saigon à un train d'enfer et s'engagent sur la route qui mène au delta. Grâce aux voitures de tête, la chaussée est dégagée. Les passants, les cyclistes, les animaux et les autres véhicules ont été poussés sur le bas-côté. Léone essaie de s'intéresser au paysage de rizières qui s'étendent à perte de vue, mais elle a trop mal au cœur. A chaque nid-de-poule, l'envie de vomir la saisit, lui fait fermer les yeux. Mieux vaut parler pour oublier.

— C'est bien pour vous ! Il n'y a pas de problème de circulation.

— Encore heureux ! Sinon, je ne te dis pas la belle cible qu'on ferait pour les Viets !

— Ça n'a pas l'air si dangereux que ça !

Il éclate de rire.

— C'est bien les bonnes femmes, ça ! Tu veux que je te dise où on est vraiment peinard ? Dans son pieu, à Paname, avec une petite jolie bien de chez nous.

Elle insiste.

— A la caserne, on n'arrête pas de nous répéter que cette route est la plus sûre du pays.

Il secoue la tête.

— Des conneries tout ça ! Tiens regarde devant ! Tu crois qu'ils nous ont mis cette escorte pour faire joli ? Mon cul, oui ! C'est parce qu'ils ont les foies qu'on se fasse mitrailler.

Elle sourit, histoire de contenir la peur qui commence à nouer son estomac déjà malmené.

Elle jette un œil vers Paul. Il lui est sympathique. Ce qu'elle aime chez des hommes comme lui, c'est qu'ils ne prennent pas des airs pour dire la vérité, même lorsqu'elle est inquiétante.

— Et là, à découvert, on risque vraiment quelque chose ?

— Comment veux-tu que je le sache ? Si on nous canarde, tu t'en apercevras en même temps que moi.

Il se tourne vers elle.

— Tu n'aurais pas les jetons par hasard ?

— Non, pas du tout.

A voir le sourire de Paul, elle n'a pas dû être convaincante.

— Je me demande bien ce que tu es venue foutre dans un merdier pareil ! reprend-il. Tu aurais mieux fait de faire des gosses. Au moins, ça remplacerait ceux qui crèvent ici.

— J'en ai déjà un.

— Ça ne suffira pas ! Et le père, c'est lui qui le torche ?

— Oh non ! Il s'est tiré avant d'avoir à le faire.

Il la regarde plus longuement, l'œil égrillard.

— Il a été bien con à mon avis.

Oui, comme il dit, il a été bien con, Mécano ! L'espace d'un instant, elle songe à ce qu'il a pu devenir, puis elle oublie. Au fond, elle s'en fout. Si elle le revoyait aujourd'hui, elle ne saurait plus quoi lui dire. Tout cela, c'est de l'histoire ancienne. Pareil pour Émile. N'empêche ! Avec le temps et la distance, elle s'aperçoit qu'elle a fait pas mal de conneries. Elle s'en veut. Surtout pour Jacques qui n'a rien demandé. Puis, elle se ravise. Penser ainsi, c'est penser à l'envers. En fait, elle est venue jusqu'ici pour lui. Pour revenir en France en mère et femme responsables.

Ils traversent des villages, toujours à vive allure. Là-bas, à l'horizon, le ciel plombé semble écraser la lumière qui jaillit des rizières et de la végétation aux tons de jade. Elle songe à nouveau qu'elle devrait peindre, regrette de n'avoir pas acheté de la peinture. Peut-être trouvera-t-elle le temps auprès de Marc ? Marc... Tout en elle l'attend, le désire, le veut, pour toujours.

De temps en temps, la radio grésille, puis des voix monotones égrènent des messages codés que Paul est seul à comprendre.

— Qu'est-ce qu'ils racontent ?

— Que tout va au poil ! De toute manière nous ne sommes plus très loin. Encore le Giang à passer et on y est.

Léone est contente d'arriver avant la nuit, le moment préféré des Viets pour attaquer.

Le passage du premier bras du fleuve se déroule sans encombre. Le bac a été réquisitionné à l'avance. Du haut de la cabine, Léone regarde filer l'eau fangeuse du fleuve à la surface duquel flotte une multitude de jacinthes d'eau. De loin en loin quelques embarcations dérivent au fil du courant. Là-bas, sur l'autre rive, la végétation s'épanouit, luxuriante et mystérieuse. Bientôt, ce sera Can Tho, et le bonheur.

A partir de Vinh Long, la piste de terre est droite. Des champs de rizières alternent avec des plantations de palmiers, de cajeputiers et de palétuviers. Le convoi soulève derrière lui un épais nuage de poussière. Paul a mis les essuie-glaces en marche et tient fermement le volant.

— Va falloir s'accrocher. C'est le plus mauvais passage !

C'est vrai que ça secoue. Léone se cramponne à la poignée du tableau de bord. Soudain, la jeep qui ouvre la route se met à zigzaguer, se retourne, tandis que l'artilleur de la suivante ouvre le feu.

— Couche-toi ! hurle Paul, les Viets !

Léone se laissse glisser sur le plancher. Une balle fait voler la vitre. Des éclats lui tombent sur la tête.

— Ah les salauds ! Les salauds ! répète Paul.

En même temps il rit comme si la situation l'excitait.

— Peuvent toujours tirer, les cons ! On passera.

Recroquevillée sous le tableau de bord, asphyxiée par la peur, Léone se met à trembler. Ballottée dans tous les sens, elle se cogne contre la carosserie, tente de trouver des appuis, sans y parvenir. Dans ce vacarme de ferraille malmenée, de fusillade, la radio continue de crachoter des messages, en clair cette fois-ci.

— Pleins gaz, les gars ! Ceux de Can Tho rappliquent ! Tenez bon !

Léone cherche vainement un mouchoir dans sa poche pour vomir. Paul continue de vitupérer contre les Viets.

— Bande d'enculés, on va vous envoyer les ailes ! Vont vous doucher au phosphore ! Salauds !

Léone se laisse aller, vomit, pleure, gémit. Soudain, Paul réduit la vitesse, jette un œil dans son rétroviseur.

— Ça y est ! s'exclame-t-il, on est passés. Une rigolade !

Il se tourne vers Léone.

— Tu peux remonter, la petite ! Il n'y aura plus de casse maintenant !

Elle ne bouge pas. Elle a honte de sa peur, des vomissures qui maculent son uniforme. Paul lui tend la main.

— T'en fais pas ! C'est toujours comme ça la première fois. Après on s'y fait.

Comme elle ne répond toujours pas, il s'inquiète.

— Eh, petite fille, parle-moi ! T'as pas pris un pruneau, hein ?

— Non ! Non !

Elle saisit la main de Paul, se hisse sur le siège, s'y affale et éclate en pleurs.

Il lui dit de se rapprocher, la prend par l'épaule.

— Allez, chiale un bon coup, ça fait du bien ! Faut pas croire, la première fois que j'ai entendu un coup de feu, j'ai cru que j'allais m'évanouir.

Il rigole. Elle lui sait gré de ne pas se moquer d'elle. Paul lui tend une cigarette qu'il vient d'allumer.

— Tiens ! Tire fort dessus, ça va te faire du bien.

Léone sèche ses larmes. Paul lui tend un chiffon pour essuyer les vomissures.

— Il est pas très propre, mais à la guerre comme à la guerre, hein !

A nouveau, il rit.

— T'as de quoi te changer au moins ?

Elle acquiesce.

— Eh bien, change-toi tout de suite.

Elle hésite.

— Eh, vas-y, j'en ai vu d'autres !

Elle sourit, fouille dans son sac de toile, change de veste et de pantalon. Paul regarde vers l'extérieur.

— Ça y est ?

— Oui !

Il se retourne.

— T'es mieux comme ça !

Il farfouille dans le vide-poches de la portière, en sort une fiasque d'alcool, en boit une gorgée et s'essuie la bouche sur son avant-bras.

— Bon Dieu ! Ça remet les idées en place !

Il tend la bouteille à Léone.

— Rince-toi la bouche avec ça ! Il n'y a rien de mieux contre le goût de vomi.

Elle s'emplit la bouche, se gargarise. C'est fort, mais c'est bon. Puis, elle ouvre la vitre, crache dehors et en reprend une gorgée qu'elle avale. Le liquide lui brûle l'estomac. Elle s'en fout. C'est vrai que ça aide !

— C'est quoi ce tord-boyaux ?

— De la gnôle, bien de chez nous.

Enfin, ils arrivent au second bac. Plusieurs véhicules bourrés de paras les croisent en klaxonnant. Paul leur répond.

— C'est ça les gars ! Allez leur foutre une branlée !

Sur le bac, un lieutenant s'approche, monte sur le marchepied, côté conducteur. Paul baisse sa vitre.

— Pas trop de casse ? demande l'officier.

Il regarde Léone.

— Ça va ?

Elle acquiesce d'un hochement de tête.

— Un vrai soldat, mon lieutenant ! dit Paul. Elle aurait eu un FM elle faisait un carton.

— C'est bien.

— Dites, on a eu des pertes ?

— Oui, les quatre gars de la voiture de tête.

— Merde !

L'officier rejoint le camion suivant. Le bac glisse vers l'autre rive. Le ciel s'obscurcit. En prélude à la nuit, quelques traînées nuageuses, aux tons mauve mêlés de rose, s'étirent à l'horizon et se reflètent dans l'eau du fleuve. Au loin, quelques lumières scintillent. C'est Can Tho.

Léone a descendu la vitre. Ce paysage évoque tellement la paix. Quel contraste avec ce qu'elle vient de vivre ! Pour la première fois de sa vie, elle a eu vraiment peur. Elle tente de se rappeler ces quelques minutes d'horreur, n'y parvient pas. Il n'y a pas de souvenir, juste un trou noir, comme une parcelle de vie qu'elle n'aurait pas vécue. En même temps, malgré son corps douloureux, la tension de ses nerfs, sa fatigue, elle a l'impression de renaître. Comme si elle venait de réussir une initiation.

Le bac accoste. Paul lui propose de la laisser devant l'entrée de l'hôpital. Elle accepte et le remercie pour son aide.

— Si je devais remercier tous ceux qui m'ont appris à encaisser, s'exclame-t-il, j'aurais pas fini.

Il a répondu cela d'un air détaché. Mais lorsqu'elle croise son regard, elle comprend que ses remerciements l'ont touché.

Quand ils arrivent devant l'hôpital, elle l'embrasse, descend et l'invite à venir prendre un verre un de ces jours. Il lui lance un clin d'œil, démarre. Elle salue de la main, espérant qu'il le verra dans son rétroviseur. Quand le convoi a disparu au détour d'une maison, elle s'approche de l'entrée de l'hôpital, gardé par plusieurs soldats.

Elle présente ses papiers, demande après Marc. On l'invite à patienter dans une salle d'attente. On va le prévenir.

CHAPITRE 35

Par la fenêtre qui donne sur la cour de l'hôpital, elle le voit arriver en courant. Ça y est, les voilà enfin réunis ! Elle reste plantée au milieu de la pièce, attendant que la porte s'ouvre, qu'il se précipite et la serre dans ses bras. Fort. Très fort.

Il entre, ne referme pas, s'avance, l'étreint. Puis, ils s'embrassent avec fougue. Elle voudrait que ce baiser dure encore et encore. Elle aime l'odeur de cet homme, sa force, sa fébrilité. Leurs lèvres se séparent. Marc se détache d'elle avec douceur.

— Je me suis arrangé pour ne pas être de garde ce soir. Tu m'attends ici. J'arrive dans cinq minutes et on file chez moi.

Quand il est parti, elle s'assoit sur l'un des bancs disposés le long des murs blanchis à la chaux. Pas même une affiche ne vient égayer l'endroit.

Elle allume une cigarette, se lève, se rassoit. De temps en temps, elle aperçoit une ambulance qui entre ou qui sort. Puis c'est le silence.

Marc arrive devant l'entrée au volant d'une jeep. Elle sort. Il attrape son sac, le jette à l'arrière de la voiture.

— Direction, chez moi ! dit-il en démarrant.

Les soldats en faction relèvent la barrière, le saluent. Il leur répond, puis s'engage sur une route droite menant au centre de la ville.

— J'habite dans un hôtel, pas très loin du port.

— Vous avez le droit de vivre en dehors de l'hôpital ?

— Eh oui ! Le privilège de la fonction.

L'entrée de l'hôtel, discrète, se trouve au carrefour d'une rue large, très éclairée, passante, et d'une autre beaucoup plus étroite, plongée dans une semi-obscurité.

— C'est un hôtel vietnamien. Il ne paye pas de mine mais je m'y sens bien, dit Marc en entrant.

Le hall, en bois sombre, est chaleureux. Une femme assise derrière un petit comptoir leur tend une clé.

Agée d'une cinquantaine d'années, elle est très belle. Ses cheveux noirs, impeccablement coiffés et enroulés en un chignon parfait, encadrent son visage sans ride et lui donnent un air distingué.

Elle salue Léone en français, puis avant qu'ils grimpent l'escalier, leur souhaite beaucoup de bonheur. Ils remercient et montent.

— C'est toujours comme ça, ici ?

— Toujours ! Tous les Vietnamiens ne sont pas anti-français. Surtout Kim. Elle connaît mieux notre littérature que moi...

A l'étage, ils suivent un long couloir parqueté, puis Marc s'arrête devant une porte sans numéro, l'ouvre.

— Mon royaume, dit-il en soulevant Léone dans ses bras. Pas question que ma reine y pénètre autrement.

Ils éclatent de rire et s'allongent sur le lit au-dessus duquel s'évase une large moustiquaire. Léone se blottit dans ses bras. Par la fenêtre ouverte, elle aperçoit un coin de ciel noir. Les lumières de la rue éclairent suffisamment la chambre pour qu'elle distingue le visage de Marc. C'est bruyant mais pas autant qu'à Saigon.

Marc l'embrasse, lui caresse doucement les seins, lui chuchote des mots à l'oreille. Il n'en revient pas qu'elle soit là. Il l'a attendue tous les jours depuis leur rencontre à la plantation. Il voudrait qu'elle vive ici avec lui. Léone l'attire sur elle. Pour tout oublier, de son passé lointain jusqu'à l'embuscade. Pour s'offrir à lui, neuve, vierge de ses souffrances, de ses bêtises, de ses errements. Dans ses bras, elle veut être l'adolescente qui découvre l'amour, qui croit en tout, qui espère une vie de princesse.

Puis leurs corps s'enflamment, leurs gestes deviennent fébriles. Ils se défont de leurs vêtements. Leurs peaux mouillées par la chaleur et le désir s'attirent, s'effleurent, s'épousent. Leurs mains explorent, caressent, enserrent. Elle aime ses baisers, ses mordillements, sa langue qui la rafraîchit. Se cambrer, résister, s'offrir encore et encore à son désir, voilà ce qui compte ! Sans retenue, sans honte, sans complexe. Il aura tout d'elle, il doit tout avoir.

Elle aussi caresse le corps de Marc, veut le connaître sans le voir, le reconnaître la nuit, le jour. Elle lui demande de répéter ses mots d'amour, puis de l'emmener vers d'autres jouissances.

Plus tard dans la nuit, le calme s'est installé dans la rue. Ils fument la même cigarette, parlent de tout et de rien, rient pour des bêtises, s'embrassent, discutent à nouveau. Elle lui dit sa frousse lors de l'embuscade, est heureuse de sentir la peur rétrospective de

Marc qui la serre dans ses bras. Elle le rassure. En découvrant la vraie peur, elle a appris comment la dominer si cela devait se reproduire. Il lui promet que cela ne recommencera plus, qu'il la protégera, partout et toujours. A son tour, il évoque ses propres frayeurs lorsque les blessés arrivent à l'hôpital et qu'il faut réagir tout de suite pour tenter de les sauver. Et cette peur d'échouer, qu'il faut dominer si l'on veut livrer victorieusement la bataille contre la mort déjà installée dans les chairs mutilées...

Déjà les premières lueurs de l'aube. Le temps ne s'est pas arrêté, comme ils l'auraient souhaité. Maintenant que la fraîcheur du petit matin les oblige à se glisser sous les draps, il faut évoquer les choses sérieuses.

Léone raconte son entrevue avec le colonel Lemoine, la proposition qu'il lui a faite, la nécessité qu'elle revienne avec une certitude. Quand elle a terminé, Marc se tait. Elle craint une objection. Au lieu de cela, il l'étreint avec force.

— Je suis si heureux. Je n'imaginais même pas que ce soit possible ! Souvent, lorsque je t'écrivais, je me répétais qu'il serait tellement plus simple que tu viennes ici. Combien de fois j'ai choisi mes mots pour ne pas donner l'impression de te forcer la main !

Il cherche son regard, l'embrasse.

— Évidemment que tu peux venir ! Je ne souhaite que ça. Regarde, ces deux pièces t'attendent.

Maintenant, la lumière du jour envahit la chambre. Léone l'attire contre elle, lui demande de lui faire l'amour, doucement, comme elle aime, les yeux dans les yeux.

Ils dorment jusqu'à midi. Léone s'éveille la première. Elle se lève sans bruit, souhaitant visiter ce qui sera sa nouvelle demeure dans quelques jours.

Elle passe dans l'autre pièce qui communique avec la première par un large passage. On y accède par une marche. C'est meublé simplement. Une table basse en bois laqué noir, entourée de trois fauteuils en rotin, est disposée au centre de la chambre. Un buffet d'un style identique à celui de la table, occupe une partie du mur du fond. Quelques scènes champêtres ont été peintes sur chaque porte. Une Vietnamienne guidant un buffle dans une rizière, des enfants jouant devant une maison sur pilotis, un vol d'oiseaux au-dessus d'une montagne. Sur le plateau du buffet, des petits bouddhas en ivoire de tailles différentes sont disposés sur des napperons. Dans un autre coin, une petite chapelle en stuc honorant Bouddha est en évidence sur un guéridon en merisier. Enfin, une armoire en bambou, rudimentaire, sans porte, est placée contre le dernier mur.

Deux grandes photos sépia, représentant des rues de Saigon en 1930, sont punaisées au-dessus du buffet.

Marc l'appelle. Elle vient s'allonger à côté de lui. Ils échangent quelques baisers furtifs pour ne pas réveiller le désir. L'un comme l'autre savent qu'il faut songer à se séparer. Léone doit prendre le train dans une heure et demie, pour arriver à l'heure à la caserne.

— Pas question, dit Marc, je te ramène en voiture.

Léone refuse. Cette route est toujours encombrée. Et puis le souvenir de l'embuscade est encore trop présent pour qu'elle ait envie de repasser au même endroit.

— En plus, conclut-elle, tu dois être là pour ton boulot. Soigner des blessés me paraît plus essentiel que de faire le taxi.

Marc l'admet. Il l'accompagnera à la gare.

Le temps passe de plus en plus vite. Même si elle n'a pas envie de partir, Léone se prépare. Marc tente de la retenir par toutes sortes d'arguments. Cela devient un jeu. Tu diras que... Parfois il la sent fléchir. C'est vrai, elle aimerait rester. Une journée. Toute la vie ! Puis elle se reprend, continue de s'habiller. En civil, pour passer plus inaperçue dans le train. Quand elle est prête, il est encore allongé. Elle s'impatiente. Cette fois-ci, il faut y aller ! Marc comprend qu'elle ne cédera pas. Il saute du lit, enfile pantalon et chemise, l'embrasse comme si c'était la dernière fois puis ils sortent. Dans le couloir, c'est au tour de Léone de l'embrasser, de lui dire qu'il lui manque déjà. Bras dessus, bras dessous, ils dégringolent l'escalier, saluent Kim joyeusement et rejoignent la voiture.

Marc conduit vite, en chantonnant. Il a envie de dire les bêtises qui lui passent par la tête. Il les dit, les crie, les chante. Il est amoureux, a rencontré la femme de sa vie, va vivre avec elle.

Ils déboulent en courant sur le quai de la gare, noir de monde. Des hommes, des femmes, des enfants véhiculant des monceaux de bagages, de la nourriture, des cages renfermant toutes sortes d'animaux.

Le train entre en gare. D'épaisses volutes de fumée les enveloppent. Ça sent la suie, l'huile, le charbon. Les scories noires se déposent sur leurs vêtements. C'est la cohue pour pénétrer dans le wagon. Léone et Marc s'embrassent sous l'œil amusé de gamins aux pieds nus, puis Léone monte à son tour. Elle se fraye un chemin entre les gens, les bagages et tout un fatras d'objets, avant de trouver une place libre contre une vitre à guillotine. La meilleure place, celle où l'on a de l'air. Elle regarde vers le quai, cherche à repérer Marc. Elle l'aperçoit, légèrement en retrait. Il agite le bras dans sa direction, lui lance des baisers. Léone agite aussi la main, un peu gênée par ses voisins et voisines qui font des commentaires incompréhensibles en pouffant de rire. Enfin, le sifflement strident de la locomotive annonce le départ. Le train surchargé s'ébranle péniblement. Marc disparaît.

Le convoi prend de la vitesse. Léone cherche à s'installer le plus confortablement possible sur la banquette en bois. Ses compagnons de voyage sortent des beignets, de la viande séchée, du riz cuit et mangent en jacassant. Les odeurs de nourriture se mêlent à celle de la vapeur qui envahit le wagon par bouffées. C'est d'autant plus écœurant qu'il fait chaud et que des essaims de mouches virevoltent autour de la nourriture.

Pour se distraire, Léone regarde la campagne qui défile. Des rizières à perte de vue, parfois masquées par des ilôts de végétation aux coloris aussi doux que du velours. C'est beau et apaisant. Ses voisins lui proposent de partager leur repas. Elle accepte un bol de riz, remercie, répond aux sourires. Quand elle a fini, elle allume une cigarette, en offre à ceux qui l'entourent. Seuls les hommes en prennent une. Nouveaux sourires. Aucun ne parle français. Le tangage du wagon finit par en endormir certains. Léone ne veut pas les imiter. Elle n'a qu'à moitié confiance. Alors elle reporte son regard vers la campagne, oublie qu'elle est au Vietnam. De pensée en pensée, elle revient à Paris, se demande ce que Julia et Jacques font en ce moment. Elle a envie de leur écrire. En même temps, elle craint de le faire. Elle va annoncer à Julia qu'elle est amoureuse, et Dieu sait encore quelle sera sa réaction. Enfin, tant pis ! Maintenant, par rapport à sa mère, elle se sent beaucoup plus forte, décidée, indépendante. Elle fait sa vie.

Elle se met à rêvasser sur son avenir, après le Vietnam. Que voudra faire Marc ? Resteront-ils à Paris, iront-ils en province, voire à l'étranger ? Elle n'a pas abandonné son idée de monter une librairie en Afrique, de vivre au soleil, entourée d'enfants nus et heureux. Elle voit bien Marc en médecin, là-bas, dans une brousse quelconque, comme le docteur Schweitzer.

Les gares se succèdent avec ces arrêts interminables où une foule bruyante et désordonnée monte, descend, circule. Quand ça roule à nouveau elle replonge dans ses pensées. Elle songe à Jean qui ne lui a pas écrit depuis longtemps, à Marcelle et Lucienne qu'elle est heureuse de retrouver ce soir, puis à Marlène dont elle n'a pas de nouvelles. Les deux cartes qu'elle lui a envoyées pour Noël et le jour de l'an sont demeurées sans réponse. Elle finit par s'endormir.

Pour une fois, le train n'a pas de retard. Il est un peu plus de cinq heures quand il entre en gare de Saigon. Un cyclo-pousse l'amène rapidement à la caserne.

Aussitôt, elle monte voir le colonel.

— Ah ! vous voilà. Tout s'est bien passé ?

Elle raconte l'embuscade. Il lui sourit.

— Le baptême du feu, hein ?

— Oui.

— N'en abusez pas. C'est parfois fatal. Avez-vous réglé votre problème ?

— Oui, mon colonel ! Je souhaite être mutée à Can Tho.

Il hoche la tête.

— Je suis heureux pour vous, Léone. Si au moins la guerre sert l'amour, elle n'est pas tout à fait inutile. Eh bien, dormez sur vos deux oreilles. Je vais faire le nécessaire.

Elle le remercie, se lève.

— Cependant ne dormez pas trop, ajoute-t-il avec une pointe d'ironie, j'ai encore besoin de vous jusqu'à mon départ.

Elle éprouve un pincement de cœur.

— Vous allez où ?

— J'ai reçu une affectation à Hanoï. Ça cogne de plus en plus dur dans le nord.

Léone dissimule difficilement sa tristesse.

— On ne pourra pas être plus éloignés l'un de l'autre. Vous ferez attention, mon colonel.

— Soyez sans crainte ! J'ai sacrément envie de vivre.

Revenue dans son bureau, Léone appelle l'hôpital de Can Tho. On lui passe Marc. En deux mots, elle lui confirme que tout est arrangé. Ils ne leur reste plus qu'à attendre l'ordre de mutation.

Quinze jours se sont écoulés. Le mois de janvier se termine. Léone tourne en rond dans la caserne et dans sa tête. Chaque matin, elle espère trouver sa mutation au courrier mais celle-ci ne vient pas. Le colonel a beau la rassurer, elle commence à croire que cela ne va pas marcher. Seul Marc parvient à la regonfler un peu lors de leurs conversations téléphoniques.

Ce soir, elle se sent d'autant plus mal qu'elle vient de recevoir une lettre de Jean, postée d'Hanoï. Une lettre triste, pleine de regrets, d'espoirs à peine voilés, avec des phrases hésitantes, où l'amour se devine sans être exprimé. Et quand il raconte les opérations auxquelles il participe, elle a l'impression qu'il fait exprès d'en rajouter pour l'inquiéter. Elle lui en veut et en même temps l'excuse. Il ne sait rien de sa nouvelle vie.

Elle décide de monter au dortoir et de lui répondre en annonçant l'existence de Marc. Une lettre aussi difficile que celle qu'elle doit écrire à Julia et qu'elle ne cesse de différer. Ces derniers jours, elle s'en est tirée avec des cartes postales, mais cela ne peut plus durer.

Sa mère aussi doit savoir qu'elle a choisi un homme et avec lui une autre vie.

Le dortoir est désert. Les filles ont dû aller faire la java avec de nouvelles conquêtes. Marcelle s'est amourachée d'un sous-officier d'infanterie, et Lucienne, d'un quartier-maître embarqué sur l'une des vedettes affectées à la surveillance de la rivière Saigon.

Léone est heureuse de se retrouver seule. Dans le silence, elle espère trouver les mots justes pour exprimer ce qu'elle vit. Elle s'allonge sur son lit. Elle avait prévu de commencer par Jean mais c'est la lettre de Julia qu'elle entreprend d'écrire.

Au terme d'un long moment d'hésitation, elle se lance et s'aperçoit avec satisfaction que les phrases s'enchaînent plus facilement qu'elle ne l'aurait pensé. Mais Dieu, comme cela lui est difficile d'annoncer à sa mère qu'elle aime un homme ! Cela ne devrait pourtant pas l'être. Une mère, c'est fait pour tout entendre, tout comprendre venant de sa propre fille. Cependant la vraie difficulté ne réside pas là. Ce n'est pas tant de dire qui est laborieux, mais de s'assurer que les mots qu'elle écrit correspondent bien à ce qu'elle ressent. Elle a envie d'affirmer qu'elle aime Marc, que son propre avenir et celui de Jacques passent par lui, que c'est le bonheur assuré. Alors, pourquoi cette angoisse depuis qu'elle a commencé ?

Elle se lève, allume une cigarette, s'accoude à la fenêtre. Il n'y a rien à voir, sinon le ciel noir, les lumières de la caserne et le va-et-vient des hommes et des véhicules dans la cour.

Ce soir, sa solitude, ses questions, l'attente de son ordre de mission, le sirop amoureux de Jean, l'éloignement de Jacques et Julia, tout l'agace. Elle regrette Paris, les Halles, le vacarme des livraisons, les odeurs de fruits et légumes, madame Girodet. Elle regrette d'être venue s'enterrer dans ce putain de pays, sans avoir une vocation militaire et encore moins politique qui justifierait sa présence. Elle se fout que la France garde l'Indochine ! Ces peuples n'ont rien demandé. Et ce n'est pas parce qu'on leur a construit quelques routes qu'on doit se considérer propriétaire du pays.

Elle écrase rageusement sa cigarette sur le rebord de la fenêtre, retourne s'allonger, saisit la feuille sans se mettre à écrire. La colère la gagne. Merde et merde ! Oui, je suis amoureuse, oui je pense être enfin heureuse ! Et surtout, je t'en supplie Maman, ne me réponds pas ce que je sais déjà ! De ne pas me lancer dans une aventure sans lendemain, de m'assurer que cet homme est sérieux, de ne pas tomber à nouveau enceinte. Je sais tout cela depuis le premier jour et pourtant, je suis tombée amoureuse d'un salaud qui s'est tiré, d'un autre qui ne valait pas tripette... Je sais ! Mais je suis comme ça et je voudrais qu'une bonne fois pour toutes, tu l'acceptes. Qu'à dix mille kilomètres de toi, j'ai cette certitude que tu es proche de moi, que tu me soutiendras quoi qu'il arrive, que je pourrai encore faire des conneries sans que tu me tombes dessus avec des discours ressassés.

Soudain, Léone saute du lit, déchire sa lettre, la jette dans la corbeille et se rechausse. Elle va aller faire un tour au bar du mess. Boire un coup en compagnie de n'importe qui, ou même toute seule. Louis lui a assuré que l'alcool à haute dose constituait le meilleur remède contre les idées noires.

CHAPITRE 36

Ce 2 mars, Léone attend toujours son ordre de mutation. Malgré les relances du colonel, celui-ci demeure bloqué dans un bureau, attendant une quelconque signature.

Léone enrage, appelle Marc tous les jours. Elle n'en peut plus. Son énervement ajoute à la tension qui règne dans le service. Les Français essuient de plus en plus de revers, la liste des morts s'allonge tous les jours. Il n'est pas rare que plusieurs personnes viennent passer un moment dans le bureau et en sortent en pleurs après voir appris la mort d'un ami. La plupart du temps au nord, où la bataille fait rage.

Plongée dans cette ambiance sinistre, Léone n'a qu'une envie, sortir et s'étourdir tous les soirs avec Lucienne et Marcelle. Elles vont au restaurant, parfois au cinéma, le plus souvent au bar du mess où elles discutent et jouent aux cartes. Mais cela ne remplace pas la présence de Marc et son désir de bonheur.

Assise à son bureau, elle vient de terminer une lettre à Marc dans laquelle elle ressasse son désenchantement. Elle jette un regard à sa montre. Cinq heures et demie. Encore une heure et elle filera rejoindre les copines au dortoir...

Soudain le téléphone sonne. C'est Suen. Elle est à Saigon jusqu'à demain matin et l'invite à dîner au Kim Lon, l'un des meilleurs restaurants de Cholon. Elles se fixent rendez-vous à la sortie de la caserne. Léone est joyeuse. Avec Suen elle pourra parler de Marc.

Une heure plus tard, elle grimpe au dortoir en sifflotant. Les copines sont déjà là, à moitié nues. Elles viennent de se doucher et se coiffent. En même temps, elles chantonnent sur un air de jazz qui passe à la radio.

— Tiens ! Voilà la plus belle, s'exclame Lucienne. On se disait que tu étais en train de faire des heures sup' !

— Il n'y a pas de danger !

— Qu'est-ce qu'on fait ce soir ? demande Marcelle.

— Je ne serai pas avec vous, s'excuse Léone. J'ai une copine qui m'invite à dîner.

— Ah, la lâcheuse ! Ah, la lâcheuse ! reprennent-elles en chœur.

— C'est sûr que c'est une fille ? ironise Lucienne.

Léone sourit, l'air enigmatique.

— Qui sait ? Quand le chat n'est pas là, les souris dansent.

Elles éclatent de rire, puis Marcelle sort une bouteille de whisky que le barman du mess lui a refilée.

— Tu vas au moins prendre l'apéro avec nous ?

Léone refuse. Elle a juste le temps de se doucher et de s'habiller.

A sept heures tapantes, elle sort de la caserne. Cela fait longtemps qu'elle ne s'est sentie d'aussi bonne humeur. Lucienne et Marcelle lui ont remonté le moral. T'en fais pas, lui ont-elles répété, elle va arriver ta mutation. Et puis quoi, les hommes, même ceux qu'on aime, faut savoir les faire attendre.

Ce soir, elle s'est habillée en civil. Ainsi elle se sent mieux. En uniforme, elle croise trop de regards qui l'effraient.

Elle attend depuis quelques minutes quand Suen arrive dans un cyclo-pousse.

— Monte, on file directement au restaurant.

Elles s'embrassent. Léone ne peut s'empêcher de regarder Suen avec insistance, tellement elle lui paraît belle. Ce soir, elle est vêtue d'une longue robe en soie dans les tons bleus, moulante, sans manches et légèrement échancrée sur le côté. Son maquillage est discret. Juste quelques touches de fond de teint pour faire ressortir l'éclat de ses yeux noirs.

— Tu es ravissante, vraiment !

— Toi aussi. J'adore ta robe mais je serais incapable de la porter.

Léone hausse les épaules.

— Tais-toi ! Même avec un sac tu aurais l'air d'un mannequin.

La circulation est fluide. Le cyclo avance rapidement. Appuyées nonchalamment l'une contre l'autre, les deux femmes bavardent.

Suen lui donne les dernières nouvelles de la plantation. Balland s'isole. Il paraît amer sans qu'on puisse comprendre pourquoi. Chaque fois qu'elle l'interroge, il reste muet. Gunther va bien. La veille avec ses hommes il a réussi à attraper trois bo dois qui tentaient de mettre le feu à l'un des bâtiments du village.

— L'armée est venue les récupérer ?

Suen éclate de rire.

— L'armée ? Tu parles ! Lorsqu'il attrape des rouges, Gunther règle le problème tout seul. D'abord il les interroge et quand il en sait assez il les livre à ses hommes.

— Qu'est-ce qu'ils font d'eux ?

— Ils leurs coupent la tête, les plantent sur des pics pour les exposer sur les sentiers de la forêt. Histoire de faire réfléchir ceux qui voudraient recommencer !

— Mais c'est affreux !

— Pas plus que votre guillotine à la prison de la rue Gia Long.

Quand elles arrivent devant le Kim Lon, Suen insiste pour payer le cyclo, lance quelques piastres à des gamins qui tendent la main, puis entraîne Léone à l'intérieur. Elles sont accueillies par un Vietnamien ventripotent et souriant. Il embrasse Suen qui fait les présentations.

— Léone... Cao Van Lan... On l'appelle Cao pour aller plus vite. C'est lui le patron.

En lui serrant la main, Léone éprouve une immédiate aversion à son égard. Son regard, froid et inquisiteur, contraste avec l'apparente douceur de son sourire. Elle l'imagine cruel, calculateur et vicieux.

— Soyez la bienvenue, dit-il d'une voix mielleuse en les invitant à le suivre.

Ils traversent la salle de restaurant, puis, après avoir franchi une porte dérobée, s'engagent dans un long corridor éclairé par une lumière tamisée. Les murs sont tapissés de soie rouge. Un épais tapis étouffe leurs pas. Après avoir dépassé plusieurs portes en enfilade, Cao en ouvre une et les fait entrer.

— On viendra vous servir dans quelques minutes, dit-il.

Puis, il se retire en refermant doucement.

La pièce est exigüe. Les murs aveugles sont tendus de soie moirée aux tons bleu pastel. Dans un coin, une table recouverte d'une nappe blanche est dressée pour deux couverts. Disposées contre le mur du fond, deux consoles encadrent un canapé en velours bleu nuit. Sur chacune d'elle, une lampe en corolle de verre translucide diffuse une lumière tamisée.

Léone demeure immobile au milieu de la pièce.

— Quel drôle d'endroit.

Suen, éclate de rire et l'entraîne vers le canapé.

— Viens t'asseoir. Je vais t'expliquer...

En s'asseyant, la jeune femme a relevé le pan de sa robe, découvrant ainsi ses jambes jusqu'aux genoux.

— Je ne suis pas telle que tu m'imagines, commence-t-elle en allumant une cigarette.

Elle tire plusieurs bouffées en regardant Léone d'un œil amusé.

— En fait, j'ai deux vies. D'un côté, je suis la petite fille sage qui travaille consciencieusement à la plantation, qui fréquente un officier français, de l'autre je fais le plus vieux métier du monde comme me l'a dit un jour l'un de mes clients. Disons plutôt, l'une de mes rencontres.

Décontenancée, écartelée entre des sentiments contradictoires, Léone ne dit rien. Elle est déçue, a l'impression de s'être trompée, d'avoir été trompée, mais en même temps, elle veut savoir, comprendre. Pour se donner une contenance, elle allume une cigarette, dévisage Suen en attendant d'autres explications.

Cette dernière laisse aller sa tête contre le dossier du canapé.

— Je ne sais comment cela est arrivé, dit-elle, le regard perdu vers le plafond. Je n'avais pas le choix. Depuis toujours, j'aime provoquer, faire l'amour, jouer avec le désir des hommes. En même temps, j'aime me sentir désirée, être l'objet d'une sorte de culte pour certains. J'ai su très tôt que j'étais belle. Par les copains du lycée qui me faisaient la cour, par les amis de mon père qui ne cessaient de me complimenter. Un jour, il y en a un qui est allé un peu plus loin. J'ai accepté pour savoir ce que c'était. Cela a été... Comment te dire ?... Un bouleversement, une révélation.

— Tu avais quel âge ?

— Seize ans.

Léone se souvient de celle qu'elle était au même âge. Elle aussi, les hommes l'attiraient déjà.

— Puis ce type est tombé amoureux de moi, continue Suen, me donnant rendez-vous sur rendez-vous, me couvrant de cadeaux. C'était drôle d'ailleurs. Ne pouvant pas revenir chez moi avec ce qu'il m'offrait, je donnais tout à des copines.

— Mais...

Suen se redresse, pose une main sur l'épaule de Léone

— Laisse-moi finir. A cette époque, ça s'est compliqué dans ma tête. J'aimais être désirée, faire l'amour, mais je ne voulais pas qu'un homme tombe amoureux de moi. Alors je l'ai laissé tomber, et j'ai continué de séduire. Jusqu'au jour où Cao m'a proposé d'en faire un métier. Bien sûr, j'ai accepté, mais pas comme les autres.

D'un mouvement de tête elle désigne les autres pièces desservies par le corridor.

— Je voulais pouvoir choisir... Et mener en même temps une vie normale. Travailler, fréquenter des amis, sortir avec un amoureux.

— Et Louis ?

Suen pouffe de rire.
— Ce que tu peux être curieuse ! Je te parlerai de lui plus tard.
On frappe discrètement à la porte. Suen se lève d'un bond, va ouvrir. Un serveur au regard indifférent entre en poussant une table roulante sur laquelle sont disposés plusieurs plats sous cloche et des carafes d'eau et de vin. Il s'apprête à servir mais Suen le congédie et invite Léone à venir s'attabler.
— Je n'ai fait préparer que des plats français. Pour toi.
Léone soulève la cloche de son assiette, découvre un filet de bœuf avec des pommes de terre sautées. Ça sent bon le passé. Paris, le café de l'Avenir, les repas chez Julia. Elle commence.
— C'est bon !
— Cao est malin. Pour ces plats, il a engagé un cuisinier français.
Elles mangent en silence. Suen emplit leurs verres de vin et jette un regard anxieux à Léone.
— Tu ne dis pas grand-chose. Tu es déçue ?
— Oui et non... Enfin, je ne sais pas. C'est tellement inattendu. En même temps je te comprends. Moi aussi les hommes m'ont très vite attirée. Mais je crois que je recherchais surtout à être aimée.
A son tour, elle raconte sa vie, ses premiers émois, ses quelques aventures et plus tard sa rencontre avec Mécano, la venue de Jacques, son fiasco avec Émile. Heureusement, maintenant il y a Marc qu'elle va bientôt rejoindre à Can Tho.
Suen hausse les épaules.
— Tu parles. Marc ou un autre, les hommes sont tous les mêmes. Ils veulent qu'on les fasse bander.
Léone rit, surprise d'entendre son amie s'exprimer aussi crûment. Comme si cette manière de parler ne lui ressemblait pas.
— Ne me dis pas que ça te choque ? s'exclame Suen.
— Non, non. C'est un peu vrai.
— Tiens regarde, Louis ! Il dit qu'il m'aime. Je suis certaine que non. Ce qu'il veut c'est ...
Elles éclatent de rire. Suen avale son verre d'une traite et se ressert.
— De toutes façons, les hommes...
— Eh bien quoi ? Sans eux, je crois qu'on s'emmerderait.
— Tu en es sûre ?
Léone se raidit. Le ton complice avec lequel Suen a posé la question lui a semblé ambigu. Celle-ci ne sourit plus.
— Je ne t'ai pas tout dit.
Elle hésite puis reprend.
— La vérité, c'est que je n'aime pas les hommes.

Leurs regards demeurent soudés. Léone se sent désemparée, perdue, incapable de prononcer le moindre mot.

— Je les déteste.

— Mais...

— Oui ! Je ne suis heureuse que dans les bras d'une femme. Comme à la plantation quand tu es venue me voir dans ma chambre après le dîner...

Léone soupire pour se libérer de la sensation d'oppression qui l'envahit. En même temps, elle comprend mieux son trouble chaque fois qu'elle rencontrait Suen.

— Je suis tombée amoureuse de toi dès notre première sortie avec Louis et Jean.

Léone esquisse un sourire pour masquer sa confusion, puis pose sa main sur celle de Suen.

— Ne sois pas stupide !

La jeune femme enlève vivement la sienne, se redresse sur sa chaise, lance un regard furieux à Léone.

— Je ne suis pas stupide ! Pourquoi le serais-je ? Est-ce si incroyable qu'une femme puisse en aimer une autre ? Crois-tu que ça n'existe pas ? De même, chez les hommes ?

Bien sûr qu'elle le sait, Léone. Mais c'est une chose de le savoir et une autre d'être soi-même désirée par une femme.

— Mais moi je ne t'aime pas. Je n'aime pas les femmes ! s'exclame-t-elle.

Suen sourit.

— Tu n'as pas besoin de me le dire. Je le sais. Je voulais que tu le saches, c'est tout. Et surtout, que tu ne m'en veuilles pas.

— Je ne t'en veux pas...

Suen hoche la tête. A la manière dont elle pince les lèvres, Léone devine qu'elle est au bord de pleurer.

— Ne sois pas triste. Je ne t'aime pas comme tu le voudrais mais je t'aime vraiment. Et encore plus maintenant que tu m'as dit tout ça.

Léone se sert un verre de vin.

— Louis sait que... ?

— Oui. Il l'accepte. Enfin, il essaie.

— Je comprends mieux maintenant ce qu'il voulait me dire la dernière fois que j'ai dîné avec lui. Je l'ai trouvé assez malheureux.

— Il l'est. Mais il préfère supporter ça plutôt que de me perdre.

Elles fument en silence, comme s'il n'y avait plus rien à ajouter. Léone se sent agitée par un sentiment de révolte. Trouve que les hommes comme les femmes ne sont pas pour grand-chose dans ce qu'il leur arrive. En amour comme pour le reste. Un peu comme s'ils étaient emportés au fil de l'eau, sur des radeaux sans gouvernail. Ici ce sont Louis, Suen, Jean, Lucienne, Marcelle et elle, Léone, qui voguent au fil de la guerre et de ses morts, des amours impossibles, des espoirs sans lendemain. A Paris c'était elle encore, avec Mécano. Lucien. Émile... et Marlène, Antoine, Jeannine et... et... et tout le monde !

Heureusement, aujourd'hui, il y a Marc. Peut-être sera-ce différent avec lui ?

Suen se lève.

— Je préfère que tu me laisses. J'ai besoin d'être seule.

— Tu ne veux pas qu'on aille ailleurs, boire un verre, nous amuser ?

La jeune femme s'affale dans le canapé, ricane.

— Non. Je vais travailler. Ça me changera les idées.

Léone n'insiste pas. A quoi cela servirait-il ? Elle attrape son sac à main, se penche vers Suen, l'embrasse.

— On se reverra ?

— Bien sûr ! Je viendrai vous voir à Can Tho. Ce n'est pas trop loin.

Léone sort, referme doucement, espérant échanger un dernier sourire avec Suen. Mais celle-ci, le regard perdu au loin, ne se tourne pas vers la porte.

Léone suit le couloir vers la sortie, traverse la salle de restaurant à grandes enjambées. Elle ne veut pas croiser Cao ou qui que ce soit d'autre. Elle n'a qu'une hâte, rentrer à la caserne et pleurer dans son lit.

Le 8 mars, dans la matinée, alors que Léone tape un rapport d'opérations à expédier au ministère de la Défense nationale à Paris, le colonel lui demande de venir le rejoindre dans son bureau.

Il l'accueille en exhibant un feuillet.

— L'avis de mutation !

Il le lui tend. Elle s'assoit et le lit.

— Formidable ! dit-elle, je suis mutée au secrétariat de l'hôpital ! Vous le saviez ?

Il sourit.

— Je l'ai demandé.

Léone ne pense plus qu'à téléphoner à Marc pour lui annoncer la nouvelle.

— Merci, mon colonel ! Vraiment je ne sais...

— Je me suis dit que ce serait plus facile pour vous deux.

— Et vous, mon colonel ? Il y a du nouveau ?

— Je ne devrais pas tarder à le savoir.

— Vous pourrez me donner votre affectation quand vous la connaîtrez ? J'aimerais vous écrire.

— Bien sûr ! Faites attention là-bas. Le coin n'est pas sûr. Il semble que le Vietminh ait décidé d'y intensifier ses opérations pour nous occuper sur plusieurs fronts. J'aimerais vous revoir vivante à Paris. D'accord ?

Il fait le tour de son bureau et lui tend la main. Elle la lui serre, puis elle l'embrasse sur les deux joues.

Il sourit.

— Vous savez que pour ça, vous pourriez être traduite en conseil de guerre !

Elle hausse les épaules, soutient son regard.

— J'ai été heureuse et fière de travailler sous vos ordres.

Cette fois-ci, elle le salue. Une lueur de tristesse passe dans les yeux de l'officier, puis il se reprend.

— N'oubliez pas, Léone ! Ceux qui gagnent la guerre sont ceux qui en réchappent.

— Je m'en souviendrai, mon colonel !

Dès qu'elle est sortie, elle se précipite vers le téléphone.

CHAPITRE 37

15 heures. Dans quelques minutes, Minh, le chauffeur du colonel, va venir chercher Léone pour l'emmener à Can Tho, et elle quittera ce petit bureau où elle a passé plus de six mois. Elle est triste comme à chaque fois qu'elle doit s'arracher d'un endroit où elle a été heureuse.

Comme Perrine, elle tape un mot à l'intention de la secrétaire qui lui succédera. *A celle qui prendra la relève. Ici, j'ai été très heureuse. Je souhaite qu'il en soit de même pour vous. Bonne chance ! Léone.*

Elle recouvre la machine de sa housse. En regardant par la fenêtre le coin de ciel auquel elle a confié tellement de pensées et de rêves, les souvenirs affluent. Elle songe à son arrivée, à sa première entrevue avec le colonel, à sa rencontre avec Jean, aux sorties dans Saigon avec Marcelle et Lucienne.

Comme celle de la veille. Elle avait retrouvé ses copines au dortoir. Allongée sur son lit, Lucienne lisait un magazine. Marcelle écrivait une lettre. La radio diffusait *Je ne regrette rien*, une chanson d'Edith Piaf.

— Vous savez quoi, les filles ? Je pars demain !

— Non !

— Si !

Les deux filles s'étaient levées et l'avaient embrassée.

— Qu'est-ce que tu as de la chance ! s'était exclamée Lucienne. Je suppose que Marc est heureux.

— Tu parles ! Je lui ai téléphoné tout à l'heure. J'ai eu un mal fou à le convaincre de ne pas venir me chercher.

— Dommage, avait dit Marcelle, comme ça on aurait pu voir la tête du prince charmant.

— Mais vous le verrez. Dès que je serai installée là-bas, vous viendrez nous voir.

Marcelle avait farfouillé dans son armoire et sorti la bouteille de whisky.

— Donnez vos verres, les filles, on va arroser ça !

Léone avait refusé. Elle préférait les emmener au Continental. C'était l'endroit le plus cher de Saigon, mais elle y tenait. Une manière de leur montrer qu'elle les aimait.

— De toute façon, avait plaisanté Lucienne, maintenant elle peut se le permettre ! Avec une solde de sergent et un médecin militaire au bras, elle va rouler sur l'or.

Elles avaient consommé sur la terrasse du restaurant. Comme chaque soir, l'endroit accueillait une foule de militaires, fonctionnaires, planteurs et Vietnamiens enrichis. Tout le monde se connaissait, se saluait, commentait les événements politiques.

Autour d'elles, on parlait de la récente nomination de Pinay à la présidence du conseil, du remaniement du gouvernement vietnamien, de la livraison d'une cinquantaine de bombardiers B26 américains à l'armée française.

Mais elles s'en fichaient. Elles n'étaient pas là pour parler politique, encore moins de la guerre, mais pour fêter la mutation de Léone, papoter, s'amuser. Se dire qu'elles s'aimaient, qu'elles se retrouveraient un jour à Paris au bras de leurs jules.

Lucienne s'était réjouie du retour prochain de son sous-officier, Marcelle avait raconté à voix basse qu'un de ces jours, son quartier-maître l'embarquerait sur sa vedette pour une balade sur la rivière Saigon. Évidemment, personne ne devait le savoir.

Puis, elles avaient évoqué leur travail de secrétariat à la caserne et reconnu que le colonel Lemoine était un officier sympathique. Enfin, elles s'étaient confié les nouvelles qu'elles avaient reçues de France. Lucienne s'inquiétait pour son père, apparemment très malade. Marcelle leur avait lu les passages de la lettre d'un ancien petit ami qui y croyait toujours. Léone, elle, avait surtout parlé de Jacques. Julia l'avait emmené à l'hôpital pour une visite de routine. Il pesait 13 kilos et mesurait 89 cm. Il avait très mal aux gencives à cause de ses dents qui poussaient. Elle leur avait montré la dernière photo de lui qu'elle avait reçue. Il souriait et tendait les bras vers l'objectif. Marcelle et Lucienne s'étaient extasiées.

— Qu'est-ce que tu as de la chance, avait dit la première, vivement que j'en ai un.

— Fais-le après la guerre, avait conseillé Lucienne.

Marcelle avait haussé les épaules.

— C'est ça ! Dis aussi que je vais mourir demain.

Et elles avaient ri.

Léone est tirée de ses pensées par Minh, un métis vietnamien enrôlé dans l'armée française. Après un dernier au-revoir au colonel, elle descend. La voiture est une jeep bâchée. Avant d'y grimper, elle jette un regard autour d'elle, se demande si elle reviendra ici un jour, puis Minh démarre. A la sortie, des soldats qu'elle connaît la saluent joyeusement.

Alors qu'ils s'éloignent, elle se retourne vers la caserne en se retenant de pleurer. Minh, le visage adouci par un constant sourire, se tourne vers elle.

— Laissez-vous aller, madame, c'est normal. Moi aussi je pleure quand je quitte mon village.

Elle sourit. Depuis le temps qu'ils se côtoient, il a toujours fait preuve d'une grande déférence à son égard. Jamais, malgré son insistance, il n'a voulu la tutoyer.

— Tu as raison, Minh. En même temps je suis heureuse d'aller à Can Tho.

— Je suis content pour vous. La vie y est beaucoup plus agréable et surtout, c'est moins dangereux.

— Tu parles, la dernière fois que j'y suis allée, je suis tombée dans une embuscade.

Il hausse les épaules, l'air dubitatif, puis se concentre sur la route, très encombrée. Léone allume une cigarette, en propose une à Minh qui refuse.

— Je ne fume que de l'opium ! explique-t-il en éclatant de rire.

— Ce n'est pas bien.

— C'est mieux, au contraire. Au moins, ça permet d'oublier.

— D'oublier quoi ?

— Tout.

— Et le colonel ne dit rien ?

Il rit de plus belle.

— Il ne le sait pas.

— Et si je le lui disais ?

— Vous ne lui direz pas.

C'est un secret de polichinelle. La plupart des soldats qu'elle connaît en fument régulièrement. Elle aussi aurait pu y goûter mais elle n'a jamais voulu. Davantage par crainte qu'autre chose. Elle comprend que des hommes soumis à l'angoisse de la mort en aient besoin pour tenir le coup. Ce n'est d'ailleurs pas la seule manière de s'évader. D'autres préfèrent les femmes, l'alcool ou le jeu et y engloutissent toute leur solde.

Minh conduit avec beaucoup d'assurance, sans s'énerver. Léone le félicite.

— J'en ai pris l'habitude avec le colonel, dit-il. Il n'aime pas qu'on aille vite et qu'on klaxonne sans arrêt. Pour lui, être respectueux des gens d'ici, c'est une autre manière de bien faire la guerre. Plus on les respectera, plus ils auront envie qu'on reste.

— C'est drôle, tu dis « on » comme si tu étais Français !

— Mon père l'était.

— L'était ?

— Il est mort au Tonkin, il y a cinq ans.

Elle n'insiste pas, connaissant la suite. Aujourd'hui, elle n'a pas envie d'entendre un énième récit d'embuscade, trop semblable aux centaines qu'elle a lus dans son bureau. Non ! Qu'au moins, durant ce court voyage, elle entende parler de vie ! Qu'elle puisse croire que l'existence de chacun, la sienne aussi, peut avoir la beauté des paysages qu'ils traversent et être aussi sereine et apaisée que celle des paysans qu'elle aperçoit au loin, dans les rizières. Que la paix l'emporte sur la guerre ! Elle en a marre de ces mots gavés de sang, de ces histoires flanquées de morts glorieux, de ces souvenirs au goût de poudre. Maintenant qu'elle rejoint Marc, elle a besoin de retrouver ses sensations d'enfance, à la ferme. Celles qu'elle éprouvait en courant dans l'herbe, en grimpant aux arbres ou en suivant la moisson. Elle a envie de voir le soleil disparaître lentement derrière la cîme des arbres entourant la maison, d'entendre le bavardage des hirondelles au crépuscule, de jeter des pierres dans le puits...

Un coup de frein de Minh la sort de sa rêverie. Ce n'est rien ! Juste un buffle qui a fait un écart. Sur le bord de la chaussée, les propriétaires sourient pour s'excuser. Léone leur sourit à son tour, puis Minh accélère. Ils ne sont qu'à quelques kilomètres du bac.

Après avoir traversé le premier bras du Mékong, ils pénètrent dans la forêt où a eu lieu l'embuscade. Pour exorciser sa crainte, Léone raconte à Minh comment s'est déroulé l'accrochage.

— Ils ont eu raison, dit-il. C'est un bon endroit pour attaquer. Vous avez eu de la chance.

— Je le sais ! J'espère seulement qu'on ne va pas y avoir droit aujourd'hui.

Il rigole.

— Si nous devons mourir maintenant, nous mourrons.

— Tu en as de bonnes, toi ! Je n'ai pas envie de mourir !

— On ne choisit pas.

— Peut-être. En tous cas, accélère, qu'on sorte de là le plus vite possible.

Minh continue de rire, mais il roule beaucoup plus vite.

Quand ils parviennent au deuxième bac, le jour décline. Sur l'autre rive, le ciel embrasé par le soleil couchant illumine Can Tho.

Les longues traînées nuageuses, mêlées de pourpre et de mauve, se reflètent dans l'onde tranquille du Hâu Giang.

Minh gare la voiture sur l'embarcation. Léone descend, s'accote au bastingage et regarde vers Can Tho dont les lumières commencent à scintiller. Elle sait que Marc l'attend à l'arrivée. Il le lui a promis. Dans un quart d'heure au plus, ils s'étreindront, commenceront à partager la même existence. Elle admire la lente glissade des jacinthes d'eau qui lui évoquent une pluie d'étoiles tombées sur le fleuve.

Minh est venu la rejoindre. Perdu dans ses pensées, il se tait.

Soudain, une petite fille tire sur la jupe de Léone. Contrairement, aux enfants qui vont et viennent sur le pont, elle ne fait pas l'aumône. Elle se contente de dévisager Léone. Celle-ci s'accroupit, lui prend la main, frappée par l'intensité de son regard. Elle n'y décèle aucune tristesse, aucune joie non plus, mais plutôt une sauvagerie retenue, une confiance en soi, une certitude.

— Comment tu t'appelles ?

L'enfant sourit, sans répondre.

— Elle ne sait pas parler français, dit Minh.

Il lui pose la question en vietnamien. Elle sourit plus franchement.

— Ly !

Léone se sent bouleversée, sans savoir pourquoi. Peut-être est-ce la finesse de son visage ou la dignité qu'elle affirme malgré son évidente pauvreté ? Elle voudrait lui parler, mais ne trouve pas les mots. L'espace d'un instant, il lui semble se reconnaître en elle, entendre ce qu'elle veut exprimer malgré le barrage de la langue. C'est comme si elle lui parlait d'amour, d'espoir, de confiance en la vie. En même temps, l'angoisse lui tenaille le ventre. Comme si elle devait comprendre autre chose...

Brusquement, la petite fille l'embrasse, puis, après un dernier regard, court rejoindre ses camarades. Léone se relève, essaie de la repérer. Mais il est trop tard. Elle s'est fondue dans la foule qui s'apprête à débarquer. Le bac accoste.

Marc est là. Il agite le bras. Léone lui répond. Elle est heureuse. Pourtant, l'inquiétude ne l'a pas lâchée.

CHAPITRE 38

Dix jours maintenant que Léone est installée à Can Tho. Dix jours durant lesquels elle n'a pas touché terre. Dix jours de bonheur, d'oubli, de découvertes, de rires partagés avec Marc. Mais aussi dix jours de travail harassant auprès du médecin-commandant de l'hôpital, et d'effroi face aux horreurs de la guerre.

Ici, contrairement à Saigon, aucune journée ne se ressemble. Pas d'horaires stricts, de sens de la hiérarchie, de chichis. Comme le lui a dit le médecin-commandant Lefèvre en l'accueillant :

— Nos patients sont souvent des camarades en sursis. Il faut faire vite, toujours plus vite si l'on veut les sauver ! Et vous, mademoiselle, pas moins que le médecin le plus compétent, vous êtes un pion indispensable dans ce combat !

Il ne lui avait pas fallu longtemps pour comprendre. Dès la première heure de son service, elle avait été appelée à une tâche qui ne nécessitait guère de savoir taper à la machine. Quelques paras, rescapés d'une patrouille, venaient d'être amenés par hélicoptère. La plupart étant affreusement mutilés, il avait fallu mobiliser les personnels de l'hôpital, compétents ou non, pour donner un coup de main aux équipes soignantes. Léone s'était retrouvée dans une salle d'opération à tenir une bouteille de plasma pendant qu'un chirurgien pratiquait une intervention désespérée sur un jeune sergent dont la cuisse avait été déchirée par un éclat d'obus.

Bien qu'abruti par l'anesthésie, il continuait d'être suffisamment lucide pour jurer, hurler, implorer, et parfois, son regard déjà éteint croisait celui de Léone.

Face à cette scène, elle s'était mise à trembler et pleurer, jusqu'à ce que le chirurgien, à peine plus âgé que la victime, l'ait rabrouée vertement. Elle s'était reprise, mais cela n'avait pas servi à grand-chose. Plus tard, le type avait sombré dans un délire incompréhensible avant de mourir d'un coup.

Le soir, en entrant à l'hôtel, elle avait à nouveau pleuré dans les bras de Marc. C'était trop dur. Elle ne tiendrait pas le choc. Mais il avait su trouver les mots pour la réconforter, et dès le lendemain elle avait repris son travail avec davantage d'énergie et de confiance en elle.

En cette heure matinale, elle avale un premier café dans la salle de garde en compagnie de quelques infirmières. Elle a la sensation d'avoir changé, de s'être métamorphosée. Sans doute parce qu'avant elle ne faisait que lire et recopier la mort, alors qu'aujourd'hui, elle la côtoie quotidiennement.

Elle n'est plus la même dans ses rapports avec les autres femmes. Ici, la frivolité, le paraître, la légèreté n'ont pas leur place. On se fiche de savoir ce qu'on va faire le soir, quel restaurant on va choisir, quel homme on va séduire. Ce qui compte, c'est de savoir combien on en a sauvés, et de s'en réjouir. Cela n'empêche pas les rigolades et les plaisanteries, au contraire ! Mais c'est davantage pour apaiser une angoisse que pour faire de l'esprit.

Bien sûr, l'amour a sa place dans leurs propos et dans leur vie. Léone n'a pas mis longtemps à deviner les histoires des unes ou des autres. Cependant, il lui est apparu que la plupart de ces romances étaient vécues dans l'instant, sans souci de durée, sans projets. Comme le lui a déjà fait remarquer l'une des infirmières, à quoi bon y croire quand on sait que nos rêves, nos espoirs peuvent être fauchés par une rafale de mitraillette ?

La veille, elle avait parlé de cet aspect fugitif des choses avec Marc. Ils venaient de se coucher, heureux de se retrouver dans les bras l'un de l'autre, mais épuisés. Lui sortait d'une opération délicate, l'amputation d'une main sur un soldat de la caserne. Un écervelé qui avait manipulé imprudemment une grenade. Elle, elle finissait un tour de garde mené dans les services de l'hôpital, en compagnie de plusieurs infirmières. Retardant le moment de faire l'amour, elle lui avait répété combien elle craignait que leur histoire ne soit détruite par une bombe quelconque.

— J'y pense souvent dans la journée. Surtout quand je sais que tu es parti sur le terrain en ramasser quelques-uns. Je ne supporte pas de te savoir en danger, sans être à tes côtés.

Il avait ri.

— Tu sais, je suis médecin. La Croix-Rouge me protège

Cela avait agacé Léone.

— Comme si les Viets se préoccupaient de ça !

Il n'avait pas répondu, sachant très bien qu'au cours de ces opérations de sauvetage, rien ne protégeait des balles ennemies, et il l'avait enlacée plus fortement en la rassurant avec des mots simples.

— Vouloir vivre parce qu'on s'aime sera notre meilleure protection.

Même si elle savait combien cela serait insuffisant pour les sauver, elle avait voulu le croire et elle s'était offerte à ses caresses, comme si c'était la dernière fois.

Son café avalé, elle rejoint son bureau, dans l'aile ouest de l'hôpital. Un bâtiment à l'architecture rudimentaire, sans étage, donnant sur un vaste espace de verdure. Comme tous les matins, le médecin-commandant est déjà à l'ouvrage. Toujours les mêmes mots quand il l'accueille.

— Bonjour, jeune fille ! J'espère que vous avez bien dormi. Parce qu'aujourd'hui ça ne va pas être de la tarte.

A peine a-t-elle répondu qu'il lui donne un aperçu de ce qui reste à faire. Les sorties, les admissions, les lits qu'il faut tenir en réserve au cas où des blessés tomberaient du ciel, le ravitaillement, les médicaments qui ne sont pas arrivés de France, le départ ou l'arrivée de tel médecin ou infirmière.

— Et si vous avez une minute, vous pourrez aller donner un coup de main en médecine générale. L'infirmière-chef m'a dit en avoir besoin !

Dès qu'il a terminé, Léone commence à téléphoner, écrire, courir dans les différents services en écoutant les uns et les autres. Ceux qui ont besoin d'un matériel, ceux qui veulent un médicament particulier ou du personnel en plus.

Au regard de sa position de secrétaire du commandant, on suppose qu'elle peut le convaincre que la chirurgie est prioritaire sur la médecine, ou inversement. Que tel blessé doit être rapatrié, ou que tel autre, au contraire, doit rester hospitalisé deux jours de plus. Sollicitations bien inutiles ! Elle n'a aucun des pouvoirs qu'on lui prête. D'autant moins que le commandant n'en a pas plus qu'elle et s'épuise en vaines démarches auprès de l'état-major. Mais elle se bat quand même. Et parfois avec suffisamment de talent, si bien qu'elle parvient à satisfaire des requêtes apparemment impossibles. Ces petits succès, très rares, constituent sa plus grande fierté. A eux seuls, ils compensent ses échecs, ses déceptions et ses irritations. Ils sont sa raison de s'accrocher...

Quand la cloche de la chapelle de l'hôpital égrène les douze coups de midi, elle se réjouit. Non seulement c'est l'heure de la pause-déjeuner, mais c'est surtout le moment où elle a une chance de passer un moment tranquille en compagnie de Marc. Encore faut-il qu'il n'ait pas été appelé ici ou là, qu'il ne soit pas en train d'opérer. Et cela, jamais elle ne le sait à l'avance.

Rejoindre la cantine est l'un de ses grands bonheurs. L'espace d'une heure, elle va oublier les blessés, les morts, sa peur, sa souffrance et vivre à peu près normalement. Manger, parler, fumer et rire.

Elle pénètre dans le réfectoire. Marc n'est pas là. Déçue, elle prend place à une table où sont installées deux infirmières de chirurgie qu'elle connaît. Anne-Marie, une jeune et jolie blonde aux airs d'insouciance, et Gabrielle, une infirmière-chef plus réservée, briscarde de l'Indo. Aussi opposées que l'eau et le feu, elles forment une équipe assortie, à l'efficacité reconnue. Léone les aime bien. Sans doute parce qu'elles ont été parmi les premières à l'accueillir, surtout parce qu'elles travaillent sous la direction de Marc, et qu'être en leur compagnie, c'est être un peu avec lui. C'est d'autant plus agréable pour elle, que les deux femmes sont au courant de leur histoire. Elle s'assoit à côté de Gabrielle qui mange avec appétit.

— Alors, ma petite chérie, on commence à se faire à l'hosto ?

— Et comment ! Je fais mieux que m'y habituer, j'aime !

Gabrielle sert de l'eau aux deux autres et lève son verre.

— Dans ce cas, il faut arroser ça.

Elles trinquent.

— Ce serait quand même plus excitant si c'était du whisky, remarque Anne-Marie.

— On se rattrapera, promet Léone. Vous viendrez dîner un soir.

— Bonne idée ! Comme ça, on saura tout sur notre mystérieux patron.

— Pourquoi, il est si renfermé que ça ?

— Jusqu'à ce qu'il te rencontre, ça oui ! s'exclame Gabrielle. Il n'y en avait que pour le travail. Puis un jour, il est revenu d'on ne sait où. A sa tête, on aurait cru qu'il avait rencontré la Sainte Vierge.

— Façon de parler, remarque Anne-Marie.

Elles éclatent de rire. Léone va se servir. Elle est heureuse de savoir que Marc n'a pu cacher ses sentiments. Même si elle n'a pas besoin de preuves de son amour, c'est réconfortant.

Quand elle revient s'asseoir, les deux femmes discutent de leur travail. Deux blessés sont au bord du précipice et cela les affecte. Surtout Gabrielle.

— Tu parles, ce sont des mômes ! Ça fait mal au cœur d'imaginer ce qu'ils auraient pu devenir sans cette fichue guerre...

— Mais ils vont vraiment y passer ?

Anne-Marie fait la grimace.

— C'est tout comme. De toute manière s'ils s'en sortent, ils passeront leur vie sur un fauteuil d'infirme.

Léone les admire. Il émane de ses deux compagnes une force qu'elle ne pense pas avoir. Elles ont beau côtoyer la mort sans arrêt, elles n'en gardent pas moins le sourire. Pour elle, c'est un mystère.

— Vous avez toujours voulu être infirmières ?

Elles se regardent, échangent un sourire complice, semblent hésiter à répondre. Gabrielle finit par se décider.

— C'est drôle que tu poses cette question. D'habitude tout le monde s'en fout ! A tel point qu'on finit par ne plus savoir pourquoi on est ici... Moi, tu vois, avec mes quarante piges, j'en ai déjà assez vu pour ne pas te raconter les histoires habituelles. Que lorsque j'étais petite, j'ai eu la vocation. Que j'ai vécu auprès d'une grand-mère malade et que ça a été la révélation ou je ne sais encore quel conte à dormir debout. Non. Je me suis engagée parce que je ne savais pas quoi faire d'autre. Et puis un jour à force de m'emmerder dans les bureaux de nos beaux officiers, j'ai préféré soigner nos gars...

Anne-Marie hausse les épaules.

— A t'entendre parler, on croirait que tu as choisi de faire ça comme tu aurais choisi d'être cuisinière.

Elle se tourne vers Léone.

— Ne l'écoute pas. Gabrielle a le cœur gros comme ça. Quand elle voit arriver un gars en charpie, elle peut passer la nuit entière à côté de lui en lui tenant la main.

Gabrielle proteste. Anne-Marie s'énerve.

— Mais pourquoi tu ne dis pas que c'est ta vie. Que tu voudrais pouvoir sauver le monde entier ! Ce n'est pas une tare. Je trouve même ça plutôt admirable. Par les temps qui courent, des femmes comme toi, on en a besoin.

Gabrielle rougit, regarde ailleurs. Anne-Marie continue à l'intention de Léone.

— Moi, tu vois, je ne vais pas rouler des mécaniques. J'ai voulu devenir infirmière. Et ce n'est pas par dépit, mais parce que je sentais que j'étais faite pour ça. J'aime réconforter, soulager, pour que le gars qui va faire le grand saut le fasse dans les meilleures conditions. Rien ne me dégoûte ou ne me rebute. Et pourtant Dieu sait si parfois j'ai envie de tout envoyer chier ! Mais non, c'est une religion. Et je vais te dire, conclut-elle, Gabrielle, c'est pareil !

Elles échangent un sourire, puis se lèvent. Léone regrette de ne pas avoir pu en savoir davantage.

— Au fait, lui demande Gabrielle, pourquoi as-tu posé cette question ?

— Je ne sais pas. Je vous admire. Je voulais...

— Viens nous voir plus souvent, dit Anne-Marie, tu en apprendras plus qu'avec ce qu'on pourrait te dire.

Léone retrouve son bureau avec plaisir. Il y fait un peu plus frais que dehors. Le soleil est tellement éclatant que les façades blanches du bâtiment de chirurgie, face à ses fenêtres, l'éblouissent.

Elle se met au travail, sans enthousiasme. Alors qu'elle tape, range, téléphone, elle a l'esprit ailleurs. Une sourde inquiétude l'étreint malgré elle. Elle pense à Marc. Elle a horreur de ne pas savoir où il est. Pourtant il faut qu'elle s'y habitue. Jamais elle ne le saura. Il le lui a confirmé un jour, alors qu'ils évoquaient ce sujet.

— Quand je ne suis pas là, c'est que je suis en mission. C'est tout. Pas question de te dire quoi que ce soit pour que tu passes ton temps à te ronger les sangs.

Elle avait protesté mais il n'avait rien voulu entendre.

Le temps passant, son angoisse s'estompe. Son regard s'arrête sur la photo de Jacques. Dieu qu'elle a envie de le serrer dans ses bras, de lui dire qu'elle l'aime. Elle va lui écrire tout de suite un petit mot qu'elle donnera ce soir au courrier. Elle va en profiter pour dire à Julia qu'elle aimerait avoir une réponse à sa dernière lettre. Cela fait au moins quinze jours qu'elle n'a rien reçu. Cela dit, elle ne s'en étonne pas. Comme elle lui a annoncé qu'elle était amoureuse de Marc, elle se doute que sa mère a dû tirer la tête et cherche ses mots pour lui répondre. Pourvu que ce ne soient pas encore des reproches.

La lettre terminée, elle s'apprête à entamer la copie d'un rapport destiné au Quartier général, quand le téléphone sonne. C'est Suen. Son appel semble venir de très loin. Ce qu'elle dit est quasiment inaudible. Où ? Quoi ? Elle propose de venir en fin de semaine. C'est d'accord !

Léone raccroche, contente. Revoir Suen, c'est un peu respirer l'air de Saigon, retrouver des sensations de bonheur déjà lointaines dans son souvenir. Marc sera heureux de l'accueillir. Il dit l'aimer beaucoup.

Elle se remet au travail. Le rapport n'a rien de palpitant. Il s'agit de communiquer des statistiques sur le nombre de blessés secourus, le nombre de morts, l'utilisation de médicaments, etc. D'après le commandant, c'est un travail utile. Grâce à cela il peut obtenir beaucoup plus qu'il ne devrait... Surtout en trafiquant les chiffres ! Ce qu'elle fait au vu des annotations qu'il a laissées dans la marge.

L'après-midi a passé plus vite que prévu. Il est déjà sept heures quand elle relève la tête et jette un coup d'œil dehors. Ce soir, elle sent qu'elle va être tranquille. Pas de coup de main à donner ici ou là. Sinon on serait déjà venu la chercher.

Elle sort sur le perron, allume une cigarette. Le ciel s'est assombri sans qu'elle s'en aperçoive. Il se pourrait même qu'il pleuve avant longtemps. Tant mieux ! Ici, elle a appris à aimer la pluie. Surtout celle du delta. Une pluie collant à la peau, à la fois chaude et rafraîchissante. Là-bas, vers le bâtiment de médecine, des infirmières passent en courant. Sans doute ont-elles une urgence ? Plus loin, un chien errant traverse l'espace herbeux, la truffe au ras du sol.

Elle écrase sa cigarette, laisse un mot sur le bureau du commandant et s'en va, le sac en bandoulière. Elle va rentrer à pied à l'hôtel.

A la sortie, elle signe le registre.

— Alors, lui lance l'adjudant de garde vietnamien, bonne journée ?

Elle acquiesce d'un hochement de tête. Oui, songe-t-elle, la journée a été bonne. Elle sera encore meilleure quand elle aura retrouvé Marc.

Pour rejoindre le centre ville, elle doit suivre la route qui vient du bac durant quelques centaines de mètres. La chaussée est bordée de maisons vietnamiennes et de villas coloniales qui forment un contraste saisissant. C'est d'autant plus surprenant que ces habitations sont construites au milieu d'une jungle mystérieuse.

Sur la route, beaucoup de cyclistes mais aussi des passants, pour la plupart des femmes, portant de lourdes charges. Les véhicules, plus rares, passent très vite en klaxonnant à tue-tête. C'est pourquoi elle ne s'est pas retournée quand Marc s'est servi de son avertisseur pour attirer son attention.

Elle saute dans la voiture, l'embrasse. Il démarre sur les chapeaux de roues. Elle l'embrasse à nouveau, lui caresse les cheveux. Dieu qu'il est beau dans sa tenue kaki !

Il roule très vite. Elle se laisse aller contre le dossier de son siège et ferme les yeux, appréciant la fraîcheur du courant d'air. De temps en temps, une goutte d'eau mouille sa peau. Enfin il va pleuvoir.

Comme d'habitude Marc a posé une main sur sa cuisse. A travers le tissu de sa robe, elle la sent impatiente, désirante. Elle aussi a envie. Qu'il arrête la voiture pour lui faire l'amour, et elle se laissera faire ! Il roule toujours. Elle entrouvre les yeux. Ils sortent de Can Tho, par la route de Soc Trang.

— Où va-t-on ?

— Tu verras ! C'est une surprise.

Elle referme les yeux, s'abandonne au plaisir de cette balade sans destination. Avec toi, songe-t-elle, j'irai au bout du monde... Ne me dis jamais où nous allons... Emmène-moi, je serai toujours à tes côtés...

Maintenant la route est devenue une piste, large et dégagée. Au ronflement du moteur, elle devine que Marc accélère. En même temps, elle sent l'effleurement de sa main qui se précise et elle se cambre pour encourager la caresse. L'idée de jouir dans cette situation la bouleverse. C'est d'autant plus excitant que la pluie tombe dru, et commence à tremper ses vêtements. Elle sent les filets d'eau tiède se faufiler sur sa peau, couler entre ses seins, mouiller son ventre... Maintenant, la main de Marc lui caresse le sexe. Elle écarte les jambes, les ferme, les écarte encore. Elle se retient de gémir, n'y parvient plus. Le sang cogne à ses tempes. Quand l'excitation est à son comble, elle pose sa main sur celle de Marc, guide ses doigts pour parvenir plus vite à la jouissance. Soudain, c'est l'explosion dans son corps, dans sa tête. Elle est à fleur de peau, gémit, se cambre, s'affaisse. Elle ne sait plus où elle est, quelque part entre ciel et terre, hors du temps. Puis, les battements de son cœur s'apaisent. Un frisson parcourt son corps mouillé. Elle ouvre les yeux. Marc la regarde, un brin amusé.

— Je t'aime. Tu es très belle.

Elle sourit, encore incapable de prononcer un mot. Elle n'a qu'une envie. S'unir à lui, encore et encore. Pour combler ce désir fou de ne plus être qu'un. Elle se fiche de savoir que son aspiration à fusionner avec Marc est illusoire. Malgré les stigmates de son passé, elle veut essayer à nouveau.

Elle jette un œil alentour, ne se repère pas, s'en fout. Qu'il l'emmène où il voudra. Elle est à lui.

A un moment, ils traversent un village de maisons traditionnelles. Des enfants nus jouent dans la boue, au milieu d'animaux domestiques en liberté, cochons, chiens, volailles. Indifférents à la pluie, des hommes et des femmes vont et viennent, charriant des sacs sur leurs épaules ou conduisant des attelages de buffles. Sous le auvent des toits, des femmes font la cuisine dans de grandes marmites noires.

A la sortie du village, la piste s'étrécit. C'est la campagne avec ses rizières. A cause du rideau de pluie, les couleurs ont pris la teinte grisée du ciel. Marc ralentit pour éviter de déraper sur la terre détrempée.

— On est bientôt arrivés.

Elle rit.

— On peut encore rouler comme ça durant des heures, je m'en fiche. Je suis heureuse.

— Moi aussi.

Ils pénètrent dans une zone de végétation dense, mêlée de palétuviers, d'ajoncs, et de plantes entrelacées. L'air a fraîchi. Léone frissonne. Elle dégrafe son chemisier et en agite les pans pour décoller le tissu de sa peau. Elle veut allumer une cigarette, n'y parvient pas. Marc lui tend son Zippo.

Quelques centaines de mètres plus loin, au sortir de la forêt, la pluie cesse. Devant eux, le ciel s'éclaircit, diffusant une lumière vive et blanche. Léone s'étonne.

— Incroyable comme le temps change vite.

Marc se tourne vers elle.

— C'est souvent comme ça ici.

— Pourquoi ?

— Tu verras !

Elle se redresse sur son siège. Soudain, au sommet d'un raidillon, elle voit !

La mer, d'un bleu turquoise moiré d'une multitude de reflets argentés, s'étend jusqu'à l'horizon. Plusieurs jonques et barcasses de pêche croisent au large. Tout paraît calme, serein, apaisé. Pas un souffle de vent ne vient rider l'onde tranquille. Marc avance jusqu'à la plage, déserte. Il arrête le moteur, invite Léone à descendre. Quand ils sont assis sur le sable fin et foncé, il la prend par les épaules. Durant un long moment, ils regardent au loin, silencieux, collés l'un à l'autre.

Le voudrait-elle, Léone ne parviendrait pas à exprimer ce qu'elle ressent. Une ivresse, une asphyxie, une certitude surtout. Ici, au bout du monde, abandonnée dans les bras de l'homme qu'elle aime, sa vie a enfin pris un sens. Elle sait qu'elle est à sa place, en accord avec elle-même. Un nouveau destin s'offre à elle. Elle le suivra sans hésiter, certaine d'être dans le vrai.

Marc se tourne vers elle. Leurs regards se croisent, se mêlent, se confondent. Elle voit tout, sait tout de lui. Il l'aime comme elle l'aime.

Elle s'allonge, l'attire sur elle. Elle veut qu'il lui fasse l'amour. Comme le vent le ferait à la mer, comme le ciel le ferait à la terre.

CHAPITRE 39

Samedi 18 heures. Léone range ses affaires et quitte son bureau en courant. Contrairement aux autres soirs, elle se dépêche de rentrer à l'hôtel. Au téléphone, Suen lui a précisé qu'elle arriverait aux environs de 19 heures.

Heureusement, à la sortie de l'hôpital, un militaire qui rejoint la garnison en voiture, accepte de la déposer en ville. Quand elle arrive, elle lui offre un paquet de cigarettes pour le remercier.

— A ce prix-là, je suis prêt à te raccompagner tous les soirs !

— Ce ne sera pas la peine ! J'ai mon chauffeur.

Il éclate de rire et la salue joyeusement en démarrant.

Assise derrière son comptoir, Kim accueille Léone avec un sourire.

— Alors, la petite française, toujours en train de courir ?

— J'ai une amie qui vient ce soir et je ne suis pas prête.

— Alors, ce n'est pas la peine de vous dépêcher. Il y a bien une heure qu'elle est là. Elle est dans la cuisine.

— Dans la cuisine ?

— Oui ! Elle m'a priée de la laisser vous faire une surprise en préparant elle-même le repas.

— Mais je peux aller l'embrasser ?

— Non, non, non ! Montez dans votre chambre et préparez-vous. Elle vous rejoindra quand elle aura fini.

Léone n'insiste pas. Elle sait Kim susceptible et Suen encore davantage. Et puis, cet imprévu la réjouit.

Elle retrouve leur petit appartement avec joie. Comme chaque soir après le passage de la femme de chambre, tout est impeccablement rangé, nettoyé. Souvent, elle a laissé un bouquet de fleurs ou une corbeille de fruits. Des attentions auxquelles Kim tient absolument. Comme elle le lui a expliqué, habiter dans son hôtel, c'est comme si on habitait chez elle. Une sacrée femme ! Depuis qu'elle vit ici, Léone a appris à mieux la connaître. Au fil de leurs conversations, elle a découvert qu'elle avait été mariée toute jeune avec un Parisien, professeur de français au collège de Saigon, mais que celui-ci avait été emporté prématurément par une crise de dysenterie. Follement amoureuse de lui, elle n'avait jamais voulu se remarier et était revenue vivre à Can Tho dont elle était originaire. Là, avec ses économies et l'héritage de son mari, elle avait ouvert cet hôtel. Au début, cela avait été difficile. D'abord parce qu'elle était une femme, mais aussi parce qu'on la disait riche. Puis, au fil du temps, les choses s'étaient tassées, et les membres de sa famille, ses concitoyens aussi, avaient fini par comprendre et accepter qu'elle ne ressemblât pas à tout le monde.

Heureuse de la soirée qui s'annonce, Léone prend le temps de se laver les cheveux et de choisir la robe blanche que Marc préfère. Marc... L'homme de sa vie, qui n'a pas failli une seule fois depuis qu'elle le connaît. Elle songe à Alfred, son père. Elle aime s'imaginer qu'il ressemblait à Marc. Qu'il avait les mêmes mots d'amour, les mêmes gestes de tendresse à l'égard de Julia, et qu'elle est née d'un amour aussi immense que celui qui l'unit à Marc. Mais elle a beau imaginer... Elle sait que cela ne colle pas, et que jamais elle ne saura la vérité.

Pour éloigner sa mélancolie, elle pense à Jacques. Quand elle reviendra, elle ramènera Marc dans ses bagages. Un sacré père de rechange comparé à Mécano.

On frappe. C'est Suen. Elles s'étreignent. Léone la prend par le bras.

— Alors, tu fais des cachotteries ?

— Kim t'as dit ?

— Oui ! Il paraît que tu as préparé le dîner ? Il ne fallait pas...

Suen allume une cigarette.

— J'en avais envie. Et ne me demande pas pourquoi, je n'en sais rien.

Léone s'assoit devant une glace et commence à se coiffer. Suen lui prend la brosse des mains.

— Laisse-moi faire !

Leurs regards se croisent dans le miroir.

— Ça va ? demande Léone, tu as l'air bouleversée.

Suen sourit.

— Je suis fatiguée. On a beaucoup de travail à la plantation et Georges est plus tyrannique que jamais. Et toi, tu es heureuse ?

— C'est mille fois mieux que ça ! Je suis... Ah tiens, je n'en sais rien ! Je n'ai jamais été aussi amoureuse.

Emportée par son enthousiasme elle se met à raconter leur vie, leurs projets.

Suen écoute, silencieuse, passant et repassant la brosse dans les cheveux de Léone. Quand celle-ci s'est tue, elle arrête et retourne s'asseoir sur le lit. Léone l'y rejoint, inquiète.

— Pourquoi es-tu aussi triste ?

Suen hausse les épaules.

— Je ne sais pas. Je suis comme ça depuis plusieurs jours. C'est pour ça que je t'ai téléphoné.

Léone la prend par les épaules.

— Qu'est-ce qu'il se passe ?

Suen hésite, ses yeux s'embuent.

— J'ai peur, très peur.

— Mais pourquoi ?

— Ils ont attaqué à plusieurs reprises ces derniers temps. La pression devient de plus en plus forte. Même Gunther est inquiet. Il ne parvient plus à engager suffisamment d'hommes pour défendre la plantation. Tout le monde a peur.

— Pourquoi ne pas demander de l'aide à Saigon ?

— Ils s'en foutent ! Ils ont assez à faire comme ça.

— Eh bien, pars ! Viens nous rejoindre ici, ou reste à Saigon, je ne sais pas.

Suen se lève.

— Jamais ! Je ne laisserai pas Georges tout seul, et en plus je ne veux pas céder face à ces salauds.

— Et Louis ?

Suen hausse les épaules.

— Il n'est pas prêt de revenir. Il se bat au sud d'Hanoï et les combats sont très violents.

Elle a rejoint la fenêtre et regarde dehors.

— J'ai très peur, Léone. Je sens que vous êtes en train de perdre la guerre et que ceux qui vous ont soutenus, comme moi, sont en danger.

Le silence s'installe entre les deux femmes. Léone ne sait quoi proposer pour rassurer son amie. A sa place, elle se mettrait à l'abri.

— Tu sais, reprend Suen, j'ai un mauvais pressentiment. Comme si j'allais bientôt mourir.

Léone vient la rejoindre près de la fenêtre, la prend dans ses bras.

— J'ai souvent eu la même impression, mais la plupart du temps c'est notre imagination qui nous joue des tours. Toi, je crois qu'il faut te remonter le moral en buvant un coup. Descendons au bar en attendant Marc.

La salle est emplie de monde, une foule bruyante, mêlée de Vietnamiens et de Français. Ici, contrairement aux cafés de Saigon, il n'existe aucune ségrégation.

Les deux amies choisissent une table proche de l'entrée. Léone est impatiente. Marc ne devrait pas tarder. Tout en buvant leur martini, Léone raconte son travail à l'hôpital, son regret de ne pas être plus utile.

— Quand je vois le courage des infirmières, j'ai l'impression d'être une planquée.

— Pourquoi n'essaies-tu pas d'en devenir une, toi aussi ? Il n'y a pas de raison qu'on te le refuse avec tous les blessés que vous recueillez.

Léone acquiesce. Elle y a déjà pensé. Mais la seule fois où elle en a parlé à Marc, il s'y est opposé catégoriquement. Pas question de t'exposer ! lui a-t-il dit. Je ne le supporterais pas. Elle a eu beau lui faire remarquer, qu'à son égard, elle se trouvait dans la même position, il n'avait pas cédé.

Justement, il arrive. Avec ce même sourire heureux qui la fait fondre. Il étreint Suen.

— C'est gentil de ne pas laisser tomber les copains !

Il vient s'asseoir près de Léone, l'embrasse et se tourne vers Suen.

— Je te présente la femme de ma vie.

Suen éclate de rire.

— Je suis au courant, tu sais. Vous êtes beaux et vous allez très bien ensemble. Ça fait plaisir à voir.

Marc se fait servir une bière qu'il avale d'un trait.

— J'ai cru qu'on allait mourir de chaud dans la salle d'op' !

Il évoque son travail, ces multiples opérations de la dernière chance où il se bat à armes inégales contre la mort. Il parle aussi de l'inutilité de sa mission, où il s'agit de réparer la connerie des hommes. Pour finir, il dénonce cette guerre coloniale qui n'a aucun sens.

— Alors pourquoi la fait-on ? demande Léone.

— Parce que les politiques l'ont décidé. Il n'y a pas que des raisons idéologiques à ce conflit. Quand il le faut, on arrive bien à s'entendre avec les communistes. Non, il y a surtout beaucoup d'intérêts économiques en jeu. Cette guerre, on la fait pour les centaines de Balland de ce pays. N'est-ce pas Suen ?

Celle-ci hausse les épaules, l'air peu convaincu.

— Ce n'est pas l'argent qui motive Georges. C'est plus compliqué que ça. Je suis certaine que le Vietnam est sa vraie patrie.

Ils sont interrompus par Kim qui leur propose de passer à table.

Devant l'air étonné de Marc, elle lui explique que Suen a tout préparé.

— Mais il ne fallait pas...

— J'ai mes raisons, l'interrompt Suen.

Kim leur a réservé une table au fond de la salle à manger, et a déplié un paravent pour qu'ils soient isolés du reste des convives.

— Vous serez mieux pour discuter. Je vais chercher les plats.

L'atmosphère de ce début de dîner est étrange. Suen fume, l'air absent. Léone et Marc échangent des regards interrogatifs. Soudain, elle paraît plus présente, se rapproche de la table.

— Vous savez, pour moi, ce dîner est très important. Dans les coutumes que je me suis inventée, préparer un repas pour quelqu'un, c'est lui dire que je l'aime. Que je serais heureuse de le retrouver au paradis.

— Tu crois au paradis, toi ? s'étonne Marc.

Vexée, Suen le fusille du regard.

— Je crois en ce que je peux croire. J'ai été élevée dans la religion catholique en conservant les coutumes vietnamiennes.

Léone écoute. Intuitivement, elle sent que Suen veut leur faire comprendre quelque chose d'essentiel. Au-delà de la tristesse de son amie, de ses propos inattendus, il existe une souffrance qu'elle a du mal à interpréter.

La venue de Kim, portant un lourd plateau, interrompt le cours de ses pensées. Suen insiste pour les servir. Ce ne sont que des plats cuisinés à la française. Du canard rôti, des pommes de terre rissolées, de la salade...

Léone et Marc sont touchés. Suen sourit. Pour la première fois, elle paraît heureuse.

— J'ai pensé que cela vous ferait plaisir.

Ils commencent à manger, la félicitent pour son talent culinaire.

— C'est Georges qui m'a appris à faire la cuisine. Pour lui, la vie ne vaut pas la peine d'être vécue si l'on se nourrit mal.

Au fur et à mesure que le repas avance, Suen semble de plus en plus gaie. Elle retrouve son rire cristallin, sa manière enjouée de s'exprimer. Léone et Marc se détendent. Le vin aidant, ils se racontent, évoquent leurs projets. Échapper le plus rapidement possible à cette guerre, partir en Afrique ou ailleurs. Là où il est nécessaire de soulager la souffrance. En tout cas, vivre autrement en conservant le goût de l'aventure.

Soudain, Suen retire ses boucles d'oreille et les tend à Léone. Elles représentent deux fins coquillages, en or.

— Tiens, je t'en fais cadeau. Elles t'iront très bien.

Léone les trouve très belles, proteste, mais devant l'insistance de Suen, finit par les mettre.

— Elles appartenaient à ma mère. Je suis heureuse que ce soit toi qui les portes.

— Mais pourquoi ce cadeau ?

Suen sourit.

— Parce que j'en ai envie...

Elle fouille dans son sac et en sort une montre d'homme qu'elle tend à Marc.

— Je tenais aussi à te faire plaisir. C'était la montre de mon père.

— Mais...

— Prends-la et garde-la toujours sur toi, sauf le jour où tu décideras de la donner à quelqu'un que tu aimeras très fort.

— Mais nous n'avons rien à t'offrir en échange, dit Léone.

Suen hausse les épaules.

— Vous m'avez fait le plus beau cadeau dont je pouvais rêver. Vous m'avez accordé votre amitié. Et surtout vous m'avez prouvé que l'amour existe vraiment.

L'heure a tourné. Suen se lève, soudain impatiente. Elle doit monter se coucher. Demain, elle part à l'aube.

Elle les précède dans l'escalier, s'arrête devant sa chambre. Elle les serre dans ses bras, leur dit qu'elle n'a besoin de rien, qu'elle les appellera bientôt, puis referme la porte.

Léone demeure immobile. Elle se sent mal à l'aise, inquiète, insatisfaite. Marc l'entraîne vers l'étage supérieur. Plusieurs fois jusqu'à leur chambre, ils s'arrêtent, s'étreignent, s'embrassent. Enflammée par les baisers de Marc, ses caresses, le désir qu'elle devine dans son regard, Léone oublie son anxiété. A peine sont-ils dans la chambre qu'elle l'entraîne vers le lit. Pas le temps d'allumer, de se déshabiller, d'attiser le désir de l'autre. Léone sent qu'ils doivent faire l'amour, là, maintenant. Comme s'il y avait urgence, comme s'il fallait prendre la mort de vitesse.

Une semaine a passé. On approche de la fin mars. A l'hôpital, le moral n'est pas au beau fixe. Non seulement les nouvelles du front sont mauvaises, on vient d'apprendre le massacre de Nam Dong, où près de trois cents tirailleurs ont trouvé une mort horrible, mais en plus le nombre des blessés admis augmente chaque jour. Une preuve que les combats redoublent et que les pertes sont de plus en plus lourdes. Pour les soldats de la garnison, il ne fait plus guère de doute que cette guerre est perdue. Et même si c'est en catimini, on l'exprime.

Ce soir-là, elle se trouve en salle d'opération. Exceptionnellement, elle assiste Marc et un autre chirurgien, affairés autour d'un para qui a sauté sur une mine. Il n'existe pas d'autre solution que de l'amputer. Tous ceux qui sont présents dans le bloc, infirmières et médecins, sont silencieux et effectuent leur travail avec des gestes d'automate.

En lui tendant les instruments, Léone regarde Marc. Avec un masque dissimulant la moitié de son visage, il est méconnaissable. Cependant, elle le connaît assez pour deviner dans ses yeux l'espoir et la détresse confondus d'un homme menant un combat perdu d'avance. Elle comprend qu'il ne sauvera pas ce soldat. Même Dieu ne le pourrait pas. Il n'est qu'une masse inerte, mutilée, sanguinolente. Et pourtant, Marc et son collègue, le front luisant de sueur, luttent, pied à pied.

En cet instant où la vie et la mort jouent au poker, Léone se découvre différente. Maintenant elle sait. Son destin ne consiste plus seulement à classer des papiers ou à taper des rapports. Sa place est ici, avec Marc, Gabrielle, Anne-Marie et les autres. Auprès d'eux, parmi eux, à partager leur victoire ou leur impuissance.

Elle sera auxiliaire aide-soignante. Et cela, quelles que pourront être les objections de Marc, les entraves administratives et sa propre peur.

L'opération terminée, elle rejoint Marc dans l'un des cabinets de toilette et se lave les mains au-dessus du même lavabo. Il a ôté son masque. Son visage semble raviné par la fatigue. Sa mâchoire, trop longtemps serrée, demeure contractée, faisant saillir ses maxillaires. Leurs regards finissent par se croiser. Il esquisse un sourire, elle aussi.

— On a fait ce qu'on a pu, murmure-t-il.

— Tu n'as rien à te reprocher. Tu as été formidable...

Elle s'essuie les mains en l'observant. Lui continue de se savonner au-delà du nécessaire. Peut-être a-t-il deviné qu'elle souhaite lui parler ?

— Marc ?

— Oui.

— Je veux devenir aide-soignante.

Il se sèche les mains avec minutie, puis s'approche d'elle.

— Je le sais. Et je suis d'accord.

— C'est vrai ?

— Oui. Je t'ai regardée pendant l'intervention. Je ne saurais dire pourquoi mais j'ai eu la certitude que tu étais à ta place parmi nous.

Je vais en parler avec le commandant et s'il est d'accord je te confierai à l'archange.

— Qui ça ?

Il éclate de rire.

— Gabrielle ne te l'a jamais dit ? C'est une blague entre elle et moi. Elle est tellement acharnée à lutter contre la souffrance que c'est impossible de l'appeler autrement.

Ils s'embrassent furtivement, comme chaque fois qu'ils sont en service.

— On en reparle tout à l'heure à l'hôtel.

Après une caresse rapide sur la joue de Léone, il s'éclipse. Elle se sent fière comme elle l'a rarement été. Fière d'avoir été reconnue par Marc et de pouvoir donner enfin un sens à son travail quotidien. Fière pour elle. Pour Marc. Pour Jacques, Julia et ceux qu'elle aime. Elle est tellement heureuse qu'elle décide d'écrire tout de suite à sa mère pour lui annoncer la nouvelle.

CHAPITRE 40

Il est très tôt ce matin quand Léone et Marc quittent l'hôtel pour rejoindre l'hôpital. Aujourd'hui, pour la première fois depuis son arrivée, Léone est placée en état d'alerte.

Avec Gabrielle, elle a été désignée pour assister deux médecins, au cas où les commandos parachutistes opérant en amont du Giang feraient appel à une équipe médicale.

Durant le chemin, Marc ne cesse de lui prodiguer des conseils. Surtout, fais attention quand tu sautes au sol pour récupérer les corps ! Tiens-toi bien courbée pour ne pas être déséquilibrée par les pales de l'hélico ! Respecte les consignes.

Elle l'embrasse.

— Cesse donc de t'inquiéter. L'archange sera là et j'ai déjà quinze jours d'entraînement derrière moi !

A l'hôpital, c'est la fièvre, avec son va-et-vient de véhicules militaires, de personnels affairés, d'éclopés qui promènent leurs souffrances.

Marc dépose Léone devant son bureau et file vers le bâtiment de chirurgie. Jusqu'à ce qu'on lui ait trouvé une remplaçante, elle assure les tâches de secrétariat du médecin-commandant.

Comme tous les matins, elle jette un œil dans le classeur qu'il lui laisse chaque soir en partant. La plupart du temps, des lettres, des avis de décès, des notes de service à taper et à diffuser. Au milieu de cette paperasserie, elle trouve une lettre à son intention sur laquelle le commandant a écrit : « Arrivée par la navette du soir, après votre départ. »

Elle reconnaît l'écriture de Julia et décachète l'enveloppe avec appréhension. Le texte est exceptionnellement long. Plus de deux feuillets recto-verso. Léone se doute qu'il s'agit de ses commentaires sur son histoire avec Marc.

Elle parcourt les premières lignes. Julia et Jacques sont encore à Paris mais comme il fait beau, ils vont partir à la ferme pendant quelques jours. Puis c'est un nouveau chapitre.

Ma chérie, j'ai lu et relu ta dernière lettre. Comme tu t'en doutes, j'ai d'abord été surprise, agacée même, qu'à peine remise de ton malheureux mariage, tu te jettes à la tête d'un homme, qui plus est en pleine guerre, à des milliers de kilomètres de chez toi, loin de ta famille et de ton fils.

Je t'en ai beaucoup voulu. Je pensais qu'une fois de plus tu te conduisais comme une bécasse, oubliant que tu avais abandonné ton fils à Paris, ce qui n'est pas facile, ni pour lui, ni pour moi. Il est bien turbulent, et moi je ne suis plus toute jeune.

Je n'ai pas voulu te répondre tout de suite, préférant attendre que mon opinion se fasse au fil des jours, sans dépendre de mes premières impressions. A ce propos, je voudrais te dire, ma chérie, que tu te méprends sur moi. Ce que tu crois être de l'incompréhension, de la sévérité, n'est qu'une manière de te dire que tu te trompes. Et bien souvent, tu en conviendras, j'ai raison.

J'ai donc relu ta lettre à plusieurs reprises, jusqu'à apprendre certaines de tes phrases par cœur. Ce n'était pas difficile. Tu écris comme tu parles, si bien qu'en te lisant, j'entendais ta voix. Et Dieu sait si je la connais, depuis ce premier jour où tu t'es mise à jacasser pour ne plus arrêter. On t'a beaucoup reproché d'être bavarde, moi la première. Mais en même temps on était contents que tu le sois, ça nous redonnait envie de causer. Surtout à ton grand-père. Lui qui prononçait à peine trois mots dans une journée, il fallait le voir avec toi. Un vrai moulin à paroles ! A tel point, que tes frères t'en voulaient beaucoup à cette époque-là. Surtout Maurice qui avait moins de bagoût que toi. Cela ne l'a pas empêché de réussir. Je l'ai vu hier, il t'embrasse.

Mais revenons à nos moutons. A t'entendre parler de ce garçon, je n'ai pas eu la même mauvaise impression que les autres fois. Va savoir pourquoi ? Je n'en sais rien. Il me paraît très bien et le fait qu'il soit docteur me rassure. Il a dû beaucoup travailler pour y arriver et généralement ce sont des hommes qui ont de la cervelle et du courage. En plus, si par malheur tu devais être blessée, ce qui me soucie le plus, tu aurais quelqu'un pour te soigner. Il n'empêche, j'ai quand même envie de te répéter un certain nombre de choses qui ne vont pas te faire plaisir. Mais je suis ta mère, et il est de mon devoir de te mettre en garde. N'oublie pas ma chérie, que tu es dans un pays en guerre, avec tous les dangers qui vont avec, comme l'embuscade que tu m'as racontée et qui m'a empêchée de dormir durant plusieurs jours. Dans une telle situa-

tion, on a forcément peur, et tendance à se raccrocher à n'importe qui pour se rassurer.

D'autre part, je t'en supplie, fais attention de ne pas avoir un autre enfant. Il peut arriver n'importe quoi à ce docteur, même le pire, et ce serait encore un orphelin que tu mettrais au monde. Un seul suffit ! Notre petit Jacques a beau grandir normalement et être joyeux, il ne cesse de te demander et je le sens parfois inquiet. N'oublie jamais qu'il n'a pas demandé à naître, à ne pas avoir de père et à voir sa Maman s'en aller à la guerre. Rappelle-toi comme cela a été difficile pour toi de découvrir que ton pauvre père n'était plus là. Eh bien, notre petit chéri vit la même chose, en pire. Et malgré tout l'amour que je pourrai lui donner, je ne remplacerai jamais sa Maman et son Papa. Pas plus, comme tu sembles le croire, que l'homme dont tu me parles pourra être un nouveau père pour Jacques. Ce que l'on transmet par le sang est irremplaçable.

Depuis ton départ en Indochine, je vis tous les jours dans la peur. Encore plus aujourd'hui qu'hier en apprenant ce qui se passe là-bas par les journaux. Je ne suis pas bien maline, mais je devine qu'on ne nous en dit que la moitié, et ce n'est déjà pas encourageant. Comme toutes les mamans qui ont leurs enfants engagés dans cette guerre, je souhaite qu'elle se termine rapidement et que tu nous reviennes très vite et en bonne santé. Ta Maman qui t'aime. Je t'envoie aussi un gribouillis de Jacques. Il l'a fait en même temps que je t'écrivais.

Julia.

Bouleversée, Léone repose la lettre sur son bureau. Pour la première fois de sa vie, elle a la certitude que sa mère l'a comprise.

L'émotion qui l'étreint est trop forte pour qu'elle parvienne à retenir ses larmes. D'ailleurs, elle n'en a pas envie. En pleurant, elle ressuscite l'enfant qu'elle était il n'y a pas si longtemps. Avec sa fragilité, sa naïveté, mais aussi son enthousiasme.

Grâce à cette lettre, tout redevient simple. Elle sait qu'elle est aimée et qu'elle peut aimer sereinement. Elle reconnaît ses errements, désire y mettre fin. Elle veut aimer Jacques davantage et fera tout pour lui offrir la sécurité dont il a besoin. Elle désire se réconcilier avec son enfance, laisser cicatriser ses blessures, apaiser cette révolte qui la tient depuis si longtemps. Elle veut construire un amour fort, inviolable, unique avec Marc. Pour elle, pour eux et les enfants qu'ils auront. Pour Jacques aussi, à qui elle expliquera plus tard qu'il n'est pas né d'une erreur mais d'un amour authentique, et que pour cette raison il n'est pas orphelin.

Le médecin-commandant entre dans le bureau. Elle se lève pour le saluer. Il la dévisage.

— Mauvaises nouvelles ?

— Non, commandant. Au contraire. Je pleure plutôt de joie.

Il esquisse un sourire.

— Alors, profitez-en. Je crains que cette putain de guerre ne vous en donne pas souvent l'occasion.

Il s'apprête à rentrer dans son bureau quand il se retourne.

— A propos, laissez tomber le courrier et rejoignez la salle de garde. Je reviens du QG. Ça cogne dur à la frontière cambodgienne. J'ai mis les hélicos en état d'alerte. Il y a de fortes chances que vous fassiez partie de la prochaine sortie.

Dès qu'il a refermé la porte, Léone range son sac à main dans un tiroir du bureau. Elle enfile son blouson, sort en courant. Soudain, elle se ravise, revient, prend la photo de Jacques et la glisse dans sa poche intérieure. Ce sera sa seule protection, mais, elle en est convaincue, la plus efficace.

Dans la salle de garde, reliée par radio au centre opérationnel de la région ouest, les équipes de médecins, de brancardiers et d'infirmières attendent un éventuel ordre de mission. On boit, on bavarde, on plaisante. Léone est surprise par le calme qui règne. Chacun paraît décontracté, serein même. Elle rejoint Gabrielle attablée avec d'autres infirmières.

— Tiens, voilà notre nouvelle recrue ! dit celle-ci en l'embrassant. Ça va ? Tu n'as pas trop la pétoche ?

Léone salue les autres femmes, et s'assoit.

— Je te dirai ça quand on reviendra.

Elle saisit le thermos et se sert un café. Sa voisine lui offre une cigarette qu'elle accepte.

— Tu tombes bien, reprend Gabrielle, on allait commencer le briefing. Bon, les filles, rappelez-vous ! Pas d'héroïsme inutile. De l'efficacité, c'est tout.

Elle récapitule alors les consignes à observer dans une opération de sauvetage. Avoir son matériel prêt pour les premières interventions d'urgence. Ne sauter de l'appareil que si l'ordre en est donné. Savoir faire la part des blessures de chacun. S'occuper en priorité de ceux qui peuvent être sauvés.

Léone l'écoute, admirative. Les phrases de l'infirmière-chef sont précises. Pas de mots inutiles. En même temps le ton de sa voix est chaleureux, ses conseils appropriés à chacune des infirmières qui l'entourent. On sent qu'elle connaît leurs qualités et leurs défauts.

— Quant à toi, Léone, tu feras équipe avec moi. Pour ta première sortie je veux t'avoir à mes côtés. Pas besoin de t'inquiéter. Je te dirai ce que tu dois faire.

Soudain, le médecin-capitaine, responsable de l'opération, demande le silence. L'ordre d'intervention vient d'être donné.

— Nous volerons en formation de trois appareils. Destination la localité de Châu Doc. Nous avons plusieurs blessés à y récupérer. Apparemment les Viets ont décroché, mais méfiez-vous. Ils ne sont jamais loin et s'ils peuvent descendre un hélico, ils le feront. Allez, en route et bonne chance !

Chaque équipe sort en courant et rejoint le terre-plein qui sert d'héliport, situé à la sortie sud de l'hôpital. Les pales des hélicos commencent à tourner. Léone grimpe dans celui de tête. A peine est-elle sanglée à son siège que l'appareil s'arrache du sol dans un vacarme de rotors, de ferraille et de sifflements.

Ce n'est pas la première fois qu'elle voyage ainsi. A deux ou trois reprises, elle a accompagné le colonel Lemoine dans un déplacement. Mais cette fois-ci, c'est différent. Elle vole en direction d'une zone de combats. Elle se sent à la fois excitée et inquiète. Même si elle a la certitude d'être utile, elle sait qu'il existe des risques. Pour chasser le doute elle cherche à croiser le regard bleu de l'archange. Un curieux regard, glacé et serein. Léone s'en est aperçue. Dès qu'elle est montée dans l'hélico, Gabrielle a changé. La militaire a pris le pas sur la femme. Comme on dit dans les carrées, elle en a et serait capable de faire le coup de feu avec autant d'efficacité qu'un homme. Elle sourit à Léone. Rassurée, celle-ci regarde le paysage. Les deux bras du Cong, boueux, les rizières aux reflets moirés, des hommes et des femmes au travail, des buffles placides.

Un peu plus tard, Léone échange un regard avec Philippe, le médecin, un jeune type à lunettes, l'air ahuri. Ce gars-là collectionne un nombre d'interventions incroyable et d'après ce qu'elle a entendu dire, ceux qui lui doivent la vie ne se comptent plus. Un as du garrot et du bistouri qui connaît tellement bien les lésions occasionnées par les balles, grenades, et autres mines qu'à l'hôpital il donne des cours aux autres médecins. Depuis qu'il fait ce boulot, il n'a eu qu'une seule blessure. D'après lui, rien de glorieux. Le revolver d'un gars qu'il secourait serait parti tout seul dans le feu de l'action. La veine, dit-il chaque fois qu'il en parle, c'est d'avoir pris la balle dans la couenne de l'aine.

Le pilote se tourne vers eux.

— Eh, les saint-bernard ! C'est bientôt à vous ! On approche de la cible. Nos gars ont rassemblé les éclopés. Je me pose en couverture. Fermez la porte de droite.

Gabrielle s'est levée et tente vainement de la débloquer. Léone vient l'aider. Elle a le temps d'apercevoir en bas quelques paras, allongés dans l'eau d'une rizière. A couvert derrière des palissades de bambou, ils tirent à la mitrailleuse en direction d'une forêt proche. L'hélico se pose sur un terre-plein séparant deux rizières. Le vacarme du moteur mêlé aux rafales des mitrailleuses est assourdissant.

— Allez, go les filles ! Et gaffe, les Viets ne sont pas loin !

Les deux femmes saisissent chaque extrémité d'un brancard.

— On y va, Léo ! hurle Gabrielle.

Léone saute après elle, suivie du médecin. Pliées en deux, elles courent dans l'eau pour rejoindre trois paras protégés par la carcasse calcinée d'une jeep. A côté, deux blessés gisent sur le dos, le visage déformé par des rictus de douleur. Ils sont tellement maculés de boue qu'il est difficile de savoir ce qu'ils ont.

— Emmenez-moi ces deux-là ! gueule un lieutenant en continuant de lâcher des rafales de fusil-mitrailleur devant lui. Sont foutus !

Philippe arrache la veste de l'un, découpe le pantalon de l'autre. Léone est tellement effrayée et fascinée par le sifflement des balles, les explosions de mortier, les cris des hommes, qu'elle lève la tête pour regarder vers la forêt. Soudain, elle se sent projetée dans l'eau. L'un des paras vient de la pousser.

— Vous êtes folle ou quoi ? gueule-t-il, on n'est pas à la fête foraine !

Mortifiée et trempée, elle rampe jusqu'à Gabrielle qui a déjà chargé l'une des victimes.

— Allez, aide-moi, on amène celui-là en premier. L'autre est crevé.

Elles portent le blessé, le hisse sur le plancher de l'hélico. Philippe les a rejointes.

— Je m'en occupe ! Allez chercher l'autre.

Elles rejoignent le commando, chargent le corps inerte sur le brancard.

— Eh les filles, soyez sympas, lance le lieutenant, nettoyez-le un peu avant de le mettre en boîte. Il l'a bien mérité.

— Promis ! répond Gabrielle.

Elles repartent en courant. Malgré les cris, la pétarade des armes, le souffle des explosions, le sifflement des rotors de l'hélico, Léone n'a plus peur. Elle n'en a pas le temps. Déjà, elles font glisser le brancard sur le plancher, sautent dans l'appareil qui décolle en amorçant un virage brutal. Le cadavre roule sur lui-même, manque retomber par la porte ouverte. Heureusement, elles le rattrapent en saisissant l'une un pied, l'autre une manche. Quand l'hélico a repris une assiette horizontale, Léone sangle le corps tandis que Gabrielle donne un coup de main à Philippe.

— Appelle l'hôpital ! gueule ce dernier à l'adresse du pilote. Il me faut un bloc en arrivant.

— OK, toubib !

Quand l'hélico a pris de l'altitude, la tension retombe. On échange un sourire, on allume une cigarette, on regarde ailleurs. Histoire de se calmer, de constater qu'on est encore en vie, contrairement à ce pauvre moribond, sanglé à leurs pieds, et dont la tête ballotte comme s'il refusait de mourir. Léone repasse dans sa tête ces quelques minutes d'action, essaye de se rappeler ses émotions. Sans succès. Curieux comme le souvenir des lieux, du bruit, des visages et de sa propre peur s'est estompé rapidement. Comme si son cerveau ne voulait pas s'attarder.

Elle doute d'avoir été à la hauteur et s'attend à ce que Gabrielle lui remonte les bretelles. Surtout pour n'avoir pas respecté la consigne de s'intéresser exclusivement aux blessés et jamais aux combats. Tant pis ! Ça lui fera les pieds. Elle s'est conduite comme une imbécile.

A l'arrivée, d'autres médecins et infirmières recueillent les blessés et les morts de chaque hélico. Gabrielle et Léone rejoignent le vestiaire des femmes. C'est le moment de se doucher, de se changer et de fumer une cigarette avant de reprendre son service. A nouveau vêtues de leur blouse blanche, bien coiffées, sentant bon le savon de Marseille, elles gagnent la salle de garde pour prendre le café qui les fera tenir tard dans la nuit.

Elles se racontent que le rescapé s'en tirera. Il n'avait qu'une balle dans l'épaule. C'est chouette. Cela en fait au moins un de sauvé. Puis, elles échangent leurs impressions. Contrairement à ce que croyait Léone, Gabrielle ne lui adresse aucun reproche. Un seul commentaire de sa part : toutes les femmes qui font ce boulot commettent des erreurs. Il faut juste se débrouiller pour qu'elles ne soient pas mortelles.

Le café avalé, elles se dirigent vers le bâtiment de chirurgie. Pas besoin de se poser de questions. Elles savent déjà qu'on les attend.

Quelques jours ont passé. Le mois d'avril tire à sa fin. Ce soir-là, profitant d'une remise d'heures accordée par l'archange, Léone rentre plus tôt à l'hôtel. Elle a choisi de revenir à pied, histoire de prendre le temps, de profiter du paysage, des odeurs, et du soleil.

Elle échafaude des projets. Après ces journées exténuantes — les missions de secours n'ont pas cessé —, elle a besoin de s'occuper d'elle. D'abord, elle va prendre une bonne douche, se laver les cheveux, s'habiller en civil, puis, elle fera une balade sur le port pour dénicher un restaurant que Marc et elle ne connaissent pas. Quand il reviendra, elle lui fera la surprise.

En avançant, elle chasse les souvenirs de travail. Ce soir, elle ne veut pas penser aux blessés, aux morts, à l'hôpital. Non, elle veut songer à elle et être la plus belle pour accueillir Marc.

Elle souhaite retrouver l'insouciance qui l'a désertée depuis quelques semaines. Elle veut séduire Marc, l'étonner, ressasser avec lui les mille et un projets qu'ils ont pour l'avenir.

A la fin de sa période d'engagement, elle regagnera la métropole avec lui. A cette époque, lui aussi aura terminé sa mission. Ils en profiteront pour rentrer par le chemin des écoliers, peut-être en bateau, afin de découvrir les villes-escales. En arrivant à Paris, il la présentera à sa famille. Surtout qu'elle ne se fasse de bile, lui a-t-il dit, ses frères et sœurs, il en a trois, sont très décontractés, sans à priori. Il est certain qu'elle s'entendra avec eux. Elle aussi en est convaincue. Lorsqu'il lui a montré leur photo, elle a vu leur genre. Des gens simples et bons.

Souvent, elle doit marcher sur la chaussée pour éviter la foule des coolies et des passants.

Soudain, un cyclo-pousse ralentit à sa hauteur et lui propose de l'emmener. Elle refuse, mais le jeune garçon insiste tellement qu'elle se laisse convaincre. Elle lui indique l'hôtel et grimpe.

— Tu seras très contente, madame ! Je vais très vite.

— Ce n'est pas la peine de te dépêcher ! Je ne suis pas pressée.

Elle allume une cigarette. Le gamin se retourne souvent vers elle, souriant.

— Tu es très jolie.

Elle éclate de rire, confuse et heureuse.

— Merci ! Mais regarde la route. Je n'ai pas envie d'avoir un accident.

Il pouffe.

— Je n'en ai jamais.

Il se faufile avec dextérité entre les véhicules et les piétons qui encombrent la chaussée. Léone devine qu'il veut l'impressionner. Chaque fois qu'il réussit à se glisser entre deux voitures ou à éviter un passant, il la regarde avec fierté.

Quand ils arrivent, elle lui laisse un généreux pourboire.

— Merci, je n'ai jamais été aussi bien conduite.

— Si tu as besoin de moi, tu peux me trouver devant le marché. Tu demandes Lam.

— Promis. Je le ferai.

En le regardant s'éloigner, elle sent qu'elle commence à s'attacher à ce pays.

Elle entre dans l'hôtel. Kim est assise derrière le comptoir de réservation. Leurs regards se croisent. Léone devine que quelque chose ne va pas.

— Bonjour Kim, ça va ?

Celle-ci vient au-devant d'elle et l'entraîne vers une pièce aménagée pour prendre l'apéritif au calme. Gunther est affalé dans l'un des fauteuils. Il la salue d'un hochement de tête.

— Qu'est-ce que vous faites là ? s'étonne-t-elle.

Lorsque Kim s'est éclipsée il désigne un fauteuil à Léone pour qu'elle s'assoie. Son visage est fatigué, creusé de rides profondes. Il ne s'est pas rasé depuis plusieurs jours.

— Ils les ont eus, dit-il.

Léone a compris. Elle sent son cœur cogner dans sa poitrine. D'une main tremblante, elle allume une cigarette en tentant de contenir ses larmes.

— Qu'est-ce qu'il s'est passé ?

Gunther hausse les épaules, d'un air d'impuissance.

— Ils ont attaqué ce matin très tôt, en silence. Ils ont d'abord égorgé le personnel puis ils ont tué Suen et Georges.

Il se râcle la gorge, regarde ailleurs pour ne pas éclater en pleurs.

— Mais vous ?

— Je ne sais pas. Ils devaient avoir peur de tomber sur des gardes. Ils ont foutu le feu en partant. C'est l'odeur de l'incendie qui m'a réveillé !

Léone cherche à formuler une question. A quoi bon ? Il n'y a rien à dire. Suen est morte, c'est tout. Elle se lève, pleure en silence en tirant de longues bouffées sur sa cigarette. Un sentiment de colère l'étreint.

— Pourquoi ?

Gunther lève les yeux vers elle. Des yeux bleus, devenus inexpressifs.

— Ils avaient prévenu mais on n'y croyait pas vraiment. Ça faisait plusieurs jours qu'ils n'avaient rien tenté. On pensait qu'on en avait pour un bon moment à être tranquilles. On s'était trompés.

Léone pleure pour de bon. Elle songe à la dernière visite de Suen, la raconte à Gunther. Tout prend un sens, maintenant. Elle s'était conduite comme si elle savait. Léone est d'autant plus furieuse qu'elle n'a rien fait pour la retenir.

Il se lève, la prend dans ses bras.

— Vous ne pouviez rien y faire. Elle et Georges étaient des fatalistes. A chaque fois que je leur disais de foutre le camp de cette putain de plantation, ils me répondaient qu'ils y étaient chez eux, et qu'ils n'avaient aucune raison de céder à la menace.

Le visage appuyé contre la puissante poitrine de Gunther, Léone continue de pleurer. Ses pensées s'embrouillent. Ce carnage n'a aucun sens.

— Mais pourquoi les avoir tués ? Il suffisait de ...

— C'est la guerre ! Il faut des exemples. C'est leur manière à eux de recruter des hommes.

— Et vous les avez... les corps... Elle...

— Je les ai enterrés dans la forêt, sans marquer l'endroit pour qu'on ne les profane jamais.

Elle se détache, se mouche, s'affale dans un fauteuil. Elle a l'impression d'un poids énorme sur les épaules, de n'avoir ni passé, ni avenir. Suen disparue, elle se sent amputée d'une partie d'elle-même, et pourtant elle continue à la croire vivante. Comme les blessés croient encore avoir le bras ou la jambe qu'on vient de leur enlever.

— Et vous ? demande-t-elle sans conviction.

Il hausse les épaules, l'air indifférent.

— Je vais m'engager dans la Légion. Je leur ferai payer.

Elle lui propose de passer la soirée avec elle et Marc. Il refuse.

— Je retourne à Saigon. J'ai besoin de me saouler.

Ils s'embrassent.

— Merci d'être venu...

— Elle me l'avait demandé au cas où il lui arriverait quelque chose. Elle vous aimait beaucoup.

Quand il est parti, elle a envie de le rattraper pour qu'il lui parle de Suen, puis elle se ravise. Elle se contentera de ses souvenirs.

Soudain, elle s'arrache au fauteuil, monte quatre à quatre à sa chambre et plonge sur le lit. Elle veut pleurer, pleurer encore, jusqu'à ce que Marc arrive et la réconforte.

CHAPITRE 41

18 mai. En sortant du cabinet médical, Léone a envie d'apostropher ceux qu'elle rencontre, de les embrasser, de leur dire n'importe quoi. Cette fois-ci, le doute n'est plus permis. Elle est enceinte ! Oui, enceinte !

Soudain, elle s'arrête, ne sait plus quoi faire. Aller le dire à Marc ? Attendre ce soir ? Reprendre son service, rentrer à l'hôtel ? Rire, pleurer ? Questions stériles ! Elle est réquisitionnée pour une intervention héliportée dans le delta qui doit avoir lieu d'une minute à l'autre.

Pourtant, elle ne bouge pas. Debout sous le soleil de midi, indécise, elle ne fait que compter et recompter les mois qui restent jusqu'à la naissance en janvier prochain. Puis, elle songe à Jacques, à la différence d'âge qu'il aura avec sa sœur ou son frère. Trois ans seulement. Autant dire rien.

— Dis-donc, qu'est-ce que tu fais là plantée au milieu du chemin ?

C'est Anne-Marie qui se rend à la salle d'alerte.

— Rien...

— Mon œil ! Si tu voyais ta tête, on dirait que tu viens de recevoir la grâce. C'est Marc qui te met dans un état pareil ?

Léone éclate de rire.

— C'est exactement ça.

Elles avancent côte à côte. Anne-Marie soupire.

— J'aimerais bien que tu me donnes la recette.

— L'amour, ma vieille ! L'amour !

— Oui... A mon avis il y a un truc en plus entre vous. Parce que moi, mon julot, il y a belle lurette qu'il ne me fait plus voir la vie en rose.

— C'est que ce n'est pas le bon.

— Oui... Peut-être ? Bon ! Allez, on y va ? Aujourd'hui, on fait équipe ensemble, non ?

— Si.

— Je suis vachement contente. Ça me changera de l'archange.

— Tu exagères ! Gabrielle est une sacrée bonne femme !

— Tu as raison. Mais tu vois, de temps en temps, j'aime bien fréquenter des gens normaux.

Elles rient et pénètrent dans la pièce. Le radio est là, ainsi que Philippe.

— Salut, les filles !

— Bonjour, docteur.

Il leur verse un verre d'eau. Léone en boit une gorgée et manque la recracher tellement elle est chaude.

— C'est dégueulasse ! Je préfèrerais du café.

— Il faudra t'en passer, dit Philippe, le percolateur est en panne depuis ce matin.

Anne-Marie se tourne vers le radio, un grand type nonchalant, avachi sur sa chaise, les pieds posés sur la table.

— Tu as du nouveau ?

Il secoue la tête.

— Jamais à l'avance. Des fois que les Viets interceptent les messages.

Chacun s'installe dans le silence. La radio grésille à intervalles réguliers. La pièce est envahie de mouches bruyantes et perpétuellement en mouvement. Anne-Marie sort un éventail et l'agite devant son visage. Philippe fume, le regard dirigé vers le plafond. C'est souvent comme ça, juste avant une intervention. On se recueille, on pense à ce qui rattache à la vie, on tente d'exorciser sa trouille.

Léone a moins peur qu'au début. Maintenant qu'elle a plusieurs missions à son actif, elle sait comment s'y prendre. Suffit d'avoir l'œil rivé sur l'objectif et d'avancer tout droit en s'arrangeant pour être à couvert de quelque chose, un bosquet, un remblai, l'hélico... Et puis, malgré ce qu'on dit, il lui semble que les Viets respectent la Croix-Rouge. Elle n'a jamais vu un hélico médical descendu. Pas dans son secteur.

Elle échange un sourire avec Anne-Marie, mais ne dit rien. Il fait trop chaud pour parler. Mieux vaut se caler sur sa chaise et laisser son esprit vagabonder. Léone adore ces moments de silence, pleins de tension. Son esprit fonctionne différemment. Elle songe à mille choses en même temps, de manière décousue, sans s'arrêter bien longtemps sur une seule pensée. Ainsi, elle se promet que si elle a une fille, elle l'appelera Suen. Puis, elle imagine la tête de Marc, ce soir, lorsqu'elle lui annoncera qu'elle est enceinte. Sûr qu'il va vouloir fêter ça en l'emmenant au restaurant. Elle se dit aussi qu'elle doit prévenir Julia, même si cela risque de lui déplaire. Cependant, elle n'est pas trop inquiète. Comme toutes les futures grand-mères, Julia changera vite d'avis.

Anne-Marie se lève.

— Je vais faire un tour dehors.

— Je t'accompagne, propose Léone.

— N'allez pas trop loin, dit Philippe, on ne sait jamais.

— Ne t'inquiète pas, Papa ! réplique Anne-Marie. On joue sur le gazon, juste devant.

Elles sortent en riant et s'assoient dans l'herbe, à l'ombre du batiment. Léone offre une cigarette à Anne-Marie et en allume une.

— Je n'aime pas attendre.

— Moi, c'est pareil. Quand on va au casse-pipe, autant y aller tout de suite.

Puis, Léone songe au bébé qu'elle a dans le ventre.

— En tout cas, moi, c'est ma dernière sortie.

— Comment ça ?

Léone se penche vers Anne-Marie.

— J'attends un enfant, dit-elle en baissant la voix.

— Ah, c'est donc ça ! Je me disais aussi... Quand je t'ai vue tout à l'heure, tu n'avais pas ta tête de tous les jours !

Elle embrasse Léone.

— C'est formidable ! Et Marc, il le sait ?

— Non. Je vais lui dire ce soir.

Anne-Marie dévisage Léone, le visage faussement sévère.

— A partir de maintenant, tu vas me faire le plaisir de ne plus prendre de risques. D'ailleurs, je désapprouve que tu participes à la mission d'aujourd'hui.

Elle commence à se lever.

— Et de ce pas, je vais demander ton remplacement.

Léone l'attrape par le bras et l'oblige à se rasseoir.

— C'est vachement gentil de ta part, mais il n'y a pas de raison. Tu sais comment c'est ! Impossible de changer un ordre de mission. Et puis merde, je ne suis pas impotente !

Anne-Marie hausse les épaules.

— Maintenant, en risquant ta vie, tu en risques deux...

Philippe apparaît sur le pas de la porte et les appelle.

— Eh, les filles, c'est pour nous ! Plusieurs blessés à récupérer sur la route de Bin Thuh ! On y va en camion, ce n'est pas très loin.

Les deux femmes se lèvent.

— Merci de m'avoir mise dans la confidence, dit Anne-Marie.

Elles échangent un sourire et emboîtent le pas à Philippe qui se dirige vers la sortie de l'hôpital. Tout en avançant, il leur explique qu'ils seront escortés par deux patrouilles, la route n'étant pas sûre. Cependant, il ne devrait pas y avoir de problèmes.

En grimpant dans le camion bâché, Léone est rassurée. Elle connaît bien cette route pour l'avoir parcourue plusieurs fois avec Marc. Toute droite, carrossable, elle passe au milieu des rizières. Ce qui l'étonne, c'est que le Vietminh lance des opérations aussi près de Can Tho.

Dans le camion, quatre paras en tenue de combat sont assis sur un banc. Devant eux, des brancards enroulés. Le lieutenant explique qu'ils sont là en renfort pour couvrir une éventuelle attaque. Mais que les filles ne se bilent pas. Quand on va ramasser les macchabées, la bagarre a déjà eu lieu.

Léone aperçoit l'auto-mitrailleuse qui ferme le convoi. Elle ne sait pas si c'est rassurant. A voir ces hommes, le doigt sur la gâchette, elle se dit qu'il y a danger. Pourtant, elle n'a pas peur. Il ne peut rien lui arriver alors qu'elle attend un bébé. Elle songe à Jacques, vérifie qu'elle a bien pris sa photo et la montre à Anne-Marie. Puis, elles fument en silence.

Comme les soubresauts du véhicule sont de plus en plus forts, Léone s'agrippe à son banc. La voiture suiveuse a laissé se creuser l'écart pour échapper à la poussière que soulève le convoi. Léone se rappoche du bord et risque un œil dehors. Elle reconnaît bien le paysage. L'un de ses préférés. Des rizières délimitées par des remblais de verdure et disposées les unes à côté des autres comme les cases d'un immense damier. Et l'eau qui prend la couleur du ciel. Et ces hommes et femmes qui y travaillent sur le même rythme lent, du matin au soir. Parfois, sur le bord de la route, des groupes d'enfants la salue en criant Phap ! Phap ! Léone agite la main.

Soudain, le chauffeur entrouve la fenêtre qui communique avec l'intérieur du camion.

— On se rapproche de l'objectif. Les gars nous disent que les Viets ont décroché ! Gaffe quand...

La fin de sa phrase a été couverte par une puissante déflagration, proche du véhicule. Coup de frein brutal. Léone et Anne-Marie se retrouvent projetées à l'avant, les quatre fers en l'air. Philippe les aide à se relever. Les paras sont déjà dehors et déclenchent un tir nourri vers la droite.

L'un d'entre eux se tourne vers elles et Philippe.

— Ne restez pas dans le camion. Ils vont le faire sauter !

Les deux femmes et le médecin s'élancent à leur tour. Le para les pousse derrière le remblai de terre.

— Attendez-là.

Le visage plaqué contre le sol, le corps à moitié immergé dans l'eau, Léone se met à trembler. Elle a peur et froid. A côté d'elle, Anne-Marie n'en mène pas large. La bataille a lieu tout près, de l'autre côté de la route. Au milieu des coups de feu et des cris, des ordres fusent en vietnamien et en français.

Léone relève la tête. Elle veut comprendre la situation, apprécier ce qu'elle pourrait faire en cas de fuite.

Là-bas, à quelques mètres en arrière, l'auto-mitrailleuse est immobilisée. Elle ignore si ses occupants sont morts ou s'ils se sont mis à l'abri. Soudain, deux paras, couverts de boue, les rejoignent.

— Les salopards ! s'exclame le sergent, ils sont planqués un peu partout autour. Les renforts ne vont pas tarder mais en attendant il faut tenir le coup. Vous, le toubib, restez à côté de moi. On va avoir besoin de vous. Par contre, les filles, vous filez vous mettre à l'abri derrière l'autre remblai. Et ne bougez pas de là !

— Eh, on n'est pas là pour faire de la figuration ! réplique Léone. On peut aussi aider pour les blessés.

— Dans ce cas, allons-y !

Il ordonne à Philippe et Anne-Marie de le suivre, tandis que Léone est chargée d'aller chercher les valises de soins, restées dans le camion. L'autre para la couvrira. Les tirs se sont calmés. Mais Léone sait qu'il ne faut pas s'y fier. C'est l'instant où chacun des adversaires affine sa stratégie avant d'attaquer à nouveau.

En rampant sur la route poussiéreuse, elle n'est pas rassurée. Peut-être un Viet l'a-t-il dans sa ligne de mire et s'apprête à appuyer sur la gâchette. Non ! Si c'était le cas, il aurait déjà tiré ! Elle grimpe dans le camion. Une seule valise est utilisable. L'autre s'étant ouverte au début de l'embuscade, les médicaments et l'outillage sont répandus sur le plancher. Léone récupère deux ampoules de morphine intactes, les glisse dans sa poche et redescend.

— Magne-toi ! dit le para.

Léone le rejoint.

— Eh ! Je fais ce que je peux !

Ils retournent d'où ils viennent. Le para a pris la valise pour l'apporter au sergent lorsque celui-ci lui en donnera l'ordre. Le silence est total. Léone a peur. Elle sent que l'ennemi est là, tout proche, mais où ? Le moindre bruit suspect la fait sursauter. La présence du soldat à ses côtés ne suffit pas à la rassurer. Elle voudrait entendre la voix des autres, savoir où ils se trouvent, les rejoindre peut-être ? En même temps, elle sait que ce silence va bientôt s'interrompre. Les Viets ne peuvent pas se permettre d'attendre l'arrivée des renforts français. Ils vont forcément tenter quelque chose...

Ils surgissent dans leur dos. Léone et son compagnon s'en aperçoivent trop tard. Juste le temps de se retourner et ils prennent la rafale en pleine poitrine.

Léone est plaquée contre le remblai. Elle n'a pas mal, distingue le visage triomphant des deux Viets qui viennent de tirer. Puis ils disparaissent de son champ de vision. Elle n'a toujours pas mal, mais elle sent qu'elle n'a plus de forces et qu'elle glisse inexorablement dans l'eau de la rizière. Ça y est ! La fusillade a enfin éclaté ! Elle l'entend. Il suffit d'attendre. Les autres vont venir la tirer de là. En tout cas, c'est juré ! C'est sa dernière mission. Trop risqué ! Maintenant qu'elle va avoir deux enfants ce n'est pas le moment de déconner. Vivement qu'on la sorte de là et que Marc la répare. Avec lui, ce sera du cousu main.

Elle glisse toujours. Elle voudrait se redresser mais ses pieds et ses mains ne répondent pas. Soudain, sa vue se brouille. Elle ne distingue plus entre le gris du ciel et celui de l'eau. Elle comprend qu'elle est en train de mourir. Vacherie ! Marc va drôlement lui en vouloir. Je t'aime. Et Julia. Je te demande pardon, Maman. Et Jacques. Ne t'inquiète pas, mon garçon. Je serai toujours à tes côtés.

Composition réalisée par Graphic-Hainaut
Achevé d'imprimer en janvier 1998
sur presse Cameron
par ***Bussière Camedan Imprimeries***
à Saint-Amand-Montrond (Cher)

Dépôt légal : janvier 1998.
N° d'éditeur : 12887. N° d'impression. 1/21.

Imprimé en France